프 로 를 위 한
파스타의 기술
ALL THAT PASTA

프로를 위한 파스타의 기술

CHEF
Nishiguchi Daisuke / VOLO COSI
Koike Noriyuki / INCANTO
Sugihara Kazuyoshi / OSTERIA O'GIRASOLE

옮긴이 용동희

GREENCOOK

파스타의 시작과 이름의 유래, 요리의 지역성, 시작된 배경 등 파스타에 대한 지식을 정리하고, 실제로 이런 파스타를 레스토랑에서는 어떻게 만들어서 요리로 제공하는지에 대해 3명의 셰프가 자세히 설명하였다.

이탈리아에는 몇 가지의 파스타가 존재할까 — 수백, 수천, 어쩌면 만드는 사람의 수 만큼 존재할지도 모른다. 이 책에서는 가능한 한 많은 파스타를 소개하는 한편, 단순하게 파스타의 종류를 나열하는 것이 아니라 그보다 한 걸음 더 나아가고자 하였다. 그리고 그 점을 중요하게 생각했다.

예를 들어 같은 이름의 파스타라도 셰프가 바뀌면 이해하는 방식도 달라지고, 반죽 배합, 성형 방법, 소스와의 조합 등에서 각각의 개성이 나타난다. 같은 셰프라도 소스에 따라 배합과 두께를 달리하여 요리하는 등 레시피나 기술이 항상 똑같은 것은 아니다.

또한, 레스토랑의 메뉴로 올리기 위해서는 전통요리의 원형을 충실히 따르면서 연구와 응용이 필요한 경우도 있다. 완전히 새로운 발상으로 구성하고 싶은 파스타 요리도 있을 것이다.

어떤 맛을 전하고 싶은지, 그러기 위해서는 어떻게 해야 하는 것인지, 파스타라는 공통점을 지닌 셰프 3인의 3인3색의 방식을 알아가는 것도 큰 도움이 될 것이다.

파스타를 알고, 파스타를 만들고, 파스타를 연구하고, 파스타를 좋아하는 사람들에게 이 한 권이 제대로 활용된다면, 매우 기쁘겠다.

프로를 위한
파스타의 기술

프롤로그 5
이탈리아 20개 주와 주도 11
이 책에 나오는 파스타 12
파스타 사전 18
일러두기 25
알아두면 좋은 관련 용어 26

1
셰프 3인의 파스타

소박한 파스타를 만들고 싶다 / Nishiguchi Daisuke 30
역사의 낭만이 가득한 향토요리 파스타 / Koike Noriyuki 32
파스타는 나의 소울푸드 / Sugihara Kazuyoshi 34

셰프 3인의 파스타 노하우
1. 반죽재료에 대한 포인트는? 36
2. 삶을 때 소금의 농도는? 42
3. 알덴테(Al Dente)란? 43
4. 파스타와 소스를 버무리는 비결 44
5. 내가 좋아하는 건조 파스타 46

2
파스타의 기본 테크닉

기본 반죽 배합 50
기본 반죽 만드는 방법 51
기계로 밀기 52
밀대로 밀기 52
보관 방법 53
여러 가지 성형 방법 55

3
생파스타 _ 롱

탈리올리니
001 송아지고기와 카르초피 라구소스로 버무린
　　 탈리올리니 72
002 전복소스와 사프란 탈리올리니 73
003 라디키오 페이스트와 라디키오 탈리올리니 74

마케론치니
004 캄포필로네 스타일의 가느다란 마케론치니 75

타야린
005 화이트 트러플을 곁들인 타야린 76
006 화이트 아스파라거스와 주키니를 넣은 타야린 77

키타라
007 화이트 아마트리차나 키타라 78

톤나렐리
008 오징어와 생토마토 소스로 버무린
　　 오징어먹물 톤나렐리 79

스트린고치
009 말린 포르치니를 넣어 반죽한 스트린고치 80

탈리아텔레
010 소고기 라구소스와 세몰리나 탈리아텔레 81

시알라티엘리
011 제철 조개와 시알라티엘리 82
012 오징어먹물 소스와 고추를 넣은
　　 매콤한 시알라티엘리 83

페투치네
013 생햄, 버섯, 완두콩과 페투치네 84

페투첼레
014 정어리와 청고추로 버무린 페투첼레 85

페투체
015 갈치 라구소스와 페투체 86
016 갑오징어와 이탈리안 완두콩 소스를 얹은 페투체 87

라가넬레
017 삶은 달걀을 넣은 토마토소스와 라가넬레 88

피카제
- 018 멧돼지고기를 넣은 밤 라구소스와 밤가루 피카제 89

파파르델레
- 019 꿩고기와 카볼로네로 스튜 파파르델레 90
- 020 멧돼지고기와 포르치니 수고로 버무린 파파르델레 91

트로콜리
- 021 굵게 다진 살시차와 치메 디 라파 트로콜리 92
- 022 갑오징어와 프리아리엘리 조림으로 버무린 트로콜리 93

비골리
- 023 털게 수고와 통밀가루 비골리 94

스트란고치
- 024 버섯, 토마토, 마조람 풍미의 스트란고치 95

스파게토니
- 025 붉은 성게, 가라스미, 달걀노른자로 버무린 스파게토니 96
- 026 신선한 포르치니로 향을 살린 스파게토니 97

피치
- 027 카르초피와 마늘 피치 98
- 028 마늘 풍미의 피치 99

스트로차프레티
- 029 빈산토 풍미의 송아지내장 소스와 스트로차프레티 100
- 030 누에콩을 넣은 카초 에 페페와 스트로차프레티 101

푸실리 칠렌타니
- 031 새끼양고기를 넣은 카초 에 우오바로 버무린 푸실리 칠렌타니 102

푸실리 룬기
- 032 이스키아풍 토끼조림으로 버무린 푸실리 룬기 104

사녜 인칸눌라테
- 033 방울토마토, 루콜라, 카초리코타로 만든 살렌토풍 사녜 인칸눌라테 105

4
생파스타_쇼트

마케로니
- 034 야생오리 수고와 블랙 트러플을 곁들인 토르키오 마케로니 108
- 035 뿔닭 다릿살 라구소스를 곁들인 팀발로 109

마케론치니
- 036 화이트 아스파라거스와 맛조개 소스로 버무린 마케론치니 110
- 037 뿔닭 가슴살 샐러드와 수제 마케론치니 111

파스티나
- 038 병아리콩과 문어 파스티나 수프 112

마케로니
- 039 비둘기 레드와인 조림으로 버무린 수제 마케로니와 트러플 113

마카로네스
- 040 갑오징어와 올리브로 버무린 마카로네스 114

필레야
- 041 트로페아산 붉은 양파와 은두자로 맛을 낸 매운 토마토소스 필레야 115

투베티
- 042 달걀과 치즈를 넣은 트리파 미네스트라와 수제 투베티 116

파케리
- 043 멧돼지 조림과 수제 파케리 117
- 044 바다향 소스와 수제 파케리 118

카바텔리
- 045 마조람 풍미의 홍합과 카르돈첼리 소스 카바텔리 120

체카루콜리
- 046 바칼라와 병아리콩을 넣은 토마토소스 체카루콜리 121

카바티에디
- 047 정어리 대신 고등어를 사용한 카타니아풍 카바티에디 122

코르테체
- 048 카르초피, 블랙올리브, 호두를 넣은 코르테체 123

오레키에테
- 049 치메 디 라파와 달걀로 맛을 낸 오레키에테 124
- 050 펜넬 풍미의 살시차 라구소스와 수제 오레키에테 125
- 051 매운 돼지내장 조림과 오레키에테 126

스트라시나티
- 052 토마토와 신선한 염소치즈로 버무린 스트라시나티 127

053 새우와 포르치니 소스로 버무린 스트라시나티 128
054 빵가루를 뿌려 구운 바칼라와 파로 스트라시나티 129

말로레두스
055 캄피다노풍 말로레두스 130

뇨케티 사르디
056 새끼양고기 라구소스로 버무리고 페코리노 치즈를 곁들인 뇨케티 사르디 131

가르가넬리
057 개구리다릿살과 봄양배추를 넣은 가르가넬리 132
058 채소 라구소스 가르가넬리 133

라가넬레
059 병아리콩 파스타 조림 134

피초케리
060 발텔리나풍 피초케리 135

블레키
061 메밀가루 블레키와 굴라시 136

타코니
062 염소고기 라구소스와 옥수수가루 타코니 137

스트라치
063 가리비 라구소스와 옥수수가루 스트라치 138

스트라파타
064 시골풍의 오리고기 라구소스와 통밀가루 스트라파타 139

코르체티
065 토끼고기와 타자스케 올리브로 버무린 스탬프 코르체티 140
066 카르초피와 새우소스 코르체티 141
067 송아지고기와 병아리콩 라구소스로 버무린 폴체베라풍 8자형 코르체티 142

파르팔레
068 생햄과 완두콩을 넣은 크림소스 파르팔레 144

스트리케티
069 오렌지와 월계수로 향을 낸 붕장어와 버섯 스트리케티 145

노케테
070 새우 소스와 오징어먹물 노케테 146

로리기타스
071 야생조류 살시차 토마토조림과 로리기타스 147

트로피에
072 페스토 제노베세와 나선모양 트로피에 148

스트리골리
073 해산물과 피망 풍미의 달걀흰자로 반죽한 스트리골리 149

5

생파스타_만두형

라비올리
074 주키니와 주키니꽃으로 버무린 라비올리 152
075 가지와 훈제 스카모르차 치즈를 채운 라비올리 153
076 청둥오리 콩피로 버무린 병아리콩 라비올리 154
077 바칼라와 완두콩 라비올리 156

토르텔리
078 단호박 토르텔리 158

아뇰료티
079 폰두타와 감자를 채운 아뇰로티 159

아뇰로티 델 플린
080 송아지고기와 근대를 넣은 아뇰로티 델 플린 160

라비올로네
081 리코타, 주키니꽃, 달걀노른자를 넣은 라비올로네 162

메첼루네
082 비트와 감자를 넣은 세이지 풍미의 메첼루네 163

판소티
083 제노바 페스토로 맛을 낸 뱅어를 넣은 판소티 164

찰촌스
084 찰촌스 165

쿨린조니스
085 닭새우 쿨린조니스 166

토르텔리
086 옥수수를 넣은 버터소스와 닭고기 토르텔리 168

카펠라치
087 봄채소 라구소스와 누에콩 카펠라치 170

카라멜레
088 블랙 트러플을 곁들인 리코타와 시금치 카라멜레 171

파고티니
089 장어 라구소스로 버무린
화이트 폴렌타와 병아리콩 파고티니 172

라사냐
090 나폴리풍 라사냐 173
091 털게와 바칼라로 만든 라사냐 174

라사네테
092 바칼라 만테카토, 토마토, 꼬투리강낭콩을 넣은
라사네테 176

칸넬로니
093 병아리고기와 브로콜리 디 나탈레 칸넬로니를 넣은
미네스트라 177
094 살사 페베라다를 곁들인
그린 아스파라거스 칸넬로니 178

로톨로
095 라디키오와 아시아고 로톨로 180

트론케티
096 가리비 트론케티 182

크레스펠레
097 프로슈토 코토와 폰티나를 넣은 크레이프 밀푀유 183

스크리펠레
098 달걀프라이를 곁들인 통밀가루로 만든 시골풍
스크리펠레 수프 184

6
뇨키 & 생파스타 _ 알갱이형

감자 뇨키
099 카스텔마뇨와 폰티나 크레마로 맛을 낸 감자 뇨키 188
100 소렌토풍 뇨키 189

뇨키 라비올리
101 홍합과 페코리노 프레스코 풍미의 뇨키 라비올리 190

살구 뇨키
102 살구를 넣은 뇨키 191

소를 채운 뇨키
103 포르치니와 라구소스를 넣은 뇨키 192

세몰리나 뇨키
104 소꼬리 라구소스를 곁들인 세몰리나 뇨키 193

폴렌타 뇨키
105 블랙 트러플 풍미의 폴렌타 뇨키 194

가지 뇨키
106 물소 모차렐라 치즈를 곁들인 가지 뇨키 195

붉은 강낭콩 뇨키
107 코테키노 라구소스로 버무린 붉은 강낭콩 뇨키 196

빵 뇨키
108 세이지버터 소스로 버무린
프로슈토 코토와 빵 뇨키 197

피사레이
109 말고기와 페페로니로 버무린 피아첸차풍 피사레이 198

카네데를리
110 메밀가루와 그라우캐제를 넣은 카네데를리 200

파스타 그라타타
111 국물 파스타 그라타타 201

스패츨리
112 스펙과 라디키오 버터로 맛을 낸 비트 스패츨리 202

피초케리
113 키아벤나의 피초케리 203

쿠스쿠스
114 클래식한 트라파니풍 해산물 쿠스쿠스 204

프라스카렐리
115 고둥 포르케타와 프라스카렐리로 만든 미네스트라 206

7
건조 파스타 _ 롱

스파게티
116 토마토 스파게티 208
117 바지락 스파게티 210
118 카르초피 스파게티 211
119 푸타네스카 스파게티 212
120 카발칸티 스타일의 장어조림 스파게티 213
121 해산물 라구소스 스파게티 214
122 페스카토라 스파게티 215
123 알리오 올리오 페페론치노 216
124 보스카이올라 스파게티 217

스파게토니
125 노르차풍 블랙 트러플과 살시차 스파게티 218

링귀네
126 페페론치노 풍미의 생크림을 넣은 가라스미 링귀네 220
127 전복과 표고 링귀네 221
128 산타루치아풍 문어와 토마토조림 링귀네 222

페르차텔리
129 소렌토풍 호두 소스 페르차텔리 224
130 나폴리풍 주키니 페르차텔리 225

부카티니
131 로마식 아마트리차나 부카티니 226

카사레체 룬게
132 문어 라구소스와 제노베세 카사레체 룬게 227

마팔데
133 트라파니풍 페이스트 마팔데 228

트리폴리니
134 오징어먹물로 만든 해산물 라구소스 트리폴리니 229

미스타 룬가
135 나폴리풍 곱창조림으로 버무린 미스타 룬가 230

8
건조 파스타 _ 쇼트

펜네
136 펜네 알 아라비아타 234

펜네테
137 라르디아타 소스 펜네테 235
138 카르보나라 펜네테 236

리가토니
139 파야타 리가토니 238

파케리
140 세도우치의 특대 꽃게로 맛을 낸 파케리 239
141 아귀와 생토마토 소스 파케리 240

칼라마리
142 스카르파리엘로 칼라마리 241

치티
143 살시차와 리코타로 버무린 치티 242
144 나폴리풍 팀발로 243

칸델레
145 나폴리풍 라구소스와 리코타로 버무린 칸델레 244
146 제노베세 라구소스 칸델레 245

스파게티 스페차티
147 브로콜리 네리와 스파게티 스페차티 미네스트라 246

푸실리
148 성게 소스 푸실리 247

파스타 미스타
149 근어와 갑각류 믹스 파스타 248

타코체테
150 문어 살시차를 곁들인 파바타 250

루마코니
151 루마코니와 루마케 251

베수비오
152 살오징어, 감자, 카르초피 베수비오 252

• 플러스 레시피 253

INDEX
• 주요 재료별 요리 259
• 파스타 종류별 요리 268

● 이탈리아 20개 주와 주도

이 책에 나오는 파스타

3 생파스타_롱

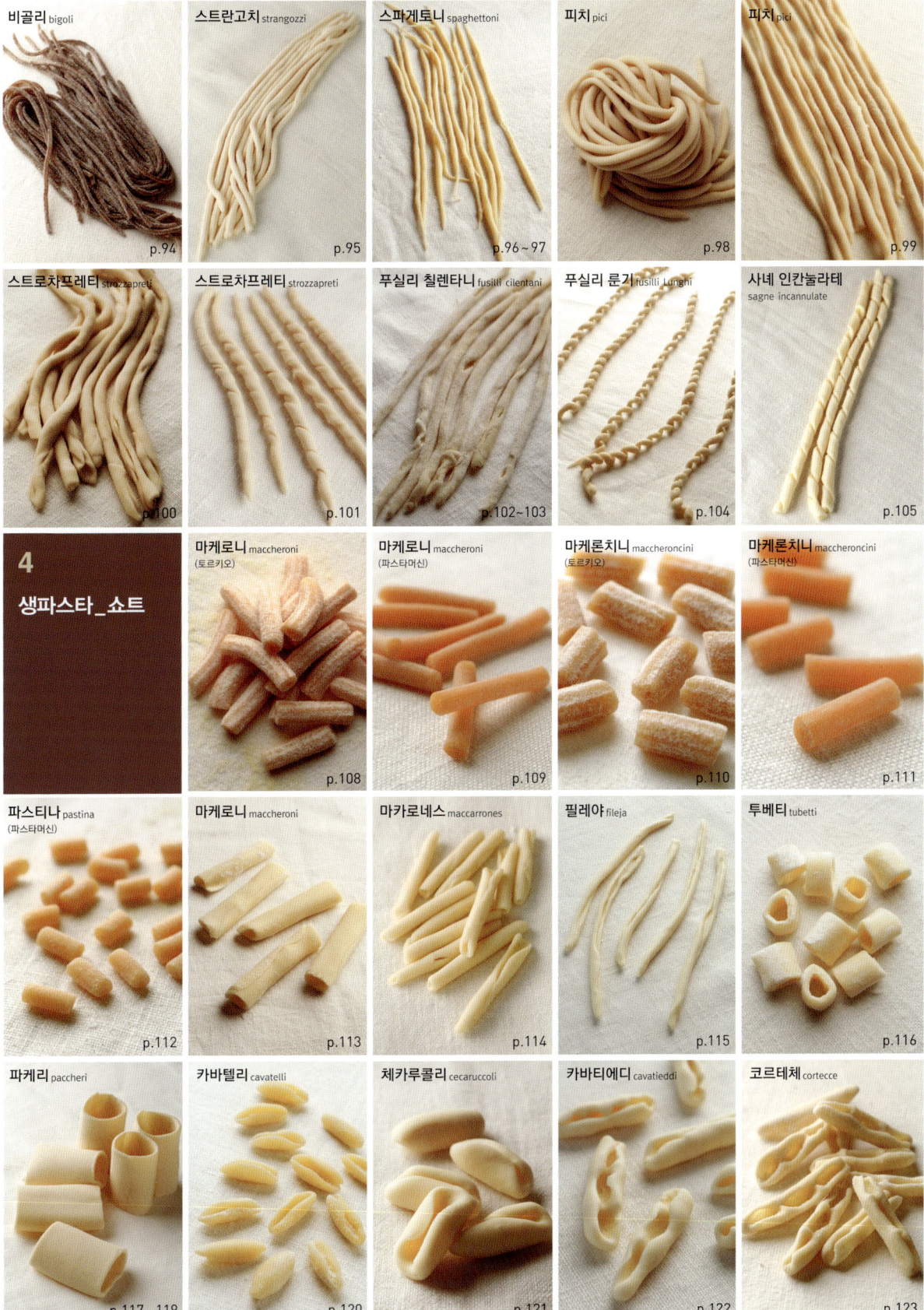

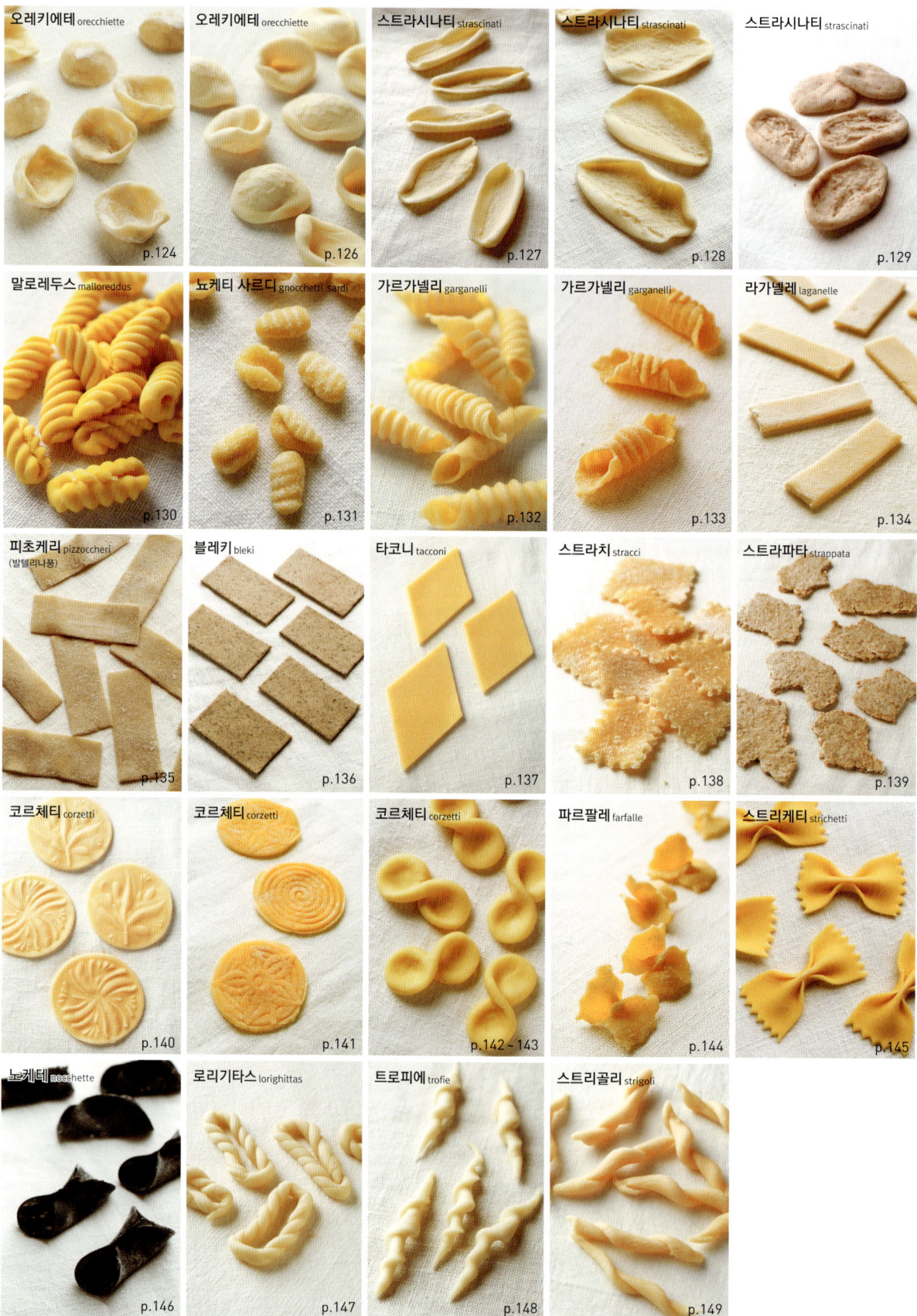

파스타 사전

(가나다순)

ㄱ

가르가넬리 garganelli p.132~133
에밀리아로마냐주의 튜브모양 쇼트파스타. 작은 정사각형 반죽을 '페티네(pettine)'라는 나무판에 올리고 막대에 감으면서 굴려, 줄무늬가 있는 튜브모양으로 성형한다. '마케로니 알 페티네'라고도 한다.

가세 gasse
파르팔레나 스트리케티처럼 나비 모양의 쇼트파스타이다. 리구리아주 제노바 지역의 전통 파스타.

고베티 gobbetti
마카로니를 반달모양으로 구부린 튜브모양 파스타. '혹이 있는'이라는 뜻의 '고비'에서 비롯된 이름이다.

그라미냐 gramigna
마카로니를 구부려서 C자 모양으로 만든 쇼트파스타로, 끝부분이 많이 말린 것과 덜 말린 것 등 여러 가지가 있다. 벼과의 식물 이름이기도 한데, 그 씨를 닮아서 붙여진 이름이다.

그란디네 grandine
'우박'이라는 의미. 크기와 모양이 우박을 닮았다. 국물에 넣어 먹는 알갱이형 파스타.

ㄴ

노케테 nocchette p.146
'작은 나비 넥타이', '작은 리본' 등을 의미하며, 캄파니아주의 나비모양 파스타이다. 동그란 반죽의 마주보는 가장자리 부분을 붙여 튜브모양으로 만들어서, 나비넥타이처럼 성형한다.

뇨케티 사르디 gnocchetti sardi p.131
'사르데냐의 작은 뇨키'라는 의미로, 사르데냐주의 전통 파스타. 말로레두스(p.130)의 표준어이다. 밀가루와 물로 만든 기본 뇨키 중 하나.

뇨케티 티롤레시 gnocchetti tirolesi
'티롤(tirol)풍의 작은 뇨키'를 의미한다. 트렌티노알토아디제주의 알갱이형 파스타로 스패츨리(p.202)의 표준어이다.

뇨키 gnocchi p.188~200
원래는 밀가루를 물로 만든 반죽을 작은 덩어리로 성형한 것으로 넓은 의미로는 마카로니를 의미했는데, 요즘은 뇨키라고 하면 감자를 넣은 뇨키를 가리킨다. 삶아서 으깬 감자에 밀가루, 달걀, 치즈 등을 넣어 반죽을 만들고, 성형해서 삶은 다음 여러 가지 소스를 넣어 버무린다. 단호박 등의 채소나 콩, 치즈, 빵 등 다양한 재료를 이용하여 같은 방법으로 뇨키를 만든다.

ㄷ・ㄹ

디탈리 ditali
미네스트라에 넣거나 풀리아주의 콩요리인 '파스타 에 파지올리(pasta e fagioli)' 등에 사용되는 작은 링모양의 파스타. 재봉용 '골무'라는 의미로, 그 모양에서 붙여진 이름이다. 더 작은 것은 디탈리니라고 한다.

라가네 lagane
이탈리아 남부에서 시작된 시트모양 파스타. 이탈리아에서 가장 오래된 파스타 중 하나로, 라사냐와 같은 뜻이다. 가늘게 자른 것은 라가넬레라고 한다.

라가넬레 laganelle p.88/p.134
시트모양 파스타인 라가네를 가늘고 길게 자른 롱파스타로 '작은 라가네'라는 의미이다. 오랜 역사를 가지며, 탈리아텔레 등의 평평한 롱파스타의 뿌리가 된 파스타이다. 짧게 만들기도 한다.

라비올리 ravioli
① 만두형 파스타를 통틀어 부르는 이름.
② 2장의 반죽 사이에 고기, 해산물, 채소, 콩, 치즈 등의 여러 가지 소를 채운 파스타. 모양은 정사각형, 삼각형, 원형, 반원형 등 여러 가지가 있다. 지역에 따라, 아뇰로티(피에몬테주), 토르텔리(이탈리아 중부에서 북부 사이)라고도 한다. 큰 것은 '라비올로네(raviolone)', 작은 것은 '라비올리니(ravioloni)'라고 한다.

라사냐 lasagna p.173~175
시트모양 파스타. 이 반죽과 소스, 재료 등을 층층이 쌓은 다음, 오븐에 구운 요리가 유명하다.

라사네테 lasagnette p.176
작은 라사냐.

레지네테 reginette
마팔디네와 같다. '마팔다(mafalda)' 왕녀에게서 유래된 것으로, '레지나(여왕)의 축소형'이라는 뜻이다. '레지넬레(reginelle)'라고도 한다.

로리기타스 lorighittas p.147
가는 끈모양의 반죽을 2겹의 링으로 만든 다음 비틀어서 만든 쇼트파스타. 사르데냐주 서부의 오리스타노 주변에서 시작되었으며, 현지 언어로는 '반지'라는 의미이다.

로톨로 rotolo p.180~181
시트모양 파스타에 소를 넣고 말아서 롤모양으로 만든 것. 칸넬로니보다 굵고 길게 만들어서 링모양으로 자른 다음, 자른 단면이 보이도록 요리하는 것이 특징이다.

루마코니 lumaconi   p.251
'큰 달팽이'라는 뜻이다. 껍데기를 2등분한 모양의 쇼트파스타로, 큰 구멍이 있는 것이 특징이다.

루오테 ruote
차바퀴 모양의 쇼트파스타(건면).

리가토니 rigatoni   p.238
'줄무늬가 있다'라는 의미이다. 이름처럼 줄무늬가 있는 튜브모양 파스타. 구멍의 지름은 1㎝ 정도로, 굵고 도톰한 것이 특징이다.

링귀네 linguine   p.220~223
자른 면이 타원모양인 롱파스타.

ㅁ

마나테 manate
우동모양의 롱파스타로 손으로 늘려서 만든다. 마나테는 바실리카타주에서 부르는 이름으로, 같은 종류로 스트란고치(움브리아주), 움브리첼리(움브리아주), 피치(토스카나주), 스파게토니(이탈리아 남부) 등이 있다.

마루비니 marubini
롬바르디아주의 라비올리.

마카로네스 maccarrones   p.114
사르데냐주의 마케로니(마카로니). 막대모양의 반죽 위에 대바늘을 살짝 눌러서 넣고, 감싸듯이 굴려서 튜브모양으로 성형한다. 건면도 많이 유통되고 있다.

마카루네 maccarrune
칼라브리아주와 시칠리아주에서 시작된 마케로니(마카로니). 리본모양의 반죽을 금속 막대 등에 감아서 구멍을 만든 파스타. '마카루니(maccarruni)'라고도 한다.

마케로니 maccheroni   p.113
① 흔히 말하는 마카로니(가운데 구멍이 있는 쇼트파스타). 원래는 시트모양 반죽을 막대 등에 감아서 만든 생파스타였지만, 현재는 다이스(몰드)로 뽑아내는 방법이 보급되어 생면, 건면 모두 유통되고 있다. 마케로니보다 짧은 것을 마케론치니라고 한다.
② 파스타를 통틀어 부르는 것으로, 중세까지는 가운데 구멍의 유무나 길고 짧음에 관계없이 파스타를 마케로니라고 불렀다. '마케로니 알라 키타라(maccheroni alla chitarra)' 등에서 그 흔적을 찾을 수 있다.

마케론치니 macceroncini   p.75/p.110~111
① 가운데에 구멍이 있는 쇼트파스타로 마케로니보다 짧다.
② 매우 가는 롱파스타. 파스타가 만들어지던 때에는 가운데 구멍의 유무나 길이와 관계없이 마케로니가 파스타를 통틀어 부르는 이름이었다. 그런 흐름이 반영된 이름으로, 국수같이 가는 마케로니치니는 '카펠리 단젤로(천사의 머리카락)'라고 부르기도 한다.

마팔데 mafalde   p.228
가장자리가 주름진 리본모양의 롱파스타. 너비가 좁은 것은 '마팔디네(mafaldine)'라고 한다.

말로레두스 malloreddus   p.130
작은 반죽 덩어리에 홈을 만든 쇼트파스타. 같은 종류 중에서 가장 작다. 홈은 1개이고, 줄무늬를 만드는 것이 기본이다. 말로레두스는 사르데냐주의 방언으로, '치초네스'라고도 한다. 표준어로는 '뇨케티 사르디(gnochetti sardi)'라고 한다. 건면도 많이 유통되고 있다.

말탈리아티 maltagliati
마름모나 불규칙한 사각형으로 자른 시트모양 생파스타로, 에밀리아로마냐주에서 부르는 이름이다. 같은 종류로 스트라치가 있다.

메첼루네 mezzelune   p.163
반달모양의 라비올리. 메첼루네는 '반달'이라는 의미이다.

밀레리게 millerighe
리가토니와 거의 비슷한 모양과 크기의 튜브모양 쇼트파스타. '천 개의 줄무늬'를 의미하며, 겉면의 줄무늬 때문에 붙여진 이름이다.

ㅂ

바베테 bavette
제노바에서 시작된, 자른 면이 타원형인 롱파스타. 링귀네보다 너비가 조금 넓다.

베르미첼리 vermicelli
스파게티라는 이름이 등장하기 훨씬 전부터 사용하던 이름으로, 롱파스타를 통틀어 부르는 이름이다. 굵은 것, 가는 것 등 여러 가지가 있지만, 영어권(영어이름은 버미셀리)이나 일본에서는 특히 가는 종류를 말한다. 단, 이탈리아에서도 최근에는 이 이름을 자주 사용하지 않게 되어, 가는 것은 카펠리니 또는 카펠리 단젤로, 굵은 것은 스파게티 또는 스파게토니라고 부르는 것이 일반적이다.

베수비오 vesuvio   p.252
나폴리의 유명한 화산인 베수비오산을 형상화한 건조 쇼트파스타.

부카티니 bucatini   p.226
'구멍'이라는 뜻으로, 이름대로 가운데에 구멍이 뚫려 있는 롱파스타.

블레키 bleki   p.136
프리울리 지역의 방언으로 '천조각', '이어 붙인 천'을 의미한다. 표준어인 스트라치에 해당하는 파스타. 메밀가루를 사용하는 것이 이 지방의 전통으로, 시트모양 반죽을 사각형이나 삼각형으로 적당히 자른다.

비골리 bigoli　p.94
전용 핸들식 압축기인 '비골라로(bigolaro, 토르키오라고도 한다)'로 스파게티모양으로 뽑아낸 베네토주의 독특한 롱파스타. 단단하게 만든 반죽에 강한 힘을 가해서 뽑는 것으로, 탄력이 매우 강한 것이 특징이다.

ㅅ

사녜 아 페치 sagne a pezzi
작게 자른 사녜. 아브루초주의 파스타이다.

사녜 인칸눌라테 sagne incannulate　p.105
구멍이 있는 롱파스타. 사녜는 시트모양 파스타를 말한다. 인칸눌라테는 '튜브모양(칸나)으로 만들다'라는 의미이다. 시트모양 파스타를 리본모양으로 만든 다음, 가는 막대기에 나선 모양으로 감아서 구멍을 만든다(튜브모양). 풀리아주에서 시작되어 남부일대로 퍼졌다. 부시아티도 같은 종류이다.

사녜 sagne
시트모양 파스타로, 이탈리아 남부의 고유명칭.

세미니 semini
'seme(씨)'가 어원으로, 씨모양이라는 뜻. 국물에 넣어 먹는 알갱이형 파스타이다.

스크리펠레 scripelle　p.184
밀가루, 달걀, 우유, 버터 등으로 만든 반죽을 얇게 구운 크레페. 아브루초주를 대표하는 파스타로 표준어로는 크레스펠레(crespelle)라고 한다.

스키아포니 schiaffoni　p.239
구멍이 있는 굵은 튜브모양 파스타. 캄파니아주의 파케리와 같다.

스텔리네 stelline
별모양 파스타로 국물에 넣어 먹는다.

스트라시나티 strascinati　p.127~129
작은 반죽 덩어리에 홈을 만든 쇼트파스타. 같은 종류 중에서도 크기가 크다. '당기다', '길게 늘리다'라는 의미로, 홈을 손가락이나 주걱 등으로 눌러 얇게 펴서 만든다. 풀리아주, 바실리카타주에서 시작되었다.

스트라치 stracci　p.138
'천 조각', '자투리 천'이라는 의미로, 시트모양 반죽을 적당히 자른 쇼트파스타를 말한다. 각 지역마다 같은 모양의 파스타가 있다. 스트라치는 가장 표준적인 이름으로, 마름모 사각형으로 만드는 경우가 많다.

스트라파타 strappata　p.139
'당겨서 찢는다'라는 의미로 시트모양 반죽을 적당히 당겨서 찢은 움브리아주의 쇼트파스타. 파스타 스트라파타가 정식 이름이다. 토스카나주나 라치오주에서 볼 수 있다.

스트란고치 strangozzi　p.95
우동처럼 손으로 밀어서 늘린 움브리아주의 롱파스타. 연질밀가루를 물로만 반죽한 소박한 파스타로, 각지에 같은 모양의 파스타가 많이 있다. 움브리첼리와 치리올레(움브리아주), 피치(토스카나주), 마나테(바실리카타주), 스파게토니(이탈리아 남부) 등.

스트랑골라프레티 strangolapreti
뇨키 중 하나이다. 시금치와 리코타 치즈로 만든 것, 밀가루를 물로 반죽한 것 등 지역에 따라 여러 가지 레시피가 있다. 스트로차프레티와 같은 모양이며 '목이 막혀 죽은 성직자'라는 의미가 있다.

스트로차프레티 strozzapreti　p.100~101
에밀리아로마냐주의 로마냐 지역에서 시작된, 손으로 비벼서 늘린 파스타. 짧은 직사각형 반죽을 양손으로 잡고 살짝 비틀어서 만든다. 조금 짧은 롱파스타.

스트리골리 strigoli　p.149
리구리아주의 쇼트파스타인 트로피에의 일종으로, 작은 막대모양의 반죽을 나선모양으로 감아서 만든다.

스트리케티 strichetti　p.145
파르팔레와 같다. 에밀리아로마냐주의 나비모양 쇼트파스타로 모데나 일대에서 부르는 이름이다.

스트린고치 stringozzi　p.80
자른 면이 정사각형인 움브리아주의 롱파스타. 모양은 키타라(아브루초주), 톤나렐리(로마)와 같지만, 키타라나 톤나렐리보다 조금 가늘게 만드는 것이 일반적이다. 기본은 00밀가루와 물로 반죽하여 만든다.

스파게토니 spaghettoni　p.96~97 / p.218
① 손으로 늘려서 우동모양으로 만든 롱파스타. 스파게토니는 이탈리아 남부에서 부르는 이름이다. 같은 종류인 스트란고치(움브리아주), 움브리첼리(움브리아주), 피치(토스카나주)는 연질밀가루와 물로 반죽하지만, 이탈리아 남부에서는 세몰리나 밀가루와 물로 만드는 것이 기본이다. 마나테(바실리카타주)도 같은 종류이다.
② 스파게티보다 조금 더 굵은 건조 롱파스타.

스파게티 스페차티 spaghetti spezzati　p.246
스페차티는 '꺾다'라는 뜻으로, 스파게티를 짧게 접은 것을 말한다.

스파게티 spaghetti　p.208~217
자른 면이 둥근 롱파스타. 지름은 1.9mm 정도.

스파게티니 spaghettini
스파게티 중에서 가는 것을 말한다.

스파카텔레 spaccatelle
마카로니를 세로로 자른 다음 구부려서 모양을 만든 쇼트파스타. '쪼개진', '찢어진'이라는 뜻의 '스파카토(spaccato)'가 어원이다.

스패츌리 spätzli   p.202
트렌티노알토아디제주의 알갱이형 파스타. 밀가루에 물, 우유, 달걀 등을 넣은 묽은 반죽을 슬라이서식 도구 등을 통과시켜 끓는 물에 직접 떨어뜨려서 삶는다. '스패츨레(Spätzle)'라고도 부른다. 표준어로는 'Gnocchetti tirolesi(티롤풍 작은 뇨키)'라고 한다.

시알라티엘리 scialatielli   p.82~83
캄파니아주 아말피 지방에서 시작된 리본모양 파스타. 너비는 탈리아텔레와 비슷하지만, 도톰하고 조금 짧은 것이 특징이다.

ㅇ

아넬리니 anellini
링모양의 작은 건조 파스타.

아뇰로티 델 플린 agnolotti del plin   p.160
피에몬테주의 작은 만두형 파스타. 플린은 피에몬테의 방언으로 '집다'라는 의미인데, 반죽을 손가락으로 집는 성형 방법에서 유래되었다. '아뇰로티 달 플린'이라고도 한다.

아뇰로티 agnolotti   p.159
피에몬테주에서 라비올리를 부르는 이름. '아넬로티(agnellotti)'라고도 한다.

엘리케 eliche
푸실리 종류로, 나선모양이 프로펠러나 나사 모양이다. 이런 모양을 푸실리라고 부르기도 한다.

오레키에테 orecchiette   p.124~126
작은 반죽 덩어리에 홈을 만든 쇼트파스타. 같은 종류 중에서는 소형~중형이다. 홈은 1개로 카바텔리처럼 가늘고 긴 홈이 아니라, 살짝 눌러 펴서 동그란 홈을 만든다. '작은 귀'라는 의미로, 이름대로 귓불모양이다. 풀리아주에서 시작되었는데, 건면도 유통되고 있다.

오키 디 루포 occhi di lupo
리가토니를 짧게 자른 것 같은, 큰 구멍이 뚫려 있는 쇼트파스타. 겉면에 줄무늬가 없고 수직으로 자른 것이 기본이지만, 제품에 따라 줄무늬가 있거나 어슷하게 자른 것도 있다. '늑대의 눈'이라는 의미이다.

움부리첼리 umbricelli
우동처럼 손으로 밀어서 만든 롱파스타. 연질밀가루와 물로 만든다. 움부리첼리는 움브리아주에서 부르는 이름으로, 움부리켈리, 움부리치라고도 한다. 같은 움부리아주의 스트란고치와 치리올레도 같은 종류이다. 그 밖에도 토스카나주의 피치, 바실리카타주의 마나테, 이탈리아 남부일대 등 스파게토니 등 이탈리아 각 지역에 같은 모양의 파스타가 있다.

ㅊ · ㅋ

찰촌스 cialzons   p.165
프리울리베네치아줄리아주의 반달모양 라비올리. 시나몬 등의 향신료로 맛을 낸 새콤달콤한 소를 넣는 것이 특징이다. 'cialsons', 'cjalzons'라고도 쓴다.

체카루콜리 cecaruccoli   p.121
카바텔리를 말한다. 체카루콜리는 주로 캄파니아주에서 부르는 이름이다.

치리올레 ciriole
움브리텔리와 같다.

치티 ziti
나폴리에서 시작된 것으로 큰 구멍의 튜브모양 파스타. 길이가 30㎝ 정도인데, 보통 손으로 짧게 잘라서 사용한다. '치테(zite)'라고도 한다. 굵은 것은 '치토니(zitoni)'이다.

카네데를리 canederli   p.200
빵 뇨키. 독일, 오스트리아 문화권인 트렌티노알토아디제주의 대표적인 향토요리이다. 딱딱해진 빵을 수분으로 부드럽게 만들어서 밀가루, 달걀, 치즈 등을 넣고 반죽한 다음, 동그란 모양으로 성형해서 삶는다.

카라멜레 caramelle   p.171
'캔디', '캐러멜'을 의미하며, 종이로 싼 사탕모양으로 소를 채워서 만드는 만두형 파스타.

카바타피 cavatappi
가는 튜브모양의 파스타를 나선모양으로 감아서 만든 쇼트파스타. '코르크 병따개'를 말하는 것으로, 모양이 닮아서 붙여진 이름이다.

카바텔리 cavatelli   p.120
작은 반죽 덩어리에 홈을 만든 쇼트파스타로, 같은 종류 중에서는 소형~중형이다. 어원은 '카바레(cavare, '구멍 등을 파다'라는 의미)'. 코인모양 또는 짧은 막대모양 반죽에 손가락을 대고 말아서 가늘고 긴 홈을 만든다. 손가락 수에 따라 홈의 수도 달라진다. 풀리아주에서 시작되었지만, 이탈리아 남부일대에 널리 침투해서, 지역에 따라 카바티엘리(Cavatielli), 카바티에디(Cavatieddi), 카바테디(Cavateddi), 카바티디(Cavatiddi), 체카루콜리(cecaruccoli), 코르테체(cortecce) 등 여러 가지 이름으로 불린다.

카바티에디 cavatieddi   p.122
카바텔리와 같은 것. 카바티에디는 주로 시칠리아주와 이탈리아 남부의 3주(풀리아, 바실리카타, 칼라브리아)에서 부르는 이름이다.

카사레체 룬게 casarecce lunghe   p.227
카사레체를 길게 만든 롱파스타.

파스타 사전

카사레체 casarecce　p.227
'손으로 만든'이라는 의미로, 자른 면이 S자 모양이 되도록 반죽을 구부려서 만든 가는 쇼트파스타이다. '카세레체(caserecce)'라고도 한다.

카손세이 casonsei
롬바르디아주의 만두형 파스타. 2겹으로 접은 다음 U자 모양으로 구부려서 만든다. '카손첼리(casoncelli)'라고도 한다.

카펠라치 cappellacci　p.170
에밀리아로마냐주의 작은 반지모양 만두형 파스타. 토르텔리니와 같다.

카펠레티 cappelletti
'작은 모자'라는 의미로, 에밀리아로마냐주의 만두형 파스타이다. 2겹으로 접은 반죽을 동그랗게 감고 양끝을 붙여서 만든다. 토르텔리니보다 조금 크다.

카펠리 단젤로 capelli d'angelo　p.75
롱파스타 중에서 가장 가는 것. '천사의 머리카락'이라는 의미.

카펠리니 capellini
'가는 머리카락'이라는 의미로, 지름 0.9mm 정도의 롱파스타.

칸넬로니 cannelloni　p.177~178
시트모양 파스타에 소를 넣고 롤처럼 만 것. 어원은 '칸나(파이프)'로 칸넬로니는 '큰 파이프'를 의미한다.

칸놀리키 cannolicchi
튜브모양의 쇼트파스타로 마카로니라고도 한다.

칸델레 candele　p.244~245
'양초'라는 의미로, 나폴리 특산품인 굵은 튜브모양 파스타이다. 치티보다 조금 굵고 길이는 50cm 정도이다. 손으로 짧게 잘라서 사용한다.

칼라마리 calamari　p.241
'화살꼴뚜기'를 의미한다. 튜브모양의 쇼트파스타로 지름은 파케리와 비슷하지만, 길이가 짧은 것이 특징이다. 화살꼴뚜기를 링모양으로 썬 것과 비슷해서 붙여진 이름이다.

코르체티 corzetti　p.140~142
① 목제 스탬프로 양면에 무늬를 찍어낸 동그란 쇼트파스타. 리구리아주 제노바 동쪽의 레반테(동 리비에라)라고 불리는 지역의 파스타이다.
② 평평한 8자모양의 쇼트파스타. 작은 반죽 덩어리의 끝을 잡아당기고, 비틀고, 누르는 등 다양한 성형 방법이 있다. 리구리아주 제노바 주변의 폴체베라 계곡에서 만드는 독자적인 파스타이다.

코르테체 cortecce　p.123
카바텔리와 같다. 코르테체는 주로 캄파니아주에서 부르는 이름으로, 여러 개의 홈이 있다.

콘킬리에 conchiglie
조개모양의 건조 파스타. 큰 것은 콘킬리오니, 국물에 넣어 먹는 것은 콘킬리에테라고 한다.

콰드레티 quadretti
콰드루치와 같다. 소를 넣은 네모난 작은 파스타를 가리키는 경우도 있다.

콰드루치 quadrucci
1×1cm크기의 평평한 파스타. 국물에 넣어 먹는 파스타로 콰드로('4각의, 4각인'이라는 의미)가 어원이다.

쿠스쿠스 couscous　p.204
시칠리아주 북서부의 항구도시인 트라파니에서 전해진 알갱이형 파스타. 세몰리나 밀가루에 물을 뿌려 섞는 과정을 반복하여, 알갱이를 크게 만든다. 말린 다음 쪄서 익힌다. 건조품도 유통되고 있다.

쿨린조니스 culingionis　p.166
사르데냐주의 라비올리. 둥근 반죽에 소를 올리고, 좌우에서 번갈아 반죽을 덮어서 만든다. '보리이삭'을 닮은 모양이 특징. 쿨린조네스, 쿨루르조네(니)스, 안주로토스 등 다른 이름도 많다.

크레스펠레 crespelle　p.183
밀가루, 달걀, 우유, 버터 등으로 만든 반죽을 얇게 구운 크레이프.

키타라 chitarra　p.78
네모난 상자에 줄이 있는 키타라('기타'라는 의미)라는 도구로 자르는데, 도구의 이름이 파스타 이름이 되었다. 아브루초주의 전통적인 롱파스타로, 자른 면은 정사각형에 가깝다. '마케로니 알라 키타라'가 정식명칭이다. 톤나렐리(로마), 스트란고치(움브리아주)와 같은 모양이다.

키페리 chifferi
마카로니를 구부려서 C자 모양으로 만든 쇼트파스타.

ㅌ

타야린 tajarin　p.76
탈리올리니의 또 다른 이름인 탈리에리니가 변화한 이름으로 피에몬테주의 방언이다. 00밀가루에 많은 양의 달걀노른자를 넣고 반죽하는 것이 기본이다. 탈리올리니보다 가늘게 만드는 경우가 많다.

타코니 tacconi　p.137
'천 조각', '조각을 잇거나 기운 것'이라는 의미로, 시트모양 반죽을 마름모나 사각형으로 자른 쇼트파스타. 아브루초주 근처에서 부르는 이름이다.

타코체테 taccozzette　p.250
작은 마름모모양의 건조 파스타. 가장자리가 물결모양인 것과 평평한 것이 있다. 아브루초에서 시작되었다. 옷을 이어붙인 천을 의미하는 타코니와 모양이 닮아서 붙여진 이름이다.

탈리아텔레 tagliatelle p.81
에밀리아로마냐주에서 시작되어, 이탈리아 북부를 중심으로 만드는 평평한 롱파스타. 지금은 이탈리아 중남부에서도 볼 수 있다. 00밀가루를 달걀로 반죽하여 얇게 밀고, 6~8mm 너비로 자른다. 탈리아텔레는 '자른 것'이라는 의미로, 탈리아텔레보다 가는 것이 탈리올리니이다.

탈리에리니 taglierini p.72
탈리올리니를 말한다. 지역에 따라 탈리에리니라고 부르기도 한다.

탈리올리니 tagliolini p.72~74
자른 면이 직사각형인 롱파스타. 00밀가루와 달걀로 반죽하고, 2~3mm 너비로 자르는 것이 기본이다. 에밀리아로마냐주에서 시작되었지만, 현재는 이탈리아 전체에 퍼졌다. '가늘게 자른 것'이라는 뜻에서 유래된 이름이다. 지역에 따라 한 글자가 다른, 탈리에리니라고 부르기도 한다. 탈리올리니보다 너비가 넓은 것이 탈리아텔레이다.

테스타롤리 testaroli
토스카나주 북서부의 크레이프모양 파스타. 연질밀가루를 물로 녹여서 얇은 철제 냄비인 '테스트'로 구운 다음, 작은 조각으로 잘라서 삶는다. 고대 로마시대부터 전해온 오랜 역사를 자랑하는 파스타이다.

토르텔리 tortelli p.158/p.168
① 라비올리를 말하며, 이탈리아 중부~북부에 걸친 지역에서 부르는 이름이다. 큰 것은 토르텔로니라고 한다.
② 링모양의 만두형 파스타. 토르텔리니를 조금 크게 만든 것이다.

토르텔리니 trotellini
에밀리아로마냐주의 파스타로, 작은 반지모양의 만두형 파스타이다. 반으로 접은 만두형 파스타를 둥글게 만들어서 양끝을 붙인다. 카펠라치와 같다. 아놀리, 아뇰리니(롬바르디아주) 등도 같은 종류이다.

톤나렐리 tonnarelli p.79
로마에서 시작된 롱파스타. 자른 면이 정사각형으로 키타라(아브루초주)나 스트린고치(움브리아주)와 같은 모양이다. 톤나렐리는 원래 로마의 방언이지만, 지금은 다른 지역에서도 부르는 이름이다.

투베티 tubetti p.116
'작은 튜브'라는 의미이다. 튜브를 짧게 자른 모양으로 캄파니아주의 미니파스타이다. 수프에 넣어 먹는 경우가 많다. 건면이 보급되었지만, 생면도 있다.

트레네테 trenette
링귀네와 같은 것으로, 제노바에서 부르는 이름이다.

트로콜리 troccoli p.92~93
트로콜라투로(전체에 홈이 있는 밀대)를 시트모양 반죽 위에 굴려서 가늘고 길게 자른 롱파스타. 자른 면은 방추형이다. 풀리아주에서 시작되었고, 세몰리나 밀가루와 물로 만드는 것이 기본이다.

트로피에 trofie p.148
막대모양 반죽의 양끝을 비틀어서 뱅어모양으로 만든 쇼트파스타. 리구리아주를 대표하는 파스타 중 하나이다. 양손바닥으로 비벼서 꼬는 방법, 작업대 위에서 꼬는 방법 등 꼬는 정도가 느슨한 것부터 강한 것, 나선 모양으로 만든 것 등 여러 가지가 있다.

트론케티 tronchetti p.182
얇은 시트모양 반죽으로 소를 말아서 가는 롤모양을 만든 다음, 작게 잘라서 다발로 묶어 잘린 그루터기 모양으로 만든다. 자른 단면이 보이도록 담는다. 트론케티는 '작게 자른 그루터기'라는 의미로, 일반적으로 크리스마스 케이크에 사용되는 이름이다.

트리폴리니 tripolini p.229
마팔데(p.228)를 세로로 2등분한, 한쪽면만 주름이 있는 롱파스타.

ㅍ

파고티니 fagottini p.172
'작은 보따리'라는 의미의 만두형 파스타. 소를 올리고 사각형 반죽의 네 모서리를 위로 모아서 붙인 모양이나, 일본의 차킨시보리 같은 모양으로 만든 것이 일반적이다.

파르팔레 farfalle p.144
'나비'라는 뜻으로 이름처럼 나비모양을 한 에밀리아로마냐주의 쇼트파스타이다. 같은 주의 모데나 일대에서는 오래전부터 이런 나비모양의 파스타를 스트리케티(strichetti)라고 불렀다. 사각형 반죽의 가운데를 손가락으로 집어서 붙이거나 또는 비틀어서 나비모양으로 성형하였다. 작은 것은 '파르팔레테(farfallette)'라고 한다. 건면도 많이 유통된다.

파사텔리 passatelli
에밀리아로마냐주의 빵가루로 만든 쇼트파스타. 'passata(체에 내리다)'가 어원이다. 빵가루에 달걀과 치즈를 넣어 만든 반죽에 구멍이 뚫린 전용도구를 대고 눌러서, 짧은 끈모양의 파스타를 만들었다. 포테이토매셔를 대신 사용하기도 한다.

파스타 그라타타 pasta grattata p.201
완성된 반죽을 치즈용 강판 등으로 갈아서 작게 만든 파스타.

파스티나 pastina p.112
'작은 파스타'라는 뜻으로, 주로 수프에 넣는 미니파스타를 통틀어 부르는 이름이다. 여러 가지 모양이 있고, 각각 고유의 이름이 있는 것도 많다.

파케리 paccheri p.117~118/p.239~240
캄파니아주의 구멍이 큰 튜브모양 파스타. 건면이 많이 보급되었지만, 생면도 있다. 표준어로는 '스키아포니(Schiaffoni)'라고 한다.

파파르델레 pappardelle p.90~91
가장 너비가 넓은(3cm 정도) 롱파스타로 토스카나주에서 시작되었다. 달걀과 연질밀가루로 만든 반죽으로 만든다.

판소티 pansotti p.164
리구리아주의 삼각형 라비올리. 여러 가지 채소와 리코타를 속에 넣는 것이 정통이다.

페델리니 fedelini
지름 1.4mm 정도의 가는 롱파스타. 피델리니라고도 한다.

페르차텔리 perciatelli p.225
가운데에 구멍이 있는 롱파스타. 부카티니와 같은 것으로, 나폴리 일대에서 부르는 이름이다.

페투체 fettucce p.86
너비가 넓은 롱파스타. 모양은 토스카나주에서 시작된 파파르델레와 거의 비슷하며, 페투체는 나폴리 등 이탈리아 남부 일대에서 부르는 이름이다. 세몰리나 밀가루와 물로 반죽하는 것이 기본이다.

페투첼레 fettuccelle p.85
리본모양의 롱파스타. 로마의 페투체와 거의 비슷한 모양으로, 페투첼레는 나폴리 등 이탈리아 남부 일대에서 부르는 이름이다. 세몰리나 밀가루와 물로 만드는 것이 기본이다. 페투체('리본'이라는 의미)의 축소형이다.

페투치네 fettuccine p.84
리본모양의 롱파스타. 탈리아텔레와 거의 비슷한 모양이지만, 일반적으로 페투체가 조금 더 넓다(8~10mm). 탈리아텔레는 에밀리아로마냐주에서 시작되어 이탈리아 전역으로 퍼졌지만, 페투치네는 로마일대에서 부르는 이름이다. 페투체('리본'이라는 뜻)의 축소형이다.

펜네 penne p.234
어슷하게 자른 튜브모양의 쇼트파스타. 펜 앞부분의 모양을 닮았다고 해서 붙여진 이름이다. 줄무늬가 있는 '펜네 리가테(penne rigate)'와 줄무늬가 없는 '펜네 리셰(penne lisce)'또는 '펜네 치테(penne zite)'가 있다.

펜네테 pennette p.235~236
'작은 펜네'라는 의미로, 펜네보다 조금 작게 만든 것을 말한다.

푸실리 룬기 fusili lunghi p.104
'긴 푸실리'라는 의미로, 나선모양의 롱파스타(생면)이다. 가늘고 길게 민 반죽을 꼬챙이나 막대에 감아서 나선모양으로 만든다. 건조 파스타로도 유통되고 있다. 쇼트파스타인 푸실리가 잘 알려져 있지만, 푸실리 룬기가 원조이다.

푸실리 칠렌타니 fusili cilentani p.102
구멍이 있는 롱파스타. 막대모양의 반죽에 가는 막대나 꼬챙이를 넣고, 이것을 중심으로 튜브모양으로 만든다. 칠렌타니는 '칠렌토풍'이라는 뜻으로, 나폴리 남부 지방에서 유래한 이름이다.

푸실리 fusili p.247
스프링, 나사, 프로펠러처럼 나선모양의 홈이 있는 쇼트파스타.

프라스카렐리 frascarelli p.206
마르케주 등에서 만드는 알갱이형 파스타. 밀가루에 물을 뿌리고 흔드는 과정을 반복하여 덩어리를 만든다. 크기가 일정하지 않은 것이 특징이다.

프레골라 fregola
사르데냐주의 알갱이형 파스타. 세몰리나 밀가루에 물을 넣어 반죽하는 과정을 반복하여 알갱이를 크게 만든다. 사르데냐의 방언으로는 '프레굴라(fregula)'라고 한다. 건면도 많이 유통되고 있다.

피사레이 pisarei p.198
밀가루에 빵가루를 섞어서 만든 반죽을 작은 덩어리로 성형한 뇨키. 에밀리아로마냐주 피아첸차의 명물이다.

피오케티 fiocchetti
나비모양의 파스타. 파르팔레와 같다.

피초케리 pizzoccheri p.135 / p.203
① 발텔리나풍: 메밀가루를 사용한 시트모양 파스타. 롬바르디아주 북부의 산맥인 발텔리나 지역의 것으로, 짧게 자른 것이 정통이다.
② 키아벤나풍: 밀가루와 물로 묽게 만든 반죽을 슬라이서식 도구에 통과시켜 끓는 물에 직접 떨어뜨려서 삶는 알갱이형 파스타. 롬바르디아주 북부의 발텔리나 지역에 위치한 키아벤나의 독자적인 파스타이다.

피치 pici p.98~99
손으로 늘려서 만든 우동모양의 롱파스타. 피치는 토스카나주에서 부르는 이름으로, 시에나 일대에서 시작되었다. 지역에 따라, 핏치, 핀치 등으로 부른다. 연질밀가루와 물로 만든 것이 기본이다. 스트란고치(움브리아주), 움부리첼리(움브리아주), 마나테(바실리카타주), 스파게토니(이탈리아 남부) 등이 같은 종류이다.

피카제 picagge
리본모양의 롱파스타로, 리구리아주에서 부르는 이름이다. 모양은 탈리아텔레, 또는 파파르델레와 거의 비슷하다.

필레야 fileja p.115
칼라브리아주의 마케로니(마카로니). 막대모양 반죽에 나무막대 등을 올리고, 막대를 비스듬히 앞쪽으로 당겨서 반죽을 튜브모양으로 성형한다.

일 러 두 기

● **파스타의 분류**

크게 생파스타와 건조 파스타로 분류하며, 다시 모양에 따라 롱, 쇼트, 만두형(라사냐 등의 시트모양 파스타도 포함), 뇨키, 알갱이형 파스타로 나눠서 정리하였다. 이 책에서는 사용방법을 기준으로 분류했기 때문에, 롱 파스타라도 짧게 잘라서 사용하는 건조 파스타(치테나 칸델레) 등은 쇼트로 분류하였다.

● **요리설명**

파스타 반죽의 배합은 가루의 건조도나 주방의 온도, 습도 등에 따라 미세하게 달라지므로, 이 책의 설명을 참고해서 상황에 맞게 응용해야 한다. 파스타의 크기나 삶는 시간, 소스의 분량, 조리시간 등도 대략적인 기준을 표시한 것이다.

파스타 1인분의 분량은 각 셰프의 레스토랑 메뉴 중 단품요리인 아 라 카르테(A La Carte)를 기준으로 한다. 또한, 완성된 요리사진은 1인분이 아닌 경우도 있다.
반죽 만드는 방법, 파스타 보관 방법은, p.51~54의 〈기본 반죽 만드는 방법〉과 〈보관 방법〉을 참고한다. 특별한 경우는 각 레시피에 따로 설명하였다.

여러 가지 브로도(육수)나 수고(파스타 소스), 기본 소스(토마토소스, 베샤멜소스, 페스토 제노베세 등), 수제 재료(드라이토마토, 살시차 등)의 만드는 방법은 p.253 〈플러스 레시피〉를 참고한다. 또한 레시피에 사용된 여러 용어의 설명은 p.26 〈알아두면 좋은 관련 용어〉를 참고한다.

● **레시피의 지도**

관계된 지역을 대략적으로 알 수 있도록 해당 지역을 색깔로 표시한 지도를 실었다. 단, 지역성에 대해서는 여러 가지 해석이 있고 요리는 주단위로 구분되지 않으므로, 어디까지나 참고사항이다.

파스타의 발상지와 소스의 지역성(응용하기 포함)
이 어느 정도 일치하는 요리

파스타의 발상지 ■ 와 소스의 지역성 ■ (응용하기 포함)이 어느 정도 일치하는 요리

[지도가 없는 경우]
특별한 지역성이 없는 것(전국적으로 퍼져 있는 것 포함), 여러 가지 가설이 있어서 지역성을 특정할 수 없는 것, 레스토랑에서 만든 것이나 개인이 만든 것 등.

● **기본재료**

- 00밀가루, 0밀가루 → 이탈리아의 연질밀가루. 정백도에 따라 00, 0, 1, 2, 인테그랄레(Integrale, 통밀가루)의 5가지 종류(TIPO)가 있으며, 가장 정백도가 높은 것은 00밀가루, 그 다음이 0밀가루이다.
- 세몰리나 밀가루 → 듀럼밀(경질밀의 일종)을 굵게 간 가루. 특별한 설명이 없을 경우, 가장 곱게 간 것[파리나 디 세몰라(Farina di Semola), 세몰라 리마치나타(Semola Rimacinata)]를 사용한다.
- 박력분, 중력분 → 일본의 경우 연질밀가루
- 준강력분, 강력분 → 일본의 경우 경질밀가루

※ 가루종류와 건조 파스타의 경우 ( ) 안에 제조사명을 기입하였다. 외국산의 경우, 나라명을 명시하지 않은 것은 이탈리아산이다. 일본 밀가루의 경우 브랜드명을 기입하였다.

- 달걀 → 1개 58g(달걀노른자 24g, 달걀흰자 34g)(Nishiguchi)
    1개 약 60g(달걀노른자 약 20g, 달걀흰자 약 40g)(Koike)
    1개 55g(달걀노른자 15g, 달걀흰자 40g)(Sugihara)
- E.V.올리브유 → 엑스트라버진 올리브유
- 토마토 → 특별한 설명이 없는 경우, 보통 크기의 생토마토를 말한다. 프루트토마토, 방울토마토, 홀토마토는 각각 표시하였다.
- 안초비 → 오일에 절인 필레.
- 케이퍼 → 특별한 설명이 없을 경우 소금절임.
- 마늘 → 특별한 설명이 없을 경우에는 껍질을 벗겨 사용한다. 일본산(Nishiguchi, Koike), 일본산 이탈리아종과 이탈리아산(Sugihara)
- 허브류, 버섯류 → 특별한 설명이 없을 경우 신선한 것을 사용한다.
- 향신료, 월계수잎 → 특별한 설명이 없을 경우 말린 것을 사용한다.
- 후추 → 흰 후추를 곱게 갈아 사용한다. 검은 후추인 경우에는 표시.
- 홍고추 → 이탈리아 칼라브리아주산(Nishiguchi, Koike), 일본산[칼라브리아주 계열의 이탈리아종](Sugihara)
- 생크림 → 유지방분 35%(Nishiguchi), 38%(Koike), 47%(Sugihara)
- 버터 → 가염버터는 사용하지 않는다.
- 파르미자노 치즈 → 파르미자노 레자노 치즈
- 파르미자노, 페코리노 등의 치즈 → 특별한 설명이 없을 경우 갈아서 사용한다.
- 리코타 치즈 → 특별한 설명이 없을 경우 우유로 만든 것을 사용한다.
- 사용한 재료에 대한 데이터는 2014년 4월 기준.

※ 스파게티, 펜네, 마카로니 등은 현재, 이탈리아 전역의 파스타로 정착되었다. 이런 파스타의 경우에는 소스의 지역성만 ■ 으로 표시한 것도 있다.

알아두면 좋은 관련 용어

가라스미からすみ 숭어·방어·삼치 등의 알집을 소금에 절여 말린 식품.

그라나 파다노 grana padano **치즈** 이탈리아 에밀리아로마냐 지역에서 우유로 만드는 치즈로 숙성기간이 매우 길다. 겉부분은 갈색으로 아주 좋은 냄새가 나고 섬세한 맛이 난다. 이탈리아 요리에 빠지지 않는 치즈.

그라우캐제 graukäse 산으로 응고시킨 회색 치즈.

그라파 grappa 포도를 압착 후 나머지를 증류한 것으로, 숙성하지 않아서 무색인 이탈리아 브랜디.

그리시니 grissini 스틱처럼 가늘고 길쭉하며, 껍질이 바삭바삭한 이탈리아의 빵.

긴가지 가늘고 긴 가지. 과육이 부드러워서 볶음이나 구이에 알맞다.

누벨퀴진 nouvelle cuisine 프랑스 고전요리에 대한 반발로 등장한 요리법. 향신료와 허브를 사용하고, 재료의 본래의 맛을 최대한 살리며, 고기의 사용을 줄이고 채소를 많이 이용하는 저칼로리 요리법이다.

누오바 쿠치나 nuova cuccina 누벨 퀴진의 영향을 받아 이탈리아에서 만들어진 이른바 신 이탈리아요리.

더치오븐 서양식 무쇠솥. 찜이나 스튜 등 시간이 오래 걸리는 요리를 할 때 유용하다.

동고冬菇 기온이 낮을 때 생겨서 갓이 덜 핀 상태의 표고를 수확해서 말린 것.

라구 ragù **소스** 이탈리아 요리에서 고기나 해산물을 잘게 자른 다음 조려서 만든 소스. 미트소스 등이 있으며 파스타에 많이 사용한다.

라드 lard 돼지고기 지방을 녹인 것.

라디키오 radicchio 흰색 잎줄기에 붉은 자주색 잎을 가진 이탈리안 치커리. '라디키오 로소 디 트레비소 radicchio rosso di treviso'는 트레비소산 라디키오를 말한다.

라르도 lardo 돼지 등지방을 소금에 절여 숙성시킨 이탈리아식 베이컨.

라스케라 raschera **치즈** 피에몬테 주에서 생산되는 우유나 탈지유로 만든 압착 반경질치즈.

람브루스코 lambrusco 에밀리아로마냐산 약발포성 와인.

마르살라 marsala **포도주** 시칠리아섬 마르살라산의 단맛이 강한 포도주.

마지팬 marzipan 으깬 아몬드에 설탕을 넣고 약한 불에 바특하게 끓여 굳힌 과자.

만생종晩生種 성장이 늦은 품종.

몬타시오 montasio **치즈** 프리울리베네치아줄리아 주 등 이탈리아 북동부에서 소젖으로 만든 하드치즈. 12개월 동안 장기숙성한 것을 사용한다.

민서 mincer 고기를 잘게 저미는 기계.

바칼라 만테카토 baccala mantecato 이탈리아식 대구요리.

바칼라 baccalà 소금에 절인 말린 대구.

보콘치니 bocconcini 이탈리아 남부 나폴리 지방에서 시작된 작은 크기의 모차렐라 치즈.

보타르가 bottarga 생선알을 소금에 절여서 말린 식재료.

부케가르니 bouquet garni 타임, 파슬리, 셀러리, 월계수잎 등을 묶어서 만든 것으로 스톡이나 소스 등의 향을 내는데 사용한다.

브로도 brodo 육수. 부용.

브로콜리 네리 broccoli neri 꽃봉오리가 작고, 크게 자란 잎을 먹는 품종이다. 쓴맛은 있지만 가열하면 단맛이 증가한다.

브로콜리 디 나탈레 broccoli di natale 잎이 많은 브로콜리 종류.

브론즈 다이스 bronze dies 겉면이 거칠거칠하게 뽑아지는 청동틀.

비토 bitto **치즈** 롬바르디아 주에서 생산되는 반경질 치즈로, 소젖 또는 소젖에 양젖이나 염소젖을 섞어서 만든다.

살라만데르 salamander 위에만 불을 쬐어 요리하는 오븐. 주로 요리 겉면만 구울 때 사용한다.

살사 마리나라 salsa marinara 마늘로 맛을 낸 토마토소스. 피자, 파스타 등에 사용한다.

살사 페베라다 salsa peverada 베네토주의 향토요리로, 닭간, 안초비, 피망 등을 넣어 만드는 소스.

살시차 salsiccia 이탈리아식 소시지.

샬랑오리 challans duck 17세기 네덜란드에서 전해진 조류와 들새의 교배종.

세콘도 피아토 secondo piatto 육류 또는 생선으로 만든 메인요리.

소뮤르 saumure **액** 식재료를 훈제할 때 절이는 소금물.

소테 sauté 버터나 기름을 두른 팬에 재료를 올리고 재빨리 볶는 요리방법.

소프리토 soffrito 잘게 썬 양파, 마늘 등을 기름 또는 버터로 옅은 갈색이 나게 볶은 것. 잘게 썬 파슬리, 셀러리, 당근 등을 넣기도 한다. 스튜나 수프의 베이스로 쓴다.

수고 디 카르네 sugo di carne 송아지 뼈, 채소 등을 넣고 우려낸 육수.

수고 sugo 파스타면을 버무리는 소스.

스카모르차 아푸미카타 scamorza affumicata 이탈리아 남부의 특산품인 훈연한 유제치즈.

스카모르차 scamorza **치즈** 이탈리아 남부의 캄파니아와 아브루초 지역에서 소젖 또는 소젖과 양젖을 혼합하여 만드는 치즈.

스투치키니 stuzzichino 식전요리.

스펙 speck 돼지고기 훈제 햄.

쌀가지 미국 품종인 블랙뷰티를 일본에서 품종개량한 가지.

아마레티 amaretti 아몬드가루로 만든 이탈리아식 마카롱 쿠키.

아시아고 asiago **치즈** 우유를 가열 압착해서 숙성시킨 세미하드 치즈.

알리오 올리오 aglio olio 알리오는 마늘, 올리오는 기름이라는 뜻으로, 올리브유에 마늘을 넣고 약한 불로 가열해서 만든 오일소스.

에스트라곤 estragon 국화과의 향초. 잎을 잘게 썰어 요리에 풍미를 내는 데 이용한다. 타라곤 tarragon 이라고도 한다.

은두자 nduja 살라미의 일종. 돼지고기, 지방, 소금, 칼라브리아산 빨간 칠리 고추 peperoncini로 만들어서 선명한 붉은색을 띤 매콤한 소시지.

준강력분 프랑스빵 전용 밀가루. 구하기 어려울 경우 강력분과 박력분를 7:3 정도로 섞어서 쓰기도 한다.

지비에 gibier 사냥으로 잡은 야생동물의 고기.

천사새우 뉴칼레도니아에서만 잡히는 왕새우. 달콤한 맛과 통통한 살 때문에 인기가 높다.

추파 디 페세 zuppa di pesce 토마토와 해산물을 넣고 끓이는 이탈리아식 해물 수프.

치메 디 라파 cime di rapa 순무의 무청.

카르돈첼리 cardoncelli 꾀꼬리버섯의 일종.

카르초피 carciofi 꽃봉오리 모양의 채소. 영어로는 아티초크 artichoke.

카볼로 네로 cavolo nero 이탈리아 투스카니가 원산지인 검은 양배추.

카세라 casera **치즈** 지방을 반 정도 없앤 소젖으로 만드는 경질치즈.

카스텔마뇨 castelmagno **치즈** 고대 기원 치즈로 치즈금형에 3일 동안 압력을 가해 성형한 다음 틀을 제거하고, 소금물로 간을 해서 동굴이나 지하실에 두고 2~6개월 동안 숙성시킨다.

카초 에 우오바 cacio e uova 치즈와 달걀을 사용해서 만든 파스타.

카초 에 페페 cacio e pepe 치즈와 후추로 만든 소스.

카초카발로 caciocavallo **치즈** 원래는 시칠리아 지방에서 암소젖으로 만드는 치즈인데, 지금은 이탈리아 전역에서 만든다. 표주박 모양.

카포나타 caponata 튀긴 가지에 샐러리, 그린올리브, 토마토, 양파, 케이퍼, 새콤달콤한 소스를 곁들이는 이탈리아의 채소요리.

칸놀리 cannoli 이탈리아의 전통과자. 튜브 모양의 바삭한 과자 안에 치즈 등을 채워서 만든다.

코코트 cocotte 도자기로 만든 작은 내열 냄비.

코테키노 cotechino 모데나 지방의 돼지고기로 만든 신선한 햄의 일종.

콩피 confit 프랑스 요리의 하나로 오리고기, 닭고기, 돼지고기 등에 소금을 뿌리고, 낮은 온도에서 고기 자체의 지방으로 익히는 것.

타자스카 taggiasca **올리브** 이탈리아 최대의 올리브 산지인 리구리아주에서 재배되는 올리브 품종.

탈레조 taleggio **치즈** 11세기경부터 롬바르디아의 산과 골짜기에서 만들어온 이탈리아의 대표적인 워시척타입 치즈. 가열과 압착을 하지 않는다.

트리파 trippa 소의 위.

팀발로 timballo 층층히 쌓는 케이크형 파스타.

파로 farro 고대부터 먹어온 곡물 중 하나로 이탈리아를 중심으로 한 지방에서는 그리스, 로마시대부터 익숙하게 먹어온 곡물이다.

파바타 favata 돼지고기와 콩을 섞어서 만드는 요리로 사르데냐주의 대표적인 향토요리.

파사타 디 포모도로 passata di pomodoro 토마토퓌레. 잘 익은 토마토의 껍질과 씨를 제거하고 바로 사용할 수 있도록 갈아놓은 것.

파야타 pajata 소의 내장.

파테 pâté 잘게 썬 고기를 양념한 다음 질그릇에 끓여서 그대로 식혀먹는 요리.

페스토 제노베세 이탈리아 제노바 지역에서 유래된 소스이며, 바질, 견과류, 올리브오일로 만든다.

페코리노 디 몬티 시빌리니 pecorino di monti sibillini 이탈리아 마르케주 산간 지방에서 만드는 양젖 치즈.

페코리노 로마노 pecorino romano 이탈리아의 사르데냐주와 라치오주에서 양젖을 오래 숙성시켜 만드는 하드치즈.

페코리노 사르도 pecorino sardo 사르데냐 섬의 양젖 치즈.

페코리노 시칠리아노 pecorino siciliano 시칠리아섬의 양젖 치즈.

페코리노 카네스트라토 pecorino canestrato 시칠리아섬의 양젖 치즈.

페코리노 칼라브레세 pecorino calabrese 칼라브리아풍 양젖치즈. 붉은 고추를 넣어 매운맛이 나는 것이 특징.

페코리노 토스카노 pecorino toscano 토스카나주에서 만드는 양젖을 압착해 숙성시킨 세미하드치즈.

페페론치노 peperoncino 이탈리아산 홍고추.

포르치니 porcini 쫄깃하고 독특한 향이 있는 이탈리아산 버섯.

폰도 브루노 fondo bruno 소뼈나 닭뼈, 채소 등을 넣고 푹 끓여서 만드는 갈색 육수.

폰두타 fonduta 치즈를 넣어 중탕한 볼에 빵이나 햄을 찍어 먹는 요리.

폰티나 fontina **치즈** 발레다오스타주에서 생산되는 우유를 발효하여 만든 반경질 치즈.

폴렌타 polenta 옥수수 가루로 끓인 죽. 프리울리지방의 전통음식.

폴페테 polpette 이탈리아식 미트볼.

프로슈토 코토 prosciutto cotto 소금에 절인 돼지고기를 익혀서 만든 햄.

프루트토마토 fruit tomato 품종명이 아니라 특별한 재배방법으로 만드는 고당도 토마토. 과일처럼 단맛이 나는 것이 특징이다.

프리모 피아토 primo piatto '첫 번째 접시'라는 뜻으로 각종 리소토 또는 파스타가 이에 속한다.

프리아리엘리 friarielli 캄파니아주의 대표적인 채소.

프리타타 frittata 달걀에 채소, 육류, 치즈, 파스타 등의 재료를 넣어서 만드는 이탈리아식 오믈렛.

피엔놀로 piennolo **토마토** 베수비오 화산 주변에서 수확하는 토마토 품종. 방울토마토처럼 크기가 작고, 껍질이 두꺼우며, 신맛과 단맛의 균형이 뛰어나서 오래 보관할 수 있다.

흰살코기 닭고기처럼 요리했을 때 살의 색깔이 연한 육류.

프 로 를 위 한 파 스 타 의 기 술

셰프 3인의
파스타

ALL THAT PASTA

소박한 파스타를 만들고 싶다

Nishiguchi Daisuke
VOLO COSI

● 주인공은 안티파스토와 세콘도 피아토에 양보한다

파스타에 대한 저의 가치관은 9년 동안 이탈리아에서 요리를 배우던 시기에 형성되었습니다.

이탈리아에서 머무를 때 일하던 레스토랑에서 주로 먹었던 파스타는 대부분 '파스타 비안카(pasta bianca)'였습니다. 스파게티, 펜네, 푸실리 등의 건면을 그라나 파다노 치즈와 올리브유만으로 버무린 정말 간단한 요리입니다. 왜냐하면 식사에는 반드시 파스타 앞에 안티파스토(전채)가 나오고, 파스타 뒤에는 세콘도 피아토(메인요리)가 나오기 때문입니다.

그런 경험을 바탕으로 도쿄에서 리스토란테(이탈리안 레스토랑)를 운영하고 있는 지금까지, 파스타는 단품요리라기보다 이탈리아 요리의 코스 중 하나의 카테고리일 뿐이라는 것이 저의 생각입니다.

- 스투치키니(stuzzicchini) – 식전요리
- 엔트라타(entrata) – 시작요리
- 안티파스토(antipasto) – 전채요리
- 프리모 피아토(primo piatto) – 파스타, 리소토
- 세콘도 피아토(secondo piatto) – 메인요리
- 돌체(dolce) – 디저트
- 피콜라 파스티체리아(piccola pasticceria) – 한입크기의 작은 과자

이렇게 계속되는 코스 중에서 파스타의 역할은 어디까지나 세콘도 피아토를 맛있게 먹을 수 있도록 돕는 것입니다. 인상적일 수는 있지만 맛과 볼륨에서 앞뒤에 나오는 요리와 균형이 맞아야 하고, 너무 튀지 않아야 한다고 생각합니다.

맛에서 특히 중시하는 것은 주인공은 안티파스토와 세컨드 피아토에 양보해야 한다는 것입니다. 육류가공품이나 치즈 외에 제철 식재료를 신선한 상태로 또는 마리네이드해서 보기 좋게 담아내는 안티파스토, 고기와 생선의 풍부한 맛을 직접적으로 표현하는 세콘도 피아토. 그 사이에 있는 파스타는 앞뒤의 요리에서 사용하지 않은 부위나 부분을 파스타 맛내기에 사용합니다. 이탈리아에서 배운 파스타란 그런 것이었습니다. 식재료를 남김없이 잘 활용하면서, 밀가루의 맛을 전면에 내세워 가치 있는 프리모 피아토로 승화시키는 것, 이것을 가장 중요하게 생각합니다.

● 재료를 효과적으로 활용한, 친근한 맛을 소중히 여긴다

매장의 파스타 메뉴에 있는 '폴렌타(polenta)와 탈레조(taleggio) 라비올리(ravioli)'가 대표적인 예입니다. 가장 맛있는 폴렌타는 갓구운 '폴렌타 프레스카(polenta fresca)' 이지만, 이것은 대량으로 만들어야만 맛이 좋습니다. 하지만 많이 만들면 남는게 당연하니 그렇게 남은 폴렌타를 활용하여 어떻게 맛있는 음식을 만들어낼지 고민한 결과 '폴렌타와 탈레조 라비올리'가 만들어졌습니다. 이탈리아에는 이렇게 만들어진 파스타 요리가 많습니다.

그때 그 장소에 있는 재료로 간단하게 만들 수 있기 때문에, 파스타 요리는 매우 일상적이고 친근한 존재로 남아있을 수 있었습니다. 또한 이탈리아에서는 물론, 아마 일본에서도 사람들은 파스타에서 '마음이 편해지는 맛'을 찾는다고 생각합니다. 제가 소박한 파스타를 만드는 이유도 바로 여기에 있습니다.

● '이탈리아인에게 파스타란'을 염두에 두고 만든다

이탈리아인 친구에게 '파스타는 무엇일까?'라고 물어보았습니다.
- 살아가는 이유(Base della vita)_ 도쿄에서 일하는 셰프
- 이탈리아의 상징(Simbolo dell'italianità)_ 밀라노 1성급 리스토란테의 오너 셰프
- 매일매일의 즐거움(Piacere della quotidianità)_ 이탈리아 주재 건축가
- 끊임없는 발견, 세상을 밝혀주는 것(Una scoperta continua e lo specchio di un territorio)_ 트레비소에 있는 리스토란테의 오너 셰프

이런 대답에서 알 수 있듯이 파스타는 이탈리아의 상징이자 의미입니다. 여기에 덧붙여, 4명이 공통적으로 이야기한 것은 '하루도 먹지 않는 날이 없다!', '파스타를 먹지 않으면 힘이 나지 않는다!'라는 것입니다.

그런 이유로 나는 '매일매일 먹고 싶고 먹을 수 있는 파스타'를 만들고 싶습니다. 이탈리안 레스토랑이라고 하면 고급 식재료를 이용하여 화려한 파스타를 만든다고 생각하지만(단, 트러플에 한해서는 매우 고급스럽다고 할 수 있습니다), 이탈리아에 뿌리를 둔 파스타는 원래 그렇지 않습니다. 고급 레스토랑이라도 친근하게 느껴지는 요리를 추구하고 싶습니다.

Nishiguchi Daisuke
西口大輔

1969년 도쿄에서 태어났다. 88년부터 도쿄 니시아자부의 '카피톨리노'(현재 폐점)에서 이탈리아 요리를 배우기 시작하였다. 93년 이탈리아로 건너가, 북부의 베네토주와 롬바르디아주에서 이탈리아 요리를 배우며 일했다. 귀국 전 마지막으로 일했던 밀라노의 '사들레르'에서는 파스타 셰프를 맡았다. 96년에 귀국하여 도쿄 요요기 근처의 '부오나 비타'(현재 폐점)에서 요리장으로 활약한 다음, 2000년에 다시 이탈리아로 건너갔다. 밀라노 남부에 위치한 파비아 지방의 '로칸다 베키아 파비아'라는 리스토란테에서 요리장으로 5년 동안 일하고, 2006년 귀국하여 도쿄 시내 주택가에 '볼로 코지(VOLO COSI)'를 열었다.

VOLO COSI
주소 도쿄도 분쿄구 하쿠산 4-37-22
　　 [東京都 文京区 白山 4-37-22]
전화 03-5319-3351
URL http://volocosi.com

역사의 낭만이 가득한 향토요리 파스타

Koike Noriyuki
INCANTO

● 작은 파스타 너머로 보이는 웅장한 낭만에 매료되다

지금은 전 세계로 퍼져나가 사랑받는 이탈리아 요리이지만, 누구에게나 떠오르는 이탈리아 요리의 이미지는 백발백중 '파스타'라고 말해도 될 것입니다.

이탈리아 요리는 '향토요리의 집합체'라는 말이 있듯이 북부에서 남부까지 다양한 기후 풍토와 지리적인 차이에 의해 형성되었으며, 그중에서도 파스타는 수천 가지로 응용되어 지역성이 가장 잘 반영된 것이라고 할 수 있습니다. 또한, 선사시대와 고대까지 포함하여 수천 년의 역사를 지니며, 지금도 그 배경이 깊게 남아있다는 점에서 웅장한 낭만을 느낍니다.

제가 셰프로 일하는 레스토랑에서는 이탈리아 전 지역을 거의 망라한 파스타 요리를 제공하고 있습니다. 파스타를 사랑하게 된 시점은 처음 요리를 배운 레스토랑에서 먹었던 '제노베세 페스토 링귀니', '정어리와 펜넬소스 스파게티', '아마트리치아나 부카티니'부터입니다. 리구리아, 시칠리아, 로마 등 각 지방을 대표하는 예나 지금이나 변함없는 전통 파스타 요리이지만, 당시에는 그런 점을 알지 못한 채 단지 맛에 대한 감동과 충격에 휩싸여 파스타의 포로가 되어버렸습니다. 그 후로 일을 배우고 공부하면서 다양한 민족과 도시국가가 뒤얽혀 있는 이탈리아 향토요리의 생성 과정에 대해 알게 되었고, 탐구하고 싶은 마음이 점점 강해졌습니다.

'이 지역에는 어떤 향토요리가 있을까?', '~풍이라고 불리는 거리는 어떤 거리일까?', '이 요리의 유래는 무엇일까?' 계속해서 의문점이 늘어가던 중, 가장 궁금했던 것은 파스타의 향토성과 지역성이었습니다. 요리를 배우러 이탈리아에 가면 그 다양성에 이끌려서 서에서 동으로, 북에서 남으로 구석구석 돌아다니게 되었습니다. 지금 매장을 찾는 손님들이 가장 흥미로워하는 부분도 그런 파스타의 다양성이라고 생각합니다.

● 이탈리아에서 느낀 '느긋함'과 '엄격함'

파스타를 만들 때마다 느끼는 것은 일본에서는 밀가루, 물, 달걀 등의 양을 정확하게 계량하고 만드는 방법을 충실히 지키는 것이 일반적이지만, 이탈리아에서는 그렇게까지 엄격하게 지키지 않는다는 것입니다. 계량은 처음에만 대략적으로 계량하고, 나머지는 손과 손끝이 기억하는 감각으로 늘 만들던 자신만의 맛을 만듭니다. 자연스럽게 이루어진다고 해야 할까요? 그 점에 매우 놀랐고, 또 매우 훌륭하다고 생각합니다.

또한 예를 들어 어떤 거리의 전통 파스타라도 그 지역에서는 대부분의 사람들이 어렸을 때부터 먹어서 익숙한 '어머니의 손맛'입니다. 따라서 어머니의 수—즉 만드는 사람의 수만큼 만드는 방법이 있고, 재료 등도 조금씩 차이가 나는 것이 일반적입니다. 그러나 먹어보면 어느 것이나 모두 공통적인 '전통의 얼굴'과 '전통의 맛'이 있습니다. 전통의 참뜻에 대해 생각하게 된 시간이었습니다.

이탈리아에서는 리스토란테(레스토랑)든 트라토리아(작은 식당)든 파스타를 다루는 것은 셰프의 포지션이며, 전형적인 가족경영방식으로 운영되는 식당에서는 셰프의 어머니나 할머니의 일이었습니다. 눈을 피하고 싶을 만큼 많은 양의 만두형 파스타를 순식간에 성형하고 나보다도 굵은 팔과 손가락으로 능숙하게 오레키에테 등의 작은 파스타를 만들어내는 셰프와 여성들의 모습에 압도되었고, 이탈리아인에게 피와 살의 일부인 파스타의 강력한 존재감을 느낄 수 있었습니다.

그런데 '파스타를 만드는 곳'은 가족이나 요리사들의 '만남의 장'인 동시에 영업이 시작되면 성난 고함이 오가는 소란스러운 '전쟁터'이기도 합니다. 영화의 한 장면 같은 광경에, 제가 정말 이탈리아에 있다는 사실을 실감했던 일도 잊을 수 없습니다.

● 이탈리아 전통에 가까워지기 위해 여러 가지 파스타에 도전하는 나날

매장에서는 지금 여러 가지 생파스타를 만들고, 여러 가지 이탈리아 밀가루들을 다루고 있습니다. 준비한 양, 보관상태, 기간, 계절 등에 따라 상태가 달라지므로, 필요한 수분, 반죽 정도, 걸리는 시간 등도 변할 수밖에 없고 제가 정한 대로 작업이 진행되기는 어렵습니다.

예전에는 그런 점을 이해하지 못한 채 일을 진행했지만, 최근에는 '그것이 이탈리아 요리다'라는 느낌으로 마주하게 되었습니다. 어떻게 보면 뒤죽박죽으로 보일지 모르지만, 반죽의 크기도, 조합하는 소스의 상태도, 논리적으로 이해하는 것이 아니라 자연스러운 느낌으로 '늘 먹던 맛', '그 거리의 그 요리'를 만들 수 있어야 비로소 이탈리아의 전통에 한걸음 다가가는 것이 아닐까 생각합니다.

숫자나 순서에 대한 설명만으로는 알 수 없는 무엇인가를 터득하기 위해, 매일매일 파스타에 귀를 기울이며 만들고자 합니다.

Koike Noriyuki
小池敎之

1972년 사이타마현에서 태어났다. 1993년부터 '라 코메타'(도쿄 아자부주반)에서 요리를 배우기 시작하여 약 5년 동안 일을 배운 다음, '파르테노페'(도쿄 미나미아자부, 에비스)에서 3년 동안 일했다. 그 때를 전후로 여러 곳에서 일하며 경험을 쌓았고, 2003년 이탈리아로 건너갔다. 북부는 트렌티노알토아디제주와 피에몬테주, 중부는 움브리아주, 남부는 풀리아주와 시칠리아주, 캄파니아주의 트라토리아(작은 식당)나 리스토란테(레스토랑) 등 약 6곳에서 이탈리아 요리를 배웠다. 그러면서 틈틈이 정육점에서 가공기술을 배우는 등 각지를 돌아다니며 다양한 향토요리와 전통적인 식문화를 습득하였다. 2006년 귀국하여 2007년에 '인칸토(INCANTO)'를 열고 셰프로 일하고 있다.

INCANTO
주소 도쿄도 미나토구 미나미아자부
　　 4-12-2, 뷰아레 히로 2F
　　 [東京都 港区 南麻布 4-12-2
　　 ビユアーレ広尾 2F]
전화 03-3473-0567
URL http://www.incanto.jp

파스타는 나의 소울푸드

Sugihara Kazuyoshi
OSTERIA O'GIRASOLE

● 경험이 쌓여야 얻을 수 있는 '감각'이 해답

이탈리아 요리를 만드는 셰프를 생업으로 삼고 있는 저에게 있어서 파스타는 커다란 주제이며, 가장 마음이 가는 분야입니다. 어떨 때는 파스타란 무엇인지 생각을 거듭하다가 이탈리아 파스타에 대해 알아보고, 그것들을 일본에서 만들 때 주의할 점은 무엇인지 생각합니다. 모든 것이 중요하고, 생각해야 할 것과 공부해야 할 것이 매우 많습니다. 그러나 가장 중요한 것은 '무엇이 옳은가?'가 아니라, 좀 더 감각적으로 전체를 보아야 한다는 점입니다.

예를 들어, 파스타의 알덴테. 만약 살면서 단 한 번 이탈리아에서 식사할 기회가 있었다면, 그 사람에게 본고장의 알덴테는 그 한 번의 경험이 전부일 것입니다. 하지만 경험이 많을수록 '날것에 가까운 알덴테부터 부드러운 알덴테까지' 다양한 알덴테가 있다는 것을 알고, 그 차이를 경험하면서 주관적으로 알덴테에 대해 정리할 수 있게 됩니다.

실제로 이탈리아에서도 모두가 단단한 알덴테를 선호하는 것은 아닙니다. 일반적으로 남쪽으로 갈수록 단단해지는 경향이 있지만, 객관적으로 본다면 남쪽에서도 그렇게 단단하게 삶지 않는 경우도 있습니다. 이런 현실 속에서 무엇이 올바른 알덴테인가를 논하기보다는, 그런 차이를 감각적으로 이해하고 자유롭게 응용할 수 있는 것이 더 중요하다고 생각합니다.

● 변해가는 이탈리아와 손님들의 희망, 모든 현실을 고려한다

현재, 이탈리아 전체에서 10살 정도의 아이가 먹고 있는 일상적인 식사를 비교해 보면, 20년 전에 비해 이탈리아 전체가 균일화되었습니다. 음식의 전통이 가장 확실하게 반영되는 것은 파스타를 시작으로 하는 프리모 피아토(primo piatto)이지만, 현재는 이탈리아 북부에서도 토마토소스로 버무린 펜네를 일상적으로 먹고, 피자의 인기도 매우 높습니다. 남부의 전형적인 파스타나 요리를 북부에서도 얼마든지 먹을 수 있게 된 것입니다. 전통적인 음식이나 식재료를 지키자는 슬로푸드 운동이 일어났다는 것은 전통이 사라지고 있다는 증거입니다. 무슨 일에든 보수적인 이탈리아에서 가장 보수적인 음식 분야가 최근 10년, 15년 사이에 과감하게 변화하고 있습니다. 결코 환영할 만한 변화는 아니지만, 그것이 사실입니다.

그렇다면 나는 수년 전에 이탈리아에서 배운 경험으로 무엇을 표현할 수 있을까?

파스타를 통해 무엇을 할 수 있을까? 무엇이 하고 싶은가? 오랫동안 자문자답해보았습니다. 진짜 이탈리아를 전하기 위해서 십여 년 동안 변화한 이탈리아를 전해야 하는 것일까, 아니면 옛날에 좋았던 이탈리아를 전하는 회고주의가 좋은 것일까.

사실, 손님 중에는 본적도 들은 적도 없는 이탈리아 남부의 쇼트파스타보다, 우리에게 익숙한 스파게티를 먹고 싶어하는 손님도 있습니다. 반면, 모처럼 하는 외식이므로 희귀한 파스타를 먹고 싶어하는 손님도 있습니다. 요구하는 것이 각자 다른데, 이쪽에서 안일하게 대처한다면 어느 쪽도 만족시킬 수 없을 것입니다.

● **파스타는 손님들을 이탈리아 요리의 세계로 이끄는 중요한 루트이다**

마음은 아직도 혼란스럽지만 그래도 방향성은 조금씩 정리되어 가고 있습니다. 나폴리를 중심으로 한 이탈리아 남부에서 요리를 배운 저에게 있어서 파스타는 그야말로 소울푸드입니다. 누구에게도 지고 싶지 않다는 열정의 대상이기도 하고, 철저하게 매달리고 싶은 대상입니다. 또한 저의 최대 무기라고도 생각하고 있습니다.

그러나 배운 것을 일방적으로 선보이는 것이 아니라, 손님들과의 소통을 통해 조금씩 저의 세계로 이끌어올 생각입니다. 생면보다 건면, 건면 중에서도 스파게티가 더 좋다는 손님에게는 기쁜 마음으로 스파게티를 제공합니다. 단지 그럴 때는 조금 더 특별한 소스를 제안하기도 합니다. 마음에 들었다면 다음에는 '이 소스에는 사실, 이런 생면이 더 잘 어울립니다. 또 같은 반죽으로 이런 식감의 파스타도 만들 수 있답니다'라고 점점 저의 파스타 세계로 인도해가는 것입니다.

처음에 '무엇이 옳은가?'가 아니라, '좀 더 감각적으로 전체를 보아야 한다'라고 말한 이유가 여기에 있습니다. 이탈리아 요리는 매우 폭넓고 깊이가 있는 훌륭한 세계입니다. 그런데 입구에서 옳은지, 옳지 않은지에 대한 생각에만 사로잡혀 있다면, 그 뒤에 있는 환상적인 세계를 손님들에게 맛보이는 일은 불가능할 수밖에 없습니다. 시작하는 방법은 그때그때 달라도 괜찮다고 생각합니다.

단, '진부한 응용'을 긍정하고 있는 것은 아닙니다. 틀림없이 이탈리아 요리의 매력은 과거의 산물인 지방요리, 전통요리에 있습니다. 그리고 전통요리는 오랫동안 만들면서 자연스럽게 변화하고 있으므로, 현재 우리들 앞에 있는 전통요리는 다양한 변화를 이루어 온 결과입니다. 변화시키는 것이 아니라 변화할 때까지 끊임없이 만들어가야 합니다. 그 끝에 새롭고 밝은 미래가 기다리고 있기 때문입니다.

Sugihara Kazuyoshi
杉原一禎

1974년 효고현에서 태어났다. 니시노미야시[西宮市]의 '페페'에서 이탈리아 요리를 배우기 시작하였다. 5년 반 동안 경험을 쌓고, 97년 이탈리아로 건너갔다. 캄파니아주 나폴리의 '라 칸티나 디 트리운포'에서 2년, 같은 주의 소렌토 근처 '토레 델 사라치노'에서 2년 동안 요리를 배웠다. 또한 '파스티체리아'에서도 요리를 배워 나폴리 외에도 이탈리아 남부 디저트에 정통하다. 귀국 후 2002년에 아시야 시내에 '오스테리아 오 지라솔레(OSTERIA O'GIRASOLE)'를 열었다. 2014년 6월에는 같은 시내로 이동하여, 커피와 술 등을 파는 바르(bar)를 만들고 테이크 아웃용 디저트도 판매하고 있다.

OSTERIA O'GIRASOLE

주소 효고현 아시야시 미야즈카초 15-6
　　큐브아시야 1층
　　[兵庫県 芦屋市 宮塚町 15-6
　　キューブ芦屋 1F]
전화 0797-35-0847
URL http://www.o-girasole.com

셰프 3인의 파스타 노하우

1

반죽재료에 대한 포인트는?

밀가루

● 파스타의 출신지역이나 요리의 지역성에 맞게 사용한다 _Koike

먼저 크게 나누면, 이탈리아 북부 일대와 토스카나주 주변 중북부의 파스타는 00밀가루나 0밀가루 등의 연질밀가루로 만들고, 라치오주 일대 중남부의 파스타는 연질밀가루를 사용하면서 경질밀가루(세몰리나 밀가루)를 사용하는 빈도를 높이고, 남부는 경질밀가루 중심으로 사용한다. 이와 같이 파스타의 출신지역과 요리의 지역성에 맞게 밀가루를 선택하는 것이 기본이다.

　예전에는 일본산 강력분, 박력분, 통밀가루를 사용하였지만, 이탈리아산 밀가루를 구할 수 있게 되면서 양쪽을 섞어서 사용하거나 각각 단독으로 사용하게 되었다. 현재는 대부분 이탈리아산을 사용한다.

　이 책에서 사용한 이탈리아산 밀가루는 앞에서 설명한 지역에 따른 분류와 함께 단백질 함유량이나 정제도 등도 고려하여, 여러 회사의 제품을 시험해보고 스스로 생각한 이미지에 맞춰서 결정하였다. 그중에는 제조사의 소재지를 보고 결정한 것도 많다. 예를 들어 캄파니아주의 파스타에는 나폴리에 있는 카푸토(Caputo)의 제품을 사용한다. 실제로 이처럼 파스타의 출신지역과 가까운 곳에 위치한 제조사의 밀가루를 사용하면 밀가루의 향이나 식감, 분위기 등으로 파스타의 완성도가 높아진다는 사실을 실감하고 있다.

하지만 세분화된 다양한 이탈리아산 밀가루를 모두 구할 수도 없고, 실제로는 품질에도 차이가 있어서 결함 있는 제품도 있어 안정적인 공급이 어렵다. 또한 소규모 레스토랑에서는 품질이 노화되기 전에 25kg짜리 밀가루 1봉지를 모두 사용하기는 어려운 일이다. 그래서 회전 속도가 빠른 1kg짜리 제품 중에서 비교적 안정적으로 재고를 확보할 수 있는 것 등 여러 가지 조건을 보고 판단한다. 세몰리나 밀가루는 카푸토와 데체코(De Cecco), 00밀가루는 마리노(Marino), 몰리니(Molini), 카푸토의 제품을 주로 사용하고 있다.

　특히 마음에 드는 것은 피에몬테주에 위치한 마리노의 제품으로 돌절구로 빻은 밀가루이다. 일반적인 정제밀가루에 비해 다루기 어렵지만 진한 향이 매력적이어서 인기가 높다.

한편, 일본산 밀가루는 전체적으로 정제도가 높고, 입자가 곱다. 또, 품질도 좋으며, 유통도 안정적이다. 요리를 시작하고 오랫동안 사용해온 제품인만큼 특성을 잘 알고 있는 것도 많아서, 원하는 이탈리아의 맛을 잘 표현할 수 있을 경우에 사용하기도 한다. 도쿄제분[東京製粉]의 강력분도 그중 하나이다.

● 밀의 소박한 향이 남아 있는, 돌절구로 빻은 밀가루_Nishiguchi

파스타에 사용하는 밀가루 중 00밀가루와 세몰리나 밀가루는 모두 피에몬테주에 있는 마리노의 제품을 사용한다. 돌절구에 빻은 밀의 소박한 향이 마음에 들어서 이탈리아에서 귀국한 후에도 계속 사용하고 있다.

그 외에 일부 파스타(카바텔리, 크레스펠레, 빵 뇨키 등)에 닛신제분[日淸製粉]의 준강력분인 '리스도르(lys d'or)'를 사용한다. 이탈리아에서 처음 귀국할 당시에는 이탈리아 밀가루가 수입되지 않았기 때문에, 일본 밀가루 중에서 가장 이탈리아 밀가루에 가깝게 느껴져서 사용하기 시작했다. 현재는 대부분의 생면을 마리노 제품으로 만들고 있지만, 밀가루를 보조적으로 사용하는 레시피에서는 이 준강력분을 사용한다.

● 달걀을 넣은 반죽과 넣지 않은 반죽으로 단순하게 분류한다_Sugihara

달걀을 넣는 반죽에는 00밀가루를 사용하고 달걀을 넣지 않는 반죽에는 세몰리나 밀가루를 사용하는데, 대부분의 파스타를 이렇게 분류하여 만든다. 나머지는 변칙적으로 강력분과 박력분을 보조적으로 사용하는 정도이다.

00밀가루와 세몰리나 밀가루는 모두 나폴리가 본거지인 카푸토의 제품이다. 이 회사는 1924년 창업한 제분회사로, 이탈리아산 밀(주산지 움브리아주, 마르케주)을 베이스로 하고, 그 밖에 이탈리아에서 엄선한 밀, 또는 유럽산 고품질 밀을 블렌드한 제품도 판매한다. 나폴리에 있을 때부터 사용해서 익숙하기도 하지만, 현재 일본에 수입되는 이탈리아산 밀가루 중에서 가장 만족하는 품질의 제품이다.

달걀

● 달걀노른자의 깊은 맛과 달걀흰자의 탄력을 중시한다_Nishiguchi

4년 전부터 아오모리현의 '미도리노 이치방보시[綠の一番星]'라는 상품명의 달걀을 사용하고 있다. 껍질이 연녹색인데, 이것은 아오모리현 축산시험장에서 개발된 닭(남미 칠레 원산의 아라우카나종과 로드아일랜드레드종을 교배한 품종)의 특징이다. 항생물질을 사용하지 않고 알파리놀렌산이 풍부한 들깨를 위주로 한 사료를 먹인다고 한다.

이 달걀이 마음에 드는 이유는 달걀노른자는 단맛과 깊은 맛이 강하고, 달걀흰자는 부풀어 올라 탄력이 있다는 점이다. 특히 라비올리와 같은 만두형 파스타의 경우, 매끄럽고 탱탱한 식감을 만들기 위해서는 달걀흰자의 역할이 중요하다. 매장에서는 달걀을 넣은 파스타 반죽을 만드는 경우가 많기 때문에, 달걀의 질이 매우 중요하다.

반죽을 만들 때도 너무 많이 치대면 반죽의 온도가 올라가 달걀이 노화되기 때문에 너무 세게 치대지 않는다. 모든 반죽은 손으로 반죽한 다음 진공포장해서 휴지시키는데, 진공상태로 두면 가루와 수분이 잘 어우러지므로 가볍게 반죽하는 것으로도 충분하다. 실제로 윤기가 날 때까지 반죽하지 않는다.

● **밀가루를 맛있게 먹기 위해 달걀의 풍미를 첨가하는 느낌_Koike**

달걀은 브랜드 제품을 사용하지 않는다. 요즘 일본에서는 달걀노른자가 윤기 있는 오렌지색을 띠고 맛이 진한 것을 선호하는 경향이 있으며, 나도 예전에는 그런 달걀을 사용했다. 그러나 이탈리아에서는 일부를 제외하고는 옅은 노란색 달걀노른자가 일반적이었기 때문에, 다시 여러 가지 달걀을 비교해보았다.

그 결과, 파스타란 결국 밀가루의 맛을 즐기는 것이므로, 그 밖의 재료는 밀가루의 맛을 살려주는 역할일 뿐이라고 결론을 내렸다. 밀가루를 맛있게 먹기 위해 '달걀의 풍미를 첨가한다'라는 느낌으로 사용하는 것이 좋다는 것이다.

예외로 타야린처럼 달걀노른자만으로 반죽하는 것도 있으므로, 이 경우에는 개성에 맞게 달걀노른자의 농도와 맛이 강한 달걀을 사용한다.

● **토종닭의 달걀로 만족_Sugihara**

매장에서는 달걀을 넣은 반죽을 만드는 빈도가 낮은데, 이 책에서 소개하는 탈리올리니, 라사냐, 라사녜테 반죽에만 달걀(전란)이나 달걀노른자를 사용하는 정도이다.

예전에는 달걀노른자를 많이 사용하는 라사녜테에는 달걀노른자의 풍부하고 진한 맛을 살리기 위해, 달걀노른자의 색깔이 진한 달걀을 사용하였다. 그러나 토종닭의 달걀을 사용하게 되면서 달걀노른자 색깔은 사료에 따라 크게 달라진다는 것을 안 후부터는 색깔에는 신경쓰지 않게 되었다. 또한 색깔뿐만 아니라 파스타 반죽을 만드는 재료로써 달걀의 품질에는 크게 신경쓰지 않는다. 참고로 현재 사용하는 토종닭의 달걀은 규슈에서 이탈리아 채소를 재배하는 이탈리아인이 무농약 채소를 사료로 사용하여 기른 닭의 달걀인데 만족하고 있다.

물

● **반죽의 활용도를 높이기 위해 정수를 사용한다_Koike**

기본은 정수(정수기를 통과한 수돗물)이다. 파스타의 종류가 많고, 한 가지의 반죽으로 여러 종류의 파스타를 만드는 경우가 많으므로, 여러 가지로 활용할 수 있는 반죽을 만들기 위해서는 정수가 좋다고 판단하였다. 일본의 물은 경도가 낮고, 밀가루와 잘 섞이며, 중성적이라는 것이 장점이라고 생각한다.

이탈리아의 미네랄워터는 대부분 경도가 높기 때문에 반죽의 식감이 무거워지고, 지나치게 수축되는 느낌이 들 때도 있다. 그러나 입에 넣었을 때 알맞은 씹는 느낌, 소스와의 일체감, 밀가루 향을 효과적으로 느낄 수 있게 해주므로, 프리모 피아토(primo piatto)의 중요성을 강조하고 싶을 때는 그런 느낌으로 완성하는 것도 좋다고 생각한다. 이탈리아산 미네랄워터 여러 종류를 시험해보고, 파스타의 지역성에 맞게 사용하고 싶다.

● **온도와 물의 양에 주의한다**_Sugihara

정수된 물을 사용한다. 물에서 중요한 것은 온도와 물의 양이라고 생각하며, 계절이나 파스타의 종류에 따라 미세하게 조절하여 사용한다.

우선, 겨울과 여름에는 수돗물의 온도가 많이 다르다. 겨울철 6~7℃의 차가운 물은 밀가루와 잘 섞이지 않고 밀가루 자체도 차가우므로(밀가루의 온도는 일반적으로 기온보다 1℃ 낮다), 37℃ 정도의 미지근한 물을 사용한다. 그 밖의 계절에는 상온의 물을 사용한다. 한여름에는 물도 밀가루 온도도 높으므로 얼음을 조금 넣기도 한다.

한편, 반죽에 넣는 물의 양을 조절하는 것은 미세한 차이일지라도 성형작업의 효율에 큰 영향을 미치고, 맛과 식감에도 영향을 미친다. 만들려는 파스타에 따라 배합을 결정하지만, 미세한 차이로 삶는 시간이나 소스와 버무리는 방법이 달라진다.

구체적으로 수분이 많은 반죽은 삶는 데 시간이 걸려서 소스와 조금 겉도는 느낌이 된다. 반대로 수분이 적어서 건조하게 완성된 반죽은 삶는 데 걸리는 시간이 짧고, 수분을 잘 흡수하므로 소스와 잘 버무려지며, 부드러워서 후루룩 넘어가는 매끈한 식감으로 완성된다. 만두나 국수에 가까운 식감이다. 건조한 반죽이 단단할 것 같지만, 반대로 삶으면 부드러워지는 것이다.

종합적으로 보면 건조한 반죽이 좋지만, 장점과 단점이 있다. 건조한 반죽은 손으로 만든 느낌이 강하지만 포만감을 빨리 느끼고, 요리가 완성된 후 비교적 빨리 노화된다. 노화란 면이 붇고 끈적거려서 서로 들러붙는 것을 말한다. 단, 적은 양으로 만족할 수 있으므로 코스요리 중간에 제공하면 효과적이다.

반대로 수분이 많은 반죽은 질리지 않아서 많이 먹을 수 있고, 삶은 후에 노화도 천천히 일어난다. 그래서 파티요리 등으로는 수분이 많은 것이 좋다.

● **보조 역할이지만 미세한 조절에는 반드시 필요하다**_Nishiguchi

매장에서 제공하는 생파스타는 달걀을 수분 대신 사용하는 경우가 많고 물은 보조적으로만 사용하기 때문에, 정수를 사용하는 것 외에는 특별한 것이 없다.

단, 나의 경우에는 반죽 농도를 조절하는 데 없어서는 안 되는 재료로, 반죽할 때는 반드시 물을 옆에 준비해두고 작업을 한다. 가루의 건조도나 달걀 1개의 무게, 주방의 습도

등은 그때그때 미세하게 다르기 때문에, 반죽의 기본 재료에 물이 없어도 조절을 위해서 물을 사용하는 경우가 많다. 손의 감각으로 반죽의 수분 함유량을 알아내고 필요할 경우에는 물을 넣는다.

소금

● **이탈리아에서 하던 방법으로 사용할 수 있는 천일염 _ Koike**

시칠리아주에 있는 소살트(Sosalt)사의 모티아(Mothia)산 천일염인 살레 피노(sale fino, 고운 소금)를 사용한다. 이탈리아 각지의 소금을 여러 가지로 시험해보았는데, 가장 감칠맛이 좋고, 부드러운 풍미가 상당히 마음에 들었다. 이탈리아에서는 바다소금을 주로 사용하므로 같은 방법으로 사용할 수 있어서 편하다.

● **깊은 맛이 느껴지는 천일염 _ Nishiguchi**

미네랄이 풍부하며 깊은 맛이 나기 때문에 시칠리아주 소살트사의 모티아산 천일염인 살레 피노(sale fino. 고운 소금)를 사용한다. 반죽에 넣거나 삶을 때도 이 소금을 사용한다. 파스타 반죽에 소금을 넣는 것은 글루텐 생성을 돕기 위해서이다. 단백질 함유량이 많은 강력분이나 세몰리나 밀가루는 탄력이 강해지고, 단백질 함유량이 적은 00밀가루는 부드러워진다.

● **밀가루의 특성에 따라 소금의 필요 여부를 판단한다 _ Sugihara**

한때는 많은 종류의 소금을 분류하여 사용하는 데 열중했지만, 지금은 시칠리아주 소살트사의 모티아산 천일염인 살레 피노(sale fino. 고운 소금)만 사용한다. 파스타의 탄력은 밀가루에 들어 있는 단백질이 변화하여 글루텐이 형성되면서 나타나는데, 소금을 조금 넣으면 글루텐의 성질 중에서도 '늘어나는 성질'이 좋아지는 효과가 있다. 또한 소금을 넣지 않으면 반죽한 다음 반죽이 늘어지기 쉽고, 마르기 쉬우며, 익는 데 시간이 걸린다는 단점이 있다. 00밀가루와 박력분 등으로 만든 반죽은 소금의 효과가 크게 작용한다. 이 책에서는 라사냐, 살라티엘리의 경우가 그렇다.

그러나 소금을 넣을 필요가 없다고 생각하는 파스타도 있다. 그중 하나가 개인적으로 잘 만들지 않지만, 달걀노른자로 반죽하는 타야린이다. 이 파스타의 식감은 글루텐이 아니라 달걀노른자의 응고작용에 의한 것이므로, 소금을 넣을 필요가 없다고 생각한다.

또한 세몰리나 밀가루도 단백질 함유량은 많아도 물로 반죽했을 때 글루텐의 탄력은 생기지만 늘어나는 성질이 없다. 즉, 소금을 넣을 이유가 없다. 세몰리나 밀가루는 너무 많이 반죽하면 오히려 끊어지기 쉬운 반죽이 되므로 단시간에 탄력이 강해지는 시점을 찾으면서 반죽해야 하는 것에서 알 수 있듯이, 원래 늘어나는 성질이 없는 밀가루이다.

올리브유

● 반죽에 윤기를 내기 위해 넣는다_Nishiguchi

요리 마지막 과정에 넣는 것은 시칠리아주의 E.V.올리브유이지만, 파스타 반죽을 만들거나 가열할 때 사용하는 것은 토스카나주의 루카산 퓨어 올리브유이다. 분류는 퓨어 올리브유이지만 E.V.올리브유가 많이 들어 있는 블렌드 제품이므로, 단맛이 느껴지는 향과 과일맛이 있어서 사용하기 좋다.

    파스타 반죽에 올리브유를 넣으면 윤기가 생기기 때문에 대부분 반죽에 넣지만, 너무 많이 넣으면 글루텐의 힘이 약해지므로 조금만 넣는다.

● 파스타의 개성을 표현할 때 넣는다_Koike

내가 만든 파스타 반죽에는 올리브유를 넣는 것과 넣지 않는 것이 있다. 넣지 않는 것을 예를 들면, '세몰리나 밀가루, 00밀가루, 물, 소금'으로 만드는 반죽이다. 이 반죽은 모양을 변형시켜 여러 가지 파스타를 만들 수 있고, 소스에 따라 다양하게 표현할 수 있도록 중성적인 반죽으로 만들기 위해 올리브유를 넣지 않는다.

    한편, 올리브유를 넣는 것은 정해진 파스타를 만들기 위해서 반죽하는 경우가 대부분이다. 올리브유뿐 아니라 라드 등의 다른 기름도 마찬가지이지만, 그 파스타의 출신지역에 따라 기름이 반죽재료의 중요한 요소라고 생각될 때 사용한다. 파스타의 개성을 표현하기 위해 올리브유가 필요한지 필요하지 않은지를 고려하는 것이다. 당연히 올리브유의 향을 살리는 것이 중요하므로, 그 지역의 제품 중에서 특히 향과 색이 뛰어난 E.V.올리브유를 골라서 사용한다.

● 수축되지 않는 부드러운 반죽을 만들 때 사용한다_Sugihara

나폴리에 위치한 제조사의 제품으로, 바실리카타주에서 생산한 E.V.올리브유를 사용한다. 반죽에 기름을 넣어 반죽하는 경우에는 품질에 크게 신경쓰지 않는다.

    기본적으로 반죽에 기름을 넣으면 부드러운 식감이 되고 잘 수축되지 않는다. 그런 관점에서 올리브유를 넣을지 넣지 않을지를 결정하면 된다고 생각한다.

삶을 때 소금의 농도는?

● 1%_Koike

소금의 농도는 1%를 기본으로 한다. 소금은 시칠리아산 굵은 소금인 살레 그로소(sale grosso) 또는 고운 소금인 살레 피노(sale fino)이다.

영업 중에는 통냄비에 물을 세게 끓이지 않고 보글거리는 정도로 불을 조절하면서 끓이고, 영업 피크 시간까지 사용한다. 피크 시간이 지나면 냄비 크기를 줄여서 새로 물을 끓인다. 만두형 파스타처럼 섬세한 파스타는 작은 냄비에 따로 삶기도 한다.

● 약 1.3%_Sugihara

소금의 농도는 1.3%로 정했지만 어느 정도는 유동적이다. 일본에서는 1% 농도로 사용하는 곳이 많을 것으로 생각되는데, 이탈리아에서는 이보다 조금 높고, 개인적으로도 1%로는 맛의 임팩트가 부족하다고 생각해서 1.3%로 정했다.

소금은 시칠리아산 굵은 소금인 살레 그로소이다. 물 보충 또는 교환은 작업의 흐름을 보고 가능할 때 한다. 영업이 시작되어 끓는 물을 사용하기 시작하면, 소금의 농도는 물 맛이 아닌 삶고 있는 파스타 맛으로 판단한다.

온도는 100℃를 유지한다. 단, 지나치게 펄펄 끓는다면 파스타가 풀어질 수 있으므로 좋지 않다. 또한 물의 양에 비해 파스타의 양이 너무 적으면, 맛이 없다고는 할 수 없지만 삶는 물의 맛이 느껴진다.

● 1%보다 조금 낮게_Nishiguchi

파스타의 종류나 요리를 만드는 방법에 따라 미세하게 조절하지만, 영업 중에는 끓는 물 2l당 소금 200g을 기본으로 넣는다. 소금의 농도는 1%에 살짝 못 미친다. 개인적으로 삶는 물도 조미료 중 하나라고 생각하고 소스와 파스타를 버무릴 때 반드시 면수를 넣기 때문에 소금의 양은 조금 줄이고 있다. 파스타 면수에는 밀가루의 감칠맛이 녹아 있어서, 요리에 깊고 부드러운 짠맛을 낼 수 있다. 물이 줄어들면 수시로 보충하고 농도를 조절한다.

소금의 종류는 반죽에 넣는 소금과 같이 시칠리아산 고운 소금 살레 피노를 사용한다. 불의 세기는 물의 표면이 부드럽게 움직이는 정도로 파스타를 넣으면 물 속에서 파스타가 천천히 움직이는 상태이다. 건면일 경우에는 넣은 다음 처음 2분 동안은 젓지 않고 한 번만 휘저은 후에는 그대로 삶는다. 생면일 경우에도 풀어질 수 있으므로 많이 젓지 않고 삶는다. 양쪽 모두 너무 많이 젓지 않는 것이 중요하다.

알덴테(Al Dente)란?

● **충분히 익었지만 심이 있는 듯한 식감 _Koike**

알덴테는 밀가루 반죽 가운데가 익지 않고 심처럼 남아 있는 상태가 아니라, 밀가루는 충분히 익었지만 '심이 남아 있는 듯한 씹는 느낌'을 말한다. 밀가루의 향을 잘 살리기 위해서 충분히 삶는 것이 중요하다.

● **각각의 파스타에 맞는 알덴테(식감)는 여러 가지이다 _Nishiguchi**

'씹는 느낌이 있는 것'이 알덴테이다. 엄밀하게 말한다면 건면인지 생면인지 또는 모양과 두께 등에 따라 각각의 파스타에 맞는 식감이 있다고 생각한다. 그런 의미로 본다면 삶는 정도는 각각 달라야 한다. 삶은 다음에도 남은 열에 의해 익는 것을 감안하면 먹을 때 씹는 느낌이 가장 알맞은 상태가 되도록 삶는 것이 중요하다.

특이하게도 이탈리아보다 일본에서 면의 딱딱한 정도를 더 민감하게 느낀다. 알덴테를 의식한 나머지 너무 딱딱하게 삶는 것은 역효과가 날 뿐이다. 각각의 파스타에 맞는 씹는 느낌을 표현하는 것이 중요하다.

● **알덴테란 '질리지 않고 먹을 수 있는' 비결이고, 먹는 양에 비례하는 것 _Sugihara**

건면의 경우에는 삶는 시간이 겉포장에 표시되어 있기 때문에, 파스타 삶는 것이 만드는 과정 중 가장 간단하고 쉬운 일이라고 생각할지 모르지만 사실은 굉장히 어려운 일이다.

먼저 매장에서 사용하는, 전통적인 제법으로 만든 건면은 계절에 따라 삶는 시간이 평균적으로 약 2분 정도 오차가 생기는 경우가 많다. 이유는 잘 모르겠지만 겨울에는 삶는 시간이 조금 길어지는 경향이 있고, 그 밖의 시기에는 부드러워지는 시점이 갑자기 빨라지기도 한다. 생산단위의 차이에 의해 달라지는 부분도 있다고 생각한다.

현재는 혼자서 전채요리, 파스타, 메인요리를 모두 책임지고 있어 파스타를 삶을 때 타이머를 사용하지만 반드시 먹어보고 확인한다. 이탈리아에서는 파스타를 삶을 때 타이머를 사용하지 않는다. 가정에서든 레스토랑에서든 파스타를 삶을 때 타이머를 사용하는 사람을 본 적이 없다. 익숙해지면 먹어보지 않아도 만져보면 알 수 있다.

삶는 방법은 크게 2가지라고 생각한다. 정확히 삶아지는 시점을 찾는 것, 다른 하나는 그때그때 상황에 따라 임기응변으로 대처할 수 있는 범위를 정하는 것이다.

파스타의 딱딱한 정도를 의미하는 알덴테도 해석하는 방법이 여러 가지이지만, 기본적으로 딱딱하다는 생각이 들면 안 된다. 딱딱한 것이 아니라 탄력이 있어야 한다. 또한 담

는 양에 비례해서 삶는 시간을 조절하는 것도 매우 중요하다. 너무 부드럽게 삶은 파스타는 빨리 질리게 되므로, 알덴테는 질리지 않고 먹을 수 있는 비결이다. 수북히 담아서 제공하는 파스타라면 강한 알덴테가 좋고, 레스토랑에서 조금만 담아서 제공할 경우에는 약한 알덴테가 좋다. 이탈리아의 성장기 남자아이들이 대부분 매우 딱딱한 파스타를 좋아하는 이유는 배불리 많이 먹을 수 있기 때문이다.

파스타와 소스를 버무리는 비결

● 잘 준비된 파스타와 소스를 단숨에 버무리는 스피드가 중요하다_Koike

간단히 말하면 준비한 소스를 충분히 데우고, 갓 삶은 파스타를 넣어 재빨리 버무린다. 경우에 따라 소스에 파스타를 넣고 살짝 끓여서 맛이 배게 하는 방법도 있지만 특별한 경우에 속한다.

　버무리는 데 시간이 걸려서 소스가 필요 이상 걸쭉해지면, 그만큼 농도를 맞추기 위해 수분을 보충해야 되기 때문에 맛이 달라질 수 있다. 파스타도 소스도 미리 제대로 준비해 둔 다음, 단숨에 버무리는 스피드가 필요하다. 불은 조금 세게 조절하고, 불에서 멀어지면 온도가 낮아지기 때문에 면을 자주 위로 들어올리지 않는다. 마지막으로 기름이나 치즈를 넣는 단계에서는 불을 끄고 재빨리 버무린다.

　'유화'를 위해 프라이팬 위에서 열심히 버무려 물과 기름을 하나로 섞을 필요는 없다. 충분한 농도의 소스라면 파스타에 잘 묻기 때문에 그것으로 충분하다.

● 면수로 염분과 수분을 보충하면서 버무리고, 하나로 어우러지는 순간 담아낸다_Nishiguchi

버무릴 때 주의할 점은 매우 많다. 파스타가 다 삶아지기 전에 반드시 소스가 준비되어 있어야 한다. 성게(날것)처럼 예외의 경우도 있지만, 파스타의 온도와 소스의 온도가 가능한 한 비슷해야 한다. 또 반드시 파스타 삶은 물인 면수로 수분과 염분을 보충하면서 버무려야 한다. 파스타 요리의 맛은 밀가루의 감칠맛, 응축된 소스의 맛, 그리고 일체감이다. 파스타와 소스를 잘 버무려서 여러 가지가 하나로 어우러지면 깊은 맛이 생긴다.

　이탈리아에서는 소스로 버무린 파스타를 '파스타시우타(pastasciutta)'라고 부른다. '건조한 파스타'라는 의미로, 소스에 수분이 지나치게 많지 않고 알맞은 농도인 것을 말한다. 즉, 파스타에 소스가 잘 묻어서 하나가 된 상태이며, 다 먹은 접시에 소스가 남아 있지 않아야 한다.

과정을 구체적으로 설명하면, 버무릴 때는 소스 속에 파스타를 넣는다. 버무릴 때는 소금으로 간을 하지 않고 소스, 면수, 치즈로 간을 한다. 또한 유화를 특별히 의식하지 않아도 된다. 소스는 원래 농도가 있고 치즈나 버터를 넣는 경우가 많아서 자연스럽게 섞이기 때문이다.

이탈리아에서는 파스타 요리를 '뜨겁게' 제공하는 것이 아니라 '따뜻하게' 제공한다. 그러기 위해 파스타와 소스를 버무리는 작업은 반드시 불에서 내린 상태에서 진행한다. 버무린 다음에는 재빨리 접시에 담는다. 담을 때 사용하는 포크나 레이들(서양국자)은 반드시 정해진 위치에 두어 1초도 낭비하는 시간이 없어야 한다.

● **유화소스는 소스에 파스타를, 비유화소스는 파스타에 소스를 넣는다**_Sugihara

버무리는 방법은 소스를 2가지로 구분하여 생각할 수 있다. 소스가 유화상태인 것과 소스의 지방성분이 분리된 비유화상태인 것이다. 체계화하기는 어렵지만 유화소스를 예를 들면 오일소스(바지락 스파게티, 페스카토라 등), 생크림과 치즈, 버터 등을 넣은 크림소스, 버터 소스 등이 있다. 반면에 비유화소스는 오일소스(페스토 제노베세, 치메 디 라파 소스 등), 지방이 분리된 구운 육즙을 베이스로 한 수고 같은 소스, 그리고 라구소스 종류가 있다.

전자인 유화소스는 소스에 파스타를 넣고, 후자인 비유화소스는 삶은 파스타를 일단 냄비에 넣은 다음 그 위에 소스를 뿌려서 버무리는 경우가 많다. 유화소스는 주로 1인분씩 준비하기 때문에 소스의 양을 정확하게 알 수 있지만, 비유화소스는 대량으로 만드는 경우가 많아서 1인분의 양을 한 번에 결정하기 어렵기 때문이다. 소스의 재료, 액체성분, 분리된 기름 등 여러 요소의 상태를 보면서 파스타에 넣어야 한다.

유화소스의 경우 파스타를 넣고 다시 가열하는데, 그때 '파스타에 소스의 맛을 흡수시킨다'라는 생각에는 찬성할 수 없다. 파스타에 소스를 묻히는 것으로 충분하다. 게다가 파스타에는 맛이 그다지 잘 배어들지 않는다. 액체 속에 파스타를 넣고 오래 가열할 경우, 파스타의 밀가루 성분이 소스에 흘러나와 걸쭉해지고, 유분과 수분의 유화 이상의 농도가 되어서 흡수한 것처럼 느껴지는 것이 아닐까.

중요한 것은 버무리는 것으로 충분하다는 것이다. 유화소스도 너무 많이 버무리면 뒷맛이 깔끔하지 않게 된다. 경험이 적은 사람일수록 너무 많이 버무리는 경우가 많은데, 꼭 필요한 만큼만 버무려야 한다.

단, 원하는 맛에 따라 버무리는 방법을 달리할 때가 있다. 예를 들어 바지락 스파게티는 파스타를 넣기 전의 소스에 수분이 적으면 맛이 선명해지고, 수분이 많고 걸쭉하면 맛이 부드러워진다. 또 크림소스를 살짝 분리될 때까지 졸이면 묵직해지지만 단맛이 줄고 뒷맛이 깔끔해지기도 한다.

이렇듯 완성된 풍미를 생각해서 저마다 다른 여러 가지의 맛을 잘 표현할 수 있도록 버무리는 것이 이상적이다.

내가 좋아하는 건조 파스타

● 삶은 파스타에서 느껴지는 밀가루의 풍미와 도톰한 식감이 포인트 _Koike

개인적으로 좋아하는 도톰한 쇼트파스타나 두꺼운 롱파스타를 선택하는 경우가 대부분이며, 요리도 그에 맞게 진하게 맛을 낸 요리가 많다.

오랫동안 사용한 제품은 파스타이 그라냐네시(Pastai Gragnanesi), 아펠트라(Afeltra), 비치도미니(Vicidomini)의 파스타이다. 각각의 회사에는 여러 가지 제품이 있는데 주로 도톰한 것이 많고, 삶았을 때 밀가루의 풍미와 식감 그리고 완성된 요리에 이탈리아 현지의 느낌이 나기 때문에 좋아한다. 모두 활용도가 높고, 이탈리아 남부에서 중부에 걸친 지역의 요리를 만들 때 사용하기 좋다.

실제로 레스토랑에서 주로 사용하는 파스타의 종류는 칼라마리, 카사레체, 펜네(줄무늬가 없는 것), 치테, 스파게티, 링귀네 등이다.

그 밖에도 파스타마다 다른 회사 제품을 사용하는 경우도 있다. 예를 들어, 아네시(Agnesi)의 링귀네를 페스토 제노베세로 버무리고, 데 체코(De Cecco)의 리가토니를 그리샤노풍으로 만들기도 한다. 잘 알려진 유명한 파스타라도 만드는 방법에 따라 달라지므로 만드는 회사의 규모와는 관계가 없다.

건면은 생면에 비해 낮게 평가되기도 하지만, 이탈리아 요리에서는 빼놓을 수 없는 하나의 문화이다. 사용할 때 각각의 파스타의 특징을 고려해서 고르고, 요리를 마무리하는 방법도 연구를 거듭하고 있다.

● 밀가루 향이 강렬한 파스타를 좋아한다 _Nishiguchi

매장에서는 생파스타가 기본이므로 건조 파스타를 내는 경우가 별로 없지만, 가끔 건조 파스타를 먹고 싶어하는 손님이나 어린이 손님을 위해 스파게티 중심으로 준비해두고 있다. 이 책에서 사용한 스파게티는 몰리세주에 위치한 몰리사나(Molisana)와 캄파니아주에 위치한 리구오리(Liguori)의 제품이다.

2가지 제품 모두 탄력이 강하고, 알덴테 상태를 오랫동안 유지한다. 또한 밀가루 향이 강한 것도 마음에 든다. 회사 소재지의 지역성도 있기 때문에 몰리세주에 위치한 몰리사나의 제품은 고기 라구소스나 오일소스, 나폴리에 가까운 리구오리의 제품은 충분히 끓인 해산물소스와 조합하는 경우가 많다. 직원들이 먹는 파스타는 대부분 건면으로 몰리사나 제품을 주로 먹는다.

● 파스타에 따라, 요리에 따라, 딱 알맞은 제품이 있다_Sugihara

최근에는 캄파니아주에 있는 회사의 제품만 사용하고 있는데, 지역에 구애받는 것이 아니라 우연한 일이다. 아펠트라, 파스타이 그라냐네시, 라 파브리카 델라 파스타(La fabbrica della pasta) 등 3곳의 제품이다.

한 회사의 제품만 사용하지 않는 것은 파스타마다 기호에 따라 선호하는 회사가 다르기 때문이다. 예를 들어 스파게티는 90%가 아펠트라의 제품이다. 상당히 두툼하지만 다양하게 사용할 수 있다. 단, '스파게티 카르보나라'와 봄에 주로 먹는 '까나리 스파게티'는 라 파브리카 델라 파스타의 제품이 더 잘 어울린다. 파스타이 그라냐네시는 쇼트파스타 종류가 풍부하며, 또한 매우 맛이 좋다.

반면, 파케리는 3사의 제품을 모두 사용한다. 아펠트라의 것은 매우 맛이 좋지만 삶는 시간이 23분 걸린다. 탱탱한 식감으로 라구소스 종류나 꽃게를 넣은 진한 소스와 잘 어울리는데, 토마토소스라면 소스맛이 약하게 느껴진다. 라구소스 종류라도 지방이 분리될 정도로 졸인 소스에 버무리는 것이 맛있다.

반대로 파스타이 그라냐네시의 파케리는 삶는 시간이 그다지 길지 않고 쫄깃한 식감이다. 페스카토라 같은 해산물소스나 심플한 토마토소스에 잘 어울린다. 맛으로는 파파르델레와 조금 비슷한 느낌이다. 라 파브리카 델라 파스타의 제품은 그 중간으로 좋은 의미로 만능이라고 할 수 있다.

이처럼 '이 회사의 이 제품'이라는 방식으로 분류하여 사용한다.

개인적으로 건조 파스타는 하나의 완성된 재료라고 생각한다. 생파스타는 소스에 맞게 파스타를 조절하거나, 소스와 파스타 양쪽을 모두 조절해야 하지만 건조 파스타는 그렇지 않다. 같은 스파게티라도 소스에 따라 조금 딱딱하게 또는 부드럽게 삶는 등 삶는 정도를 조절하기도 하는데, 기본은 파스타가 중심이다. 그것이 좋다고 생각한다.

프로를 위한 파스타의 기술

파스타의 기본 테크닉

ALL THAT PASTA

기본 반죽 배합

이 책에 나오는 여러 가지 파스타 반죽 중에서 자주 사용하는 기본 반죽을 셰프에 따라 정리하고, 밀가루 종류(세몰리나 밀가루, 00밀가루)와 수분(달걀, 물)의 사용방법을 알기 쉽게 분류하였다.

Nishiguchi

이탈리아 북부 요리가 중심이기 때문에, 00밀가루에 달걀을 넣은 반죽을 기본으로 한다. 탄력을 주기 위해 세몰리나 밀가루도 조금 넣는다.(A) 그 밖에는 파스타마다 배합이 조금씩 다르며, 여기서는 비교적 자주 만드는 3종류의 반죽을 소개한다.(B, C, D)

A
00밀가루 + 세몰리나 밀가루 + 달걀

대표 파스타
라비올리, 라사냐 등의 만두형 파스타, 탈리올리니 등의 롱파스타

만들기 편한 적당량
00밀가루 800g
세몰리나 밀가루 200g
달걀노른자 8개 분량
달걀 5개
퓨어 올리브유 조금
(물 적당량)

※ 매장에서 가장 많이 사용하는 달걀을 넣은 반죽. 반죽하면서 중간중간 물을 조금씩 넣어서 단단한 정도를 조절한다.(본문에는 물의 양을 표시하지 않음)

B
00밀가루 + 세몰리나 밀가루 + 달걀

대표 파스타
마케로니 등 소형 파스타머신으로 만드는 파스타

만들기 편한 적당량
00밀가루 400g
세몰리나 밀가루 100g
달걀노른자 8개 분량
달걀 2개
퓨어 올리브유 조금
소금 조금

※ A를 응용한 것으로 밀가루 양에 비해 달걀노른자의 양이 많다. 소형 파스타머신의 강한 압력으로 뽑아내는 마케로니와 마케론치니 전용.

C
00밀가루 + 달걀노른자

대표 파스타
타야린

만들기 편한 적당량
00밀가루 200g
달걀노른자 6개 분량
물 조금

※ 밀가루와 달걀노른자만으로 만든 타야린 전용 반죽.

D
00밀가루 + 통밀가루 + 달걀 + 물

대표 파스타
비골리

만들기 편한 적당량
통밀가루 300g
00밀가루 200g
달걀노른자 8개 분량
달걀 1개
퓨어 올리브유 5g
미지근한 물 50g

※ 통밀가루를 사용하지 않을 때는 00밀가루의 양을 500g으로 늘린다.
※ 반죽이 상당히 단단한 편이므로 중간중간 손바닥에 물을 묻혀야 반죽하기 쉽다. 완성했을 때 반죽이 조금 갈라져 있어도 괜찮다.

Koike

대부분 파스타에 따라 재료와 배합을 달리하거니 풍미를 더하기 위해 부재료를 넣기 때문에, 그만큼 반죽의 종류가 많다. 그중에서도 기본적인 3가지 반죽 — 세몰리나 밀가루를 사용한 것(A), 00밀가루를 사용한 것(B), 달걀을 넣은 것(C)을 소개한다.

A
세몰리나 밀가루 + 00밀가루 + 물

대표 파스타
오레키에테 등의 쇼트파스타

만들기 편한 적당량
세몰리나 밀가루 250g
00밀가루 250g
미지근한 물 230g
소금 5g

※ 원래 세몰리나 밀가루와 물로 만드는 파스타를 매장에서는 세몰리나 밀가루와 00밀가루를 같은 비율로 넣고 만드는 경우가 많다. 00밀가루를 넣으면 단순히 탄력이 강해질 뿐만 아니라 부드러워진다.

B
00밀가루 + 물

대표 파스타
피치, 스트린고치 등의 롱파스타

만들기 편한 적당량
00밀가루 500g
물 230g
소금 5g

※ 이탈리아 중부에 많은, 우동과 비슷한 파스타용이다. 00밀가루와 물의 심플한 배합.

C
00밀가루 + 달걀 (+ 물)

대표 파스타
토르텔리, 아뇰로티 등의 만두형 파스타

만들기 편한 적당량
00밀가루 500g
달걀노른자 5개 분량
달걀 2.5개
소금 3g

※ 시트모양으로 밀어서 소를 채우는, 달걀을 넣은 부드러운 반죽.

Sugihara

가장 자주 사용하는 반죽은 전형적인 이탈리아 남부의 파스타 반죽인 세몰리나 밀가루와 물로 만든 반죽이다.(A) 돌돌 말거나, 홈을 만들거나, 가늘게 자르는 등 여러 가지 방법으로 성형한다. 한편 달걀을 넣은 반죽은 00밀가루를 기본으로 시트모양으로 만든다.(B, C)

A
세몰리나 밀가루 + 물

대표 파스타
마케로니, 파케리 등의 쇼트파스타, 푸실리 룬기, 페투체 등의 롱파스타.

만들기 편한 적당량
세몰리나 밀가루 200g
물 100g

※ 달걀을 넣은 파스타 반죽처럼 단단하지 않고, 탄력이 있고 탱탱한 반죽이다.

B
00밀가루 + 달걀

대표 파스타
라비올리 등 시트형 파스타

만들기 편한 적당량
00밀가루 100g
달걀 1개
E.V. 올리브유 조금
소금 조금

※ 익은 달걀의 식감이 더해져 씹는 느낌이 좋고, 쫄깃한 반죽.
※ 시트모양으로 만드는 반죽은 5~6시간 휴지시킨 다음에 성형하지 않으면 복원력이 강해서 파스타머신으로 펴기 어렵다. 또한 반죽한 다음 바로 파스타머신으로 계속 펴면 글루텐이 끊어져서 식감이 나빠진다.

C
00밀가루 + 달걀노른자

대표 파스타
라사녜테, 탈리올리니

만들기 편한 적당량
00밀가루 1kg
달걀노른자 29~30개 분량

※ 이 책에서 소개한 사프란을 넣은 탈리올리니는 강력분과 세몰리나 밀가루를 사용한 독특한 배합이고, 일반적인 탈리올리니는 이 배합으로 반죽을 만든다.

기본 반죽 만드는 방법

p.50의 배합 중에서 3명의 셰프가 가장 기본으로 생각하는 반죽 A 만드는 방법을 예를 들어 소개한다. 진공상태로 휴지시키거나, 휴지시키면서 반죽하기도 하고, 반죽한 직후에 성형하는 등 만드는 방법이 다양하다.

Nishiguchi

완성된 반죽(A~D)은 진공상태로 만들어서 냉장고에 넣고 하룻밤 휴지시킨 다음에 성형한다. 반죽하는 데는 시간을 많이 들이지 않고, 진공포장해서 수분과 밀가루가 골고루 잘 섞인 반죽을 만든다.

반죽 A

1 볼에 재료(세몰리나 밀가루, 00밀가루, 달걀노른자, 달걀, 퓨어 올리브유)를 모두 넣는다.

2 손바닥으로 잡듯이 섞는다.

3 반죽이 보슬보슬한 상태가 되면, 물을 조금씩 넣어가면서 반죽한다.

4 볼에 가루나 반죽이 남지 않고 모두 한 덩어리가 될 때까지, 가루와 수분을 섞으면서 반죽한다.

5 덧가루를 뿌린 반죽대에 올려놓고, 몇 분 동안 반죽한다. 진공팩에 넣어 진공포장한 다음, 냉장고에서 하룻밤 휴지시킨다.

※ 완성한 다음날 모두 사용해야 한다. 반죽이 어중간하게 남으면 뭉쳐서 칸넬로니, 라사냐 등 별다른 작업이 필요 없는 시트모양 반죽으로 사용한다.

Koike

한 덩어리로 뭉친 반죽을 상온에서 1시간 정도 휴지시킨 다음 반죽하는 과정을 몇 번 반복하여, 밀가루에 수분이 천천히 스며들게 하는 방법. 완성한 후에도 하룻밤 휴지시키고 다음날 성형한다.

반죽 A

1 세몰리나 밀가루와 00밀가루를 섞는다. 소금을 녹인 미지근한 물을 뿌리고, 실리콘주걱으로 수제비 반죽처럼 섞는다.

2 가루에 수분이 스며들도록 손끝에서 풀어주듯이 섞는다. 촉촉해지면 손바닥으로 누르면서 살짝 반죽한다.

3 반죽을 비닐팩에 넣고 공기를 뺀 다음, 상온에서 1시간 정도 휴지시킨다.(여름에는 15℃ 정도의 와인셀러를 이용한다.)

4 반죽을 비닐팩에서 꺼내, 반죽대에 올려놓고 치댄다.

5 3과 4의 과정을 3~4번 정도 더 반복하여 겉면이 매끈해지면, 랩으로 싸서 냉장고에 넣고 하룻밤 둔다.

※ 기온이나 밀가루 건조도가 일정하지 않으므로, 분량보다 조금 적은 양의 수분으로 반죽한 다음, 분무기로 물을 뿌리면서 수분의 양을 조절한다.

Sugihara

이 반죽은 체온으로 반죽이 풀어지지 않도록 살짝 반죽한 다음 바로 성형한다. 글루텐의 탄성이 강할 때 그 힘을 이용하는 방법이다. 휴지시키면 힘이 약해져서 성형하기 힘들다.

반죽 A

1 볼에 세몰리나 밀가루와 물을 넣는다.

2 손바닥으로 잡거나 누르면서 가루와 물을 섞는다.

3 가루와 물이 완전히 섞여서 한 덩어리가 될 때까지 볼 안에서 반죽한다.

4 반죽대에 올리고 일정한 방향으로 위에서 강하게 누르면서 반죽한다. 반죽을 펴는 것이 아니라, 팔의 무게를 싣는 느낌으로 누른다.

5 표면이 매끈해질 때까지 5~6분 동안 반죽한다. 세몰리나 밀가루 반죽을 너무 많이 치대면 끊어지기 쉽다.

※ 반죽할 때 중간에 방향을 바꾸면, 반죽이 뚝뚝 잘리는 식감이 된다.(페투체 등 일부 반죽은 방향을 바꾼다) 수분이 부족하면 분무기로 보충한다.

기계로 밀기

라비올리, 라사냐 등의 시트모양 반죽으로 만드는 만두형 파스타 또는 탈리올리니, 탈리아텔레 등의 일반적인 평평한 면은 균일한 두께로 최대한 얇게 펼 수 있는 파스타머신으로 만드는 것이 좋다. (Sugihara)

❶ 한쪽 방향으로 계속 민다 (탈리올리니)

1 완성된 반죽을 손으로 눌러서 파스타머신에 넣을 수 있는 두께로 만든다. 먼저 강력분을 적당히 뿌린 다음 작업한다.

2 먼저 파스타머신의 간격을 가장 넓게 맞추고, 반죽을 넣어서 두께를 정리한다.

3 조금씩 간격을 좁히면서 반죽을 같은 방향으로 계속 밀어서 편다.

4 반죽이 길어지면 적당히 자르고, 다시 같은 방향으로 계속 밀어서 편다. 1mm 두께로 완성한다.

※ 탈리올리니처럼 가는 롱파스타는 중간에 방향을 바꿔서 밀면 툭툭 끊어지기 때문에, 같은 방향으로 밀어서 편다.

❷ 중간에 1번만 방향을 바꿔서 민다 (넓은 롱파스타, 라사냐 등)

   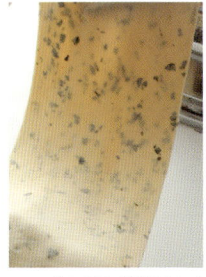

1 사진은 살라티엘리 반죽. 먼저 완성된 반죽을 눌러서 파스타머신을 통과시켜 두께를 정리한다.

2 2번 정도 통과시킨 다음 반죽을 3겹으로 접는다.

3 처음 방향과 90도가 되도록 돌려서 파스타머신에 넣고 통과시킨다. 반죽 가장자리도 직사각형으로 깔끔하게 정리한다.

4 그대로 같은 방향으로 계속 밀어서 원하는 파스타에 맞는 두께(1mm 이하~3mm)로 만든다.

※ 너비가 넓은 롱파스타나 큰 시트모양을 만드는 경우에는, 방향을 1번 바꿔주면 매끈하고 부드러워진다. 단, 여러 번 방향을 바꾸면 반죽이 손상되므로 1번만 바꾼다.

밀대로 밀기

이 책에서는 튜브모양 파케리, 칸넬로니, 마케로니, 투베티를 만들 때 사용하는 방법이다. 튜브모양을 유지할 수 있는 단단함과 두께가 필요하므로 밀대를 사용한다. 파스타머신을 사용하면 지나치게 부드러워진다.

  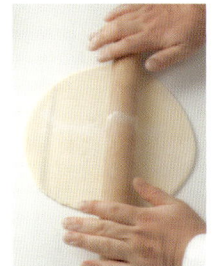  

1 반죽을 동그란 공모양으로 만들면 작업하기 편하고 고르게 밀 수 있다.

2 손바닥 끝부분으로 위에서 수직으로 눌러 납작하게 만든다.

3 밀대를 앞뒤로 굴려서 민다. 그 다음은 90도 돌려서 미는데, 이 과정을 반복하여 얇게 만든다.

4 두툼한 부분이 남아 있으면 그때그때 밀어서 일정한 두께로 만든다.

5 4개의 모서리가 생기도록 밀어서 사각형을 만든다.

보관 방법

성형한 반죽을 보관하는 방법은 파스타의 모양, 배합 차이, 원하는 식감, 만드는 양에 따라 달라진다. 셰프 3인의 대표적인 보관 방법을 소개한다.

Nishiguchi

오전 중에 성형하고, 저녁 영업 때까지 냉장고에 넣어 보관한다. 가르가넬리처럼 모양을 잘 유지해야 하는 것은 상온에 두지만, 대부분은 냉장고에 보관한다. 00밀가루 등의 연질 밀가루에 비해 끈적이지 않는 세몰리나 밀가루를 덧가루로 사용한다.

① 냉장보관

달걀을 넣어 반죽하거나 물만 넣은 반죽도 성형한 다음에는 세몰리나 밀가루를 뿌려둔다. 트레이에 면보를 깔고, 세몰리나 밀가루를 뿌린 다음 파스타를 올린다. 다시 세몰리나 밀가루를 뿌리고 면보를 덮어 냉장고에 넣는다. 탈리올리니처럼 가는 파스타(사진 / 왼쪽)는 1인분씩 모아서 보관하고, 피치처럼 굵은 파스타(사진 / 오른쪽)는 1가닥씩 떨어뜨려서 보관한다.

만두형 파스타도 트레이에 면보를 깔고 세몰리나 밀가루를 뿌려서 그 위에 올린 다음, 다시 세몰리나 밀가루를 뿌리고 면보를 덮는다. 소를 넣지 않고 시트모양 반죽만 보관할 때는 1장씩 랩으로 싸서 냉장보관한다.

Koike

메뉴 중에 파스타 요리가 항상 10종류 이상 있기 때문에 언제든지 제공할 수 있도록 냉동보관한다. 보관할 때 덧가루는 뿌리지 않는다.

※ 이 책에 소개한 Koike 셰프의 파스타 레시피에 나오는 삶는 시간은 냉동한 파스타를 기준으로 한 것이다. 생파스타를 삶을 때는 시간을 조금 짧게 잡는다.

※ 냉동한 파스타를 삶을 때는 부러지거나 조각이 떨어지지 않도록 주의해서 조심스럽게 끓는 물에 넣는다.

② 냉동보관

 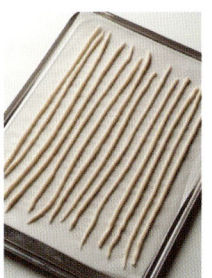  

타야린은 삶을 때 풀어지기 쉬우므로, 먼저 1인분씩 동그랗게 말아놓는다. 보관 방법은 2가지가 있는데 부드러움을 살리고 싶을 때는 성형한 다음 바로 냉동하고, 씹는 느낌을 살리고 싶을 때는 반나절 정도 상온에 그대로 두어 건조시킨 다음 냉동하지 않고 바로 사용한다.

타야린 외의 롱파스타는 똑바로 펴서 붙지 않게 늘어놓는다. 대부분은 성형한 다음 바로 냉동한다. 키타라나 트로콜리처럼 자른 면이 촉촉한 파스타는 그대로 상온에 30분 정도 두어서 건조시킨 다음 냉동한다.

쇼트파스타와 만두형 파스타도 기본적으로는 성형한 다음 바로 냉동한다. 예외적으로 스트라시나티는 모양이 안정되도록 상온에서 30분 동안 건조시킨 다음 냉동한다.

냉동할 때는 왼쪽 사진처럼 트레이 위에 유산지를 깔고 파스타를 올린 다음 뚜껑이나 랩을 씌운다. 냉동 후에는 공간을 절약하기 위해 비닐팩에 옮겨 담아 밀봉한 다음 계속 냉동한다.

Sugihara

파스타 종류에 따라 보관 방법도 여러 가지가 있다. 자주 사용하는 세몰리나 밀가루와 물로 만든 반죽은 영업 직전에 반죽하고 성형해서 조리할 때까지 오래 두지 않는다. 그 외에는 파스타에 따라 건조, 초벌삶기, 냉동 등의 과정을 거친다. 또한 생파스타는 1일 2종류로 제한하고 있다.

① 영업 직전에 성형하여 냉장보관

트레이에 세몰리나 밀가루를 뿌리고 성형한 파스타를 펼쳐놓은 다음, 면보로 덮고 냉장고에 넣는다. 영업 직전에 준비하기 때문에 요리할 때쯤이면 겉면만 살짝 말라서 알맞은 상태가 된다.

롱파스타도 쇼트파스타와 같은 방법으로 보관한다. 기본적으로는 똑바로 펴서 트레이에 올리지만, 소스와 잘 버무려지도록 둥글게 감아서 보관하기도 한다.

② 3일 동안 반건조해서 보관

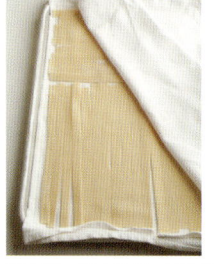 

페투체는 건조시키는 편이 맛도 식감도 더 좋아지기 때문에 3~5일 정도 건조시킨다. 면보를 깔고 그 위에 페투체를 올린 다음 다시 면보를 덮어 냉장고에 넣는다. 중간에 반죽을 뒤집거나 면보를 갈아준다. 건조되면 밀폐용기에 파스타면을 세워서(사진/오른쪽) 나란히 담은 다음 냉장고에 넣는다. 평평하게 겹쳐 담으면 밑에 깔린 파스타가 손상되기 쉽다.

③ 삶아서 보관

수분이 많은 살라티엘리(사진)와 뇨키를 그대로 보관하면 서로 들러붙는다. 또한 부드러운 것이 가장 큰 장점이기 때문에 건조시키는 방법도 적당하지 않다. 따라서 바로 삶아서 사용하지 않을 경우에는 소금을 넣지 않은 끓는 물에 넣어 미리 살짝 삶아둔다. 조금씩 떠오르면 바로 건져서 트레이 위에 올리고 E.V.올리브유로 버무린다. 식으면 면보를 덮어 냉장보관한다.

④ 냉동보관

오징어먹물을 넣은 반죽은 신선한 향을 살려야 하므로, 많이 만들어서 보관할 때는 서로 들러붙지 않을 정도로 건조시켜서 냉동보관한다. 건조 방법은 ①과 같다.

여러 가지 성형 방법

이 책에서 소개한 생파스타 중에서 43가지를 골라 성형 방법을 과정 사진과 함께 설명하였다.
(종류별 가나다순)

● **롱파스타**
비골리 55
사녜 인칸눌라테 55
스트로차프레티 56
스파게토니 56
키타라 56
트로콜리 57
푸실리 룬기 57
푸실리 칠렌타니 57
피치 58

● **쇼트파스타**
가르가넬리 58

노케테 58
로리기타스 59
마카로네스 59
마케로니 59
말로레두스 60
스트라시나티(나이프 성형) 60
스트라시나티(손가락 성형) 60
스트리골리 61
오레키에테 61
체카루콜리 61
카바텔리 62
카바티에디 62

코르체티(8자형) 62
코르체티(스탬프형) 63
코르테체 63
트로피에 63
파르팔레 64
파케리 64
필레야 64

● **만두형 파스타**
로톨로 65
아뇰로티 델 플린 65
찰촌스 66
카펠라치 66

칸넬로니 66
쿨린조니스 67
토르텔리 67
파고티니 67

● **뇨키·알갱이형 파스타**
뇨키 68
쿠스쿠스 68
파스타 그라타타 68
프라스카렐리 69
피사레이 69
피초케리(키아벤나풍) 69

롱 파 스 타

핸들식 압착기인 '비골라로(bigola-ro)'를 사용하여 스파게티모양으로 뽑은 파스타. 사진은 통밀가루와 00 밀가루를 섞은 반죽으로 만든 비골리이다. → 요리 p.94

비골리 [Nishiguchi]

1 압착기인 비골라로를 판 위에 올리고, 핸들을 돌려 압력을 주면서 면을 뽑는다. 다이스(몰드)는 여러 종류가 있는데, 비골리용을 세팅한다.
2 완성된 반죽을 비골라로에 넣을 수 있는 두께의 튜브모양으로 만들어서 넣는다.
3 핸들을 돌려서 면을 뽑는다.
4 세몰리나 밀가루가 들어 있는 볼을 비골라로 밑에 놓는다.
5 뽑아낸 반죽에 세몰리나 밀가루를 묻힌다.
6·7 칼로 약 25㎝ 길이로 잘라서 볼에 담는다. 다시 한 번 세몰리나 밀가루를 묻혀서 들러붙지 않게 한다.

띠모양의 반죽을 대바늘에 감아서 구불거리게 만든 파스타. 부드럽고 탄력 있는 반죽을 대바늘에 촘촘하게 감아서 만든다. → 요리 p.105

사녜 인칸눌라테 [Koike]

1 지름 4㎜ 정도의 대바늘을 준비해서, 반죽이 들러붙지 않도록 덧가루를 묻혀둔다.
2 완성된 반죽을 두께 3㎜로 밀고, 길이 18㎝, 너비 1.5㎝의 띠모양으로 자른다.
3 반죽을 가로로 길게 놓고 오른쪽 끝부분에 대바늘을 비스듬히 올린다.
4·5 반죽 끝부분을 대바늘에 감고, 작업대 위에서 대바늘을 굴려 반죽이 서로 겹치지 않도록 나사모양으로 감는다.
6 감는 중간에 반죽을 살짝 눌러주면 안정적으로 감을 수 있다.
7 완성되면 대바늘을 돌려서 뺀다.
8 살짝 건조시키면 삶을 때 모양이 흐트러지지 않는다.

스트로차프레티 Koike

종이를 꼬아서 만드는 끈처럼, 직사각형 반죽을 꼬아서 만드는 파스타. 살짝 꼬는 방법도 있지만, 사진은 많이 꼰 것이다. → 요리 p.101

1 완성된 반죽을 두께 1mm 정도로 밀고, 8×3㎝ 직사각형으로 자른다.
2 양끝을 잡고 좌우로 살짝 당기면서 2~3번 꼬아준다.
3·4 그대로 작업대 위에 올리고, 양손의 손바닥을 작업대에 대고 누르면서 계속 꼬아준다.
5 원래 길이의 2배가 될 때까지 꼬아주면서 민다.

※작업대에 반죽을 올린 다음 처음에 좌우의 끝부분을 잘 꼬아주면, 가운데로 갈수록 꼬임이 안정되어 만들기 쉽다. 좌우로 잡아당기는 느낌으로 꼬아준다.

스파게토니 Sugihara

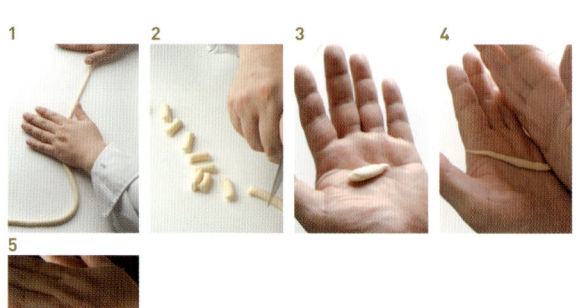

반죽의 작은 조각을 손바닥으로 비벼서 길게 민 파스타. 반죽을 꼬지 않고 가늘게 밀어서 편다. → 요리 p.96·97

1 완성된 반죽을 조금씩 손바닥으로 굴려서, 지름 1㎝ 정도 되는 막대모양으로 만든다.
2 약 2㎝ 길이로 자른다.
3·4·5 1개씩 양손바닥으로 비벼서 긴 끈모양으로 만든다. 지름 3mm, 길이 25㎝ 정도로 완성한다.

※빨리 만들지 않으면 찢어지기 쉽다. 길이는 똑같이 맞추지 않고 조금씩 달라도 관계없다.
※양손바닥으로 반죽을 비비면 압력이 세게 가해져서 탄력이 생기고, 건면에 가까운 쫄깃쫄깃한 식감이 된다. 작업대에 올려놓고 굴려서 미는 방법도 좋다. 힘을 많이 주지 않아도 쉽게 밀 수 있고, 쫄깃한 식감도 생긴다.

키타라 Koike

오른쪽 과정은 전통 도구를 사용한 성형 방법이지만, 파스타머신으로도 만들 수 있다. 반죽의 두께와 너비를 같게 하고, 자른 면이 정사각형이 되도록 만든다. → 요리 p.78

1 키타라 전용 도구인 '키타라('기타'라는 뜻)'. 나무상자에 줄(현)이 매여 있다.
2 완성된 반죽을 줄 간격(사진 2.5mm)보다 조금 두껍게(3mm) 밀어서 편다.
3 반죽을 도구보다 조금 작은 직사각형으로 잘라서 올린다. 덧가루로 세몰리나 밀가루를 뿌린 밀대를 세게 눌러가며 굴린다.
4·5 줄에 의해 반죽이 잘려서 도구 아래로 떨어진다.
6 자른 면이 서로 들러붙기 쉬우므로 세몰리나 밀가루를 뿌리고 상온에 30분 정도 두어서 반건조시킨다.

※줄이 느슨하면 반죽이 잘리지 않으므로, 나사를 조여서 조절한다. 키타라는 양면에 줄이 있는데, 너비가 다르므로 원하는 너비를 사용한다.

홈이 있는 밀대를 반죽 위에 굴려서
자르는 원시적인 파스타.
→ 요리 p.92·93

트로콜리 Koike

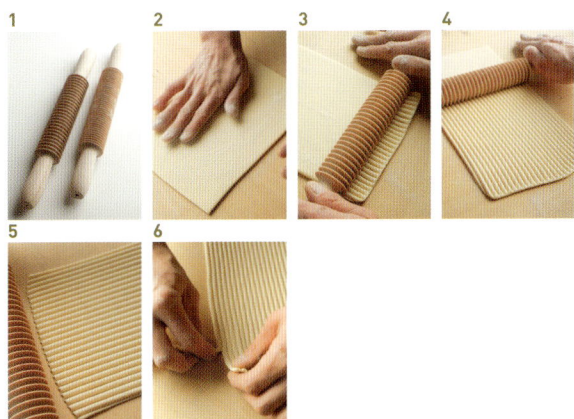

1 트로콜라투로는 홈이 있는 밀대로, 트로콜리 전용 도구이다. 홈의 너비는 3mm~1.4cm로 다양하다. 덧가루를 뿌려놓는다.

2 완성된 반죽을 5mm 두께로 밀고, 너비 20cm, 길이 30cm 직사각형으로 자른다.

3·4·5 반죽을 세로로 길게 놓고 트로콜라투로를 앞에 놓은 다음, 세게 눌러가며 굴려서 자른다.

6 잘리지 않은 부분은 손으로 1가닥씩 분리한다.

※트로콜라투로에 반죽이 들러붙기 쉬우므로, 반죽과 밀대에 모두 덧가루로 세몰리나 밀가루를 뿌려둔다. 또 자른 후에도 자른 면이 들러붙기 쉬우므로 덧가루를 뿌려서 보관한다.

※트로콜라투로를 굴릴 때 반죽이 조금 늘어나는 것을 고려해서, 시트모양 반죽은 길게 만들지 않는 것이 좋다. 1가닥씩 자를 때도 조금씩 늘어난다.

스파게티 모양의 가는 반죽을 가는
막대에 돌돌 감아서 만든 나선모양
파스타. 길이는 조금씩 달라도 좋다.
→ 요리 p.104

푸실리 룬기 Sugihara

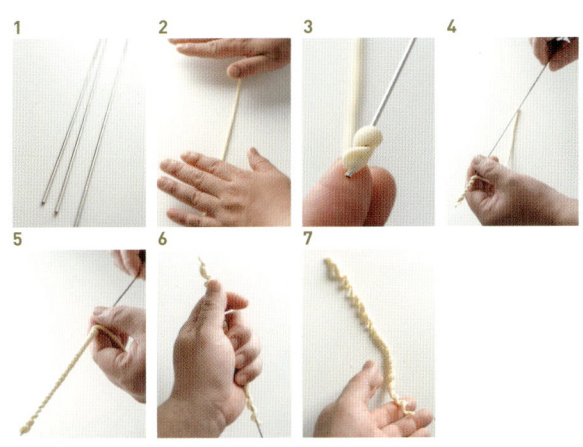

1 가는 막대를 사용한다. 사진은 지름 1.2mm 금속 꼬챙이. 완성된 파스타가 길기 때문에, 금속 꼬챙이도 30cm 이상 되는 것이 좋다.

2 완성된 반죽을 조금씩 손바닥으로 굴려서 지름 2mm, 길이 35cm 정도 되는 막대모양으로 만든다.

3 반죽 끝부분을 금속 꼬챙이에 감아서 떨어지지 않게 붙인다.

4·5 그대로 꼬챙이를 돌려서 반죽을 돌돌 감는다.

6 끝까지 감은 다음 손으로 전체를 살짝 잡고, 꼬챙이를 반대로 돌려서 빼낸다.

7 길이 25cm 정도로 완성한다.

※금속 꼬챙이에 대고 세게 누르면서 감으면, 나중에 금속 꼬챙이를 빼내기 어려우므로 살짝 감는다.

※감을 때 반죽이 서로 붙거나 반대로 간격이 너무 넓으면, 보기 좋은 나선모양을 만들 수 없다. 살짝 닿을 정도로 감는 것이 좋다.

막대모양 반죽에 가는 막대기를 넣어서 만드는 구멍 뚫린 파스타. 길이, 감는 강도, 두께에 따라 맛도 변하기 때문에 소스와의 궁합에 맞춰 여러 가지로 응용할 수 있다.
→ 요리 p.102·103

푸실리 칠렌타니 Sugihara

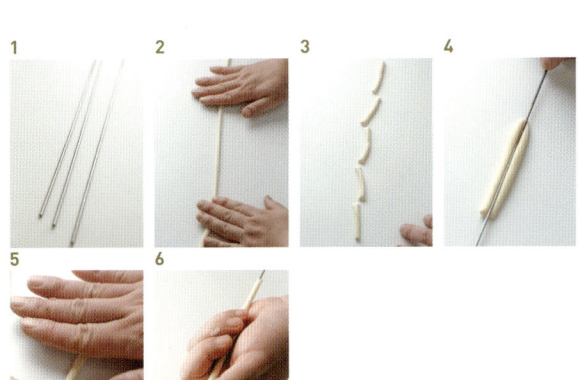

1 가는 막대를 사용한다. 사진은 지름 1.2mm 금속 꼬챙이.

2 완성된 반죽을 조금씩 손바닥으로 굴려서 연필 굵기의 막대모양으로 만든다.

3 6~7cm 길이로 자른다.

4 금속 꼬챙이를 반죽 위에 올리고 살짝 눌러서 묻어준다.

5 그대로 굴려서 금속 꼬챙이를 반죽으로 감싼다. 살짝 미는 느낌으로 몇 번 굴린다.

6 금속 꼬챙이를 돌려서 빼낸다.

반죽을 굴리면서 길고 가늘게 밀어서 펴는 파스타. 반죽을 덩어리째 직접 미는 방법(A)과, 조금씩 덜어서 미는 방법(B)이 있다. → 요리 p.98·99

피치 A: Koike   B: Nishiguchi

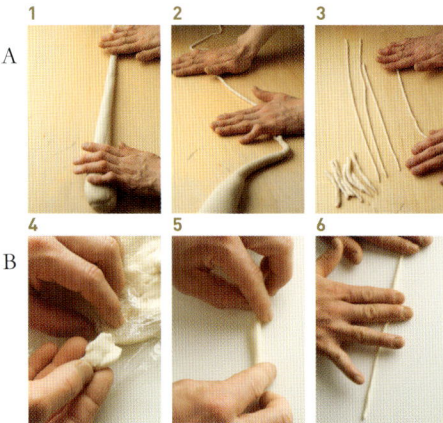

A **1·2** 완성된 반죽의 끝부분을 양손으로 굴려서 가는 막대모양으로 만든다. 두툼한 꼬투리강낭콩과 굵기가 비슷해질 때까지 민다.
3 칼로 꼬투리강낭콩 길이로 자른다. 양손으로 1가닥씩 굴려서 좌우로 길게 늘린다.

※ 서로 들러붙기 쉬우므로 성형한 다음에는 면보 위에 넓게 펼쳐놓거나, 덧가루를 뿌리는 것이 일반적이다. 유산지 위에 간격을 벌려서 올린 다음 그대로 건조시키거나 냉장 또는 냉동하면, 덧가루를 뿌리지 않아도 되기 때문에 삶을 때 물이 탁해지지 않는다.

B **4** 완성된 반죽을 엄지 크기로 떼어낸다.
5 작업대 위에 올리고 앞뒤로 굴려서 좌우로 가늘고 길게 늘린다.
6 두께가 고르지 않으면, 두꺼운 부분을 집중적으로 굴려서 고르게 만든다. 길이가 25㎝ 정도로 밀어서 편다.

쇼트파스타

세로로 촘촘하게 홈이 파인 '페티네(pettine)'라는 나무판 위에 반죽을 굴려서 만든, 둥근 모양의 줄무늬가 있는 파스타. 페티네는 구식과 신식이 있는데, 본문에서는 신식을 사용하였다. → 요리 p.132·133

가르가넬리 A: Nishiguchi   B: Koike

A **1** 신식 나무 페티네. 겉면에 홈이 있고, 판 가운데에 반죽을 감는 밀대를 보관할 수 있는 구멍이 있다.
2 완성된 반죽을 1㎜ 두께로 밀고, 3㎝ 크기의 사각형으로 자른다. 사진은 너비를 자유롭게 조절할 수 있는 '탈리아 파스타'라는 도구로, 한 번에 많은 양을 자를 수 있어 편리하다.
3 반죽의 대각선 중 하나가 페티네의 홈과 평행이 되도록 올린다.
4 전용 밀대에 감으면서 페티네에 대고 세게 눌러서 줄무늬를 만든다.

B **5** 구식 페티네. 나무껍질로 만든 가는 실을 팽팽하게 매서 만든 도구로 빗모양이다.
6·7 A와 같은 방법으로 반죽의 대각선이 실과 평행이 되도록 놓고, 밀대로 감으면서 세게 눌러서 겉면에 줄무늬를 만든다.
8 줄무늬 간격은 신식보다 좁다.

파르팔레(p.64)와 마찬가지로, 나비모양 파스타이다. 동그란 반죽을 사용한다. 사진은 오징어먹물을 넣은 반죽. 지름 3㎝인데, 크기는 자유롭게 조절할 수 있다. → 요리 p.146

노케테 Sugihara

1 반죽을 1.5~2㎜ 두께로 밀고, 지름 3㎝ 세르클틀(원형틀)로 찍어낸다.
2 반으로 접어 마주보는 가장자리의 가운데를 손가락으로 잘 눌러서 떨어지지 않게 붙인다.
3 주머니모양이 된 부분을 밑에서 손가락으로 눌러 평평하고 안정된 모양을 만든다.

※ 반죽이 부드럽기 때문에 트레이 위에 올려서 서로 들러붙지 않을 정도로 살짝 건조시킨다.

가는 막대모양의 반죽으로 이중 고리를 만들어서 꼬아준 파스타.
→ 요리 p.147

로리기타스 Koike

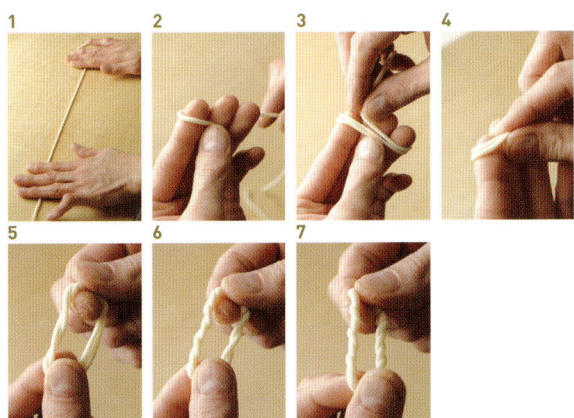

1 완성된 반죽을 조금 덜어낸 다음, 굴려서 지름 3mm 정도의 가는 막대모양을 만든다.
2·3 사진처럼 손가락 3개를 모으고 반죽을 2번 감아서 고리를 만든다.
4 여분의 반죽을 자른 다음, 반죽의 끝부분을 손가락으로 집어서 붙인다. 고리의 길이는 약 22㎝.
5·6·7 고리의 좌우를 잡고, 같은 방향으로 5번 정도 꼬아준다.

막대모양의 반죽에 긴 대바늘을 올리고 감아서 튜브모양으로 만든 파스타. 일반적으로 길이는 7~8cm 정도로 만들지만, 여기서는 요리 재료에 맞춰서 5㎝로 줄였다.
→ 요리 p.114

마카로네스 Koike

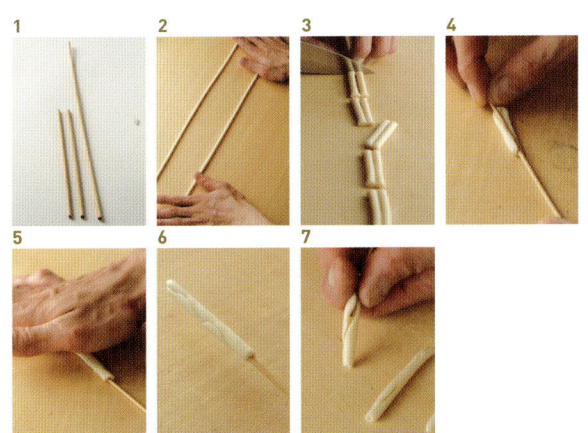

1 지름 5mm 대바늘이면 적당하다.
2 완성된 반죽을 조금 덜어낸 다음, 굴려서 지름 5~6mm 정도의 막대모양으로 만든다.
3 5cm 길이로 자른다.
4 반죽을 가로로 놓고 대바늘을 위에 올린 다음 살짝 눌러서 반죽 속에 넣는다.
5·6 대바늘을 앞뒤로 굴려서 반죽을 감는다.
7 모양이 흐트러지지 않도록 살짝 잡고, 대바늘을 돌리면서 빼낸다.

※성형할 때 대바늘을 반죽과 평행이 되게 올리면 이음매가 완전히 붙고, 비스듬히 올리면 반죽의 이음매에 틈이 생긴다. 어떤 방법이든 관계없다.

시트모양 반죽을 대바늘에 감아서 만드는 기본적인 생마케로니. 사진은 약간 굵고, 구멍도 크게 만든 것이다.
→ 요리 p.113

마케로니 Sugihara

1 지름 5mm 나무대바늘을 사용한다. 원하는 구멍 크기에 맞춰 대바늘의 굵기를 달리해도 좋다.
2 완성된 반죽을 2mm 두께로 밀고, 6×3cm 직사각형으로 자른다.
3 반죽을 가로로 놓고 앞쪽에 대바늘을 올린다.
4·5 그대로 반죽을 모두 감아준다.
6 대바늘을 몇 번 굴려서 겹쳐지는 부분을 얇게 만들고, 구멍도 넓힌다.

※완성된 사진은 지름이 1cm보다 조금 크고, 길이는 7~8cm이다. 너무 가늘면 먹을 때 질리기 쉬워서 크게 만들었지만, 반죽 두께, 구멍 크기, 길이 등은 자유롭게 조절할 수 있다. 같은 반죽으로 만들어도 식감이나 맛이 달라진다.

겉면에 줄무늬를 만들면서 작은 반죽 덩어리에 홈을 판 파스타. '뇨케티 사르디'도 같은 것이다. → 요리 p.130

말로레두스 Koike

1 가르가넬리 등을 만들 때도 사용하는 도구인 '페티네'로 만든다.
2 완성된 반죽을 조금씩 떼어서 지름 1cm 막대모양으로 만든다.
3 길이가 2cm보다 조금 길게 자른다.
4 자른 면이 좌우로 오게 올리는데, 사진처럼 페티네의 홈과 평행하지 않게 비스듬히 올린다.
5·6·7 엄지로 눌러서 반죽에 홈이 패이게 하고, 그대로 굴려서 줄무늬를 만든다.

※소쿠리나 포크 등을 사용해도 좋다. 여기서는 줄무늬를 사선으로 만들었지만, 홈에 평행하게 굴리면 무늬가 달라진다.

오레키에테(p.61)보다 조금 큰 파스타로, 반죽을 눌러서 얇게 편다. 나이프를 사용하는 성형 방법으로, 굵은 것과 가는 것 2종류를 소개한다.
→ 요리 p.127·128

스트라시나티(나이프 성형) Sugihara

1 테이블나이프처럼 얇은 것을 이용한다.
2 완성된 반죽을 조금 덜어낸 다음, 굴려서 지름 1cm 정도의 막대모양으로 만든다.
3 4cm 길이로 자른다.
4 반죽을 세로로 놓고, 칼날을 반죽 오른쪽 가장자리에 맞춰서 놓는다.
5 왼쪽방향으로 세게 눌러서 편다.
6 너비 중심까지 오면 둥글게 말린 오른쪽 부분을 손으로 펴주고, 칼은 그대로 왼쪽으로 감아 올리듯이 눌러서 편다.
7 지름 7mm의 가는 반죽으로 만든 스트라시나티. 모양이 올리브잎과 비슷하여 '올리브잎을 닮은 스트라시나티'라고 부르기도 한다.

손가락으로 눌러서 얇게 편 것. 잘라진 반죽의 자른 면을 어느 방향으로 하는지에 따라 다양한 모양을 만들 수 있다. 사진은 밀의 고대품종인 파로(farro)로 만든 스트라시나티.
→ 요리 p.129

스트라시나티(손가락 성형) Koike

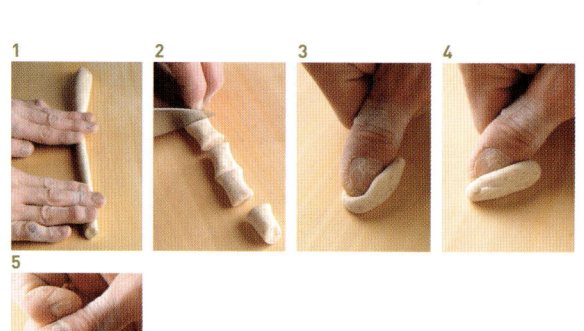

1 완성된 반죽을 조금 덜어낸 다음, 굴려서 지름 1cm 정도의 막대모양으로 만든다.
2 2cm 길이로 자른다.
3 자른 면이 위아래로 오게 놓고, 엄지로 눌러서 오목하게 홈을 만든다.
4 옆으로 밀어서 홈을 넓힌다.
5 늘어난 반죽이 다시 줄어들지 않도록 손으로 잡아당겨서 늘린다.

※줄어들지 않게 하려면 트레이 등에 올려서 30분 정도 상온에 두고, 겉면을 살짝 건조시킨다.

트로피에(p.63)의 한 종류로, 짧은 막대모양 반죽을 나선모양으로 만 것. 팔레트나이프로 밀어서 많이 비틀어지게 만들었다. → 요리 p.149

스트리골리 Koike

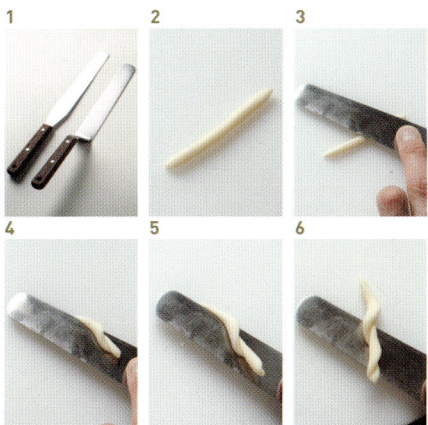

1 폭이 넓은 팔레트나이프를 사용한다. 끝이 뾰족하지 않고 면이 직사각형인 것이 사용하기 좋다.
2 완성된 반죽을 조금 덜어낸 다음, 굴려서 지름 5mm 막대모양으로 만든다. 6cm 길이로 자른 다음 양끝을 누르고 살짝 굴려서 끝부분을 가늘게 만든다.
3 반죽을 가로로 놓고, 팔레트나이프의 오른쪽 가장자리를 반죽의 오른쪽 끝부분에 맞게 비스듬히 올린다.
4·5·6 왼쪽 앞으로 세게 누르면서 당기고, 끝부분에서 늘어나는 반죽을 돌돌 말아서 나선모양으로 만든다.

귓불모양이기만 하면 크기, 두께, 홈의 깊이 등은 자유롭게 조절해도 좋다. 사진은 크기는 조금 작고 홈은 깊게 만든 것이다.
→ 요리 p.124·125·126

오레키에테 Sugihara

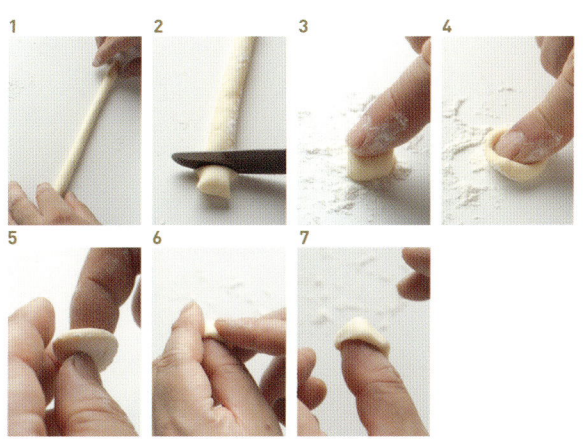

1 완성된 반죽을 조금 덜어낸 다음, 앞뒤로 굴려서 지름 1cm 막대모양으로 만든다.
2 1cm 길이로 자른다.
3·4 자른 면이 위아래가 되도록 작업대에 놓고 검지로 세게 누른다. 앞쪽으로 살짝 당기듯이 누르면서 움푹 파이게 만든다.
5·6·7 그대로 들어서 반대쪽 엄지에 씌운 다음 반대로 눌러서 뒤집는다.

카바텔리(p.62)와 성형 방법은 거의 같다. 작은 반죽 덩어리에 손가락으로 1개의 홈을 만든다.
→ 요리 p.118

체카루콜리 Koike

1 완성된 반죽을 조금 덜어낸 다음, 굴려서 지름 1cm 정도의 막대모양으로 만든다.
2 2.5cm 길이로 자른다.
3 자른 면이 앞뒤로 오게 작업대에 올린다.
4·5·6 엄지로 앞에서 뒤쪽으로 눌러 펴면서 만다. 조개껍질 모양이 된다.

※자른 면이 좌우로 오게 놓고 성형해도 좋다. 그럴 경우에는 조금 각진 모양이 된다.

작은 반죽 덩어리에 홈을 만든 파스타로, 같은 종류 중에서도 크기가 가장 작다. '카바티엘리' 또는 '카바테디'라고도 한다. → 요리 p.118

카바텔리 Nishiguchi

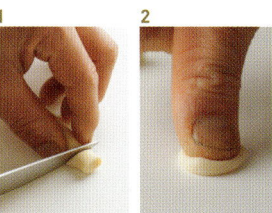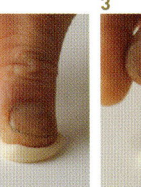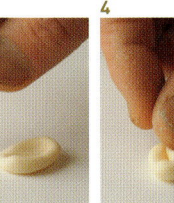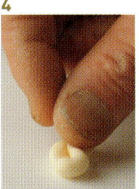

1 완성된 반죽을 조금 덜어낸 다음, 굴려서 지름 1cm 막대모양으로 만든다. 1cm 길이로 자른다.
2·3 자른 면이 위아래로 오게 작업대에 올리고 위에서 엄지로 누른다.
4·5 반으로 접듯이 동그랗게 만다.

※ 체카루콜리(p.61)와는 이름만 다를 뿐 같은 것이다. 마지막에 동그랗게 마는 방법이 조금 다르지만, 어떤 방법이든 관계없다.

모양은 1가지가 아니며, 카바텔리처럼 홈을 1개만 만드는 것도 있다. 여기서는 홈 3개짜리 카바티에디를 소개한다. → 요리 p.121

카바티에디 Koike

1 완성된 반죽을 조금 덜어낸 다음, 굴려서 지름 8mm 정도의 막대모양으로 만든다.
2 4cm 길이로 자른다.
3·4·5 손가락 3개를 가지런히 반죽 위에 올리고, 세게 누르면서 앞쪽으로 당겨서 홈을 만든다.

※ 코르테체(p.63)도 카바티에디와 같은 방법으로 성형한다.

p.63의 코르체티와 이름은 같지만 모양은 다르다. 손으로 집어서 8자모양을 만든다. 집고 비트는 방법은 정해져 있지 않아서, 여러 가지 방법으로 만들 수 있다. → 요리 p.122

코르체티(8자) Koike

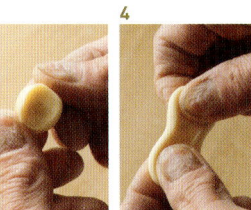

1 완성된 반죽을 조금 덜어낸 다음, 굴려서 지름 1cm 막대모양을 만든다.
2 2cm 길이로 자른다.
3·4 자른 면이 위아래로 오게 엄지와 검지로 잡고, 누르면서 좌우로 살짝 잡아당긴다.
5·6 한쪽을 뒤집어서 비틀어 8자모양을 만든다.

※ 8자모양은 비틀지 않는 것, 홈이 없고 평평한 것, 홈이 깊은 것 등 다양하게 응용할 수 있다.

코르체티(스탬프) Koike

스탬프식 도구로 찍어내고 무늬를 만든 시트모양 파스타. 종교적인 무늬, 가문, 화초, 기하학적인 무늬 등 다양하게 만들 수 있다. 지름 5.5㎝.
→ 요리 p.140·141

1 2개가 1쌍인 코르체티용 스탬프. 양쪽이 다른 무늬이다. 사진의 아래쪽에 있는 손잡이가 없는 스탬프의 바닥은 가장자리가 뾰족해서 반죽을 동그랗게 찍어낼 수 있다.
2·3 완성된 반죽을 2mm 두께로 밀고, 아래쪽 스탬프를 올린 다음 세게 눌러서 동그랗게 찍어낸다.
4 아래쪽 스탬프의 무늬가 있는 면 위에 반죽을 올린다.
5 손잡이가 있는 위쪽 스탬프를 올리고 위에서 세게 누른다.
6·7 반죽 양면에 각각 다른 무늬가 만들어진다.

코르테체 Sugihara

카바티에디(p.62)와 같은 방법으로 성형한다. 가늘고 긴 반죽에 손가락 3개를 대고 눌러서 홈을 만든다.
→ 요리 p.122

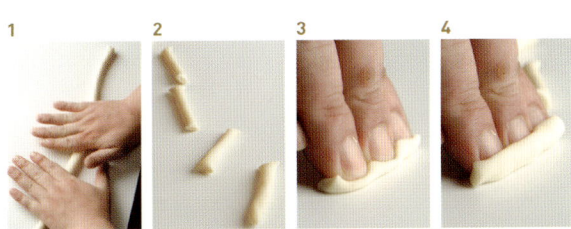

1 완성된 반죽을 조금 덜어낸 다음, 굴려서 연필보다 조금 굵은 막대모양으로 만든다.
2 4cm 길이로 자른다.
3·4 손가락 3개를 가지런히 반죽 위에 올리고 뒤쪽으로 조금 민 다음, 세게 누르면서 앞쪽으로 당겨서 만다.

트로피에 Koike

가늘고 짧은 뱅어모양의 파스타인데, 막대모양에 가까운 것, 손가락으로 굴곡을 만든 것, 사진과 같이 나선모양으로 비튼 것 등 여러 가지 방법으로 성형할 수 있다. → 요리 p.148

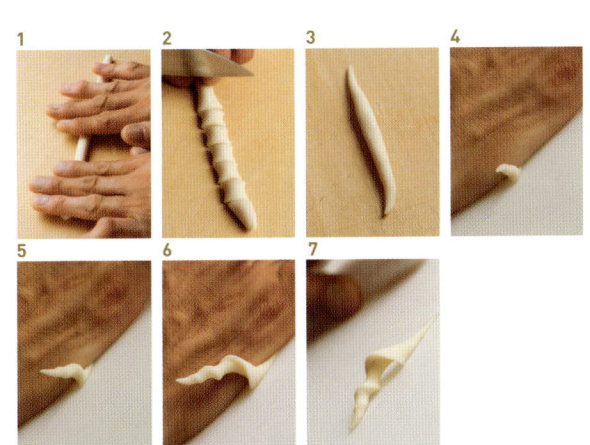

1 완성된 반죽을 조금 덜어낸 다음, 굴려서 지름 1cm 정도의 막대모양으로 만든다.
2 1cm 길이로 자른다.
3 1개씩 굴려서 뱅어모양으로 가늘고 길게 늘린다.
4 반죽을 가로로 놓고, 오른손을 반죽 오른쪽 끝에 맞춰서 올린다.
5·6 그대로 왼쪽 앞으로 세게 누르듯이 반죽을 위아래로 움직여서, 나선모양으로 만든다.

※ 마찰이 큰 나무작업대를 사용하면 만들기 쉽다. 반죽 가운데 부분에서 방향을 조금 바꾸면 모양이 달라진다.

파르팔레 <small>Nishiguchi</small>

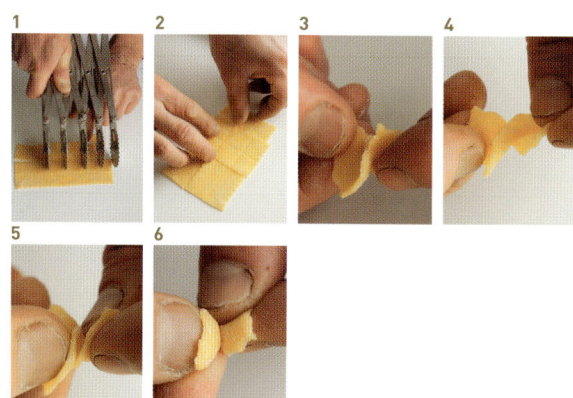

일반적으로는 사각형 반죽의 가운데 부분을 손가락으로 집어서 나비모양을 만들지만, 여기서는 한쪽을 반대 방향으로 비트는 성형 방법을 소개한다. 작업하기도 쉽다. → 요리 p.144

1·2 완성된 반죽을 1mm 두께로 밀어서, 파이커터로 3×3cm 정도의 사각형으로 자른다.
3·4 좌우를 잡고 한쪽을 뒤집듯이 비튼다.
5·6 좌우의 손가락을 가까이 모은 다음, 비틀어진 부분을 눌러서 얇게 만든다.

※ 사진에서는 물결모양으로 잘라지는 커터기를 사용했지만 직선으로 잘라도 좋다.
※ 비튼 다음에는 위에서 눌러 평평하게 만들면 안 된다. 비틀어진 곡선을 살린 채로 가운데 부분을 눌러서 붙인다.

파케리 <small>Sugihara</small>

한입에 먹기 편하도록 건면보다 조금 작게 만든 생파케리. 지름 2cm, 길이 4cm 정도로 성형한다.
→ 요리 p.117·118·119

1 지름 2cm 정도의 튜브모양 틀을 사용한다. 사진은 시칠리아 정통과자인 칸놀리(cannoli)용 금속틀.
2 완성된 반죽을 2mm 두께로 민 다음, 4cm 길이로 길쭉하게 자른다. 세로로 놓고 앞쪽에서부터 둥근 틀에 감는다. 이때 반죽을 감으면서 틀을 앞뒤로 굴려서 조금 얇게 만든다.
3 1바퀴 감은 다음 여유를 조금 남기고 나머지를 잘라낸다.
4 이음매가 잘 붙도록 틀로 세게 누른다.
5 틀을 빼고 손가락으로 이음매를 눌러 두께를 조절한다.

필레야 <small>Koike</small>

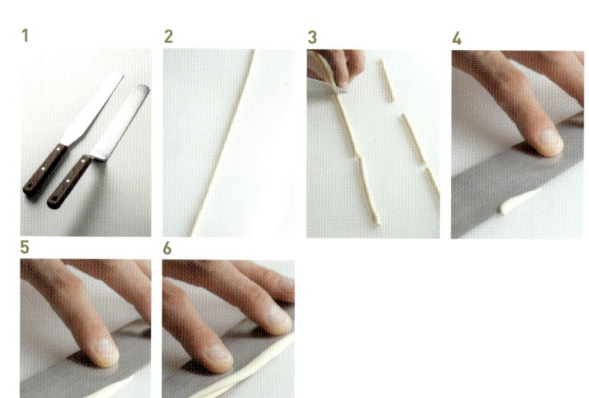

마케로니 종류의 하나로 원래는 가는 나무막대로 튜브모양을 만들지만, 여기서는 팔레트나이프로 쉽게 만드는 방법을 소개한다. → 요리 p.115

1 너비가 넓은 팔레트나이프를 사용한다. 일반 칼의 칼등을 사용해도 같은 방법으로 만들 수 있다.
2 완성된 반죽을 조금 덜어낸 다음, 굴려서 지름 6mm 정도의 가는 막대모양을 만든다.
3 8∼9cm 길이로 자른다.
4 반죽을 가로로 놓은 후 팔레트나이프가 사진처럼 오른쪽 아래를 향하고 반죽이 살짝 보이도록 비스듬히 올린다.
5·6 왼쪽 앞으로 비스듬히 세게 누르면서 밀어서 반죽을 만다.

※ 완전한 튜브모양이 아니라 부분적으로 벌어진 모양이 되어야 한다.

만두형 파스타

로톨로 Nishiguchi

매우 얇은 반죽에 소를 올리고 롤모 양으로 만 것. 두툼한 김밥 정도로 굵 고 길게 만다. → 요리 p.180

밑준비 완성된 반죽을 두께 1mm 이 하로 매우 얇게 밀어서 22 × 45cm 정도로 자른다. 끓는 소금물에 넣고 2~3분 동안 삶아서 부드럽게 만든 다음, 얼음물에 넣어 식힌다. 면보로 물기를 닦아서 1장씩 랩으로 싸고, 보관할 때는 냉장고에 넣는다.

1 랩을 몇 장 잘라서 50×50cm 크 기로 조금씩 겹치게 펼쳐놓는다. 반 죽을 쌌던 랩을 떼어내고, 깔아놓은 랩 위에 반죽을 세로로 올린다.
2 반죽의 뒤쪽 끝부분을 5cm 너비로 잘라낸다.
3 반죽 앞쪽에 4~5cm 너비로 소스 를 바르고, 사보이양배추 등의 소를 올린다.
4 치즈와 검은 후추를 뿌린다.
5 2에서 잘라낸 반죽으로 사진처럼 소의 뒤쪽을 반 정도 덮는다.
6·7 앞쪽의 랩을 들어서 반죽으로 소를 덮고, 김밥을 마는 요령으로 말 아서 롤모양으로 만든다.
8 바깥쪽을 랩으로 싸고 양쪽 가장 자리에 삐져나온 랩을 손으로 누른 다음, 롤을 앞뒤로 굴려서 단단하게 만다.
9 꼬치로 3곳 정도 구멍을 뚫어서 공 기를 뺀다.
10 전체를 랩으로 싸고 같은 방법으 로 굴려서 단단하게 만다. '구멍을 뚫 어 공기를 뺀다 → 랩으로 싼다 → 굴 린다'의 과정을 다시 1번 반복하여 더 단단하게 고정시킨다. 양쪽 가장 자리의 랩을 세게 비틀거나 묶어서 모양을 고정시키고, 1시간 정도 냉장 고에 넣어둔다.
11 속에 넣은 소 사이에 반죽 1장을 넣는 것이 좋다.

아뇰로티 델 플린 Nishiguchi

1변이 3cm 정도 되는 작은 만두형 파 스타. 손가락으로 집은 자국이 남도 록 성형한다. → 요리 p.160

1 완성된 반죽을 0.5mm 두께로 얇게 밀어서 알맞은 크기로 자른다.(여기서 는 40 × 20cm) 반죽을 가로로 놓고 앞 쪽에 물을 바른다.
2 소를 짤주머니에 넣고, 앞에서 2 cm 들어간 곳에 1cm 간격으로 길게 1 줄이 되도록 소를 짠다.
3 앞쪽 반죽으로 소를 덮는다.
4·5 소가 있는 양옆의 반죽을 세우 듯이 손가락으로 집어서 반죽과 소를 잘 밀착시킨다.
6 뒤쪽의 반죽을 잘라낸다.
7 파이커터를 앞에서 뒤로 굴려서 1 개씩 자른다.
8 반죽이 겹쳐진 부분을 손가락으로 세게 눌러서 두께를 고르게 만든다.

※ 1개씩 자를 때 소가 들어 있는 앞쪽에서 부터 파이커터를 굴려야, 손으로 집은 부분 이 살짝 기울어져서 독특한 모양이 된다.

동그란 반죽을 반으로 접어서 만두 모양으로 성형한 파스타.
→ 요리 p.165

찰촌스 Koike

1 완성된 반죽을 얇게 밀어서, 지름 7㎝ 원모양으로 찍어낸다.
2 가운데에 소를 짜서 올린다.
3 가장자리에 물을 바르고, 반으로 접는다.
4 소 주변의 공기를 빼면서 반죽을 붙인다.
5 가장자리는 그대로 두어도 좋고, 안쪽으로 조금씩 말아 넣는 등 모양을 내도 좋다.

링모양으로 만드는 만두형 파스타. 토르텔리니, 카펠레티, 아뇰리, 아뇰리니 등도 같은 방법으로 성형한다.
→ 요리 p.170

카펠라치 Nishiguchi

1 완성된 반죽을 두께 1㎝ 이하로 매우 얇게 민다. 5×5㎝ 정도 크기의 사각형으로 자르고, 4변에 물을 바른다. 소를 짤주머니에 넣고 반죽 가운데에 짠다.
2 대각선으로 접어서 삼각형을 만들고 반죽 가장자리를 붙인다.
3·4 소가 들어 있는 바닥 부분을 엄지로 밀어서 홈을 만들고, 양끝을 앞쪽으로 모아서 붙인다.

가늘고 긴 반죽으로 소를 말아서 만든 롤모양 파스타.
→ 요리 p.177·178

칸넬로니 Sugihara

1 완성된 반죽을 얇게 밀어서 7~10㎝ 크기의 직사각형으로 자른다. 한쪽 면 전체에 달걀물을 바른다.
2 달걀물을 바른 면에 소를 올린다.
3·4 가장자리를 조금 접은 다음, 김밥처럼 말아서 롤을 만든다. 롤의 끝 부분을 잘 붙인다.
5 완성 후에 옆 모습이 사진처럼 되어야 한다.

※ 수프에 넣을 경우에는 그대로 넣으면 커서 먹기 불편하기 때문에, 브로도(육수)에 넣어서 끓인 다음 담을 때 2등분해서 스푼으로 떠먹을 수 있게 만든다.

쿨린조니스 Koike

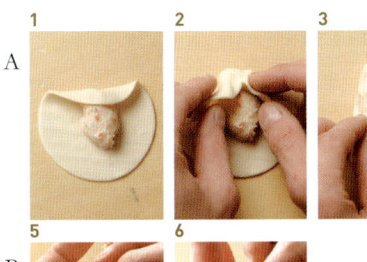

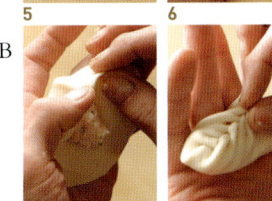

동그란 반죽을 뚜껑질한 것처럼 붙여서 '보리 이삭'처럼 보이는 파스타. 작업대 위에서 만드는 방법(A)과 손바닥 위에서 만드는 방법(B)을 소개한다. → 요리 p.166

A 1 작업대 위에서 성형하는 방법으로 만들기 쉬운 방법이다. 완성된 반죽을 얇게 밀어서 지름 9㎝ 정도의 원 모양으로 찍어낸다. 가운데에 소를 올리고, 반죽 가장자리를 사진처럼 조금 접어서 덮는다.

2·3 접은 곳부터 좌우의 반죽을 번갈아 조금씩 덮고 그때마다 손으로 집어서 붙인다.

4 끝부분은 조금 뾰족하게 만들어서 단단히 붙인다.

B 5·6 익숙해지면 손바닥 위에서 만드는 편이 더 빠르다. 처음에는 양쪽 손가락을 사용하지만, 나중에는 한쪽 엄지와 검지로 번갈아 덮고 붙인다.

※ 이음매에 틈이 생기거나, 반죽과 소 사이에 공기가 들어가지 않도록 밀착시켜서 붙인다. 또 이음매가 두꺼우면 삶을 때 고르게 익지 않아 식감이 나빠지기 때문에 얇게 붙인다.

토르텔리 Koike

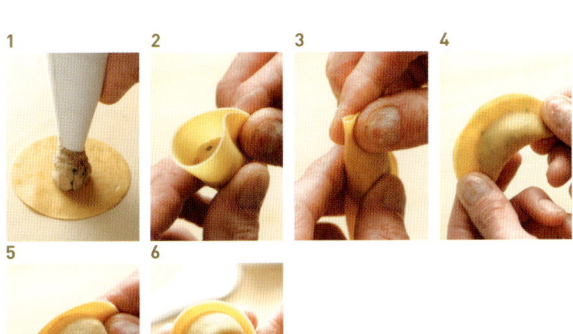

링모양으로 성형한 만두형 파스타. 카펠라치(p.66)와 만드는 방법은 같지만, 여기서는 원모양 반죽으로 크게 만들었다. → 요리 p.168

1 완성된 반죽을 두께 1㎜ 이하로 얇게 민다. 지름 8㎝ 원형틀로 찍어낸 다음, 가운데에 소를 짠다. 가장자리에 물을 바른다.

2·3 반으로 접고 공기를 빼면서 소 주변의 반죽을 붙인다.

4·5 반달모양의 양끝을 아래로 살짝 내리고, 소가 들어 있는 부분의 앞쪽에 사진처럼 검지를 대고 양끝으로 손가락을 감듯이 당긴다.

6 손가락을 빼고 양끝을 겹쳐서 붙인다.

파고티니 Nishiguchi

반죽을 위로 오므려서 붙인 보따리모양 파스타. 사진은 정사각형 반죽의 네 모서리를 붙인 것이다. → 요리 p.172

1 완성된 반죽을 두께 1㎜ 이하로 얇게 밀고, 5×5㎝ 크기의 정사각형으로 자른다. 4개의 모서리에 물을 바르고 가운데에 소를 올린다.

2 대각선 꼭짓점 부분이 가운데에서 만나게 붙인다.

3·4 다른 2개의 꼭짓점도 가운데에서 만나게 붙인다.

5 반죽과 반죽의 이음매를 세게 눌러서 얇게 잘 붙인다.

뇨키·알갱이형 파스타

뇨키 Sugihara

뇨키의 모양을 만드는 방법은 여러 가지가 있다. 사진은 감자를 베이스로 한 반죽에 포크로 줄무늬를 만들면서 둥글게 뭉친 기본적인 것이다.
→ 요리 p.189

1 완성된 반죽을 손바닥으로 굴려서 지름 1㎝ 막대모양으로 만든다.
2 1㎝ 길이로 자른다.
3 자른 면이 위아래가 되도록 포크 뒷면에 올린다.
4·5 엄지로 뒤쪽 방향으로 굴려서 무늬를 만든다.

※ 감자는 계절이나 개체에 따라 맛이나 수분 함유량이 다르기 때문에, 경우에 따라 배합이나 크기를 다르게 해야 한다. 감자의 수분이 적어서 밀가루 양을 적게 넣어도 될 경우에는, 뇨키를 크게 만들어서 감자의 풍미를 살리는 것이 좋다.

쿠스쿠스 Sugihara

세몰리나 밀가루에 물을 뿌려서 작은 알갱이모양으로 만드는 파스타. 분무기로 고르게 물을 뿌리고, 손으로 풀어주듯이 섞는 과정을 반복한다.
→ 요리 p.204·205

1 큰 볼에 세몰리나 밀가루를 넣고 소금을 뿌려서 섞는다.
2 분무기로 5번 정도 물을 뿌린다.
3 손가락을 벌려서 물이 전체적으로 잘 퍼지도록 천천히 크게 섞는다. 밀가루가 수분을 흡수하여 물기가 없어지면, 다시 물을 뿌려 섞는다.
4·5 알갱이가 커지면 알갱이를 쥐면서 섞거나, 손가락을 모아서 손가락 바깥쪽이나 손등을 알갱이에 대고 비비듯이 섞으면 크기가 균일해진다.
6·7 한꺼번에 뿌리는 물의 양을 점점 늘리는데, 후반에는 한꺼번에 10번 정도 눌러서 물을 뿌린다. 촉촉한 치즈가루처럼 기름진 촉감이 손끝에 느껴지면 완성.
8 면보 위에서 30분 정도 말린다.

※ 볼 옆면에 달라붙은 반죽을 긁어서 떨어뜨리면 큰 덩어리가 된다. 가루를 끼얹고 손등으로 비비면서 떨어뜨리면 알갱이가 된다.

파스타 그라타타 Koike

치즈용 강판(그레이터)으로 갈아서 작게 만드는 파스타. 반죽을 조금 단단하게 만들어야 잘 갈린다.
→ 요리 p.201

1 치즈용 강판. 구멍 크기에 따라 파스타의 크기와 모양이 달라지므로, 취향에 따라 선택한다. 여기서는 지름 8㎜ 구멍이 있는 강판을 사용하였다. 완성된 파스타는 너비 8㎜, 길이 3㎝ 정도.
2·3 완성된 반죽을 강판에 갈아서 작게 만든다. 국물요리에 사용할 경우에는 국물 냄비 위에서 바로 갈아서 넣고 삶는다.

밀가루에 물방울을 뿌려서 만드는 알갱이형 파스타. 쿠스쿠스(p.68)나 프레골라(p.198)와 만드는 방법이 거의 같지만, 프라스카렐리는 알갱이가 크고 크기가 고르지 않다.
→ 요리 p.206

프라스카렐리 Koike

1 0밀가루를 큰 트레이에 넓게 펼쳐 놓는다. 솔 끝에 미지근한 물을 적셔서 가루 위에 뿌린다. 분무기로 뿌려도 좋다.
2 곧바로 트레이를 앞뒤로 흔들어서 알갱이를 만든다.
3·4 1~2의 과정을 반복하여 알갱이를 많이 만든다.
5 처음 만들어진 알갱이가 과정을 반복할수록 점점 커진다.
6·7 체에 올려 여분의 가루를 털어내면 다양한 크기의 알갱이가 남는다. 트레이 등에 넓게 펼쳐놓고 상온에 잠시 두어 겉면을 말린다.

※ 모양이나 크기가 일정하지 않은 것이 특징이므로, 깨알만한 것부터 콩알만한 것까지 다양한 크기의 프라스카렐리를 섞어서 요리한다.

피사레이 Koike

빵가루를 베이스로 만드는 뇨키로, 성형 방법은 쇼트파스타인 카바텔리(p.62), 체카루콜리(p.61)와 같다.
→ 요리 p.198

1 완성된 반죽을 적당히 덜어서 지름 1cm 막대모양으로 만든다.
2 1.5cm 길이로 자른다.
3·4·5 자른 면이 좌우로 오게 놓고, 엄지로 누르면서 앞쪽으로 굴려 동그랗게 만든다.

피초케리(키아벤나풍) Nishiguchi

끓는 물 위에 슬라이서를 올리고 반죽을 갈아서 바로 떨어뜨리는 알갱이형 파스타. 손가락, 스푼, 실리콘주걱 등으로 끓는 물에 조금씩 떨어뜨려도 좋다.
→ 요리 p.203

1 스패슬리(p.202)용 슬라이서 도구.(스패슬리도 같은 방법으로 만든다.)
2 소금물이 끓고 있는 냄비 위에 도구를 올리고, 사각형 틀에 반죽을 넣는다.
3·4 사각형 틀을 좌우로 움직여서 구멍을 통해 반죽을 떨어뜨린다.
5 물 위에 떠오를 때까지 삶는다.
6 한소끔 끓인 다음, 구멍 뚫린 국자로 건져서, 얼음물에 넣고 식힌다. 체에 올려 물기를 빼고 용기에 담은 다음 E.V.올리브유로 버무린다.

※ 너무 길게 늘어진 것은 삶은 다음 칼로 자른다. 5mm~2cm 정도가 적당하다.

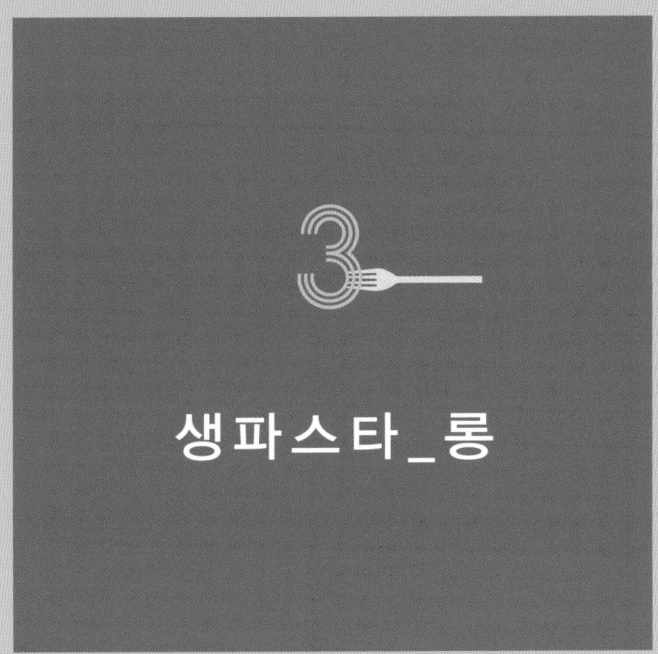

탈리올리니 Tagliolini

너비 2㎜, 길이 18㎝

탈리올리니

'가늘게 자른 것'이라는 뜻에서 유래한 이름으로, 지역에 따라 '탈리에리니(taglierini)'라고도 한다. 자른 면이 정사각형이 아닌 직사각형이다. 기본은 00밀가루를 달걀로 반죽하여 2~3㎜ 너비로 가늘고 길게 자르지만, 실제로는 세몰리나 밀가루를 섞거나 달걀 외에 물이나 오일을 넣는 등 여러 가지 레시피가 있다. 사진의 탈리올리니도 그중 하나이다. 탈리올리니 중 너비가 넓은 것을 '탈리아텔레(p.81)'라고 하며, 모두 이탈리아 중북부에 위치한 에밀리아로마냐주에서 시작되어 현재는 이탈리아 전역에 퍼져 있다.

001 Tagliolini al sugo di vitello e carciofi

송아지고기와 카르초피 라구소스로 버무린 탈리올리니

Nishiguchi

소고기 라구소스와 계절채소로 버무린 탈리올리니

잘게 자른 송아지 넓적다리살에 화이트와인을 넣어 조리고, 카르초피 소테와 섞어서 탈리올리니 소스를 만들었다. 탈리올리니는 가늘어서 맛이 섬세하므로 이탈리아에서는 감칠맛이 진하고 건더기가 없는 소스와 함께 내는 것이 일반적이지만, 여기서처럼 고기를 잘게 잘라서 라구소스를 만들고 계절채소와 함께 버무려서 볼륨감을 살려도 맛있다.

001

탈리올리니 배합
[만들기 편한 적당량. 1인분 80g]

00밀가루(Marino 제품) 800g
세몰리나 밀가루(Marino 제품) 200g
달걀노른자 8개 분량
달걀 5개
퓨어 올리브유 조금

탈리올리니
1 완성된 반죽을 파스타머신으로 두께 1㎜, 너비 2㎜, 길이 18㎝로 자른다.

송아지 수고
1 송아지 넓적다리살(1㎏)을 2㎝ 크기로 깍둑썰기한다. 냄비에 퓨어 올리브유, 소프리토(p.254 / 1인분 약 120g), 월계수잎, 송아지고기를 넣고 볶는다.
2 겉면이 노릇해지기 시작하면 화이트와인을 넣고 알코올 성분을 날려보낸다. 토마토페이스트와 닭고기 브로도를 적당히 넣고, 뚜껑을 덮어서 1시간 정도 약한 불로 끓인다.
3 하룻밤 정도 두었다가, 다음날 굳어진 기름을 걷어낸다.

카르초피 소테
1 카르초피(가시가 있는 종류 / 1인분 약 1/2개)를 손질한 다음, 1.5㎝ 크기로 깍둑썰기를 한다. 퓨어 올리브유로 재빨리 볶아 소금으로 간을 한 다음 화이트와인을 조금 뿌린다.

마무리
1 끓는 소금물에 탈리올리니를 넣고 1~2분 정도 삶는다.
2 수고(1인분 100cc)를 냄비에 넣어 따뜻하게 데운 다음 카르초피를 넣는다. 파스타 면수를 넣어 농도를 조절한다.
3 탈리올리니를 2의 소스로 버무리고, 검은 후추와 그라나 파다노 치즈를 뿌려서 버무린 후 접시에 담는다. 다시 그라나 파다노 치즈를 뿌린다.

Point
고기는 기계로 갈지 않고 칼로 잘게 다져야 식감이 살아서 씹을 때 고기의 감칠맛이 강하게 느껴진다. 흰살코기(white veal) 송아지고기와 카르초피는 초봄의 이미지로 조합한 것인데, 다른 재료를 넣을 경우에도 계절에 맞게 사용하는 것이 중요하다.

응용하기
채소는 카르초피 외에 라디키오, 포르치니도 많이 사용한다.

002 Tagliolini allo zafferano con abalone
전복소스와 사프란 탈리올리니

사프란 탈리올리니
파스타 반죽은 여러 가지 재료를 넣어서 풍미와 색을 더할 수 있다. 여기서는 사프란을 우려낸 미지근한 물을 반죽에 넣어서 탈리올리니를 만들었다. 반죽 베이스는 세몰리나 밀가루와 강력분을 달걀노른자로 반죽한 것으로, 일반적인 탈리올리니보다 탄력이 강하고 씹는 느낌이 좋다.

너비 5mm, 길이 19cm

바다 향으로 하나된 사프란과 전복

전복에는 진한 요오드 향이 있는데, 가열한 사프란에도 다시마와 비슷한 향이 있다. 이렇게 공통된 향에서 2가지 재료를 조합한 파스타 요리를 생각하게 되었다. 그런데 사프란을 직접 소스에 넣으면 향이 너무 강해지기 때문에, 파스타 반죽에 넣어서 은은한 향으로 주재료인 전복의 풍미를 살렸다. 또한 파스타의 굵기도 탈리올리니 정도로 가늘게 만들어야 전복의 존재감을 살리기 좋다.

Sugihara

002

사프란 탈리올리니 배합
[만들기 편한 적당량. 1인분 80g]

강력분(닛신제분 '카메리야') 700g
세몰리나 밀가루(Caputo 제품) 350g
(2가지를 섞어서 1kg을 사용)
달걀노른자 25개 분량
사프란물
│ 사프란 1꼬집
│ 미지근한 물 150g

※ 전복 소스로 버무릴 경우에는 탈리올리니를 곧게 펴서 보관한다. 돌돌 말아서 보관하면 면이 꼬불꼬불해지기 때문에, 소스가 지나치게 많이 묻어서 진한 소스가 느끼하게 느껴진다.

탈리올리니
1 사프란물을 만든다. 사프란을 미지근한 물에 담가서 색과 향을 낸 다음 건더기는 걸러낸다.
2 2종류의 밀가루를 섞은 가루 1kg에 달걀노른자와 사프란물을 넣고 반죽한다. 밀가루와 수분이 잘 섞이면 덩어리로 뭉쳐서 비닐팩에 넣은 다음, 냉장고에서 5~6시간 정도 휴지시킨다.
3 파스타머신으로 두께 1mm, 너비 5mm, 길이 19cm로 자른다.

전복 소스
1 전복은 껍데기째 물로 씻고, 더치오븐으로 30분 정도 찌듯이 굽는다. 식으면 껍데기를 벗겨낸 다음, 살과 외투막 부분은 약 1cm 크기로 네모나게 썰고, 간은 체에 내린다.
2 볼에 전복살(1인분 100g)과 외투막 조금, 페스토 제노베세(p.258 / 1큰술), E.V.올리브유, 버터를 넣는다. 전복간(1개 분량)과 파스타 면수를 조금 넣고 잘 섞는다.

마무리
1 끓는 소금물에 탈리올리니를 넣고 1분 20초 정도 삶는다.
2 전복 소스에 탈리올리니를 넣고 버무려서 접시에 담는다.

Point
전복은 고급재료이지만 살(관자), 외투막, 간을 모두 사용할 수 있기 때문에, 충분히 넣어서 소스에 전복의 맛을 제대로 살린다. 간을 넣으면 비린 맛이 나기 쉽지만, 페스토 제노베세를 섞으면 맛도 농도도 조화를 이룬다.

응용하기
전복 소스는 스파게티와도 잘 어울린다. 사프란을 넣은 파스타와 비교하면 맛이 심플하기 때문에, 그럴 경우에는 페스토 제노베세의 양을 늘린다.

너비 2㎜, 길이 25㎝

라디키오 탈리올리니

이탈리아 북동부에 위치한 베네토주 트레비소 지방의 특산품인 라디키오(radicchio rosso di treviso)로 퓌레를 만들어서 탈리올리니 반죽에 넣는다. 반죽 베이스는 세몰리나 밀가루, 00밀가루, 달걀노른자. 보통 샐러드로 많이 먹는 라디키오이지만, 이탈리아에서는 그릴, 소테, 소스 등으로 다양하게 사용한다. 파스타 반죽에 넣는 것도 많이 사용하는 방법이다. 조금 씁쓸한 맛이 나는 라디키오의 풍미가 살아 있다.

003 Tagliolini scuri al pesto di radicchio rosso
라디키오 페이스트와 라디키오 탈리올리니

Nishiguchi

라디키오가 주인공인 트레비소 스타일 파스타

라디키오 퓌레를 넣어 반죽한 탈리올리니를 라디키오 페이스트로 버무린, 라디키오가 주인공인 심플한 요리이다. 페이스트는 살시차(p.255)의 속재료에 라디키오, 잣, 올리브유를 넣고 갈아서 걸쭉하게 만든다. 탈리올리니를 넣고 버무릴 때 생라디키오도 조금 넣고 같이 버무린다.

003

라디키오 탈리올리니 배합
[만들기 편한 적당량. 1인분 80g]

00밀가루(Marino 제품) 250g
세몰리나 밀가루(Marino 제품) 50g
달걀노른자 1개 분량
라디키오 퓌레 약 150g
┌ 라디키오(타르디보) 120g
│ 양파 소프리토 30g
│ 퓨어 올리브유 24g
└ 닭고기 브로도 30g

※ 타르디보(tardivo)는 만생종을 말한다.

※ 라디키오는 바깥쪽 잎과 안쪽 잎을 적당히 섞어서 사용한다. 바깥쪽 잎은 짙은 붉은색으로 쓴맛이 강하지만, 안쪽 잎은 쓴맛보다 단맛이 강하다. 바깥쪽 잎과 안쪽 잎을 4 : 1 정도로 섞어서 사용하면 좋다. 페이스트도 같은 방법으로 사용한다.

※ 생라디키오를 그대로 반죽에 넣는 것보다, 익혀서 퓌레를 만들어서 넣으면 색깔이 더 잘 우러난다. 또한 퓌레는 수분이 많은데 파스타 반죽의 색깔을 효과적으로 내기 위해서는 충분한 양이 필요하므로, 반죽이 부드럽게 완성된다. 가늘게 자르면 끊어지기 쉬우므로 조금 넓게 자르는 것이 좋다.

탈리올리니

1 라디키오 퓌레를 만든다. 양파 소프리토(p.254)와 라디키오를 곱게 다져서 퓨어 올리브유를 두르고 볶다가 닭고기 브로도(p.253)를 넣어 졸인다. 수분이 거의 없어지면 핸드믹서로 갈아서 퓌레를 만든다.

2 세몰리나 밀가루, 00밀가루, 달걀노른자, 라디키오 퓌레를 섞어서 반죽한다. 진공팩에 넣고 진공상태로 하루 정도 냉장고에 넣어 휴지시킨다. 파스타머신으로 1㎜ 두께로 밀고, 너비 2㎜, 길이 25㎝로 자른다.

라디키오 페이스트

1 살시차의 속재료(p.255 / 100g)를 프라이팬에 구워서 익히고, 적당한 크기로 자른다.

2 1과 다진 라디키오(150g), 잣(50g) 퓨어 올리브유(100g), 소금을 푸드프로세서로 갈아서 페이스트를 만든다.

마무리

1 끓는 소금물에 탈리올리니를 넣고 2분 동안 삶는다.

2 라디키오 페이스트(1인분 60g)에 파스타 면수를 조금 넣고, 네모나게 썬 생라디키오(20g)를 넣어 따뜻하게 데운다.

3 탈리올리니를 넣고 버무린 다음, 그라나 파다노 치즈를 뿌리고 다시 버무린다. 접시에 담는다.

Point
라디키오는 바질에 비해 향이 연하기 때문에, 페이스트에 쓴맛을 강조하고 싶다면 조금 많이 넣는 것이 효과적이다.

마케론치니 Maccheroncini

004 *Maccheroncini di campofilone al tartufo nero*

캄포필로네 스타일의 가느다란 마케론치니

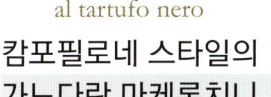

손으로 자른 마케론치니

너비 약 1.5mm, 길이 30cm

'작은(또는 가는) 마케로니'라는 뜻으로, 파스타가 처음 만들어졌을 때는 가운데에 구멍이 있든 없든 가늘고 긴 파스타를 마케로니라고 불렀던 것에서 비롯된 이름이다. 여기서 소개하는 마케론치니는 중세시대에 마르케주 캄포필로네의 수도원에서 만들기 시작한 것으로, 국수가 가늘어서 '천사의 머리'라는 뜻으로 '카펠리 단젤로(capelli d'angelo)'라고 부르기도 한다. 밀가루와 달걀로 만든 반죽을 칼로 가능한 한 가늘게 썬 섬세함에서 이 파스타의 진면목을 느낄 수 있다.

'사르르 녹는' 섬세함으로 진면목을 보여주는 극세면

중세의 한 공의회에서 섬세한 촉감으로 '입안에서 사르르 녹는 맛'이라고 칭찬받았던 마케론치니. 블랙 올리브와 트러플을 넣은 버터소스로 버무리고, 얇게 썬 트러플을 듬뿍 올린다. 극세면이기 때문에 건더기가 없는 진한 소스로 심플하게 만들어야 맛있게 먹을 수 있다. 마르케주의 아콸라냐를 중심으로 한 지역은 트러플(블랙, 화이트)의 가장 큰 생산지로, 같은 지역 출신인 파스타와 재료의 조합이다.

Koike

004

마케론치니 배합
[만들기 편한 적당량. 1인분 60g]

00밀가루(Marino 제품) 200g
0밀가루(Marino 제품) 200g
세몰리나 밀가루(De Cecco 제품) 100g
달걀 5개
E.V. 올리브유 5g
소금 5g

※ 피에몬테주의 타야린(p.76)과 비슷하지만, 마케론치니가 좀 더 가늘고 섬세한 느낌이다.

※ 보통은 반죽한 다음 바로 삶지만 살짝 건조시킨 다음에 삶으면 섬세하면서도 씹는 느낌이 생기므로, 여기서는 그 방법을 사용하였다.

마케론치니
1 파스타머신으로 반죽을 두께 1mm 이하로 얇게 민다. 30cm 길이로 자르고 00밀가루로 덧가루를 뿌린 다음, 앞쪽부터 둥글게 만다. 칼로 1~1.5mm 너비로 가늘게 썬다.
2 상온에서 반나절 정도 건조시켜 쫄깃하게 만든다.

블랙 올리브와 트러플 소스
1 씨를 제거한 블랙 올리브(1인분 2개)와 트러플(2g)을 푸드프로세서로 굵게 간다.
2 마늘과 에샬로트를 각각 다져서 버터로 볶고, 향이 나기 시작하면 안초비 필레 조금과 허브(타임, 월계수잎, 세이지)를 넣어 볶는다. 향이 나면 허브류를 건져낸다.
3 준비한 블랙 올리브와 트러플을 넣어 살짝 볶는다. 닭고기 브로도(p.255) 또는 파스타 면수를 조금 넣는다.

마무리
1 끓는 소금물에 마케론치니를 넣고 30초 동안 삶는다.
2 마케론치니를 소스로 버무린 다음, 파르미자노 치즈를 넣고 다시 버무린다.
3 접시에 담고 얇게 썬 트러플을 올린다.

Point
마케론치니는 매우 가늘기 때문에 소스가 잘 묻지만, 너무 많이 버무리면 끊어지기 쉽다. 파스타와 소스 양의 균형, 삶는 방법, 버무리는 방법 등에 주의해서 재빨리 요리해야 한다.

응용하기
일반적으로는 토마토소스, 세이지 풍미의 버터소스, 볼로냐풍 라구소스(미트소스) 등 매우 심플한 소스와 조합한다.

타야린 Tajarin

너비 1~2mm, 길이 18cm

타야린

탈리올리니(p.72)의 다른 이름인 '탈리에리니'에서 변형된 이름으로, 피에몬테주의 방언이다. 탈리올리니와 탈리에리니는 일반적으로 달걀(전란)을 넣고 반죽하지만, 타야린은 달걀노른자를 듬뿍 넣고 반죽하는 것이 기본이다. 여기서도 00밀가루에 달걀노른자와 약간의 물을 넣고 반죽하여 달걀노른자의 깊은 맛과 탄력을 강조하였다. 최근에는 밀가루나 달걀의 사용방법이 매우 다양해져서, 세몰리나 밀가루를 넣어 탄력이 강한 반죽으로 만들기도 한다. 또한 탈리올리니보다 가늘게 만드는 경우도 많다.

005 Tajarin con tartufo bianco
화이트 트러플을 곁들인 타야린

Nishiguchi

피에몬테주에 전해오는 대표적인 타야린 요리

화이트 트러플을 넣은 버터소스로 버무린 대표적인 타야린 요리. 버터와 화이트 트러플도 피에몬테주의 특산품으로 심플하게 요리하여 가는 타야린의 존재감을 살려준다. 한 가닥 한 가닥의 면은 쫄깃하지만, 전체적으로는 부드럽고 가벼운 느낌을 주는 것이 타야린이다. 소스에 버무릴 때는 오믈렛을 만드는 느낌으로 모양이 보기 좋게 정리될 때까지 버무린다. 모양이 정리되면 접시에 담는데, 식감도 가볍고 향도 좋다.

005

타야린 배합
[만들기 편한 적당량. 1인분 80g]

00밀가루(Marino 제품) 200g
달걀노른자 6개 분량
물 조금

타야린
1 완성된 파스타 반죽을 파스타머신으로 매우 얇게 민 다음, 너비 1~2mm, 길이 18cm 정도로 자른다.

마무리
1 끓는 소금물에 타야린을 넣고 30초 동안 삶는다.
2 상온에 두어 부드럽게 만든 버터(1인분 약 35g)를 차가운 프라이팬에 넣고 불에 올린 다음, 파스타 면수(1인분 약 20cc)를 넣어 녹인다. 바로 불을 끄고 화이트 트러플 오일을 조금 넣은 다음, 타야린과 그라나 파다노 치즈를 넣어 버무린다.
3 접시에 담고, 슬라이서로 화이트 트러플을 얇게 깎아서 올린다.

※ 화이트 트러플은 주방에서 재빨리 깎아서 담는 것이 좋다. 연출을 위해 손님 자리에서 직접 깎으면, 접시에 담은 다음 손님이 입에 넣을 때까지 시간이 걸리기 때문에 면이 달라붙어 단단해지기 쉽다. 빠른 속도가 중요한 파스타이다.

Point
버터를 가열할 때는 끓어오를 때까지 가열하면 안 된다. 거품이 올라올 때까지 끓이면 액체상태의 맑은 버터와 유청이 분리되는데, 풍미가 좋은 유청은 타야린에 잘 묻지 않는다. 따라서 풍미를 살리기 위해서는 지나치게 가열하면 안 된다.

006 Tajarin con asparagi bianchi e zucchine

화이트 아스파라거스와 주키니를 넣은 타야린

타야린

p.76의 타야린과 같다. 00밀가루를 달걀노른자와 약간의 물로 반죽하여 달걀노른자의 깊은 맛과 쫄깃함을 살린 것. 매장에서는 탈리올리니보다도 가늘게 잘라서 사용한다.

너비 1~2mm, 길이 18cm

가늘게 채썬 채소로 버무린 타야린

파스타와 소스가 잘 어우러지도록 화이트 아스파라거스와 주키니는 타야린 모양에 맞춰 가늘고 길게 썰고, 버터와 치즈로 버무려서 심플하게 완성한다. 화이트 아스파라거스를 가늘게 썰어 파스타와 버무리는 요리법은 이탈리아의 산지에서는 일반적이다. 복잡하고 진하게 맛을 내면 아스파라거스의 섬세한 풍미를 살릴 수 없기 때문에, 버터와 치즈만으로 심플하게 맛을 낸다.

Nishiguchi

006

타야린 배합
[만들기 편한 적당량. 1인분 80g]

00밀가루(Marino 제품) 200g
달걀노른자 6개 분량
물 조금

타야린
1 완성된 반죽을 파스타머신으로 매우 얇게 밀고, 18cm 길이로 자른 다음 너비 1~2mm 로 자른다.

아스파라거스와 주키니 소스
1 주키니는 7~8cm 길이로 가늘게 채썰고, 끓는 소금물에 부드럽게 삶는다. 얼음물에 넣어 재빨리 식힌 다음, 키친타월로 물기를 닦는다. 삶은 물은 버리지 않고 그대로 둔다.
2 밑손질한 화이트 아스파라거스에 필러를 3바퀴 정도 돌려서 껍질을 벗기고, 가로로 2등분한 다음 채썬다. 약간의 중력분을 화이트와인 식초에 넣고 풀어준 다음, 주키니 삶은 물이 담긴 볼 위에 체를 대고 거르면서 넣는다. 이 물에 아스파라거스를 넣고 삶은 다음, 바로 건져서 얼음물에 넣어 식히고 키친타월로 물기를 닦는다.
3 버터를 넣은 프라이팬에 아스파라거스(1인분 약 1/3개 분량)와 주키니(1/4개 분량)를 넣고 살짝 볶은 다음, 불을 끄고 다진 이탈리안 파슬리를 뿌린다.

마무리
1 끓는 소금물에 타야린을 넣고 약 2분 정도 삶는다.
2 소스에 넣고 살짝 버무리고, 그라나 파다노 치즈를 뿌려서 다시 버무린다. 타야린과 아스파라거스가 잘 어우러지면 접시에 담는다.

Point
아스파라거스는 부드럽게 데쳐야 풍미가 강해지지만, 여기서는 타야린의 쫄깃한 식감에 잘 어울리도록 단시간에 데쳐서 아삭한 식감을 살리는 것이 좋다.

키타라 Chitarra

키타라
네모난 틀에 줄이 매여 있는 '키타라(기타를 의미)'라는 도구로 잘라서 만드는 데서, 도구의 이름이 파스타의 이름이 되었다. 아브루초주의 역사가 담긴 롱파스타로 자른 면이 정사각형에 가깝다. 여기서는 예전부터 전해오는 배합대로 세몰리나 밀가루를 달걀로 반죽해서 탄력 있는 반죽을 만들었다.

너비 2~3mm 정사각면, 길이 20cm

007 Chitarra all'amatriciana in bianco
화이트 아마트리차나 키타라

Koike

파스타 도구의 이름을 물려받은 키타라

부카티니로 만든 아마트리차나(p.226)의 원형으로 알려진 요리로, 토마토를 사용하지 않아 '화이트 아마트리차나'라고도 부른다. 원래 이름은 발상지에서 가까운 '그리샤노'라는 마을의 이름을 따서 '그리샤노풍'이라는 의미의 '알라 그리시아(alla griscia)'이다. 그리샤노에서는 스파게티로 만들지만, 옛날부터 아브루초주에 속했기 때문에(현재 라치오주) 여기서는 같은 아브루초주의 키타라를 사용했다. 돼지 볼살을 소금에 절인 구안치알레를 알리오 올리오 풍미로 볶고, 페코리노 로마노 치즈를 듬뿍 뿌렸다.

007

키타라 배합
[만들기 편한 적당량. 1인분 80g]

세몰리나 밀가루(De Cecco 제품) 450g
달걀노른자 8개 분량
달걀 2개
소금 4g
E.V. 올리브유 적당량

키타라
1 완성된 파스타 반죽을 파스타머신으로 3mm 두께로 밀고, 키타라용 도구보다 조금 작은 직사각형으로 자른다.
2 도구의 줄 위에 올리고, 밀대를 굴려서 반죽을 자른다.(성형 → p.56)
3 상온에 30분 정도 두어서 반건조 상태로 말린다.

구안치알레 소스
1 으깬 마늘과 홍고추를 E.V. 올리브유로 볶다가, 향이 나기 시작하면 길게 자른 구안치알레(1인분 약 30g)를 볶는다. 타지 않도록 지방을 천천히 녹이면서 가열한다.
2 고여 있는 기름을 제거하고, 얇게 썬 양파(1/6개 분량)와 월계수잎을 넣는다. 양파가 부드러워지고 단맛이 나기 시작하면 파스타 면수 또는 채소 브로도(p.256)를 조금 넣고 끓인다.

마무리
1 끓는 소금물에 키타라를 넣고 약 12분 정도 삶는다.
2 소스에 키타라, 페코리노 로마노 치즈, 검은 후추를 넣어 버무린다. 접시에 담고 다시 한 번 페코리노 로마노 치즈를 뿌린다.

Point
구안치알레는 돼지의 볼부터 목 부분에 걸친 넓은 부위를 소금에 절인 것이다. 삼겹살로 만든 판체타를 대신 사용하는 경우도 있지만, 구안치알레가 감칠맛이 더 강하고 거친 맛도 있어 요리가 더욱 강렬해진다.

응용하기
일반적으로는 두툼한 스파게티나 부카티니(p.226)로 만든다. 또한 두툼한 쇼트파스타인 리가토니(p.238)도 잘 어울린다.

톤나렐리 Tonnarelli

너비 2㎜ 정사각면, 길이 20㎝

오징어먹물 톤나렐리
모양은 키타라(p.78)와 같고, 자른 면이 정사각형인 롱파스타. 톤나렐리는 원래 로마의 방언이지만, 지금은 다른 지역에서도 사용하는 이름이다. 사진의 톤나렐리는 00밀가루와 세몰리나 밀가루, 달걀로 만든 반죽에 오징어먹물을 넣고 파스타머신으로 성형한 것이다. 오징어먹물을 넣으면 강렬한 느낌의 검은색이 되고, 식감도 부드럽고 매끈해진다.

008 Tonnarelli neri con seppie e pomodoro fresco

오징어와 생토마토 소스로 버무린 오징어먹물 톤나렐리

Nishiguchi

키타라와 모양이 같은, 로마에서 태어난 파스타

오징어먹물을 넣고 반죽한 검은 톤나렐리를 갑오징어와 깍둑썰기한 토마토로 버무려서 가벼운 맛으로 완성한 요리. 오징어먹물은 오래전부터 요리에 사용해왔는데, 베네치아의 '오징어먹물조림'과 '오징어먹물 리소토'가 유명하며 파스타 반죽에 넣는 일도 드물지 않다. 소스는 알리오 올리오 풍미로, 톤나렐리를 이 소스의 베이스로 버무린 다음 오징어를 곁들이고 단시간에 익혀서 부드러운 식감과 달콤한 풍미를 살렸다.

008

오징어먹물 톤나렐리 배합
[만들기 편한 적당량. 1인분 70g]

00밀가루(Marino 제품) 400g
세몰리나 밀가루(Marino 제품) 100g
달걀노른자 4개 분량
달걀 1개
오징어먹물 80g
물 40g

※ 오징어먹물을 소스에 넣으면 풍미가 강해지고, 파스타 반죽에 넣으면 개성이 약해진다. 그래서 수분의 양과 맛의 균형을 고려하여 오징어먹물을 조금 많이 넣는다.

톤나렐리
1 갑오징어의 먹물주머니를 체에 거른 다음, 분량의 물을 넣어 희석시킨다.(양이 너무 적으면 냉동시판품으로 보충한다)
2 재료를 모두 섞고 한 덩어리가 되도록 반죽한다. 진공팩에 넣어 진공상태로 만들고, 하루 정도 냉장고에 넣어 휴지시킨다. 파스타머신으로 두께를 2㎜로 늘리고, 너비 2㎜, 길이 20㎝로 자른다.

갑오징어 밑손질
1 갑오징어 몸통 부분의 껍질을 벗기고 깨끗이 씻은 다음, 길이 4~5㎝, 너비 1㎝로 자른다.(1인분 약 30g)

소스의 베이스
1 퓨어 올리브유를 두르고 으깬 마늘과 홍고추를 볶다가, 마늘이 갈색으로 변하기 시작하면 홍고추와 같이 건져낸다.
2 작게 깍둑썰기한 토마토(1인분 약 40g)와 파스타 면수, 다진 이탈리안 파슬리를 넣는다.

마무리
1 끓는 소금물에 톤나렐리를 넣고 6분 정도 삶는다.
2 소스의 베이스에 톤나렐리를 넣고 버무린다. 갑오징어 살에 소금을 뿌려서 곁들인 다음 재빨리 버무려서 익힌다.
3 접시에 담고 E.V. 올리브유를 뿌린다.

Point
갑오징어는 파스타와 잘 어울리도록 가늘고 길게 잘라야 잘 버무려지고 맛도 조화를 이룬다. 너무 많이 익히면 단단해지므로, 마무리할 때 넣고 살짝 익힌다.

응용하기
이 톤나렐리는 맛이 강한 해산물 라구소스와도 잘 어울린다.

스트린고치 Stringozzi

009 Stringozzi di funghi secchi al burro e formaggio

말린 포르치니를 넣어 반죽한 스트린고치

포르치니 스트린고치

키타라(p.78)와 톤나렐리(p.79)와 같은 모양으로, 자른 면이 정사각형인 움브리아주의 파스타. 일반적으로는 키타라와 톤나렐리보다 조금 가늘게 만들지만, 사진은 톤나렐리와 같은 크기로 만든 것이다. 기본은 00밀가루를 물로 반죽하는데, 여기서는 세몰리나 밀가루와 00밀가루, 달걀노른자를 사용하였다. 또한 포르치니 소스로 버무리는 것을 전제로, 반죽에 말린 포르치니 가루와 포르치니 불린 물을 넣어서 풍미를 더하였다.

너비 2mm 정사각면, 길이 20cm

향토색 짙은 움브리아주의 포르치니와 파스타

이탈리아 중부 움브리아주의 파스타와 같은 지역의 특산품인 포르치니를 사용한 향토색 진한 파스타 요리. 말린 포르치니의 향을 살리기 위해 물에 불린 포르치니를 짜서 잘게 다진 다음 볶고, 버섯 불린 물과 치즈를 섞어서 소스를 만든다. 건더기가 거의 없는 소스에는 얇은 파스타를 버무려야 소스가 잘 묻어서 더 맛있다.

009

포르치니 스트린고치의 배합
[만들기 편한 적당량. 1인분 80g]

00밀가루(Marino 제품) 400g
세몰리나 밀가루(Marino 제품) 100g
달걀노른자 4개 분량
말린 포르치니 불린 물 60g
말린 포르치니 가루 10g
물 적당량

스트린고치

1 말린 포르치니를 물(적당량)에 담가서 하룻밤 둔다. 체에 걸러 불린 물과 포르치니를 분리한다.(포르치니는 소스에 사용)
2 물에 불리지 않은 말린 포르치니를 믹서에 갈아서 가루로 만들고, 체에 친 후 고운 가루 10g을 사용한다.
3 물을 제외한 모든 재료를 섞어서 한 덩어리로 만든다. 물을 조금 넣고 굳기를 조절하면서 반죽한다. 진공팩에 넣어서 진공상태로 만든 다음, 하루 정도 냉장고에 넣고 휴지시킨다.
4 파스타머신으로 2mm 두께로 밀고, 너비 2mm, 길이 20cm로 자른다.

포르치니 소스

1 스트린고치에 넣을 불린 포르치니를 물기를 짜서 잘게 다진다. 1인분에 버터 15g 정도를 넣어 볶는다.
2 다른 냄비에 버터, 파스타 면수, 포르치니 불린 물을 조금씩 넣고, 1의 볶은 포르치니와 다진 이탈리안 파슬리를 넣는다. 그라나 파다노 치즈를 뿌려서 버무린다.

마무리

1 끓는 소금물에 스트린고치를 넣고 3~4분 정도 삶는다.
2 포르치니 소스에 스트린고치를 넣고 버무려서 접시에 담는다.

Point

말린 포르치니를 불린 물은 향뿐 아니라 진한 감칠맛도 있기 때문에, 알맞게 균형을 이룰 정도로 넣으면 포르치니의 개성적인 풍미를 살릴 수 있다. 감칠맛을 낼 수 있기 때문에 매장에서는 '고기 라구소스'나 '폰도 브루노(갈색 육수)'에 은은한 맛을 더하기 위해 넣는다.

응용하기

스트린고치는 트러플 풍미로 만들어도 좋다.

탈리아텔레 Tagliatelle

세몰리나 탈리아텔레

대표적인 수제 롱파스타. 발상지인 에밀리아로마냐주 등 이탈리아 북부를 중심으로 만들어졌다. 기본은 연질밀가루를 달걀로 반죽하여 얇게 밀어 편 다음, 말거나 접어서 칼로 6~8mm 너비로 가늘고 길고 평평하게 자른다. 탈리아텔레는 이탈리아어로 '자른 것'이라는 뜻이다. 최근 이탈리아에서는 원래 중남부를 중심으로 사용하던 세몰리나 밀가루를 탈리아텔레 반죽에 섞어서 부드러우면서도 쫄깃한 식감으로 만들기도 한다. 여기서도 그 배합으로 만들었다.

너비 6mm, 길이 약 23cm

010 *Tagliatelle di farina di semola al ragù*

소고기 라구소스와 세몰리나 탈리아텔레

세몰리나 밀가루를 넣어 탄력이 강한 탈리아텔레

'탈리아텔레의 왕도'라고도 하며 오래전부터 탈리아텔레의 파트너로 알려진 '살사 볼로네제(볼로냐풍 라구소스)'와 조합하였다. 이탈리아 볼로냐에서는 이 소스를 간단하게 '라구(조림)'라고 부를 정도로 친숙한 소스이다. 여기서 소개한 만드는 방법은 이탈리아에서 배운 전통 방식으로, 변형하지 않고 그 방법 그대로 만들고 있다. 탈리아텔레에 세몰리나 밀가루를 넣어서 이 소스와 궁합이 더 좋아졌다고 생각한다.

010

세몰리나 탈리아텔레의 배합
[만들기 편한 적당량. 1인분 60g]

00밀가루(Marino 제품) 250g
세몰리나 밀가루(De Cecco 제품) 250g
달걀노른자 8.5개 분량
물 100g
E.V. 올리브유 10g
소금 5g

※ 세몰리나 밀가루를 너무 많이 배합하면 탈리아텔레 본래의 부드러운 식감이 없어진다. 이 레시피처럼 많아도 같은 비율 정도만 넣는 것이 좋다. 반죽할 때도 연질밀가루와 세몰리나 밀가루의 흡수시간의 차이를 고려해서 다른 때보다 시간을 더 들여서 충분히 반죽한다.

탈리에텔레

1 완성된 반죽을 파스타머신으로 1mm 두께로 밀고, 너비 6mm, 길이 23cm 정도로 자른다.

볼로냐풍 라구소스(미트소스)

1 소고기 사태(2kg)를 민서(고기분쇄기)로 굵게 간 다음, 소금, 후추, 시나몬파우더를 뿌려서 반죽한다. 냉장고에 넣고 하룻밤 재운다.
2 프라이팬에 식용유를 두르고(소고기를 손질할 때 나온 기름덩어리도 괜찮다), 간 소고기를 볶는다.
3 소프리토(p.257 / 140㎖)를 냄비에 담고 레드와인(1ℓ)을 넣고 끓인다. 토마토소스(210㎖)와 송아지 브로도(p.255)를 적당량 넣는다. 부케가르니(월계수잎, 타임, 로즈메리, 세이지)를 넣고 뚜껑을 연 채 약한 불에서 약 2시간 끓인다. 중간에 물이 줄어들면 적당히 보충한다.

마무리

1 끓는 소금물에 탈리에텔레를 넣고 5~6분 동안 삶는다.
2 볼로냐풍 라구소스(1인분 30㎖)로 버무려서 접시에 담고, 파르미자노 치즈를 뿌린다.

Point

고기는 덩어리를 직접 굵게 다진 다음 보슬보슬해질 때까지 볶지 않고, 적당히 보기 좋은 갈색이 될 정도로만 볶는다. 굵게 간 고기를 '레드와인 고기조림'처럼 만들어서 고기의 식감과 향을 살리는 것이 좋다.

응용하기

이 탈리아텔레는 흰살코기 라구소스나 포르치니 등으로 만든 버섯소스와도 잘 맞는다.

시알라티엘리 Scialatielli

바질 시알라티엘리
캄파니아주 아말피 지방에서 만들어진 파스타로, 너비는 탈리아텔레와 같지만 길이가 짧고 도톰한 것이 특징이다. 또 우유와 바질을 넣는 독특한 배합으로, 사진은 00밀가루, 달걀, 우유, 올리브유, 페코리노 치즈를 넣어 반죽한 다음 잘게 다진 바질을 넣은 것이다. 반죽은 너무 많이 치대지 않고, 뇨키처럼 쫄깃하고 부드럽게 만든다.

너비 8mm, 길이 15cm

011 Scialatielli ai frutti di mare
제철 조개와 시알라티엘리

Sugihara

두툼하고 쫄깃쫄깃한 뇨키 스타일의 넓은 면

4종류의 조개를 쪄서 시알라티엘리와 버무렸다. 부드러운 시알라티엘리에 조개의 진한 육수가 배어들어, 맛이 잘 어우러지고 쫄깃한 식감도 살아난다. 해산물이 풍부한 나폴리 일대에서는 한 접시에 여러 종류의 조개를 사용하는 요리가 많은데, 이 요리도 그 중 하나이다. 조개는 껍질 안에 바다의 감칠맛이 가득하기 때문에, 껍질째 찌는 것만으로 충분히 맛있는 파스타소스를 만들 수 있다.

011

바질 시알라티엘리 배합
[만들기 편한 적당량. 1인분 90g]

00밀가루(Caputo 제품) 1kg
달걀 3개
우유 300g
E.V. 올리브유 약 30g
페코리노 로마노 치즈 50g
소금 1꼬집
바질잎(크게 자른 것) 적당량

※ 반죽을 그대로 보관하면 끈적거리기 때문에 바로 사용하지 않을 경우에는 소금을 넣지 않은 물에 10초 정도 삶은 다음, E.V. 올리브유로 버무려서 냉장고에 넣고 보관한다.(p.54)

시알라티엘리
1 재료를 모두 섞어서 살짝 반죽한다. 랩으로 감싸 냉장고에 넣고 2시간 정도 휴지시킨다.
2 파스타머신으로 두께 2mm 정도로 밀고, 칼로 너비 8mm, 길이 15cm로 자른다.

조개찜
1 홍합(껍질째), 바지락, 살조개, 맛조개 등 4종류(총 200g이 1인분)의 조개를 물로 씻고, 홍합 외의 조개는 소금물에 담가 해감시킨다.
2 E.V. 올리브유를 두르고 으깬 마늘을 볶다가 노릇해지면, 다진 이탈리안 파슬리와 3종류의 조개(홍합, 바지락, 살조개)를 넣어 볶는다. 병조림 방울토마토(p.258 / 2개), 파스타 연수 조금, 검은 후추를 넣고, 뚜껑을 덮어서 껍질이 벌어질 때까지 익힌다. 껍질이 벌어진 조개부터 건져낸다. 맛조개는 다른 냄비에 넣고 같은 방법으로 익힌다.
3 조개를 익힌 국물은 체에 내려서 프라이팬에 다시 넣고, 조개도 껍질째 넣는다.

마무리
1 끓는 소금물에 시알라티엘리를 넣고 3분 동안 삶는다.(초벌삶기를 한 시알라티엘리라면 떠오르자마자 바로 건져낸다)
2 따뜻하게 데운 조개찜과 섞은 다음, E.V. 올리브유를 넣고 버무린다. 시알라티엘리가 한꺼번에 물을 흡수하는 순간이 있기 때문에, 흡수하기 직전에 불을 끄고 맛이 배도록 1~2분 정도 두었다가 접시에 담는다.
3 다진 이탈리안 파슬리를 뿌린다.

※ 맛조개는 품질이 고르지 않으므로, 따로 익혀서 비린내가 나지 않는지 확인한다.

Point
여러 종류의 조개를 사용하면 감칠맛도 다양해지고, 단맛도 증가되어 맛이 더 좋아진다. 홍합과 바지락을 기본으로, 나머지는 취향에 따라 사용한다. 홍합과 바지락은 소금기가 강하기 때문에 다른 조개와 같이 사용하면 짠맛이 부드러워지고, 맛이 균형을 이루는 장점이 있다.

응용하기
이 소스는 스파게티나 링귀네와도 잘 어울린다. 또, 시알라티엘리는 껍질을 벗긴 새우와 채소 등을 넣은 소스와 조합해도 좋다.

012 Scialatielli al peperoncino e nero di seppia

오징어먹물 소스와 고추를 넣은 매콤한 시알라티엘리

홍고추 시알라티엘리
칼라브리아주의 홍고추 파스타를 응용하여, 고춧가루와 파프리카가루를 넣고 반죽한 시알라티엘리. 향신료의 매운 맛과 달콤한 향을 제대로 살리고, 조금 부드럽게 만들어서 도톰하게 완성하였다. 시알라티엘리는 1960년대에 아말피 지방의 셰프였던 엔리코 코젠티노가 만든 파스타로, 요리콘테스트에서 수상한 파스타이다. 지금은 만드는 사람에 따라 부드럽거나 쫄깃하기도 하고 아삭하기도 한 여러 식감의 시알라티엘리가 만들어지고 있다.

너비 8mm, 길이 11cm

고추를 넣어 칼라브리아 향토색을 더한 파스타

칼라브리아주의 명물인 은두자(홍고추 페이스트)로 맛을 낸 매운 오징어먹물 소스와 시알라티엘리의 모양에 맞게 가늘고 길게 자른 갑오징어를 넣고 버무린 요리. 캄파니아주의 파스타에 칼라브리아주의 색깔을 더한 응용요리로, 홍고추를 넣은 파스타와 소스, 오징어먹물과 오징어, 모양이 비슷한 파스타와 오징어 등 전체적으로 조화가 잘 된 일품요리이다.

Koike

012

홍고추 시알라티엘리 배합
[만들기 편한 적당량. 1인분 40g]

강력분(도쿄제분 '수퍼마나슬') 400g
파프리카파우더(Gapan 제품) 20g
고춧가루(나일상회 '남만분') 5g
달걀 1.7개(100g)
우유 100g
페코리노 로마노 치즈 100g
라드(녹인 것) 20g

시알라티엘리
1 먼저 밀가루, 파프리카파우더, 고춧가루, 페코리노 로마노 치즈를 섞는다. 나머지 재료를 넣고 섞어서 한 덩어리를 만든다. 랩으로 싸서 30분 동안 휴지시킨 다음 다시 반죽한다. 이 과정을 다시 1번 반복한 다음, 겉면에 윤기가 나고 부드러워지면 모양을 다듬고 랩으로 싸서 냉장고에 넣고 하룻밤 휴지시킨다.
2 파스타머신으로 4mm 두께로 밀고, 칼로 너비 8mm, 길이 11cm 정도로 자른다.

은두자와 오징어먹물 소스
1 갑오징어(4마리 분량) 몸통의 껍질을 벗기고, 시알라티엘리와 모양과 크기가 비슷하게 자른다. 다리도 같은 길이로 자른다.
2 갑오징어 먹물주머니를 고운 체에 내린 다음, 잘 섞어서 부드럽고 윤기있게 만든다.
3 다진 마늘(1g)과 다진 양파(1개)에 E.V. 올리브유를 넣고 볶아서 단맛을 충분히 낸다. 은두자(약 1큰술)를 넣고 으깨면서 볶아서 향과 기름기가 배어나오게 만든다. 오징어먹물(4마리 분량), 레드와인(1컵), 토마토소스(70㎖)를 넣어 2시간 정도 졸인다.

마무리
1 끓는 소금물에 시알라티엘리를 넣고 10분 정도 삶는다.
2 E.V. 올리브유를 두르고 으깬 마늘을 넣어 향이 날 때까지 볶는다. 소금을 살짝 뿌린 갑오징어 살을 넣고 살짝 볶는다. 오징어를 건져낸 다음, 시알라티엘리를 넣고 파스타 면수를 조금씩 넣으면서 잘 버무려서 유화시킨다. 다시 오징어를 넣고 버무린다.
3 접시에 담고, 은두자와 오징어먹물 소스(1인분 약 1큰술)를 올린 다음, 이탈리아 파슬리를 찢어서 뿌린다.

Point
시알라티엘리는 반죽이 부드럽기 때문에, 오징어를 너무 익혀서 식감이 단단해지면 균형이 잘 맞지 않는다. 살짝 볶아서 부드럽게 완성한다.

응용하기
홍고추를 넣은 시알라티엘리는 멧돼지고기나 양고기 소스와 버무려도 풍미가 잘 살아난다.

페투치네 Fettucine

너비 1㎝, 길이 23㎝

페투치네

모양은 탈리아텔레(p.81)와 거의 비슷하고, 너비는 일반적으로 8~10mm로 2~3mm 정도 더 넓게 만든다. 탈리아텔레는 에밀리아로마냐주에서 시작되어 전 지역으로 퍼져나간 이름이고, 페투치네는 로마 일대에서 부르는 이름이다. 재료는 조금 달라서 연질밀가루와 달걀을 기본으로 한 탈리아텔레에 비해 페투치네는 연질밀가루, 세몰리나 밀가루, 또는 2가지를 블렌드한 것 등 여러 가지를 사용하며, 수분도 달걀과 물을 넣기도 하는 등 정해진 것은 없다. 페투치네는 '리본'을 의미하는 '페투체'(p.86)의 축소형이라는 뜻이다.

013 Fettuccine ai funghi, prosciutto e piselli

생햄, 버섯, 완두콩과 페투치네

Koike

로마의 정통요리, 리본처럼 긴 롱파스타

양송이, 생햄, 완두콩에 생크림을 넣어 졸인 다음 페투치네를 버무린 정통요리로, 일본에서도 친근한 파스타 요리이다. 냉장고에 늘 있는 재료로 간단하게 만들 수 있는 소스이지만, 신선한 생크림과 양송이, 갓 자른 생햄, 제철 완두콩으로 만들면 놀라울 만큼 향이 좋고 깊은 맛을 낼 수 있다.

013

페투치네 배합
[만들기 편한 적당량. 1인분 60g]

00밀가루(Marino 제품) 400g
달걀 3개
달걀노른자 2개 분량
물 50g
소금 4g
E.V. 올리브유 5g

페투치네
1 완성된 반죽을 파스타머신으로 2mm 두께로 민 다음, 칼로 너비 1㎝, 길이 23㎝로 자른다.

생크림 소스
1 으깬 마늘에 같은 양의 E.V. 올리브유와 버터를 넣어 볶는다. 향이 나면 잘게 다진 생햄(1인분 1/2장 분량)을 볶다가, 도톰하게 썬 양송이(2개 분량)를 넣어 볶는다.
2 익으면 생크림(30cc)을 넣고 끓인다. 파스타 면수나 송아지 브로도(p.255)를 적당히 넣어 농도를 조절한다.

마무리
1 페투치네와 콩깍지를 벗긴 완두콩(1인분 10알)을 끓는 소금물에 넣고 2분 동안 삶는다.
2 생크림 소스로 버무리고, 파르미자노 치즈를 뿌려서 다시 버무린다.
3 접시에 담고 파르미자노 치즈를 뿌린다.

Point
소스를 만들 때 생크림을 넣은 다음에는 센 불로 끓이지 않는다.

응용하기
로마의 '리스토란테 알프레도(ristorante alfredo)'에서 만드는 버터와 파르미자노 치즈로 버무린 페투치네가 세계적으로 유명하다.

페투첼레 Fettuccelle

014 Fettuccelle con alici e peperoncini verdi

정어리와 청고추로 버무린 페투첼레

너비 1.5cm, 길이 30cm

페투첼레
나폴리 등 이탈리아 남부 일대에서 사용하는 이름으로, 로마의 페투치네(p.84)와 같다. 페투체(p.86)의 축소형이다. 반죽은 세몰리나 밀가루와 물로 만드는 남부의 기본적인 배합으로 만들지만, 너비가 넓고 평평한 롱파스타의 경우에는 물로만 반죽하면 쫄깃하고 부드러운 식감이 끈적해져서 식감이 나빠진다. 그래서 매장에서는 성형 후 2~3일 정도 건조시킨 반건조면을 사용하고 있다. 부드러운 생면에 건면의 단단한 식감이 더해지면 맛이 더 좋아진다.

나폴리에서 배운 페투치네 요리
나폴리의 레스토랑에서 배운 요리로, 정어리, 청고추, 방울토마토를 볶아서 페투첼레와 버무린 요리. 정어리와 매운 맛이 약한 청고추는 궁합이 좋아 이탈리아에서도 자주 사용하는 조합이다. 정어리를 수분과 기름이 섞인 소스로 살짝 볶기만 하면 살이 퍼석거리지 않고 자른 면에 부드러운 소스가 묻어서 더 맛있어진다.

Sugihara

014

페투첼레 배합
[만들기 편한 적당량. 1인분 90g]

세몰리나 밀가루(Caputo 제품) 200g
물 100g

※ 나폴리에서는 페투첼레 건면이 유통되고 있다.
※ 같은 너비의 롱파스타라도 달걀을 넣은 반죽은 삶을 때 달걀이 단단해져서 씹는 느낌이 좋아지므로 건조시킬 필요가 없다.

페투첼레
1 완성된 반죽을 파스타머신으로 3mm 두께로 밀고, 칼로 너비 1.5cm, 길이 30cm로 자른다.
2 냉장고 안쪽의 바람이 나오는 입구 앞이나 와인셀러 등에 넣어 중간중간 뒤집어가며 2~3일 정도 반건조시킨다.

정어리 밑손질
1 정어리(중간 크기 / 1인분 3마리)를 손으로 갈라서, 내장, 머리, 등지느러미 등을 제거한다. 소금을 뿌리고 2시간 정도 둔다.

청고추 소스
1 E.V. 올리브유를 두르고 으깬 마늘과 청고추(5개)를 통째로 넣어서 약한 불로 볶는다. 마늘 향이 충분히 나고 고추가 부드러워지면, 2등분한 방울토마토(2개 분량)와 파스타 면수를 조금씩 넣고 맛이 잘 어우러질 때까지 끓인다.
2 고추를 꺼내 조리용 가위로 2~3등분해서 다시 냄비에 넣는다.

마무리
1 끓는 소금물에 페투첼레를 넣고 4~5분 동안 삶는다.
2 페투첼레가 다 삶아지기 직전에 청고추소스에 정어리를 넣고 익히면서 작게 잘라질 정도로 살짝 볶는다.
3 페투첼레와 다진 이탈리안 파슬리를 넣고 버무린다.
4 접시에 담고 이탈리안 파슬리를 다시 한 번 뿌린다.

Point
고추는 통째로 익히고, 익기 시작하면 가위로 잘게 자른다. 안쪽의 씨가 있는 부분이 소스와 직접 닿지 않으므로, 특유의 향이나 오돌토돌한 식감이 남아 더욱 맛이 좋아진다. 고추향이 잘 나도록 약한 불에서 천천히 볶는다.

응용하기
페투첼레는 블랙 올리브와 호두소스 등에도 잘 어울린다.

페투체 Fettucce

015 Fettucce al ragù di pesce bandiera

갈치 라구소스와 페투체

페투체
파파르델레(p.90)와 모양이 같은, 가장 너비가 넓은 롱파스타이다. 페투체는 나폴리 등 이탈리아 남부 일대에서 부르는 이름으로, 페투치네나 페투첼레는 페투체에서 비롯된 이름이다. 페투첼레처럼 반건조시켜서 씹는 느낌을 살리는데, 비슷한 정도로 건조시키면 너비가 넓기 때문에 더 단단하게 느껴지므로, 건조시간은 짧게 한다. 또한 먹기 좋도록 길이를 16~18cm 정도로 짧게 자른다.

너비 2cm, 길이 16~18cm

나폴리식 파파르델레
갈치는 나폴리에서 흔히 먹는 생선이다. 이 요리는 콩피를 만드는 것처럼 찌듯이 구운 갈치살을 그 기름과 함께 소스로 만든, 바다향이 풍부한 요리이다. 본래는 퓌레 상태의 갈치를 스파게티와 버무리지만, 질리기 쉬운 맛이므로 매장에서는 갈치살 중 일부는 모양을 살려서 맛을 조절한다. 파스타도 부드럽게 반건조한 넓은 면으로 응용하였다.

Sugihara

015

페투체 배합
[만들기 편한 적당량. 1인분 90g]

세몰리나 밀가루(Caputo 제품) 200g
물 100g

페투체
1 완성된 반죽을 파스타머신으로 2mm 두께로 민 다음, 칼로 너비 2cm, 길이 16~18cm 정도로 자른다.
2 냉장고 안쪽의 바람이 나오는 잎구 앞이나 와인셀러 등에 넣어 중간중간 뒤집어가며 하루 반 정도 반건조시킨다.

갈치 라구소스
1 갈치 1마리(약 10인분 700~800g)를 머리에 가까운 부분, 가운데 넓은 부분, 꼬리지느러미에 가까운 부분으로 나눈다. 가운데 부분은 뼈를 제거하고 작게 자른다.
2 갈치 퓌레를 만든다. 으깬 마늘을 E.V. 올리브유에 볶아서 향이 나기 시작하면, 머리쪽과 꼬리지느러미쪽 살을 뼈째 넣고 뚜껑을 덮어 찌듯이 굽는다. 완전히 익으면 건져내서 뼈를 제거한 다음, 살과 기름을 체에 내려서 퓌레를 만든다.
3 으깬 마늘과 홍고추를 E.V. 올리브유에 볶는다. 향이 나면 가운데 살(1인분 약 40g)을 넣고 생토마토소스(p.127 / 약 1큰술), 파스타 면수 조금, 다진 이탈리안 파슬리, 갈치 퓌레(약 1큰술)를 넣고 졸인다.

마무리
1 끓는 소금물에 페투체를 넣고 4~6분 동안 삶는다.
2 갈치 라구소스에 페투체를 넣고, 다진 이탈리안 파슬리를 넣어 버무린다.
3 접시에 담고 냄비에 남아 있는 라구소스를 올린 다음, 이탈리안 파슬리를 한 번 더 뿌린다.

응용하기
원래대로 갈치 라구소스와 스파게티를 버무려도 좋다.

016 Fettucce con seppie e piselli
갑오징어와 이탈리안 완두콩 소스를 얹은 페투체

페투체
p.86의 페투체와 같지만, 이 소스는 맛이 강하므로 너비가 조금 넓은 파스타를 사용해도 좋다.

너비 2cm, 길이 16~18cm

강렬한 소스와 잘 어울리는 페투체

나폴리의 유명한 해산물요리인 '오징어와 완두콩 조림'을 파스타 소스로 이용하였다. 오징어와 콩의 단맛이 어우러져 봄에 어울리는 향이 나기 때문에 가벼운 이미지이지만, 실제로는 오징어도 콩도 뭉근하게 조리기 때문에 맛과 향이 응축되어 복잡하고 맛이 강한 소스가 된다. 이탈리아에서도 파스타 요리에 자주 사용하며 여러 가지 모양의 파스타를 조합하는데, 이 소스 특유의 맛을 최대한 잘 살리기 위해서는 반건조한 넓은 페투체가 제격이라고 생각한다.

Sugihara

016

페투체 배합
[만들기 편한 적당량. 1인분 90g]

세몰리나 밀가루(Caputo 제품) 200g
물 100g

페투체
1 완성된 반죽을 파스타머신으로 2mm 두께로 민 다음, 칼로 너비 2cm, 길이 16~18cm 정도로 자른다.
2 냉장고 안쪽의 바람이 나오는 입구 앞이나 와인셀러 등에 넣어 중간중간 뒤집어가며 하루 반 정도 반건조시킨다.

갑오징어와 완두콩 조림
1 갑오징어(3인분 300g 1마리)를 밑손질하고, 다리는 1개씩 잘라서 분리한다. 몸통은 먹기 좋은 크기의 직사각형으로 자른다.
2 끓는 소금물에 완두콩(이탈리아산. 콩깍지째 500g)을 넣고 부드럽게 삶아서 물기를 뺀다.
3 얇게 썬 양파(1/4개 분량)를 E.V. 올리브유에 볶다가, 부드러워지면 화이트와인을 넣고 알코올 성분을 날린다. 갑오징어를 넣고 뚜껑을 덮어 부드러워질 때까지 충분히 끓인다.
4 완두콩을 넣고 콩이 반쯤 뭉그러져서 갑오징어와 잘 어우러질 때까지 조린다.

마무리
1 끓는 소금물에 페투체를 넣고 4~6분 동안 삶는다.
2 냄비에 페투체를 넣고 오징어와 완두콩 조림(1인분 90㎖)을 넣은 다음, 파르미자노 치즈를 아주 조금 뿌려서 버무린다.
3 접시에 담은 후 다진 이탈리안 파슬리를 뿌린다.

Point
완두콩 모양이 뭉그러질 정도로 조려야 응축된 감칠맛이 우러난다. 모양도 맛도 오징어와 잘 어우러질 때까지 충분히 조리는 것이 중요하다.

응용하기
갑오징어와 완두콩으로 만든 소스는 펜네처럼 씹는 느낌이 좋은 쇼트파스타와도 균형이 잘 맞는다.

라가넬레 Laganelle

너비 2cm, 길이 22~23cm

라가넬레
시트모양 '라가네'를 너비가 넓은 롱파스타로 만든 것으로, '작은 라가네'라는 의미이다. 탈리아텔레 등의 뿌리가 된 파스타. 참고로 라가네는 이탈리아에서 가장 오래된 파스타 중 하나로, 식문화 역사에서도 중요한 위치를 차지한다. 이탈리아 남부의 파스타이므로 원래는 세몰리나 밀가루만 사용하지만, 나의 경우 남부의 롱파스타에는 세몰리나 밀가루와 00밀가루를 같은 비율로 넣어서, 쫄깃하면서도 부드럽게 만든다.

017 Laganelle con uovo sodo e pomodoro
삶은 달걀을 넣은 토마토소스와 라가넬레

탈리아텔레의 뿌리가 된 남부에서 시작된 파스타

으깬 삶은 달걀과 살라미를 넣은 토마토소스로 버무린 라가넬레. 이탈리아 남부의 사육제에서 먹는 라사냐(p.173)를 축소해서 만든 것 같은 파스타 요리이다. 라사냐는 재료를 풍부하게 사용하여 화려하게 만드는 것에 비해, 이 요리는 일상적인 재료로 만드는 소박한 요리이지만 깊은 맛이 있다. 바질 외에도 여러 가지 허브를 사용하여 향도 진하다.

017

라가넬레 배합
[만들기 편한 적당량. 1인분 50g]

세몰리나 밀가루(Caputo 제품) 250g
00밀가루(Marino 제품) 250g
물 230g
소금 5g

라가넬레
1 완성된 반죽을 파스타머신으로 3mm 두께로 민 다음, 칼로 너비 2cm, 길이 22~23cm 정도로 자른다.

삶은 달걀을 넣은 토마토소스
1 으깬 마늘과 홍고추를 E.V. 올리브유에 볶는다. 살라메 디 나폴리(나폴리 특산품 살라미. 1인분 1/2장)를 먹기 좋은 크기로 잘라 넣고 살짝 볶는다. 토마토소스(70㎖)와 잘게 다진 향신료(타임, 로즈메리, 마조람, 세이지, 민트, 월계수잎)를 1꼬집씩 넣어, 향이 나도록 끓인다.
2 삶은 달걀(1/2개 분량)을 넣고 포크로 거칠게 으깨면서 볶는다. 바질(1줄기)도 함께 넣고, 향이 나면 건져낸다.

마무리
1 끓는 소금물에 라가넬레를 넣고 7~8분 동안 삶는다.
2 삶은 달걀을 넣은 토마토소스로 버무린다.
3 접시에 담고 다진 바질잎과 삶은 달걀 1/2개를 올려 장식한 다음, 이탈리아 남부의 페코리노 치즈를 뿌린다.

Point
토마토소스에 삶은 달걀을 으깨서 넣으면, 달걀 노른자가 수분을 흡수하여 묵직해지기 쉽다. 이럴 때는 토마토소스를 평소보다 조금 많이 넣어 버무리는 것이 좋다.

피카제 Picagge

018 Picagge di farina di castagna
al ragù di cinghiale con marroni

멧돼지고기를 넣은 밤 라구소스와 밤가루 피카제

밤가루 피카제
모양은 탈리아텔레 또는 파파르텔레와 거의 같지만, 이름은 리구리아주의 방언으로 '가구에 걸어놓는 천'이라는 의미이다. 파스타 반죽을 천처럼 얇고 크게 밀어서 자른 것에서 유래되었다. 기본적으로는 연질밀가루를 사용하지만, 사진과 같이 밤가루나 시금치 등을 반죽에 넣기도 한다. 리구리아주는 아펜니노 산맥으로 이어지는 산간지역으로, 면적이 넓고 밤나무가 많은 지역이다. 그래서 밤은 친숙한 재료로 예전부터 말려서 가루로 만든 다음 파스타나 빵에 사용해왔다. 메밀가루로 만든 파스타처럼 퍼석한 식감이 된다.

너비 2.5cm, 길이 20cm

Koike

특산품인 밤가루를 섞은 리구리아주의 파스타
파스타면과 소스에 모두 밤을 넣어 만든 요리. 리구리아주에서 토스카나주에 걸쳐 있는 밤나무 숲은 야생 멧돼지가 많이 서식하고 있는 지역이므로, 멧돼지고기로 만든 라구소스에 삶은 밤을 섞어서 밤가루 피카제의 소스를 만들었다. 리구리아주는 긴 해안선 때문에 해산물 요리가 유명하지만, 산에서 나는 재료로 만든 요리도 풍부하다.

018

밤가루 피카제
[만들기 편한 적당량. 1인분 50g]

00밀가루(Marino 제품) 150g
밤가루(프랑스 Thiercelin 제품) 100g
코코아파우더 3g
달걀노른자 3개 분량
달걀 2개
소금 3g

※ 밤가루는 곱게 가는 것이 좋다. 반죽 전체에 고르게 섞는 것이 중요하므로, 마블상태가 되면 잘 치댄 다음 일단 진공상태로 만들면 잘 섞인다.

※ 밤가루는 글루텐이 없으므로, 밤가루만으로 만들거나 반죽이 너무 얇으면 씹는 느낌이 없어 존재감이 약해진다. 밀가루를 섞어서 사용하는 것이 좋다.

피카제
1 완성된 반죽을 파스타머신으로 2mm 두께로 밀어서 편 다음, 칼로 너비 2.5cm, 길이 20cm로 자른다.

멧돼지 라구소스
1 멧돼지의 어깨에서 앞다리에 걸친 부위(2kg)를 2cm 크기로 깍둑썰고, 소금, 후추, 월계수잎, 세이지, 로즈메리를 넣어 하룻밤 정도 마리네이드한다.

2 멧돼지 뼈는 향미채소, 월계수잎, 물을 넣고 3~4시간 정도 끓인 다음 걸러서 브로도로 사용한다.

3 멧돼지고기를 E.V. 올리브유로 노릇노릇하게 굽고, 소프리토(p.257 / 140~210㎖)를 넣어 섞는다. 레드와인(1병 분량)을 넣어 알코올 성분을 날리고, 토마토페이스트(약 2큰술)와 멧돼지 브로도(70㎖), 검은 후추 으깬 것과 노간주열매를 넣는다. 거품을 걷어내고 뚜껑을 덮은 다음, 약한 불로 3시간 정도 조린다.

마무리
1 끓는 소금물에 피카제를 넣고 12분 동안 삶는다.

2 껍질을 깐 밤(1인분 3개)을 끓는 소금물에 넣고 부드럽게 삶아서 물기를 뺀다.

3 멧돼지 라구소스(30㎖)에 로즈메리 1줄기와 삶은 밤을 넣어 데운 다음, 피카제를 버무린다.

4 접시에 담고 파르미자노 치즈를 뿌린다.

Point
밤가루의 특성에 의해 요리가 식으면 피카제가 단단하게 굳기 때문에 따뜻할 때 먹는다.

응용하기
제노바에서는 아무것도 넣지 않은 플레인 피카제에 페스토 제노베세를 조합한다. 밤가루를 넣은 피카제는 호두나 잣을 넣은 소스와도 잘 어울린다.

파파르델레 Pappardelle

파파르델레
너비가 3cm 정도로, 가장 너비가 넓은 롱파스타. 전통적으로는 연질밀가루로 만들지만, 이탈리아의 레스토랑에서는 세몰리나 밀가루를 조금 블렌드하여 쫄깃함을 더하는 추세이다. 여기서도 강력분과 세몰리나 밀가루를 4:1로 섞고 달걀노른자로 반죽하여 건면에 가까운 강한 탄력을 강조하고, 얇게 밀어서 부드러운 식감도 살렸다.

너비 3.5cm, 길이 20cm

세몰리나 밀가루로 탄력을 살린 파파르델레

019 Pappardelle al cavolo nero e fagiano
꿩고기와 카볼로네로 스튜 파파르델레

파파르델레를 비롯하여 카볼로네로, 야생 꿩고기, 달콤한 맛의 빈 산토 와인 등 토스카나주를 대표하는 식재료를 조합하여, 향토색을 강하게 표현한 요리이다. 이탈리아산 검은 양배추인 카볼로네로를 넣어서 잎이 뭉그러지기 직전까지 끓이고, 씹는 느낌이 있는 꿩고기 라구소스에 섞어서 감칠맛이 진한 소스를 만들었다. 너비가 넓은 파파르델레로 소스를 감싸는 듯한 느낌으로 완성한다.

019

파파르델레 배합
[만들기 편한 적당량. 1인분 50g]

강력분(도쿄제분 '수퍼마나슬') 300g
세몰리나 밀가루(De Cecco 제품) 75g
달걀노른자 16개 분량
소금 3g
E.V. 올리브유 5g

파파르델레
1 재료를 섞어서 반죽하여 한 덩어리를 만든다. 단단한 반죽이므로 체중을 실어 밀대로 직사각형이 되도록 민다.
2 3번 접어 반죽을 밀착시킨 다음, 랩을 씌워 1시간 이상 휴지시킨다. 접기형 파이반죽을 만들 때와 같은 요령으로 반죽을 시계방향으로 90도 돌려서 길게 밀고, 다시 3번 접은 다음 휴지시킨다. 이 과정을 2번 정도 반복한다. 랩을 씌워 냉장고에 넣고 하룻밤 휴지시킨다.
3 파스타머신으로 1mm 두께로 늘린 다음, 칼로 너비 3.5cm, 길이 20cm로 자른다.

카볼로네로 스튜
1 카볼로네로(500g)를 가로로 4등분한다. 가운데 단단한 부분은 제거한다.
2 E.V. 올리브유에 다진 마늘과 홍고추를 볶아 향을 낸다. 향이 나기 시작하면 카볼로네로 밑동쪽의 단단한 부분을 넣는다. 물기가 생기도록 소금을 조금 뿌려서 볶다가, 뚜껑을 덮고 약한 불로 찌듯이 익힌다. 부드러워지면 나머지 카볼로네로를 넣고 볶다가 뚜껑을 덮어 익힌다.
3 부드러워지면 카볼로네로를 꺼내 3~4cm 길이로 자르고, 국물은 소스용으로 보관한다.

꿩고기 라구소스
1 꿩 1마리 분량의 가슴살, 날갯죽지살, 다릿살을 사용한다. 뼈와 힘줄을 제거한 꿩고기를 로즈메리, 세이지, 타임, 노간주열매, 마늘, 약간의 빈산토와 같이 비닐에 넣고 진공상태를 만든다. 하룻밤 마리네이드한다.
2 붉은 양파(2개), 당근(1/3개), 셀러리(2줄)를 각각 작게 깍둑썰기하고, 으깬 마늘과 노간주열매, 부케가르니(로즈메리, 타임, 세이지)를 오리(또는 돼지) 기름에 볶아서 소프리토를 만든다.
3 꿩고기를 꺼내 수분을 제거하고, 소금과 후추를 뿌려 작게 깍둑썰기한다. 오리(또는 돼지) 기름으로 볶은 다음, 소프리토(70㎖)를 넣어 살짝 볶는다. 화이트와인(1컵)을 뿌리고, 냄비 바닥에 눌어붙은 육즙을 녹여낸다. 꿩고기 브로도(p.255 / 500cc)를 넣어 끓인다. 거품을 걷어내고 토마토소스(45㎖)와 빈산토 와인(1컵)을 넣고 약한 불로 2시간 정도 끓인다. 수시로 물을 보충한다.

소스 마무리
1 카볼로네로 스튜와 꿩고기 라구소스를 섞고(4:1), 꿩고기 브로도를 부은 다음 살짝 끓여서 맛이 어우러지게 만든다.
2 토마토소스를 조금 넣고 레몬껍질을 갈아서 섞는다.

마무리
1 끓는 소금물에 파파르델레를 넣고 3분 정도 삶는다.
2 카볼로네로 스튜와 꿩고기 라구소스(1인분 30㎖)로 버무리고, 페코리노 로마노 치즈와 E.V. 올리브유를 뿌려서 버무린다.
3 접시에 담은 다음 페코리노 토스카노 치즈를 뿌린다.

Point
카볼로네로는 한꺼번에 쪄서 여분의 수분을 제거하여 맛을 응축시키는 것이 맛을 내는 포인트이다. 물을 넣지 않고, 양배추 자체의 수분으로 부드럽게 익힌다.

020 *Pappardelle al sugo di cinghiale e funghi porcini*

멧돼지고기와 포르치니 수고로 버무린 파파르델레

Nishiguchi

너비 2~2.5cm, 길이 18cm

파파르델레
연질밀로 만든 00밀가루와 세몰리나 밀가루를 4:1로 섞고, 달걀(전란)과 달걀노른자로 반죽한 탄력 있는 파파르델레. 롱파스타 중에서 가장 너비가 넓고 도톰한 볼륨감이 특징인데, 볼륨감 때문에 먹기 어렵다는 것이 단점이다. 그래서 너비와 두께는 기본을 유지하고 길이는 조금 짧게 만들었다.

파파르델레와 고기조림의 오래된 만남

토스카나주의 오래된 파스타 요리로, 파파르델레와 지비에 고기로 만든 소스를 조합한 것이다. 이 지역은 언덕이나 산이 많아서 여러 가지 고기나 지비에 요리가 풍부한데, 진하게 조린 소스는 도톰하고 넓은 파파르델레와 궁합이 잘 맞는다. 여기서는 토스카나에서 많이 잡히는 멧돼지고기에 레드와인과 토마토페이스트를 넣어 조리고, 포르치니를 더해 깊은 맛이 있는 소스로 완성하였다.

020

파파르델레 배합
[만들기 편한 적당량. 1인분 80g]

00밀가루(Marino 제품) 800g
세몰리나 밀가루(Marino 제품) 200g
달걀노른자 8개 분량
달걀 5개
퓨어 올리브유 조금

파파르델레
1 완성된 반죽을 파스타머신으로 2mm 두께로 밀고, 칼로 너비 2cm, 길이 18cm로 자른다.

멧돼지 수고
1 멧돼지의 목심부터 목에 걸친 부위(1kg이 약 12인분)를 1.5cm 크기로 깍둑썰기하고, 소금, 검은 후추, 중력분을 뿌려서 버무린다. 식용유를 넣고 갈색으로 변할 때까지 굽는다.
2 냄비에 소프리토(p.254 / 120g)와 월계수잎을 넣어 데운 다음, 멧돼지고기를 넣는다. 레드와인(400cc)을 붓고 끓이다가 토마토페이스트 조금, 폰도 브루노(500cc)를 넣어 끓인다. 거품을 걷어내고 뚜껑을 덮어 약한 불에서 1시간 반 동안 조린다.
3 하룻밤 재워서 겉면에 단단하게 굳어진 기름을 제거한다.

포르치니 밑손질
1 말린 포르치니(15g은 약 12인분)를 물에 불린 다음, 물기를 짜서 곱게 다진다. 퓨어 올리브유에 볶고 불린 물은 보관해둔다.
2 생포르치니(1인분 약 30g)를 2cm 크기로 깍둑썰기하고, 마늘 풍미의 올리브유로 볶는다.

마무리
1 끓는 소금물에 파파르델레를 넣고 4~5분 정도 삶는다.
2 멧돼지 수고(1인분 약 85g)를 프라이팬에 넣고 닭고기 브로도(p.253)를 섞은 다음, 버터(1작은술)를 넣어 데운다. 2종류의 포르치니와 약간의 불린 물을 넣는다. 파파르델레를 넣어 버무린 다음, 다진 이탈리안 파슬리, E.V. 올리브유, 그라나 파다노 치즈를 넣어 버무린다.
3 접시에 담고 검은 후추와 그라나 파다노 치즈를 뿌린다. 필러로 얇게 썬 생포르치니 3장(1인분)을 올린다.

Point
말린 포르치니를 불린 물은 향뿐 아니라 진한 감칠맛이 있으므로, 생포르치니와 함께 사용하면 풍미가 강해져서 맛이 더욱 좋아진다. 이 요리에서도 감칠맛을 내기 위해 생포르치니와 함께 멧돼지 수고에 넣었다.

트로콜리 Troccoli

너비 5mm, 길이 25cm

트로콜리

겉면에 홈이 있는 밀대인 트로콜라투로를 시트모양 반죽 위에 굴려서 가늘고 길게 자른 파스타. 현재는 나무로 만든 것이 일반적이지만, 예전에는 구리나 놋쇠로 만들었다. 홈 부분이 날카롭지 않아서 굴리는 것만으로는 완전히 잘리지 않으므로, 반죽 위에 생긴 홈을 따라 손으로 1가닥씩 떼어서 분리해야 한다. 키타라(p.78)와 비슷한 원리지만, 자른 면이 길쭉한 타원모양이 된다. 풀리아주 북부의 포자 지역 근방에서 시작되었으며, 반죽은 세몰리나 밀가루와 물로 만드는 것이 기본이다.

021 Troccoli con salsiccia e cime di rapa

굵게 다진 살시차와 치메 디 라파 트로콜리

홈이 있는 밀대로 밀어서 자르는 트로콜리

같이 삶은 트로콜리와 치메 디 라파에 수제 살시차의 속재료를 으깨서 볶은 것을 넣고 버무린 요리. 풀리아주 특산품인 치메 디 라파와 트로콜리는 두말할 필요도 없이 궁합이 매우 좋은데, 여기에 살시차의 감칠맛을 더하여 심플하면서 깊은 맛이 난다. 이탈리아 남부지방의 요리에 걸맞게, 치즈도 남부 특산품인 카초카발로 치즈를 사용하였다.

021

트로콜리 배합
[만들기 편한 적당량. 1인분 50g]

세몰리나 밀가루(Marino 제품) 300g
소금 3g
물 140~150g

※ 트로콜라투로는 홈의 너비가 3mm~1.4cm까지 다양하다. 여기서는 5mm짜리를 사용하였다.

※ 트로콜라투로를 움직일 때마다 반죽이 조금 늘어나므로, 이를 고려해서 시트모양의 반죽은 너무 길게 만들지 않는다. 또 1가닥씩 뗄 때도 반죽이 조금씩 늘어난다.

※ 트로콜라투로에 반죽이 들러붙기 쉬우므로, 반죽에 덧가루로 세몰리나 밀가루를 충분히 뿌려둔다.

트로콜리

1 완성된 반죽을 밀대로 5mm 두께로 밀고, 칼로 너비 20cm, 길이 30cm로 자른다.
2 반죽을 길게 놓고, 트로콜라투로를 앞쪽에 놓는다. 세게 눌러가며 굴려서 자른다. 잘라지는 부분도 있지만 잘리지 않은 부분도 있기 때문에 마지막에 1가닥씩 손으로 떼어서 분리한다.(성형 → p.57 참조)
3 상온에서 30분 정도 두어 반건조 상태를 만든다.

살시차 소스

1 으깬 마늘을 E.V. 올리브유에 볶아 갈색으로 변하면 건져낸다. 수제 살시차(p.257 / 1인분 약 50g)를 으깨면서 볶고, 파스타 면수를 넣어 살짝 졸인다.

마무리

1 끓는 소금물에 트로콜리를 넣고 10분 정도 삶는다. 완전히 삶아지기 3~4분 정도 전에 짧게 자른 치메 디 라파(1인분 3개)를 넣어 같이 삶는다.
2 트로콜리와 치메 디 라파에 살시차 소스를 넣어 버무린 다음, 카초카발로 치즈를 뿌려서 섞는다.
3 접시에 담고 카초카발로 치즈를 한 번 더 뿌린다.

Point
치메 디 라파는 흐물거릴 정도로 부드럽게 삶아야 감칠맛이 생기고 파스타와도 잘 어우러진다.

응용하기
트로콜리는 여러 가지 소스와 잘 어울리는데, 양고기 토마토조림 소스도 좋다.

022 Troccoli con seppie e friarielli di Cercola

갑오징어와 프리아리엘리 조림으로 버무린 트로콜리

트로콜리

1mm 두께의 얇은 반죽을 홈 간격(약 3mm)이 좁은 트로콜라투로로 자른 가는 트로콜리. 반죽을 10~15cm 너비로 만들면 트로콜라투로를 굴릴 때마다 가운데 부분에 집중적으로 압력을 가할 수 있기 때문에 자르기 쉽다. 그러나 완전히 잘리지는 않으므로, 붙어 있는 부분은 1가닥씩 손으로 떼어서 분리한다.

지름 3mm, 길이 약 35cm

트로콜리와 궁합이 좋은 갑오징어와 녹색채소

갑오징어와 프리아리엘리(나폴리산 녹색채소)를 블랙 올리브나 케이퍼 등과 함께 조려서 트로콜리와 버무린 요리. 풀리아주에서 시작된 이 파스타의 대표적인 소스로 삶은 달걀과 빵 등을 속에 채운 갑오징어 토마토조림이 있는데, 이를 응용하여 갑오징어를 하얗게 조려서 버무렸다. 갑오징어를 찌듯이 끓여서 향과 감칠맛을 충분히 끌어내고, 그 국물이 배어든 녹색채소를 쫄깃한 식감의 트로콜리와 버무린다. 궁합이 좋은 3가지 재료가 하나로 어우러진 요리.

Sugihara

022

트로콜리 배합

[만들기 편한 적당량. 1인분 90g]

세몰리나 밀가루(Caputo 제품) 200g
물 100g

※ 트로콜라투로에 반죽이 들러붙기 쉬우므로, 반죽에 덧가루로 세몰리나 밀가루를 충분히 뿌린다. 자른 후에도 서로 들러붙기 쉬우므로 세몰리나 밀가루를 뿌려서 보관한다.

트로콜리

1 완성된 반죽을 밀대로 1.5mm 두께로 민 다음, 칼로 너비 10~15cm, 길이 30cm로 자른다.
2 반죽을 세로로 길게 놓고, 트로콜라투로를 앞쪽에 놓는다. 세게 눌러가며 굴려서 자른다. 잘라지는 부분도 있지만, 잘리지 않은 부분은 마지막에 1가닥씩 손으로 떼어서 분리한다.(성형 → p.57)

갑오징어와 프리아리엘리 소스

1 재료를 밑손질한다. 갑오징어(4인분 1마리)는 손질하여 먹기 좋은 크기로 자르고, 프리아리엘리(200g)는 끓는 소금물에 넣고 데친 다음 물기를 빼고 비슷한 크기로 자른다. 소금에 절인 케이퍼(5g)는 물로 씻어서 소금기를 제거하고, 물기를 뺀다. 블랙 올리브(12개)는 씨를 제거한다.
2 으깬 마늘을 E.V. 올리브유에 볶아서 향이 나면, 오징어, 다진 이탈리안 파슬리, 케이퍼를 넣고 굵은 소금으로 밑간을 한다. 뚜껑을 덮고 10분 정도 찌듯이 끓인다.
3 갑오징어가 부드러워지면 프리아리엘리와 블랙 올리브를 넣어 좀 더 끓인다. 오징어와 채소의 맛이 잘 어우러지면 소금으로 간을 한다.

마무리

1 끓는 소금물에 트로콜리를 넣고 2분 정도 삶는다.
2 냄비에 트로콜리, 페코리노 로마노 치즈, 홍고추, 갑오징어와 프리아리엘리 소스(1인분 90㎖)를 넣어 따뜻하게 데우면서 버무린다.
3 접시에 담고 페코리노 로마노 치즈를 한 번 더 뿌린다.

※ 프리아리엘리는 치메 디 라파와 비슷한 나폴리의 녹색채소이다. 요리 이름에서 체르콜라(Cercola)는 나폴리의 산지명이며, 여기서는 규슈 재배 채소를 사용하였다.

Point

트로콜리 외에도 세몰리나 밀가루를 물로 반죽하여 바로 성형하는 나의 파스타는 부드럽고 윤기가 있으며, 매끈하고 쫄깃하다. 이런 파스타는 부드러운 소스와 잘 버무려지지 않기 때문에 거친 소스를 조합하거나 이 레시피처럼 재료를 많이 넣으면 파스타의 맛을 살릴 수 있다.

응용하기

브로콜리, 안초비, 잣으로 만든 소스와 트로콜리를 조합하여도 맛이 좋다.

비골리 Bigoli

지름 3mm, 길이 25cm

통밀가루 비골리

단단하게 완성된 반죽을 전용 핸들식 압축기 '비골라로'에 넣고 강한 압력을 가해 두툼한 스파게티 모양으로 뽑아낸 탄력이 매우 강한 파스타. 사진의 비골리는 베네토주의 독자적인 파스타로, 통밀가루와 00밀가루를 섞어서 달걀로 반죽한 것이다. 통밀가루는 밀의 겉껍질이 들어 있어 영양가가 높고, 감칠맛도 진하다. 또 파스타의 겉면이 거칠어서 소스가 잘 묻는다. 00밀가루를 물이나 달걀로 반죽한 흰색이나 노란색 비골리도 있다.

023 Bigoli scuri al sugo di granchio

털게 수고와 통밀가루 비골리

Nishiguchi

단단한 반죽을 고압압축기로 뽑아낸 비골리

털게 껍데기와 내장을 넣고 끓여서 맛이 깊고 농후한 수고로 버무린 비골리. 여기서는 통밀가루를 넣은 비골리와 조합하였지만, 00밀가루와 달걀로 만든 비골리에도 잘 어울린다. 베네치아는 이탈리아에서 게의 산지로 유명한데, 털게와 육질이 비슷한 그란세올라(granseola)라는 게를 많이 사용한다. 그런 의미에서 털게와 비골리는 베네토주를 상징하는 찰떡궁합의 조합이라고 할 수 있다.

023

통밀가루 비골리 배합
[만들기 편한 적당량. 1인분 80g]

통밀가루(Marino 제품) 300g
00밀가루(Marino 제품) 200g
달걀노른자 8개 분량
달걀 1개
퓨어 올리브유 4g
미지근한 물 50g

※ 반죽이 상당히 단단하므로 반죽할 때 가끔씩 손바닥에 물을 묻혀야 치대기 쉽다. 나중에 세게 압축하여 뽑기 때문에 완성된 반죽이 다소 갈라져 있어도 관계없다.

비골리
1 완성된 반죽을 압축기 비골라로에 넣기 좋게 원통모양으로 다듬는다. 압축기에 비골리용 다이스(몰드)를 세팅하고 반죽을 넣는다.
2 면이 나오는 입구에 세몰리나 밀가루를 담은 볼을 둔다. 핸들을 돌려 비골리를 뽑고, 칼로 25cm 길이로 잘라서 볼에 담는다. 세몰리나 밀가루를 묻힌다.(성형 → p.55)

털게 수고
1 털게 5마리 분량(약 10인분)의 껍데기와 내장을 준비하고 껍데기는 적당한 크기로 자른다.
2 깍둑썰기한 양파, 당근, 셀러리(각 100g)를 퓨어 올리브유에 볶다가 향이 나면 1의 게를 넣어 나무주걱으로 다지면서 볶는다. 게의 향이 나면 화이트와인을 뿌리고 토마토페이스트(150g)와 물(7ℓ)을 섞어서 끓인다. 거품을 걷어내고, 약한 불로 2시간 정도 끓인다.
3 체에 걸러서 좀 더 졸인다.

마무리
1 끓는 소금물에 비골리를 넣어서 8분 동안 삶는다.
2 으깬 마늘과 퓨어 올리브유를 넣고 볶다가 갈색으로 변하면 건져낸다. 털게 수고(1인분 약 90g)와 토마토소스를 조금 넣어 데운 다음, 파스타 면수를 조금 넣고 농도를 조절한다.
3 비골리와 소스를 버무리고, 다진 이탈리안 파슬리를 넣어 다시 버무린다. 접시에 담는다.

※ 털게 수고는 겨울철이면 항상 준비해두고 라사냐(p.173), 프리타타, 수프 등에 사용한다. 향이 좋고, 감칠맛과 깊은 맛이 진해 유용하다.

Point
털게 수고를 2시간 이상 끓이면 껍데기에서 비린 맛이 배어 나오기 때문에 너무 오래 끓이지 않는다.

응용하기
통밀가루를 넣은 비골리는 기름으로 볶은 양파와 안초비 퓌레 소스로 버무린 '인 살사(in salsa)'로 만드는 것이 보통이다. 통밀가루의 향을 살리기 위해서는 건더기가 없는 소스가 좋다. 반면 00밀가루만으로 만든 비골리는 건더기가 있는 오리 라구소스나 해산물 소스도 잘 어울린다.

스트란고치 Strangozzi

024 *Strangozzi ai funghi e pomodoro fresco*

버섯, 토마토, 마조람 풍미의 스트란고치

스트란고치
스트란고치는 움브리아주에서 부르는 이름으로, 남부의 스파게토니(p.96)나 토스카나주의 피치(p.98)와 같은 종류이다. 두툼하게 손으로 밀어서 만드는, 자른 면이 둥글고 탄력이 있는 파스타이다. 빈곤했던 시대를 상징하듯이 달걀을 사용하지 않고 연질밀가루와 물만으로 반죽하고, 손으로 굴려서 끈모양으로 만든다. 사진은 00밀가루를 물로 반죽하고 작업대 위에 굴려서 만든 것이다.

지름 5mm, 길이 약 26cm

움브리아주에서 시작된 손으로 민 두툼한 면

소스는 버섯으로 유명한 움브리아주의 향토요리로, 꾀꼬리버섯(*Cantharellus cibarius*)을 알리오 올리오 풍미로 볶은 다음 프루트토마토와 같이 끓인 것이다. 꾀꼬리버섯은 이탈리아에서는 대중적인 버섯으로, 이 레시피는 그 지역의 어머니에게 직접 전수받은 것이다. 향이 강하고 깊은 맛이 있는 소스로, 두툼한 파스타면과 잘 어울린다. 여기서는 같은 지역의 파스타인 스트란고치로 향토색을 강하게 표현하였다.

024

스트란고치 배합
[만들기 편한 적당량. 1인분 50g]

00밀가루(Molini 제품) 500g
물 230g
소금 5g

스트란고치
1 완성된 반죽을 조금씩 작업대에 올리고 손바닥으로 굴려서 가늘고 길게 민다. 지름 5mm, 길이 26cm 정도로 만든다.

버섯 소스
1 꾀꼬리버섯(1인분 5개)의 밑동을 잘라내고 살짝 물로 씻은 다음 자연 건조시킨다. 또는 종이로 싸서 냉장고 안쪽의 바람이 나오는 입구에 두고 살짝 말린다.
2 으깬 마늘과 홍고추를 E.V. 올리브유에 볶다가 향이 나면 판체타(30g)를 채썰어서 넣고 볶는다.
3 기름기를 제거하고 꾀꼬리버섯과 마조람을 줄기째 넣고 볶는다. 기름기가 돌면 화이트와인을 1바퀴 둘러 넣고 조린다. 듬성듬성 자른 프루트토마토(2개 분량)를 넣고 으깨면서 볶는다. 마조람을 건져낸다.

마무리
1 끓는 소금물에 스트란고치를 넣고 10분 정도 삶는다.
2 소스에 스트란고치와 면수를 넣고 농도를 조절하면서 버무린다.
3 접시에 담아서 마조람 잎으로 장식하고 페코리노 로마노 치즈를 뿌린다.

Point
꾀꼬리버섯은 물로 씻어서 불순물을 제거하는 것이 좋지만, 그대로 사용하면 물기가 생기기 때문에 반드시 살짝 말려서 향을 살린다.

응용하기
이 버섯 소스는 굵은 스파게티, 부카티니, 두툼한 탈리아텔레에도 잘 어울린다.

스파게토니 Spaghettoni

지름 약 3㎜, 길이 약 25㎝

스파게토니
'굵은 스파게티'라는 의미로, 건면인 경우에는 스파게티보다 조금 더 굵은 것을 말하지만, 생면의 경우에는 조금 더 굵게 만들어서 가는 우동처럼 만든다. 같은 모양의 스트란고치(p.95)나 피치(p.98)는 이탈리아 중부 지역의 것이고, 스파게토니는 이탈리아 남부에서 부르는 이름이다. 남부에서는 세몰리나 밀가루와 물을 기본으로 하며, 사진의 스파게토니도 그렇게 만든 것이다. 작은 덩어리로 자른 반죽을 양손바닥으로 세게 비벼서 길게 밀었기 때문에, 탱탱한 식감에 쫄깃함이 더해졌다.

달걀노른자 소스의 맛을 살려주는 굵은 스파게티

달걀노른자를 올린 식빵 오븐구이에 가라스미를 얹은 사르데냐주의 향토요리를 응용하여, 달걀노른자, 가라스미, 성게를 조합한 '바다향 카르보나라 스타일' 파스타로 만들었다. 달걀노른자와 생선알을 함께 사용하면 깊은 맛이 더해져, 달걀을 좋아하는 사람이라면 참기 힘든 맛이 난다. 성게는 부드러움을 더하기 위해 넣었지만 풍미도 더해진다. 처음에는 건면 스파게티로 만들었지만 부드럽고 볼륨감이 있는 생면 스파게토니로 대체하여, 달걀노른자 소스의 맛을 더 분명하게 표현하였다.

025 Spaghettoni alla carbonara di mare
붉은 성게, 가라스미, 달걀노른자로 버무린 스파게토니

Sugihara

025

스파게토니 배합
[만들기 편한 적당량. 1인분 100g]

세몰리나 밀가루(Caputo 제품) 200g
물 100g

※ 빨리 만들지 않으면 끊어지기 쉬우므로 주의한다. 길이는 똑같이 맞추지 말고, 조금씩 다르게 만들어도 좋다.

※ 작업대 위에서 굴리면서 미는 방법은 힘들이지 않고 쉽게 밀 수 있는 방법으로, 탱탱한 스파게토니가 된다. 한편 손바닥 사이에 넣고 비벼서 밀면 압력이 세게 가해지기 때문에 탄력이 생겨서 건면에 가까운 쫄깃한 식감이 더해진다.

스파게토니
1 완성된 반죽을 조금씩 작업대에 올리고 손바닥으로 굴려서, 지름 1㎝ 정도의 막대모양으로 민다. 2㎝ 정도로 자른다.
2 1개씩 양손바닥으로 종이를 꼬아서 끈을 만들듯이 비벼서 민다. 지름 약 3㎜, 길이 25㎝ 정도로 완성한다.(성형 → p.56)

달걀노른자와 성게소스
1 볼에 달걀노른자 1개 분량(1인분), 붉은 성게 적당량, E.V. 올리브유(20cc), 다진 이탈리안 파슬리, 소금, 검은 후추를 조금씩 넣고 살짝 섞는다.

마무리
1 끓는 소금물에 스파게토니를 넣고 8분 동안 삶는다.
2 소스에 스파게토니를 넣은 다음, 면수를 조금씩 넣으면서 부드럽게 섞는다. 소스를 가열하면 조금 단단해지므로, 다시 1번 면수를 넣어 부드럽게 만든다.
3 접시에 담고 갈아놓은 수제 가라스미(p.258)를 뿌린다.(사진처럼 붉은 성게로 장식해도 좋다)

※ 달걀노른자 소스는 느끼하게 느껴지기 쉬우므로 재료를 잘 선택해야 한다. 매장에서는 산뜻한 풍미의 토종란을 사용하고, 담백한 감칠맛이 특징인 붉은 성게(세토나이카이산)를 사용한다.

Point
달걀노른자 소스는 직접 불에 올리지 않고, 삶은 스파게토니의 남은 열과 면수로 열을 가하여 걸쭉하게 완성한다. 달걀노른자에 덜 익은 부분이 생기지 않도록 충분히 섞는다.

응용하기
건조 스파게티를 사용해도 좋다. 스파게티의 존재감이 강해서 달걀노른자 소스의 느낌이 조금 약해지는데, 그만큼 많이 먹을 수 있다.

026 *Spaghettoni con porcini freschi*
신선한 포르치니로 향을 살린 스파게토니

스파게토니
p.96의 스파게토니와 같은 것. 너무 두꺼우면 전체적으로 탄력이 강해져서 소스와 버무리면 파스타의 맛만 강하게 느껴진다. 반대로 너무 가늘면 겉면의 전분이 소스에 녹아들어 파스타의 존재감이 약해지므로, 매장에서는 지름 3mm 기준으로 만든다.

지름 약 3mm, 길이 약 25cm

Sugihara

개성 강한 버섯의 풍미와 잘 어울리는 굵기

신선한 포르치니를 마늘과 함께 볶고, 궁합이 맞는 버터와 파르미자노 치즈에 파스타 면수를 더해 걸쭉하고 크리미한 소스로 완성한 스파게토니 요리. 생크림으로 만드는 방법도 있지만, 풍미가 너무 강하기 때문에 위의 재료만으로 유화시키는 편이 포르치니의 향을 잘 살릴 수 있다. 또 이 소스는 건조 파스타보다 생파스타에 잘 어울린다. 포르치니의 개성적인 풍미에도 뒤지지 않는 생면을 넣어야 균형이 잘 맞는다.

026

스파게토니 배합
[만들기 편한 적당량. 1인분 90g]

세몰리나 밀가루(Caputo 제품) 200g
물 100g

스파게토니
p.96과 동일.

포르치니 소스
1 포르치니(100g)는 갓의 겉면을 물로 씻고, 기둥도 물로 씻어 껍질을 얇게 벗긴다. 모두 한 입크기로 자른다.
2 으깬 마늘을 E.V 올리브유에 볶아서 향을 낸다. 포르치니(1인분 90㎖)를 넣고 소금, 검은 후추를 뿌리면서 볶는다. 다진 이탈리안 파슬리와 타임잎을 조금 넣고, 파스타 면수도 조금 넣어 섞는다.

마무리
1 끓는 소금물에 스파게토니를 넣고 8~9분 동안 삶는다.
2 냄비에 스파게토니, 버터, 파르미자노 치즈를 넣고, 불에 올려서 섞는다. 포르치니 소스를 넣은 다음 파스타 면수를 조금씩 넣으면서 걸쭉해질 때까지 섞는다.
3 접시에 담고 파르미자노 치즈를 뿌린다.

Point
포르치니는 갓 안쪽의 주름부분이 풍미가 강하므로, 수분이 닿지 않게 주의해서 불순물을 제거한다. 포르치니가 나오기 시작하는 여름에는 갓도 기둥도 단단하기 때문에 작게 잘라서 풍미가 우러나기 쉽게 만들고, 버터와 치즈도 넉넉히 넣는다. 반면, 가을이 되면 갓이 벌어져서 향이 증가하고 맛이 진해지며 끈적한 점액이 나오기 쉬우므로, 그 점을 살리기 위해 맛을 심플하게 조절한다. 갓이 큰 것은 점액도 많기 때문에, 느끼함을 줄이기 위해 크게 잘라 사용한다.

응용하기
포르치니 소스는 너비가 넓고 볼륨감 있는 파파르델레와도 잘 어울린다.

피치 Pici

피치
토스카나주의 시에나 일대에서 만드는, 손으로 민 굵은 파스타. 어원은 '손으로 굴리다'라는 의미의 방언인 '아피치아레(appiciare)'이다. 지역에 따라 '피치(picci)' 또는 '핀치(pinci)'라고도 부른다. 고대 이탈리아의 에트루리아 시대로 거슬러 올라가는 긴 역사를 가지고 있으며, 재료는 연질밀가루, 물, 소금 등으로 소박하다. 반죽 방식에 따라 모양이 달라지고 손으로 밀어서 만드는 파스타 특유의 고르지 못한 굵기나 비틀림이 식감에 악센트가 되어, 그것이 피치의 특징적인 맛이 되었다. 스파게토니(p.96), 스트란고치(p.95), 움브리아주의 움브리첼리(p.21)와 같은 종류이다.

지름 3~5mm, 길이 30cm

027 *Pici ai carciofi*
카르초피와 마늘 피치

Koike

손으로 굴린다는 의미의 어원처럼 손으로 민 파스타

피치는 중성적인 맛이어서 어떤 소스에도 폭넓게 사용할 수 있지만, 확실한 맛의 소스와 더 잘 어울린다. 여기서는 알리오 올리오 베이스로 카르초피를 볶은 다음, 같은 지역의 페코리노 토스카노 치즈를 듬뿍 뿌렸다. 보기에는 심플하고 산뜻한 이미지이지만, 카르초피의 강렬한 풍미에 마늘을 더해서 존재감이 강한 소스이다.

027

피치 배합
[만들기 편한 적당량. 1인분 50g]

00밀가루(Marino 제품) 300g
물 140g
소금 3g

※반죽이 서로 들러붙기 쉬우므로 성형한 다음 면보 위에 넓게 펼쳐놓거나, 밀가루 또는 옥수수가루를 뿌려놓는 것이 일반적이다. 그러나 유산지 위에 간격을 두고 올려서 그대로 건조 또는 냉장이나 냉동하면 덧가루를 뿌리지 않아도 되므로, 삶을 때 물이 탁해지지 않는다.

피치
1 완성된 반죽을 양손으로 앞뒤로 굴리고, 가장자리부터 가늘게 막대기 모양으로 성형한다. 굵은 꼬투리강낭콩과 비슷한 굵기로 밀고, 칼로 꼬투리강낭콩 길이로 자른다.
2 작업대 위에 반죽을 올리고 1가닥씩 양손으로 앞뒤로 굴려가며 좌우로 늘린다.(성형 → p.58)

카르초피 소스
1 카르초피를 밑손질한다. 카르초피(1인분 1개)의 위쪽 1/3~1/2을 잘라낸다. 바깥쪽의 단단한 껍질을 제거하고, 길게 반으로 갈라서 털이 있으면 제거한다. 레몬을 넣은 물에 담가서 풋내를 없애고, 물기를 닦아 먹기 좋은 크기의 빗모양으로 자른다.
2 으깬 마늘(3톨)과 홍고추(1개)를 E.V. 올리브유에 볶아서 강하게 향을 낸다. 안초비(1장)를 넣어 살짝 볶는다.
3 카르초피를 넣어 재빨리 볶고, 파스타 면수로 농도를 조절하면서 살짝 끓인다.

마무리
1 끓는 소금물에 피치를 넣어서 12분 동안 삶는다.
2 카르초피 소스에 넣고 페코리노 토스카노 치즈와 E.V. 올리브유를 넣어 유화시키면서 잘 섞는다.
3 접시에 담고 페코리노 토스카노 치즈를 한 번 더 뿌린다.

응용하기
매장에서는 이 피치를 멧돼지 라구소스, 살시차 소스, 마늘향 토마토소스 등 비교적 이탈리아 현지의 맛에 가까운 소스와 조합한다.

028 Pici all'aglione
마늘 풍미의 피치

피치
재료도 성형 방법도 심플한 파스타이지만, 이탈리아에서 먹어본 느낌은 레스토랑마다 식감이 제각각이라는 것이다. 최근에는 원래 피치에 사용하지 않는 세몰리나 밀가루를 넣어 반죽하는 레스토랑도 많아져서, 씹는 느낌이 강한 것도 많다. 여기서는 원래대로 00밀가루만 넣는 배합으로 만들어서 끈적하고 부드럽게 완성하였다.

지름 3~5mm, 길이 약 25cm

Nishiguchi

마늘이 주인공인 기본적인 피치요리

기본적인 피치요리의 하나로, 이탈리아의 소규모 음식점인 트라토리아의 대표적인 요리이다. 마늘, 기름, 고추로 만드는 '알리오 올리오 에 페페론치노(aglio, olio e peperoncino)'에 페코리노 치즈로 풍미를 더한 재료구성인데, 요리 이름처럼 '마늘'이 소스의 주인공이다. 토마토를 넣는 요리법도 대중적이며, 여기서는 토마토 맛을 소개하였다.

028

피치 배합
[만들기 편한 적당량. 1인분 60g]

00밀가루(Marino 제품) 300g
물 120g
소금 1꼬집
퓨어 올리브유 10g

피치
1 완성된 반죽을 엄지 크기로 잘라서 작업대 위에 올린 다음, 앞뒤로 굴리면서 좌우로 가늘고 길게 늘린다. 굵기가 고르지 않으면 두꺼운 부분을 집중적으로 굴려서 굵기를 조절한다.(성형 → p.58)

마늘 소스
1 다진 마늘(1인분 3g)과 홍고추를 E.V. 올리브유에 볶는다. 마늘이 옅은 갈색으로 변하면 깍둑썰기한 토마토(30g)와 토마토소스(35g), 파스타 면수(적당량)를 넣어 살짝 졸인다.

마무리
1 끓는 소금물에 피치를 넣어서 8분간 삶는다.
2 마늘 소스(1인분 약 70g)를 넣고 페코리노 로마노 치즈와 소금으로 간을 한다.
3 접시에 담는다.

응용하기
피치를 빵가루 소스로 버무리는 '피치 콘 레 브리촐레(pici con le briciole)'도 기본적인 요리이다. 토스카나 빵을 말려서 가루로 만들고 마늘과 같이 올리브유로 바삭하게 볶은 다음, 피치와 버무린다.

스트로차프레티 Strozzapreti

029 Strozzapreti con cuore e rognone di vitello al vin santo

지름 7㎜, 길이 약 16㎝

스트로차프레티
'목이 막혀 죽은 성직자'라는 뜻의 기묘한 이름을 가진 파스타. 직사각형 반죽을 양손으로 비벼서 살짝 꼬아주는 성형 방법으로, 목이 조여서 막히는 이미지가 없는 것은 아니다. 시작은 에밀리아로마냐주 동부의 로마냐 지방(지금은 근방에 퍼져 있다)이다. 대부분이 오랫동안 교황령의 압제와 빈곤으로 고통 받았던 지역으로, 달걀을 사용하지 않고 밀가루와 물만으로 만든 반죽은 '빈곤의 상징'이기도 하다. 에밀리아노마냐주는 달걀을 넉넉히 사용한 생파스타로도 유명하지만, 풍요로웠던 곳은 다른 세력이 지배한 서쪽의 에밀리아 지방이다.

빈산토 풍미의 송아지내장 소스와 스트로차프레티

길이가 긴 끈모양의 파스타

송아지 심장과 콩팥에 두툼한 양파와 각종 허브를 함께 넣고 졸인 소스로, 라르도나 빈산토 와인으로 풍미를 더하였다. 스트로차프레티 자체는 중성적인 파스타여서 어떤 소스와도 잘 어울리지만, 소박하면서도 탄력이 있는 파스타이므로 개성이나 풍미가 강한 소스가 더 잘 어울린다.

Koike

029

스트로차프레티 배합
[만들기 편한 적당량. 1인분 50g]

00밀가루(Molini 제품) 300g
소금 3g
물 135g

스트로차프레티
1 완성된 반죽을 밀대 또는 파스타머신으로 약 1㎜ 두께로 밀고, 8×3㎝ 크기의 직사각형으로 자른다.
2 1장씩 손바닥 사이에 넣고 몇 번씩 비벼서 끈모양으로 만든다.

송아지내장 소스
1 송아지 심장과 콩팥(1인분 각 20g)을 손질한다. 먹기 좋은 크기로 잘라서 소금, 후추를 뿌린다.
2 수제 라르도(p.257 / 30g), 로즈메리, 세이지, 월계수잎을 절구에 빻아 페이스트를 만든다.
3 으깬 마늘, 홍고추, 2의 라르도 페이스트를 볶는다. 향이 나면 도톰하게 썬 양파(1/4개 분량), 월계수잎, 로즈메리를 넣고 뚜껑을 덮어서, 옅은 갈색으로 변하고 부드러워질 때까지 찌듯이 굽는다.
4 송아지의 심장과 콩팥을 고온에서 E.V. 올리브유에 살짝 볶는다. 3의 냄비에 넣고 빈산토 와인을 1번 두른 다음, 송아지 브로도(p.255)나 파스타 면수를 넣고 살짝 끓인다.

마무리
1 스트로차프레티를 끓는 소금물에 넣고 10분 동안 삶는다.
2 송아지내장 소스로 버무리고, 그라나 파다노 치즈를 뿌려서 버무린다.
3 접시에 담고 그라나 파다노 치즈를 다시 한 번 뿌린다.

Point
내장을 너무 많이 익히면 냄새가 나기 때문에, 살짝 볶아서 소스와 같이 따뜻하게 데운다.

응용하기
스트로차프레티는 정통 토마토소스나 볼로냐풍 라구소스(미트소스)에도 잘 어울린다.

030 Strozzapreti cacio e pepe con fave fresche
누에콩을 넣은 카초 에 페페와 스트로차프레티

Koike

스트로차프레티
p.100의 스트로차프레티가 기본형으로, 이 스트로차프레티는 좀 더 세밀하게 꼬아서 만든 레스토랑용이다. 작업대 위에서 충분히 굴려서 많이 꼬인 나선모양으로 만든다.

길이 약 16㎝

많이 꼬아서 만든 나선모양은 레스토랑용

페코리노 로마노 치즈와 검은 후추로 파스타를 버무리는 '카초 에 페페'에 누에콩을 넣고, 스트로차프레티와 조합하여 만든 요리. 이탈리아에서는 페코리노 로마노 치즈와 누에콩이 전형적인 콤비이다. 누에콩의 풋내, 페코리노의 짭짤한 맛과 양젖으로 만든 치즈 특유의 풍미가 어우러져 강렬한 맛이 나며, 탄력 있는 파스타와 균형이 맞는다.

030

스트로차프레티 배합
[만들기 편한 적당량. 1인분 50g]

00밀가루(Molini 제품) 300g
소금 5g
물 145~150g

※ 성형할 때, 작업대에 반죽을 올리고 끝부분부터 꼬아주면서 가운데로 이동해야 안정적인 모양이 된다. 또 좌우로 당기는 느낌으로 밀면서 꼬아준다.

※ 나선모양의 파스타는 고르게 삶기 어려우므로, 반죽을 부드럽게 만드는 것이 좋다. 배합은 수분의 양을 조금 늘렸다.

스트로차프레티
1 완성된 반죽을 밀대 또는 파스타머신으로 약 1㎜ 두께로 밀고, 8×3㎝ 크기의 직사각형으로 자른다.
2 양쪽 가장자리를 잡고, 좌우로 살짝 잡아당기면서 2~3번 꼬아준다. 그대로 작업대 위에 올려 양손바닥으로 눌러가며 꼬아준다. 길이를 2배로 늘린다.(성형 → p.56)

소스
1 으깬 마늘과 양송이버섯을 E.V. 올리브유에 볶다가 향이 나면 모두 꺼낸다.
2 닭고기 브로도와 버터를 넣고 살짝 유화시킨 다음 후추를 뿌린다.

마무리
1 누에콩(1인분 8개)은 꼬투리를 제거하고, 속껍질도 벗긴다. 꼬투리도 향을 내기 위해 사용하므로 보관해둔다.
2 스트로차프레티를 끓는 소금물에 넣고 12분 정도 삶는다. 완전히 익기 전에 누에콩 꼬투리를 넣어 같이 삶는다.
3 스트로차프레티과 누에콩을 소스에 넣고 페코리노 로마노 치즈와 E.V. 올리브유를 순서대로 넣으면서 그때마다 버무린다.
4 접시에 담고, 얇게 썬 페코리노 로마노 치즈를 올린 다음 검은 후추를 뿌린다.

푸실리 칠렌타니 Fusilli Cilentani

031 Fusilli cilentani con agnello cacio e uova

새끼양고기를 넣은 카초 에 우오바로 버무린 푸실리 칠렌타니

지름 8mm, 길이 18~25cm

푸실리 칠렌타니

칠렌타니는 '칠렌토(Cilento)풍'이라는 의미로, 나폴리 남동쪽에 있는 지역에서 유래된 파스타이다. 이름은 푸실리이지만 푸실리 룬기(p.104)나 쇼트파스타인 푸실리(p.247)처럼 나선모양이 아니라, 막대모양의 반죽에 대바늘을 올려서 구멍 난 튜브모양으로 만든 것이다. 반죽은 세몰리나 밀가루를 물로 반죽한 남부의 표준적인 반죽인데, 구멍이 있어서 부드럽고 매끄러운 식감이 효과적으로 나타난다.

Sugihara

부카티니 스타일의 구멍 뚫린 롱파스타

새끼양고기와 완두콩조림에 달걀과 치즈를 넣어서 푸실리 칠렌타니와 버무렸다. 이탈리아 남부의 전통적인 가정요리인데, 원래는 메인요리인 세콘도 피아토의 새끼양고기 조림에서 남은 소스와 파스타를 버무린 것에서 시작되었다. 콩, 달걀, 양파 등의 단맛이 있는 재료를 많이 사용해서 질리기 쉬우므로, 여기서는 모양이 다른 스파게토니를 조금 넣어서 식감에 변화를 주었다.

푸실리 칠렌타니 배합
[만들기 편한 적당량. 1인분 90g]

세몰리나 밀가루(Caputo 제품) 200g
물 100g

※ 길이, 마는 강도, 두께가 변하면 맛도 변한다. 소스와의 궁합에 따라 응용해도 좋다.

※ 여기서는 푸실리 칠렌타니와 생스파게토니(p.96)를 8:2의 비율로 섞어서 사용하였다.

푸실리 칠렌타니
1 완성된 반죽을 조금씩 작업대 위에 올리고, 손바닥으로 굴려서 연필 굵기의 막대모양을 만든다. 6~7cm 길이로 자른다.
2 지름 1mm 막대기를 반죽 위에 평행하게 올린 다음 살짝 누른다. 그대로 굴려서 반죽으로 막대기를 감싼다. 살짝 미는 느낌으로 몇 번 굴린 다음 막대기를 뺀다.(성형 → p.57)

스파게토니
1 p.96 참조. 지름은 3~5mm, 길이는 푸실리 칠렌타노에 맞춰서 18~25cm로 자른다.

새끼양고기 소스
1 새끼양고기(뼈가 붙은 목살, 갈빗살 등 / 1인분 약 120g)를 토막내고, 소금과 검은 후추를 뿌린다.
2 냄비에 E.V. 올리브유와 라드를 3:1의 비율로 넣어 가열하고, 약한 불로 양고기의 색깔이 변하지 않도록 볶는다. 고기가 익는 냄새가 나면 다진 양파를 넣고(약 1큰술), 뚜껑을 덮어 양파의 수분으로 찌듯이 굽는다.
3 끓는 소금물에 완두콩(이탈리아종 / 고기와 같은 양)을 넣고 부드럽게 삶아서 물기를 뺀다.
4 양고기가 거의 익으면 완두콩을 넣고 좀 더 익힌다. 고기와 콩이 부드러워지면 불에서 내리고, 양고기는 뼈를 제거한 다음 작게 잘라서 다시 냄비에 넣는다.

마무리
1 끓는 소금물에 푸실리 칠렌타니와 스파게토니를 넣고 4분 정도 삶는다.
2 새끼양고기 소스(1인분 90㎖)를 냄비에 넣어 데운 다음, 2종류의 파스타를 넣는다. 검은 후추, 파르미자노 치즈, 페코리노 로마노 치즈, 달걀물(1인분 4/5개 분량)을 넣는다. 천천히 섞어서 익히고, 부드러운 스크램블에그 상태로 만든다.
3 접시에 담고 페코리노 로마노를 뿌린다.

Point
새끼양고기와 완두콩이 완전히 섞일 때까지 충분히 조린다. 감칠맛이 더해져서 파스타와 더 잘 어우러진다.

응용하기
푸실리 칠렌타니에는 나폴리풍 라구소스(p.244)를 많이 사용한다. 또한 새끼양고기 소스는 페투첼레(p.85), 부카티니(p.226), 리가토니(p.238) 등의 확실한 식감을 가진 파스타와 잘 어울린다.

푸실리 룬기 Fusilli Lunghi

032 Fusilli lunghi fatti a mano con coniglio all'ischitana

이스키아풍 토끼조림으로 버무린 푸실리 룬기

푸실리 룬기
'긴 푸실리'라는 의미이다. 흔히 보는 것은 나선모양의 짧은 푸실리지만, 가늘고 길게 민 반죽을 꼬치에 감아서 나선모양으로 만든 이 푸실리 룬기가 원조이다. 이탈리아 남부에서는 건면이 일반적으로 유통될 정도로 대중적인 파스타이다. 나선모양의 면이 입안에서 풀어지는 과정에서, 탱탱하거나 매끈하기도 한 여러 가지 식감을 느낄 수 있다.

지름 3~4mm, 길이 약 25cm

Sugihara

꼬치에 감아서 나선모양으로 만든 긴 푸실리

소스의 베이스는 '이스키아풍 토끼 조림'으로, 나폴리 해안에 떠 있는 이스키아섬의 세콘도 피아토. 뼈와 머리가 붙어 있는 토끼고기를 토막내서 화이트와인과 방울토마토를 넣고 찌듯이 조린 것으로, 여기서는 혀나 볼살까지 모두 같이 넣고 곱게 으깬 다음 푸실리 룬기와 버무렸다. 재료와 기름이 반쯤 분리되기 때문에, 길고 복잡한 모양의 파스타에 더 잘 묻고 맛도 잘 느낄 수 있다.

032

푸실리 룬기 배합
[만들기 편한 적당량. 1인분 90g]

세몰리나 밀가루(Caputo 제품) 200g
물 100g

※ 금속 꼬챙이에 눌러서 감으면 나중에 빼기 어려우므로 자연스럽게 살짝 감는다. 또 반죽끼리 너무 붙거나 반대로 너무 벌어져도 모양이 보기 좋게 나오지 않으므로, 살짝 닿을 정도로 감는 것이 좋다. 길이는 조금씩 다른 것이 좋다.

푸실리 룬기
1 완성된 반죽을 조금씩 떼어서 작업대 위에 올린 다음, 손바닥으로 굴려서 지름 2mm, 길이 35cm 정도의 막대모양을 만든다.
2 반죽 끝부분에 긴 금속 꼬챙이를 고정시킨다. 그대로 꼬챙이를 돌려서 반죽을 나선모양으로 감는다.
3 마지막에는 금속 꼬챙이를 반대방향으로 돌려서 빼낸다. 길이 25cm 정도로 만든다.(성형→ p.57)

토끼조림 소스
1 토끼(머리가 붙어 있는 토끼고기 / 1마리 분량)를 뼈째로 16토막 정도로 자른다. (10인분 약 1.5kg)
2 더치오븐에 E.V. 올리브유를 두르고 토끼고기를 넣은 다음 통조림 방울토마토(300g), 으깬 마늘, 홍고추, 바질, 타임, 로즈메리, 화이트와인(80cc), 굵은 소금을 넣는다. 뚜껑을 덮고 토끼고기에 꼬치가 푹 들어갈 정도로 부드러워질 때까지 40분 정도 조린다.
3 토끼고기를 으깨면서 뼈를 제거한다. 머리에서 혀와 볼살을 도려낸다. 고기를 모두 다시 국물에 넣는다.

마무리
1 푸실리 룬기를 끓는 소금물에 넣고 6분 정도 삶는다.
2 소스를 따뜻하게 데우고 토끼고기를 좀 더 으깬 다음, 푸실리 룬기를 넣어 버무린다.
3 접시에 담은 다음 페코리노 로마노 치즈를 뿌린다.

Point
뼈와 머리가 붙어 있는 토끼고기를 밀폐상태로 찌듯이 익히면, 감칠맛이 잘 어우러지고, 퍼석하지 않고 촉촉한 상태로 완성된다.

응용하기
푸실리 룬기는 살시차 라구소스 등으로 버무려도 좋다.

사녜 인칸눌라테 Sagne incannulate

033 *Sagne n'cannulate ai pomodorini, rucola e cacioricotta*

지름 8㎜, 길이 20㎝

사녜 인칸눌라테
사녜는 이탈리아 남부 고유의 시트모양 파스타로, 라가네와 같은 뜻이다. 인칸눌라테는 '튜브모양'이라는 뜻으로, 리본모양의 가늘고 긴 반죽을 긴 막대에 나선모양으로 감아서, 가운데에 구멍이 있는 튜브모양으로 만든 것을 말한다. 여기서 소개하는 만드는 방법과 이름은 풀리아주에서 배운 방법이지만, 이탈리아 남부 일대에 비슷한 파스타가 많이 있고, 크기와 만드는 방법에 따라 부르는 이름도 '부시아티(busiati)' 등 여러 가지가 있다. 도톰하지만 부드러운 식감으로, 가볍게 먹기 좋다.

방울토마토, 루콜라, 카초리코타로 만든 살렌토풍 사녜 인칸눌라테

나선모양으로 감은 리본처럼 가늘고 긴 파스타

베이스인 토마토소스에 방울토마토를 넣고 살짝 끓인 소스로 버무린 사녜 인칸눌라테. 방울토마토의 신선한 신맛과 단맛이 살아 있는 상큼한 맛으로, 루콜라의 씁쓸한 맛과 치즈의 짠맛이 악센트가 된다. 사녜 인칸눌라테는 여러 방법으로 요리할 수 있지만, 이 조합이 이탈리아에서 가장 많이 볼 수 있는 것으로 마음에 든다.

033

사녜 인칸눌라테 배합
[만들기 편한 적당량. 1인분 50g]

세몰리나 밀가루(De Cecco 제품) 250g
00밀가루(Caputo 제품) 250g
물 230g
소금 5g

※ 부드럽고 탄력이 있는 반죽을 만들어 막대기에 딱 맞게 감아서 성형한다. 살짝 건조시킨 다음에 삶으면 모양이 망가지지 않는다.

사녜 인칸눌라테
1 완성된 반죽을 파스타머신으로 3㎜ 두께로 늘리고, 너비 1.5㎝, 길이 18㎝로 자른다.
2 지름 4㎝ 막대에 덧가루를 뿌린 다음, 가로로 놓은 반죽의 오른쪽 끝부분에 막대의 끝을 올린다. 막대는 오른쪽 위로 비스듬히 놓고 반죽 끝부분을 막대에 감은 다음, 작업대 위에서 막대를 굴려서 반죽이 겹치지 않게 나선모양으로 감는다. 감으면서 반죽을 살짝 눌러줘야 모양이 잘 잡힌다.
3 다 감으면, 막대를 돌려서 빼낸다.(성형 → p.55)

방울토마토 소스
1 으깬 마늘을 E.V. 올리브유로 볶아서 향이 나면 2등분한 방울토마토(1인분 8개 분량)와 토마토소스(약 1큰술)를 넣어 살짝 볶는다. 소금으로 간을 한다.

마무리
1 끓는 소금물에 사녜 인칸눌라테를 넣고 5분 동안 삶는다.
2 방울토마토 소스로 버무린 다음, 굵게 다진 루콜라, 페코리노 로마노 치즈를 넣고 버무려서 살짝 데운다.
3 접시에 담고 다진 루콜라, 가늘고 길게 찢은 카초리코타 치즈(풀리아주의 유제품인 세미하드 치즈)를 올린다.

Point
소스에 넣는 방울토마토와 루콜라는 살짝만 익혀서 싱싱함을 살린다. 이탈리아에서는 가열하지 않고 볼에 넣어서 파스타와 살짝 섞는 방법도 많이 사용한다.

응용하기
사녜 인칸눌라테는 해산물을 넣은 소스와도 잘 어울린다.

마케로니 Maccheroni

034 Maccheroni al torchio con sugo di germano reale e tartufo nero
야생오리 수고와 블랙 트러플을 곁들인 토르키오 마케로니

마케로니(토르키오)
일반적으로 마카로니라고 부르는 파스타. 중세까지는 긴 것, 구멍이 없는 것 등을 포함하여 파스타를 통틀어 부르는 이름이었지만, 현재는 가운데에 구멍이 있는 쇼트파스타를 의미한다. 사진은 비골리(p.94)를 만드는 핸들식 압착기인 비골라로(또는 토르키오)를 이용하여 만든 마케로니. 가운데에 구멍이 있는 다이스(몰드)로 길게 뽑은 다음 칼로 자른다. 비골라로로 만들면 반죽이 강하게 압축되어 탄력이 강해지고 응축된 감칠맛이 생긴다. 반죽은 매장의 기본 재료(00밀가루, 세몰리나 밀가루, 달걀 등)를 사용하였다.

지름 8mm, 길이 3~4㎝

두툼하고 단단한 탄력 있는 마케로니
레드와인으로 조린 야생 청둥오리의 강렬한 맛이 있는 소스를 마케로니와 조합하였다. 청둥오리는 혈액성분이 진하고 탄력이 좋아서 조리면 독특한 향이 돋보인다. 강한 압력으로 짜내는 비골라로로 뽑은 두툼하고 단단한 마케로니와 조합하면 2가지 모두 잘 음미하면서 먹게 되므로, 파스타 반죽의 맛과 청둥오리의 깊은 맛을 균형 있게 즐길 수 있다.

Nishiguchi

034

마케로니 배합
[만들기 편한 적당량. 1인분 70g]

00밀가루(Marino 제품) 400g
세몰리나 밀가루(Marino 제품) 100g
달걀노른자 4개 분량
달걀 2.5개
퓨어 올리브유 조금
소금 조금

마케로니
1 비골라로에 마케로니용 다이스(몰드)를 세팅하고, 완성된 반죽을 길게 뽑는다. 칼로 3~4㎝ 길이로 자른다.

야생오리 수고
1 말린 포르치니(15g)를 하룻밤 정도 물에 담가서 불린다. 물기를 짜서 잘게 다진 다음 버터를 넣어 볶는다. 불린 물은 보관해둔다.
2 청둥오리(약 1kg짜리 1마리)의 다릿살과 가슴살을 작게 깍둑썰기하고, 소금, 검은 후추를 뿌린 후 중력분으로 버무린다. 퓨어 올리브유를 넣고 볶는다.
3 소프리토(p.254 / 50g)와 오리고기를 냄비에 넣고, 바닥에 눌어붙은 육즙에 레드와인을 조금 넣고 끓여서 냄비에 넣고 섞는다. 레드와인(200cc)을 부어서 졸이고, 알코올 성분이 날아가면 포르치니와 버섯 불린 물(150cc), 토마토페이스트(25g), 닭고기 브로도(500cc)를 넣어 2시간 정도 졸인다. 냉장고에 하룻밤 정도 넣어둔다.

마무리
1 끓는 소금물에 마케로니를 넣고 12분 정도 삶는다.
2 청둥오리 수고의 겉면에 단단하게 굳어진 기름을 제거하고, 수고를 필요한 만큼(1인분 약 70g) 냄비에 넣는다. 닭고기 브로도를 넣어 데우고 버터를 넣은 후 마케로니를 넣고 버무린다.
3 접시에 담고 얇게 썬 블랙 트러플과 다진 이탈리안 파슬리를 뿌린다.

035 Timballo di maccheroni con ragù di faraona

뿔닭 다릿살 라구소스를 곁들인 팀발로

마케로니(머신)
전동 소형 파스타머신으로 만든 마케로니(마카로니). 가운데에 구멍이 있는 부카티니용 다이스(몰드)로 길게 뽑은 다음, 칼로 잘라서 성형한다. 상온 또는 차가운 요리에 사용하기 위하여, 식어도 지나치게 단단해지지 않도록 달걀노른자의 양을 늘려서 조금 부드럽게 만들었다. 뽑을 때 가해지는 압력이 비골라로에 비해 약해서 탄력이 조금 덜하지만, 여러 가지로 활용할 수 있다.

지름 5mm, 길이 3cm

레스토랑용 마케로니 오븐구이

팀발로는 쇼트파스타나 쌀을 파이반죽 등에 채워서 둥근 모양으로 만든 요리이다. 악기인 팀파니와 모양이 닮아서 붙여진 이름이다. 전통적으로는 파스타에 미트소스나 베샤멜소스를 버무려서 넣지만, 여기서는 레스토랑용 요리로 간단하게 응용하여 만들었다. 마케로니를 버터와 치즈로 버무려서 빵가루를 뿌린 코코트에 담아서 굽고, 접시에 담은 다음 뿔닭 레드와인 조림을 소스로 얹는다. 뜨거울 때보다 식었을 때 맛이 더 좋다.

Nishiguchi

035

마케로니 배합
[만들기 편한 적당량. 1인분 50g]

00밀가루(Marino 제품) 400g
세몰리나 밀가루(Marino 제품) 100g
달걀노른자 8개 분량
달걀 2개
퓨어 올리브유 조금
소금 조금

마케로니
1 소형 파스타머신에 부카티니용 다이스(지름 5mm)를 세팅한다. 완성된 반죽을 길게 뽑은 다음, 칼로 3cm 길이로 자른다.

팀발로
1 끓는 소금물에 마케로니(1인분 50g)를 10분 동안 삶는다.
2 물기를 빼고 식기 전에 버터와 그라나 파다노 치즈를 넣어 버무린다.
3 코코트(지름 7cm, 높이 2.5cm)에 버터를 바르고 빵가루를 뿌린다. 2의 마케로니를 가득 채운다. 180℃ 오븐에 넣고 중탕으로 20분 정도 찌듯이 굽는다.
4 상온에 두고 식힌다.

뿔닭 라구소스
1 뿔닭 다릿살(뼈째 200g)을 작게 깍둑썰기하고 소금과 검은 후추를 뿌린 다음 중력분으로 버무린다. 퓨어 올리브유에 볶는다.
2 소프리토(p.254 / 25g)와 뿔닭 다릿살을 냄비에 넣고, 바닥에 눌어붙은 육즙은 레드와인을 조금 넣고 끓여서 녹인 후 냄비에 넣고 섞는다. 월계수잎(1장)과 레드와인(70cc)을 넣고 끓여 알코올 성분이 없어지면, 토마토페이스트(10g)와 닭고기 브로도(p.253 / 100cc)를 넣고 1시간 동안 조린다. 너무 졸아들면 중간에 브로도를 적당히 보충한다. 냉장고에 넣고 하룻밤 둔다.

마무리
1 뿔닭 라구소스를 냄비에 담는다(냄비 1개 분량 약 70cc). 닭고기 브로도와 토마토소스를 조금씩 넣어 데운 다음 버터를 넣는다.
2 팀발로를 코코트에서 꺼내 뒤집어서 접시에 담은 다음, 뿔닭 라구소스를 뿌리고 이탈리안 파슬리로 장식한다.

응용하기
팀발로는 '아넬리니(anellini)'라는 작은 반지 모양 파스타로 만들기도 한다. 또한, 파스타를 소스에 버무려서 틀에 넣을 경우, 접시에 담은 후에는 따로 소스를 뿌리지 않는다.

마케론치니 Maccheroncini

마케론치니(토르키오)
짧은 마케로니(마카로니). p.108의 마케로니와 마찬가지로 00밀가루, 세몰리나 밀가루, 달걀 등으로 만든 기본 반죽을 비골라로 뽑는데, 마케로니보다 좀 더 짧게 자른 것이다.

지름 8mm, 길이 2cm

036 Maccheroncini al torchio con asparagi bianchi e cannolicchi

화이트 아스파라거스와 맛조개 소스로 버무린 마케론치니

Nishiguchi

따뜻한 샐러드 같은 마케론치니

마케론치니 크기에 맞게 자른 화이트 아스파라거스와 맛조개를 볶아서 소스를 만들고, 3가지를 조합하여 따뜻한 샐러드처럼 완성하였다. 전통요리는 아니지만 베네토주를 대표하는 식재료를 사용하여, 매장의 오리지널 요리로 제공하고 있다. 일반적으로 모양이 있는 재료를 소스에 넣으면, 파스타와 어우러지기 어렵고 맛도 조화를 이루지 못한다. 쉽지는 않지만, 크기나 식감을 맞춰서 일반적인 파스타 요리와는 다른 느낌으로 완성하였다.

036

마케론치니 배합
[만들기 편한 적당량. 1인분 70g]

00밀가루(Marino 제품) 400g
세몰리나 밀가루(Marino 제품) 100g
달걀노른자 4개 분량
달걀 2.5개
퓨어 올리브유 조금
소금 조금

마케론치니
1 비골라로에 마케로니용 다이스(몰드)를 세팅하고 완성된 반죽을 넣어서 길게 뽑는다. 칼로 2cm 길이로 자른다.

화이트 아스파라거스와 맛조개 소스
1 화이트와인 식초에 중력분을 조금 섞은 다음, 체에 내리면서 끓는 물에 넣는다. 화이트 아스파라거스(1인분 1개)를 필러로 3바퀴 정도 깎아서 껍질을 벗기고 끓는 물에 넣는다. 끓어오르면 건져서 재빨리 얼음물에 넣는다. 키친타월로 물기를 닦고, 마케론치니와 같은 길이(2cm)로 자른다.
2 맛조개(2개)는 껍질째 으깬 마늘과 함께 퓨어 올리브유를 두르고 볶는다. 화이트와인을 조금 넣고 뚜껑을 덮어, 껍질이 벌어질 때까지 끓인다. 살을 발라내고 내장을 제거한 다음, 마케론치니와 같은 길이(약 3등분)로 자른다. 국물은 그대로 둔다.
3 프라이팬에 맛조개 국물과 퓨어 올리브유를 넣고 데운다. 화이트 아스파라거스, 맛조개, 다진 마조람, 다진 이탈리안 파슬리를 넣는다.

마무리
1 끓는 소금물에 마케론치니를 넣고 12분 동안 삶는다.
2 화이트 아스파라거스와 맛조개 소스(1인분 약 80cc)를 따뜻하게 데우고, 마케론치니를 넣어 버무린다.
3 접시에 담고 E.V. 올리브유를 뿌린다.

037 Insalata di maccheroncini con petto di faraona

뿔닭 가슴살 샐러드와 수제 마케론치니

마케론치니(파스타머신)
p.108의 마케로니를 짧게 성형한 것. 이 요리도 상온으로 먹기 좋은 샐러드로 만들었기 때문에, 달걀노른자를 많이 배합한 반죽을 소형 파스타머신으로 펴서 반죽이 너무 단단해지지 않게 만들었다. 삶을 때도 일반적인 파스타보다 조금 더 부드럽게 삶는다.

지름 5㎜, 길이 1.8㎝

Nishiguchi

뿔닭 가슴살과 채소를 넣은 파스타 샐러드

촉촉하게 익힌 뿔닭 가슴살과 토마토, 래디시, 주키니 등의 채소를 마케론치니와 같은 크기로 자른 다음, 상온에서 식힌 마케론치니와 버무린 파스타 샐러드. 이탈리아의 전통요리인 쌀 샐러드 '인살라타 디 리소(insalata di riso)'의 파스타 버전이다. 담백한 뿔닭의 풍미와 채소의 신선함을 살리기 위해, 레몬즙과 올리브유로 심플하게 맛을 냈다.

037

마케론치니 배합
[만들기 편한 적당량. 1인분 70g]

00밀가루(Marino 제품) 400g
세몰리나 밀가루(Marino 제품) 100g
달걀노른자 8개 분량
달걀 2개
퓨어 올리브유 조금
소금 조금

마케론치니
1 소형 파스타머신에 부카티니용 다이스(지름 5㎜)를 세팅하고, 완성된 반죽을 넣어 길게 뽑는다. 칼로 1.8㎝ 정도로 자른다.

뿔닭과 채소
1 뿔닭 가슴살의 껍질(1장)에 소금과 검은 후추를 뿌린다. 식용유를 두른 프라이팬에 양면을 바삭하게 구워 작게 자른다.
2 뿔닭 가슴살(1장)을 2등분하고 소금으로 간을 한 다음, 따뜻하게 데운 뿔닭 브로도(p.253)에 넣는다. 남은 열로 속까지 모두 익으면 건져서 한 김 식힌 다음, 1㎝ 크기로 깍둑썰기한다.
3 완두콩과 7㎜ 크기로 깍둑썰기한 주키니를 소금물에 데친다. 셀러리, 래디시, 뜨거운 물에 담가서 껍질을 벗긴 토마토, 오이피클도 모두 7㎜ 크기로 깍둑썰기한다. 모두 상온에서 식힌다.(채소는 각각 적당량 사용)

마무리
1 끓는 소금물에 마케론치니를 넣고 8분 정도 삶는다. E.V. 올리브유를 뿌린 다음 상온에서 식힌다.
2 마케론치니, 뿔닭 가슴살, 채소를 소금, 검은 후추, E.V. 올리브유, 레몬즙으로 버무린다.
3 접시에 담고 뿔닭 껍질을 올린 다음, 잘게 다진 이탈리안 파슬리를 뿌린다.

응용하기
마케론치니 대신 푸실리나 펜네를 부드럽게 삶은 다음 작게 잘라서 사용해도 좋다.

파스티나 Pastina

파스티나(머신)
'작은 파스타'라는 의미로 주로 수프에 넣는 미니 파스타를 통틀어 이르는 말이다. 여러 가지 모양이 있으며, 각각의 이름이 있는 것도 있다. 일반적으로 탄력이 있는 것이 많다. 여기서는 마케로니나 마케론치니(p.109, p.111)와 마찬가지로 달걀노른자를 많이 배합한 반죽을 소형 파스타머신으로 뽑은 다음, 아주 작게 잘라서 파스티나를 만들었다.

지름 5mm, 길이 1cm

미니 파스타를 넣은 병아리콩 수프

병아리콩 퓌레를 베이스로 만든 수프. 병아리콩 수프는 11월 2일 '페스타 데이 모르티(festa dei morti/망자의 날)'에 먹는 행사 음식으로 정착된 요리이다. 여기서는 병아리콩과 같은 크기로 잘라서 비슷한 식감으로 삶은 문어와 파스티나를 넣어 세련된 레스토랑 요리로 완성하였다.

038 Zuppa di ceci al rosmarino con pastina e piovra
병아리콩과 문어 파스티나 수프

Nishiguchi

038

파스티나 배합
[만들기 편한 적당량. 1인분 60g]

00밀가루(Marino 제품) 400g
세몰리나 밀가루(Marino 제품) 100g
달걀노른자 8개 분량
달걀 2개
퓨어 올리브유 조금
소금 조금

파스티나
1 소형 파스타머신에 부카티니용 다이스(지름 5mm)를 세팅하고, 완성된 반죽을 넣어서 길게 뽑는다. 칼로 길이 1cm 정도로 자른다.

병아리콩 퓌레
1 병아리콩(300g)을 하룻밤 정도 물에 담가 둔다.
2 다음날 새로운 물과 함께 냄비에 넣고, 껍질째 으깬 마늘, 월계수잎, 굵은 소금을 넣어 끓인다. 거품을 걷어내고 약한 불로 40~50분 동안 삶는다.
3 체에 밭쳐서 물기를 제거하고 삶은 콩을 분량의 1/2 정도 넣은 다음, 삶은 물을 조금 넣고 핸드믹서로 갈아서 퓌레로 만든다. 나머지 반은 그대로 둔다.

문어
1 참문어(1마리)를 물에 넣고 60~70분 동안 삶는다.
2 뜨거울 때 머리와 입을 제거하고, 다리는 세로로 2등분한 다음 빨판은 칼로 긁어낸다. 2cm 길이로 자른다.

로즈메리 오일
1 편수냄비에 E.V. 올리브유, 껍질째 으깬 마늘, 로즈메리를 넣고 불에 올린 다음, 2분 동안 데워서 향을 낸다.
2 체에 걸러서 로즈메리 오일을 만든다.

마무리
1 끓는 소금물에 파스티나를 넣고 약 10분 동안 삶는다.
2 병아리콩 퓌레(1인분 약 200cc)를 냄비에 넣고, 닭고기 브로도(p.253)를 조금 넣어 섞는다. 로즈메리 오일(1작은술)을 넣어 풍미를 내고, 참문어(30g)와 갈지 않은 병아리콩(10알)을 넣는다.
3 파스티나를 넣어 섞는다.
4 접시에 담고 E.V. 올리브유를 두른다.

응용하기
수프용 미니파스타(건면)로 대체할 수 있다.

마케로니 Maccheroni

039 Maccheroni fatti a mano
con piccione al vino rosso e tartufo

비둘기 레드와인 조림으로 버무린 수제 마케로니와 트러플

지름 1cm, 길이 7~8cm

수제 마케로니

시트모양 반죽을 대바늘에 감아서 만드는 원초적인 수제 마케로니(마카로니). 반죽의 두께, 구멍의 크기, 길이 등을 자유롭게 변형시킬 수 있지만, 식감이나 반죽의 맛이 크게 변하기 때문에 재미있기도 하고 어렵기도 한 파스타이다. 수제 파케리(p.117~119)와 같은 종류인 튜브모양 파스타이므로, 파케리를 가늘게 만들어서 마케로니로 쓴다. 너무 가늘면 쉽게 질리므로, 조금 굵게 만들고 구멍은 크게 만든다.

Sugihara

부드럽고 보들보들한 마케로니

국물이 자작한 새끼비둘기고기 조림으로 버무린 마케로니. 새끼비둘기 1마리를 통째로 익힌 다음, 고기를 으깨서 소스에 섞었다. 건조 마케로니는 두툼하고 탄력이 있기 때문에 소스에 수분이나 유분이 많이 필요하지만, 수제 마케로니는 부드럽고 보들보들해서 수분이 적어야 균형이 잘 맞는다. 소스가 골고루 묻기 어렵기 때문에 마케로니에 배어드는 맛에도 강약이 생겨서 오히려 질리지 않고 먹을 수 있다.

039

마케로니 배합

[만들기 편한 적당량. 1인분 80g]

세몰리나 밀가루(Caputo 제품) 200g
물 100g

마케로니

1 완성된 반죽을 밀대로 2mm 두께로 밀고, 6×3cm 크기로 자른다.
2 지름 5mm 대바늘을 반죽 위에 평평하게 올리고 반죽을 감는다. 대바늘을 굴려서 겹쳐진 부분은 특히 얇게 만들고, 구멍도 넓힌다.(성형 → p.59)

비둘기고기 레드와인 조림

1 새끼비둘기(1마리는 약 4인분)의 내장을 제거하고, 간, 심장, 모래주머니는 각각 손질한 다음 다시 배 안에 넣는다. 소금, 검은 후추를 전체적으로 고르게 뿌린다.
2 대파의 흰 부분을 작게 잘라(1/2개 분량) E.V. 올리브유에 볶는다. 70% 정도 익으면, 비둘기고기를 넣어 겉면을 익힌다. 비둘기고기의 향이 나기 시작하면 레드와인(200cc)을 넣어 10분 동안 끓인다.
3 비둘기고기가 부드럽게 익으면 꺼내서, 뼈를 분리하고 살을 으깬다. 내장도 잘게 잘라서 고기와 함께 소스에 다시 넣는다.

마무리

1 끓는 소금물에 마케로니를 넣고 2~3분 동안 삶는다.
2 비둘기고기 레드와인 조림(1인분 약 80g)에 버터와 파르미자노 치즈, 마케로니를 넣어서 버무린다.
3 접시에 담고 파르미자노 치즈와 블랙 트러플을 얇게 잘라서 올린다.

응용하기

마케로니는 새우와 완두콩 소스, 버섯 소스 등 여러 가지 소스와 궁합이 좋다.

마카로네스 Maccarrones

지름 7㎜, 길이 5㎝

마카로네스
마케로니(마카로니)의 한 종류로, 세몰리나 밀가루를 주로 사용하는 사르데냐주의 파스타이다. 막대모양 반죽을 대바늘에 감듯이 굴려서 튜브모양으로 성형한다. 예전에는 제사용이었지만, 지금은 일상적으로 먹을 뿐만 아니라 건면으로도 유통된다. 일반적으로 7~8㎝ 길이로 만드는데, 여기서는 오징어와 같은 길이로 짧게 잘랐다. 같은 방법으로 만들었지만 이름이 다른 마케로니가 이탈리아 중남부 일대에 많이 있다.

040 Maccarrones de busa con le seppie e olive

갑오징어와 올리브로 버무린 마카로네스

Koike

사르데냐와 잘 어울리는 마케로니

마카로네스와 갑오징어에 블랙올리브 페이스트와 방울토마토를 넣어 함께 볶은 사르데냐주의 요리이다. 블랙올리브 페이스트는 케이퍼와 오레가노를 넣어 직접 만들었고, 갈릭오일이나 상쾌한 민트를 사용하여 사르데냐 지역과 잘 어울리는 복잡한 향을 낸다. 갑오징어는 도톰한 살의 식감을 살리기 위해 막대모양으로 자르고, 모양과 크기가 비슷한 마카로네스와 조합하여 일체감을 높였다.

040

마카로네스 배합
[만들기 편한 적당량. 1인분 50g]

세몰리나 밀가루(설화식품 제품) 175g
00밀가루(Marino 제품) 175g
미지근한 물 125g
소금 3g

※ 세몰리나 밀가루는 조금 굵게 갈아서 사용해야. 씹는 느낌과 까슬까슬한 느낌이 살아 있는 반죽이 된다. 또 00밀가루를 같은 비율로 섞어서 사용했기 때문에 부드러워서 먹기 좋다.

※ 성형할 때 대바늘을 반죽과 평행하게 놓으면 이음매가 완전히 붙고, 조금 비스듬히 놓으면 이음매에 틈이 생긴다. 어떤 방법이어도 좋다.

마카로네스
1 완성된 반죽을 조금 덜어서 작업대에 올린 다음, 손바닥으로 밀어서 5~6㎜ 지름의 막대모양을 만든다. 5㎝ 길이로 자른다.
2 반죽을 가로로 놓고 지름 5㎜ 대바늘을 올린 다음, 살짝 눌러서 반죽 속에 넣는다.
3 대바늘을 앞뒤로 굴려서 반죽을 감는다. 튜브모양이 되면 막대기를 빼낸다.(성형 → p.59)

블랙 올리브 페이스트
1 블랙 올리브(100g)의 씨를 제거하고, 물에 반나절 정도 담가 둔다. 소금기가 적당히 빠지면 물기를 뺀다.
2 으깬 마늘을 E.V. 올리브유에 볶아 향을 낸 다음, 안초비(2장), 블랙 올리브, 잘게 다진 케이퍼(약 1큰술), 오레가노(말린 것)를 넣고 살짝 볶는다.
3 마늘을 제거하고 한 김 식으면 믹서로 갈아서 페이스트를 만든다.

갑오징어 소스
1 갑오징어(1인분 작은 것 1/2마리)는 껍질을 벗기고, 마카로네스와 비슷한 크기로 자른다.
2 으깬 마늘을 E.V. 올리브유에 볶아서 향이 나면, 갑오징어를 넣고 살짝 볶는다. 블랙 올리브 페이스트(약 1큰술)를 넣고, 파스타 면수 조금, 민트잎 몇 장을 넣어 살짝 볶는다.

마무리
1 끓는 소금물에 마카로네스를 넣고 5분 정도 삶는다.
2 갑오징어 소스에 마카로네스, 2등분한 방울토마토(1인분 6~7개)를 넣고, 토마토즙이 소스에 녹아들면서 마카로네스에 배어들도록 살짝 끓인다. E.V. 올리브유를 넣어 버무린다.
3 접시에 담고 민트잎으로 장식한다.

필 레 야 Fileja

길이 약 15cm, 너비 0.8~1cm

필레야
칼라브리아주 남부의 전통적인 파스타로, 마케로니(마카로니)의 일종이다. 어원은 여러 가지 설이 있지만, 성형용 나무막대에서 유래하였다는 설이 유력하다. 같은 지역에서 필레야라고 부르는 가는 막대로 만든 데서, 파스타의 이름이 되었다고 한다. 이탈리아 현지에서는 세몰리나 밀가루로 만들지만, 매장에서는 박력분을 같은 비율로 섞어서 사용한다. 또한 유래와는 다르게 팔레트나이프를 사용하여 튜브모양으로 만든다. 작업을 효율적으로 할 수 있기 때문인데, 오리지널 필레야처럼 자연스러운 곡선이 만들어진다.

041 Fileja con cipolle rosse di Tropea e n'duja

트로페아산 붉은 양파와 은두자로 맛을 낸 매운 토마토소스 필레야

Koike

칼라브리아주 남부의 매운 마케로니

여러 가지 소스와 조합할 수 있지만, 가장 대중적이고 잘 어울리는 소스는 은두자를 사용한 매운 토마토소스이다. 은두자도 칼라브리아주 남부의 마을에서 시작된 것으로, 돼지비계나 내장에 고춧가루를 많이 넣고 페이스트로 만들어서 돼지창자 안에 채운 소시지이다. 소스에는 유명한 트로페아산 붉은 양파와 칼라브리아주의 페코리노 치즈를 사용하여, 칼라브리아 지방을 상징하는 향토요리로서의 존재감을 강하게 표현하였다.

041

필레야 배합
[만들기 편한 적당량. 1인분 50g]

세몰리나 밀가루(Caputo 제품) 250g
00밀가루(Caputo 제품) 250g
물 220~230g
소금 5g

필레야
1 완성된 반죽을 조금 덜어서 작업대에 올린 다음, 손바닥으로 굴려서 지름 6mm 막대모양을 만든다. 8~9cm 길이로 자른다.
2 반죽을 가로로 놓고 팔레트나이프(또는 칼배)를 반죽 오른쪽 끝부분이 조금 보일 정도로 오른쪽 아래로 비스듬히 올린다. 왼쪽 앞으로 비스듬히 밀면서 늘려서 반죽을 만든다.(성형→p.64)

매운 토마토소스
1 으깬 마늘을 E.V. 올리브유에 볶아서 향을 낸 다음, 고춧가루에 절인 구안치알레(소금에 절인 삼겹살에 고춧가루를 버무린 시판품)를 가늘게 썰어(1인분 20g) 넣고 볶는다. 배어나온 기름을 제거한다.
2 트로페아산 붉은 양파(1/6개 분량)를 얇게 썰어서 넣고 볶다가 부드러워지면 은두자(1/3스푼)를 넣는다. 으깨면서 볶아 매운맛과 기름이 배어나오게 한다. 토마토소스(약 2큰술)를 넣고 2~3분 동안 끓인다.

마무리
1 끓는 소금물에 필레야를 넣고 10분 동안 삶는다.
2 냄비에 소스를 넣어 데우고, 필레야를 넣어 버무린다.
3 불에서 내린 다음 작게 자른 모차렐라(작게 자른 보코치니 1/2개)를 넣고 버무리면서 부드럽게 녹인다.
4 접시에 담고 칼라브리아주산 페코리노 치즈를 올린 다음, 잘게 찢은 이탈리안 파슬리를 뿌린다.

Point
마지막에 섞는 치즈는 모차렐라로도 충분히 맛있지만, 훈제 스카모르차 치즈도 좋고, 훈제 초카발로 실라노 치즈를 사용하면 칼라브리아주 고유의 특성이 강해지고 풍미도 증가된다.

투베티 Tubetti

투베티
'작은 튜브'라는 의미로, 이름 그대로 튜브를 짧게 자른 모양이 특징이다. 수프에 많이 넣어 먹는 캄파니아주의 미니파스타인데, 건면이 유통되고 있다. 매장에서는 마케로니(p.113)처럼 세몰리나 밀가루와 물로 만든 반죽을 대바늘에 감은 다음 짧게 잘라서 만든다.

지름 1cm, 길이 1.5cm

042 Tubetti fatti a mano in minestra di trippa cacio e uova

달걀과 치즈를 넣은 트리파 미네스트라와 수제 투베티

Sugihara

튜브형 미니파스타로 만든 달걀 수프

캄파니아주에서 전통적으로 만드는 3가지 요리인 '트리파 추파(소위장 수프)', '치즈를 넣은 달걀 추파', '달걀과 치즈로 버무린 투베티'를 하나로 만든 것이다. 트리파(소의 위장)로 달걀 수프를 만들고, 치즈와 올리브유로 버무린 튜베티를 넣었다. 보통 이탈리아 요리는 파스타를 수프에 넣고 삶아서 맛이 어우러지게 만들지만, 생파스타의 경우 따로 삶아서 치즈 등으로 맛을 낸 다음 섞는 편이 맛도 약해지지 않고 섬세한 맛을 낼 수 있다.

042

튜베티 배합
[만들기 편한 적당량. 1인분 40g]

세몰리나 밀가루(Caputo 제품) 200g
물 100g

튜베티
1 완성된 반죽을 밀대로 2mm 두께로 밀고, 3cm 너비의 직사각형(길이는 적당히)으로 자른다.
2 지름 5mm 대바늘을 반죽 위에 평행하게 올리고 반죽을 감는다. 대바늘을 굴려서 반죽이 겹쳐지는 부분을 특히 얇게 만든다. 1.5cm 길이로 둥글게 자른다.
3 상온에 두고 살짝 건조시킨다.

트리파 수프
1 트리파(1kg)를 물로 3번 삶아 건져낸다.
2 냄비에 트리파, 셀러리, 양파, 당근 적당량과 월계수잎 1장, 마늘 1톨, 홍고추 2~3개, 검은 후추와 정향 적당량, 토마토 2개를 넣고 물을 충분히 붓는다. 끓으면 약한 불로 줄이고 굵은 소금을 조금 넣는다. 거품을 걷어내며 2~3시간 정도 트리파가 부드러워질 때까지 끓인다.
3 트리파는 결과 반대 방향으로 슬라이스하고, 삶은 물은 체에 내려서 각각 따로 보관해둔다.

4 제공 직전에 필요한 만큼의 트리파와 삶은 물(1인분 60g / 180cc)을 냄비에 넣고 데운다. 달걀(삶은 물 140cc당 달걀 1개)을 볼에 넣어 풀어주고, 소금, 검은 후추, 다진 이탈리안 파슬리, 파르미지아노 치즈를 넣어 섞은 다음, 트리파 수프에 넣어 달걀 수프를 만든다.

마무리
1 끓는 소금물에 투베티를 넣고 3~4분 동안 삶는다.
2 다 삶아지면, 파르미지아노 치즈와 E.V. 올리브유를 넣고, 버터를 아주 조금 넣어 버무린다.
3 트리파 수프를 담고 투베티를 넣는다. 취향에 따라 검은 후추를 갈아서 넣고 파르미지아노 치즈를 뿌린다.

※ 원래는 이탈리아의 코스요리에서 '첫 번째 접시'라는 의미의 프리모 피아토에 속하지만, 매장에서는 추천코스 중 안티파스토로 제공하는 경우가 많다. 3~4월 초의 봄이지만 아직 쌀쌀한 날씨에 식전요리인 스투치키니로 내도 좋다.

파 케 리 Paccheri

지름 2cm, 길이 4cm

파케리
캄파니아주의 구멍이 있는 굵은 튜브형 파스타. 건면이 일반적이지만 너무 커서 먹기 어렵기 때문에 '나이프로 잘라서 먹고 싶다'고 요청하는 경우가 많아서, 건면보다 조금 작은 한 입 크기의 수제 파케리를 만들기 시작하였다. 한 입에 넣고 여러 가지 식감을 맛볼 수 있는 것이 파케리의 특징으로, 빠뜨릴 수 없는 포인트이다. 물로 반죽한 세몰리나 밀가루 반죽을 얇게 밀고, 파이프에 감아서 만든다.

043 Paccheri fatti a mano al ragù di cinghiale

멧돼지 조림과 수제 파케리

Sugihara

먹기 좋고 식감 좋은 수제 파케리

멧돼지고기를 뼈와 껍질이 붙어 있는 채로 토마토와 같이 끓이고, 으깨면서 파케리와 버무린 캄파니아주 산간지방의 요리이다. 지방과 붉은 살코기가 적당히 섞여 있는 다릿살, 삼겹살, 목살을 사용하여 일주일 정도 숙성시켜서 부드럽게 만들고, 풍미를 살려서 깊은 맛이 있는 조림을 만든다. 수제 파케리는 크기나 모양이 하나하나 미묘하게 다르기 때문에, 여러 가지 식감이 있어서 소스에 넣으면 한층 깊은 맛이 난다.

043

파케리 배합
[만들기 편한 적당량. 1인분 80g]

세몰리나 밀가루(Caputo 제품) 200g
물 100g

파케리
1 완성된 반죽을 밀대로 2mm 두께로 밀고, 4cm 너비의 가늘고 긴 시트모양으로 자른다.
2 지름 2cm 파이프(이탈리아 전통과자인 칸놀리용 파이프)에 반죽을 감으면서 파이프를 굴려 조금 얇게 민다.
3 파이프 둘레만큼의 길이로 자르고, 겹치는 부분이 서로 붙도록 파이프를 세게 누른다. 파이프를 빼내고, 손가락으로 겹쳐진 부분을 눌러서 두께를 조절한다.(성형 → p.64)

멧돼지고기 조림
1 멧돼지 다릿살, 삼겹살, 목살(총 3kg 정도) 등을 뼈와 껍질이 붙어 있는 채로 연줄로 묶은 다음, 월계수잎과 함께 레드와인(1병 분량)을 넣고 2일 동안 마리네이드한다. 고기는 물기를 닦아내고 마리네이드액은 보관해둔다.
2 으깬 마늘을 E.V. 올리브유와 약간의 멧돼지 기름을 넣고 볶는다. 향이 살짝 나기 시작하면 멧돼지고기를 넣어 겉면을 굽는다. 고기에서 레드와인이 배어나와 갈색으로 변하지 않으므로, 데우는 느낌으로 천천히 가열한다.
3 냄비바닥이 노릇노릇하게 변하기 시작하면, 다진 양파와 마늘, 굵게 다진 셀러리(총 600g 정도)를 넣어 채소의 수분으로 냄비 바닥에 눌어붙은 육즙을 녹이면서 볶는다. 채소의 수분이 어느 정도 빠져나갔을 때 로즈메리를 넣고 좀 더 볶는다.
4 채소의 향이 마른 느낌이 들면 레드와인 식초(80cc)를 넣어 신맛을 날린다. 멧돼지고기 마리네이드액과 홀토마토(250g)를 넣고 뚜껑을 덮어 조린다.(고기 부위와 멧돼지 나이에 따라 달라지며, 2~3시간 정도가 기준) 국물이 자작하게 완성한다.
5 깊이가 있는 트레이에 넣고 뚜껑을 덮은 다음, 냉장고에 넣고 1주일 정도 재운다.

마무리
1 끓는 소금물에 파케리(1인분 10개)를 넣고 7분 동안 삶는다.
2 멧돼지고기 조림은 사용할 양만 꺼내서 뼈를 제거하고, 파케리와 잘 버무려질 정도의 크기로 껍질째 자른다. 조림국물 적당량과 같이 냄비에 넣고 데운다.
3 파케리에 버터와 파르미자노 치즈를 넣고 버무린 다음, 멧돼지 조림(1인분 약 90cc)을 넣고 버무린다.
4 접시에 담고 파르미자노 치즈를 뿌린다.

※냉장고에 두면 겉면의 기름이 굳어지는데, 그대로 두어 고기에 조림국물의 맛이 잘 배이게 한다. 남은 고기와 조림국물은 진공팩에 넣어 보관하면 좋다.

Point
이탈리아에서는 기름을 많이 넣고 토마토도 많이 사용하여 진한 맛을 낸다. 매서운 추위의 산간지방에서 먹는 요리이기 때문인데, 매장에서는 기름은 살짝 풍미를 낼 정도의 양만 사용하고 그 대신 고기를 마리네이드한 레드와인을 사용하는 등 깊고 세련된 맛으로 완성한다. 완성된 조림을 1주일 동안 재워두면 조림국물의 떫은맛과 신맛이 날아가 맛이 부드러워진다.

044　Paccheri fatti a mano al profumo di mare
바다향 소스와 수제 파케리

지름 2㎝, 길이 4㎝

파케리
p.117의 파케리와 같다. 건조 파케리는 도톰하고 끈적한 식감이 있는 것이 좋으며, 수제 파케리도 그 특징을 살리는 것이 중요하다. 또한 수제 파케리에는 건면에 없는 매끄럽고 부드러운 독특한 식감이 있다.

Sugihara

소 라 , 오 징 어 등 해 산 물 소 스 로 버 무 린 수 제 파 케 리
매장의 오리지널 메뉴로 고안한 해산물 파케리로, 우리 레스토랑의 간판메뉴이다. 햇빛을 받아 마르기 시작한 암초 부근의 바다 냄새를 떠올리며 만든 소스로, 소라, 갑오징어, 굴, 성게를 사용하고 향을 살리기 위해 알리오 올리오 풍미로 심플하게 만들었다. 소라는 바다 냄새가 강하고 약간 쌉쌀한 맛도 있어서, 풍미에 깊이를 더해주기 때문에 꼭 필요한 재료이다. 또한 오징어도 마지막에 넣고 버무리면 걸쭉해져서 소스가 묻기 쉽고 파케리와도 잘 어우러진다.

044

파케리 배합
[만들기 편한 적당량. 1인분 90g]

세몰리나 밀가루(Caputo 제품) 200g
물 100g

파케리
1 완성된 반죽을 밀대나 파스타머신으로 2㎜ 두께로 민 다음, 4㎝ 너비 직사각형으로 자른다.
2 지름 2㎝ 파이프(칸놀리용 파이프)에 반죽을 감으면서 파이프를 굴려 조금 얇게 민다.
3 파이프 둘레만큼의 길이로 자르고, 이음매가 서로 붙도록 파이프를 세게 누른다. 파이프를 빼내고, 손가락으로 이음매를 눌러서 두께를 조절한다.(성형 → p.64)

해산물 밑준비
1 소라(1인분 1개)를 물로 씻어서 냄비에 넣고, 소라가 잠길 정도의 물과 소금을 넣어 완전히 익을 때까지 끓인다. 끓기 시작한 다음 6~7분 정도가 기준. 건져내서 살을 발라내고 얇게 썬 다음, 삶은 물에 담가둔다.
2 갑오징어(15g)를 어슷하게 잘라서 작은 직사각형으로 썬다. 껍질을 깐 굴(1개)을 도톰하고 둥글게 썬다.

마무리
1 끓는 소금물에 파케리를 넣고 5~7분 동안 삶는다.
2 으깬 마늘과 홍고추를 E.V. 올리브유로 볶는다. 향이 나면 다진 이탈리안 파슬리를 넣고 파스타 면수와 생선 브로도(p.258)를 조금씩 넣어가며 살짝 끓인다. 파케리를 넣고, 소라, 굴, 성게(약 1큰술), 갑오징어 순서로 넣으면서 버무린 다음 끓인다.
3 접시에 담고 가라스미를 갈아서 뿌린다.

응용하기
건조 파케리(p.239)에 사용한 꽃게소스를 수제 파케리와 조합하여도 좋다.

카바텔리 Cavatelli

길이 1.3cm

카바텔리

작은 반죽 덩어리에 홈을 만든 파스타로, 비슷한 종류 중에서 가장 작다. 구멍을 판다는 의미가 있는 'cavare'에서 비롯된 이름으로, 조개껍질처럼 말아서 가늘고 긴 홈을 만든다. 이 홈에 소스가 고여서 맛이 잘 배이고, 또 시간이 지나도 잘 불지 않으므로 많은 양이 필요할 때 좋다. 풀리아주에서 시작되었지만, 이탈리아 남부 일대에 퍼져서 이름도 지역에 따라 '카바티엘리(cavatielli)', '카바테디(cavateddi)', '체카루콜리(cecaruccoli)' 등으로 다양하게 부른다.

045 Cavatelli con cozze e cardoncelli alla maggiorana

마조람 풍미의 홍합과 카르돈첼리 소스 카바텔리

Nishiguchi

가 는 홈 이 있 는 조 개 껍 질 모 양 의 카 바 텔 리

홍합과 카르돈첼리(꾀꼬리버섯의 일종)를 볶아서 카바텔리와 버무린 일품요리. 카바텔리의 발상지인 풀리아주에서는 버섯 중에서도 카르돈첼리가 가장 대중적이고, 홍합과 조합한 요리가 많다는 점에서 만들게 된 요리이다. 홍합에서 배어나오는 감칠맛이 진한 국물을 소스에 이용하고, 카르돈첼리의 아삭한 식감과 홍합의 부드러운 식감을 살려 소스를 완성한다.

045

카바텔리 배합
[만들기 편한 적당량. 1인분 70g]

세몰리나 밀가루(Marino 제품) 70g
준강력분(닛신제분 '리스도르') 30g
소금 1꼬집
미지근한 물 45g

카바텔리
1 완성된 반죽을 조금 덜어서 작업대에 올린 다음, 지름 1cm 막대모양을 만들어서 1cm 길이로 자른다.
2 자른 면이 위로 오게 작업대에 올리고, 엄지로 눌러서 반으로 접듯이 만다.(성형 → p.62)

홍합과 카르돈첼리 소스
1 홍합은 껍질째(1인분 5개) 화이트와인을 넣어 찐 다음 껍질을 연다. 살을 발라내고 국물도 보관해둔다.
2 으깬 마늘와 홍고추를 E.V. 올리브유에 볶다가 향이 나면 마늘과 홍고추를 모두 건져낸다. 2cm 크기로 깍둑썰기한 카르돈첼리(1인분 30g)를 넣어 볶는다. 익으면 드라이토마토(p.254 / 10g), 홍합국물과 홍합살을 넣어 재빨리 볶는다.
3 불을 끄고 다진 이탈리안 파슬리와 마조람 잎을 뿌린다.

마무리
1 끓는 소금물에 카바텔리를 넣고 10분 동안 삶는다.
2 홍합과 카르돈첼리 소스(1인분 약 100g)를 데운 다음, 카바텔리를 넣어 버무린다. E.V. 올리브유를 뿌려 버무린다.
3 접시에 담고 마조람 잎으로 장식한 다음 다진 이탈리안 파슬리를 뿌린다.

체카루콜리 Cecaruccoli

체카루콜리

p.120의 카바텔리와 같은 조개껍질 모양 파스타. 이탈리아 요리를 배웠던 캄파니아주의 내륙지방(몰리세주, 풀리아주 근방)에서는 카바텔리를 체카루콜리라고 부른다. 원래는 세몰리나 밀가루만으로 만들지만, 반죽을 응용해서 세몰리나 밀가루와 00밀가루를 같은 비율로 섞고 물로 반죽하여 탱탱한 식감으로 완성하였다.

너비 1.5cm, 길이 3cm

046 Cecaruccoli al sugo di baccalà e ceci

바칼라와 병아리콩을 넣은 토마토소스 체카루콜리

Koike

캄파니아의 식감 좋은 조개껍질 모양 파스타

체카루콜리를 말린 대구를 소금에 절인 바칼라(baccalà)와 병아리콩을 넣은 토마토조림으로 버무린 요리. 원래는 세콘도 피아토로 먹는 조림을 파스타로 응용한 것인데 토마토를 사용하지 않고 화이트와인과 물로 심플하게 완성하는 방법도 있다. 깊은 맛이 나는 조림으로, 도톰하고 씹는 느낌이 좋은 체카루콜리와 궁합이 좋아서 매장에서도 자주 제공한다.

046

체카루콜리 배합
[만들기 편한 적당량. 1인분 50g]

세몰리나 밀가루(Caputo 제품) 250g
00밀가루(Caputo 제품) 250g
물 230g
소금 5g

체카루콜리
1 완성된 반죽을 조금 덜어서 작업대에 올린 다음, 지름 1cm 막대모양을 만들어서 2.5cm 길이로 자른다. 자른 면이 앞뒤로 오게 놓고, 엄지로 앞에서 뒤쪽으로 눌러 펴면서 만든다. 자른 면이 좌우로 오게 놓고 성형해도 좋지만, 그럴 경우에는 조금 각진 모양이 된다.(성형 → p.61)

바칼라와 병아리콩 토마토소스
1 바칼라를 물에 4~5일 정도 담가놓고 소금기를 제거하는데, 물은 매일 갈아줘야 한다. 뼈와 껍질을 제거한 다음 물기를 잘 닦아낸다.
2 병아리콩(1인분 10개)을 물에 하룻밤 담가둔다. 물을 갈아주고 마늘, 세이지, 월계수잎, 소금을 넣어 30분 동안 삶는다.
3 으깬 마늘과 홍고추를 E.V. 올리브유로 볶아서 향을 낸다. 바칼라(50g)를 박력분에 버무려서 넣고 튀기듯이 볶는다. 노릇해지기 시작하면 여분의 기름을 제거하고, 토마토소스(70㎖)와 병아리콩을 넣어서 바칼라가 살짝 풀어질 때까지 끓인다.

마무리
1 끓는 소금물에 체카루콜리를 넣고 15분 동안 삶는다.
2 바칼라와 병아리콩 토마토소스에 체카루콜리를 넣어 버무린다.
3 접시에 담고 잘게 찢은 이탈리안 파슬리를 뿌린다.

카바티에디 Cavatieddi

너비 1cm, 길이 4~5cm

카바티에디
p.120의 카바텔리 방언 중 하나로, 주로 시칠리아주와 이탈리아 남부의 3개 주에서 부르는 이름이다. 카바티에디가 카바텔리로 변화하여 표준어가 되었다고도 한다. 모양은 카바텔리처럼 심플하게 만든 것도 있고, 사진과 같이 여러 개의 홈을 파서 조금 길게 만들기도 하는 등 여러 가지가 있다. 이 경우에는 '세 손가락으로 만드는 카바텔리'라고 할 수 있다.

세 손가락으로 홈을 판 시칠리아의 카바텔리

047 Cavatieddi alla catanese con sgombro

정어리 대신 고등어를 사용한 카타니아풍 카바티에디

시칠리아 요리의 얼굴이라고 할 수 있는 '정어리 펜넬 파스타'를 응용한 것이다. 잘 알려진 것은 팔레르모를 중심으로 한 섬 서부지역의 레시피로 사프란을 넣은 산뜻한 색깔의 요리인데, 여기서는 카타니아를 중심으로 한 동부지역에서 토마토를 넣고 조려서 만드는 레시피를 소개하였다. 원래는 정어리를 사용하지만 같은 등푸른생선인 고등어로 대신하였는데, 지방이 풍부한 제철 고등어의 맛을 살린 요리로 살이 오른 만큼 식감도 좋다. 보통 스파게티를 사용하지만, 카바티에디처럼 가늘고 긴 쇼트파스타도 잘 어울린다.

047

카바티에디 배합
[만들기 편한 적당량. 1인분 50g]

세몰리나 밀가루(Caputo 제품) 250g
00밀가루(Caputo 제품) 250g
물 220~230g
소금 5g

카바티에디
1 완성된 반죽을 조금 덜어서 작업대에 올린 다음, 지름 8mm 막대모양으로 만들어서 4cm 길이로 자른다.
2 손가락 3개를 반죽 위에 가지런히 올리고, 세게 누르면서 앞쪽으로 만다.(성형 → p.62)

고등어 조림
1 고등어(2마리)를 밑손질하여 3장 뜨기하고, 살은 얇은 껍질을 벗겨서 소금을 뿌려놓는다. 1시간 정도 두었다가 여분의 수분을 닦아낸다. 뼈와 머리는 향미채소(양파, 마늘, 셀러리), 허브(타임, 로즈메리, 월계수잎), 물을 넣고 1시간 동안 끓인 다음 체에 내려 고등어 브로도를 만든다.
2 으깬 마늘, 얇게 썬 양파(1개 분량), 플로렌스 펜넬(피노키오)의 줄기를 얇게 썬 것과 다진 잎(각 1/2개 분량)을 E.V. 올리브유에 볶아서 단맛을 낸다. 고등어 브로도를 자작하게 붓고, 토마토소스(70㎖)를 넣은 다음, 펜넬 씨, 커민파우더, 사프란, 건포도, 잣을 넣어 섞는다.
3 고등어살은 물기를 뺀 다음 E.V. 올리브유를 넣고 양면을 바삭하게 굽는다. 2의 냄비에 넣고 1시간 정도 조린다. 가끔씩 저어주면서 고등어살을 살짝 풀어준다.

마무리
1 끓는 소금물에 카바티에디를 넣고 10분 동안 삶는다.
2 고등어 조림을 필요한 만큼 냄비에 담고(1인분 약 2큰술) 데운 다음, 카바티에디를 넣어 버무린다.
3 접시에 담고 페코리노 로마노를 뿌린다.

Point
고등어를 졸일 때 너무 많이 저으면 살이 부서지기 쉽다. 자연스럽게 풀어져서 모양이 남아있어야 식감이 좋다. 고등어는 정어리보다 크기 때문에 밑손질하기도 편하다.

코르테체 Cortecce

코르테체

p.122의 카바티에디와 모양은 같지만, 주로 캄파니아주에서 부르는 이름이다. 또 카바티에디와 달리 손가락 2~3개로 홈을 파서 길고 가는 일정한 모양으로 만든다. 홈이 많은 만큼 소스가 묻기 쉽고, 반죽의 두께가 고르지 않아 다양한 식감을 즐길 수 있다. 카바텔리(p.120)와 스트라시나티(p.127)의 중간쯤 되는 식감으로 생각하면 된다. 이름은 잘 알려지지 않았지만, 건면이나 반건조면도 많이 유통되고 있다.

길이 4cm

048 Cortecce con carciofi, olive e noci
카르초피, 블랙올리브, 호두를 넣은 코르테체

Sugihara

세 손가락으로 홈을 판 캄파니아주의 파스타

반달모양으로 자른 카르초피를 찌듯이 구워 소스를 만든 다음 코르테체를 버무린 요리. 이탈리아 사람에게 있어서 카르초피는 봄의 시작을 가장 먼저 느끼게 해주는 채소로, 파스타 요리에도 자주 사용된다. 파스타용에 넣을 때는 미리 데치지 않고, 알리오 올리오풍으로 재빨리 볶아서 뚜껑을 덮고 찌듯이 익히는 것이 일반적이다. 여기서는 케이퍼, 블랙 올리브, 호두를 넣어 감칠맛과 향이 풍부한 파스타로 완성하였다.

048

코르테체 배합
[만들기 편한 적당량. 1인분 80g]

세몰리나 밀가루(Caputo 제품) 200g
물 100g

코르테체

1 완성된 반죽을 조금 덜어서 작업대에 올린 다음, 연필보다 조금 두꺼운 막대모양으로 만들어서 4cm 길이로 자른다.
2 세 손가락을 가지런히 반죽 위에 올리고, 뒤쪽으로 조금 밀어낸 다음 세게 누르면서 앞쪽으로 당겨서 홈을 만든다.(성형 → p.63)

카르초피 소스

1 가시가 없는 카르초피(1.5개)를 준비한다. 위의 반을 잘라내고, 바깥의 단단한 부분과 줄기의 껍질을 제거한다. 세로로 2등분해서 가는 털을 제거하고, 레몬즙을 넣은 물에 담가서 잡내를 없앤다. 6~8등분해서 반달모양으로 자른 다음, 다시 레몬물에 담가놓는다.
2 으깬 마늘을 E.V. 올리브유에 볶다가 향이 나면, 물기가 남아 있는 카르초피를 넣는다. 소금에 절인 케이퍼(7~8개)와 다진 이탈리안 파슬리를 넣어 살짝 볶는다. 뚜껑을 덮고 찌듯이 굽는다.

3 꼬치가 쑥 들어갈 정도로 카르초피가 부드러워지면, 씨를 제거한 블랙 올리브(4~5개)를 넣고 2~3분 동안 볶아서 기름에 향이 배게 한다.

마무리

1 끓는 소금물에 코르테체를 넣고 7분 동안 삶는다.
2 카르초피소스(1인분 약 2큰술)를 데우고 코르테체를 넣는다. 구워서 곱게 간 호두(약 1큰술)와 굵게 다진 호두(약 1큰술)를 넣고 섞은 다음, 파르미자노 치즈와 페코리노 로마노 치즈를 넣어 버무린다.
3 접시에 담고 다진 이탈리안 파슬리와 파르미자노 치즈를 뿌린다.

응용하기

카르초피 소스는 일반적으로 스파게티와 조합하지만 롱파스타, 쇼트파스타, 생파스타 등 어떤 파스타와도 잘 어울린다.

오레키에테 Orecchiette

지름 2.5cm

오레키에테
'작은 귀'라는 의미로, 이름대로 둥근 귓불모양의 파스타. 작은 반죽 덩어리에 홈을 만드는 종류로, 카바텔리(p.120)나 뇨케티 사르디(p.131)보다 좀 더 크고 넓다. 풀리아주에서 시작되어 건면의 등장으로 전국으로 널리 퍼졌지만, 풀리아주의 지방색이 진하게 남아 있다. 만드는 사람에 따라 크기, 두께, 홈의 모양 등이 조금씩 달라지고, 풍미나 식감에 개성이 나타난다. 개인적으로 홈을 조금 깊게 파는 편이다.

049 Orecchiette con cime di rapa e uova

치메 디 라파와 달걀로 맛을 낸 오레키에테

Sugihara

녹색채소와 달걀로 버무린 귓불모양 파스타

오레키에테와 치메 디 라파로 만든 풀리아주를 대표하는 요리이다. 여기서는 원래의 요리를 응용하여 달걀물을 넣어 만들었다. 달걀을 넣어서 부드러움을 더하면 치메 디 라파의 쓴맛이 부드러워진다. 치메 디 라파는 봄채소로 생각하기 쉽지만, 실제로는 꽃봉오리가 있는 겨울이 제철이다. 봄에는 부활절의 영향으로 달걀요리가 많으므로, 겨울이 끝날 무렵 봄의 시작을 알리기에 제격인 요리라고 생각한다. 달걀은 너무 많이 익히지 말고, 반대로 비리지도 않게 적당히 부드럽게 익힌다.

049

오레키에테 배합
[만들기 편한 적당량. 1인분 90g]

세몰리나 밀가루(Caputo 제품) 200g
물 100g

오레키에테
1 완성된 반죽을 조금 덜어낸 다음, 굴려서 지름 1cm 막대모양을 만든다. 1cm 길이로 자른다.
2 자른 면이 아래위가 되도록 작업대에 올리고, 검지로 세게 누르면서 앞쪽으로 살짝 당겨 둥글게 말듯이 홈을 만든다. 그대로 들어 올려서 반대쪽 손의 엄지에 씌운 다음, 눌러서 뒤집는다.(성형 → p.61)

치메 디 라파 소스
1 충분한 양의 물을 끓인 다음, 파스타 삶을 때보다 소금을 적게 넣는다. 치메 디 라파(1kg)를 부드럽게 데쳐서 건지고 물기를 살짝 뺀다. 삶은 물은 그대로 보관해둔다.
2 으깬 마늘을 E.V. 올리브유에 볶는다. 마늘 향이 나면 안초비 필레(10장)를 넣고 섞어서 향을 낸다.
3 치메 디 라파를 넣고 수분을 날리듯이 볶는다. 볶으면서 나이프(또는 포크나 가위)로 잘게 자른다.

마무리
1 치메 디 라파 삶은 물에 오레키에테를 넣고 7~8분 동안 삶는다.
2 달걀(1인분 1개)을 풀고 소금과 검은 후추를 넣는다.
3 치메 디 라파 소스에 오레키에테, 파르미자노 치즈, 페코리노 로마노 치즈를 넣어 버무린다. 중간에 달걀물을 넣고 버무려서 달걀을 익힌다.
4 접시에 담고 파르미자노 치즈를 뿌린다.

Point
치메 디 라파는 수확 시기나 개체에 따라 부드러운 것과 질기고 단단한 것이 있다. 처음부터 작게 잘라서 삶으면 부드러운 부분이 뭉개져 버린다. 그래서 자르지 않고 그대로 데친 다음 볶을 때 단단한 정도를 보면서 자르면, 익는 정도를 조절하여 원하는 상태로 완성할 수 있다.

오레키에테
p.124의 오레키에테와 같다. 쇼트파스타 중 여러 가지 소스와 어울리는 파스타는 아니며, 대부분 치메 디 라파와 브로콜리 종류를 넣은 채소 소스와 고기 종류로 만든 라구소스를 조합한다. 해산물과 조합하는 경우는 거의 없다.

지름 2.5cm

050 Orecchiette al ragù di salsiccia
펜넬 풍미의 살시차 라구소스와 수제 오레키에테

오레키에테와 가장 잘 어울리는 라구소스
나폴리에서 이탈리아요리를 배웠던 레스토랑의 간판메뉴로, 그곳에서 만든 오리지널 오레키에테 요리이다. 살시차를 토마토로 조린 소스는 다른 쇼트파스타보다 오레키에테와 잘 어울려서, 일본에서도 계속 만들고 있다. 일반적인 요리방법과 다른 점은 마늘을 먼저 볶지 않고, 살시차, 토마토, 올리브유와 같이 넣고 볶는다는 점이다. 먼저 볶지 않기 때문에 마늘의 깔끔한 향이 소스를 더욱 맛있게 만들어준다.

050

오레키에테 배합
[만들기 편한 적당량. 1인분 80g]

세몰리나 밀가루(Caputo 제품) 200g
물 100g

오레키에테
1 완성된 반죽을 조금 덜어낸 다음, 굴려서 지름 1cm 막대모양을 만든다. 1cm 길이로 자른다.
2 자른 면이 아래위로 오게 작업대에 올리고, 검지로 세게 누르면서 앞쪽으로 살짝 당겨 둥글게 말듯이 홈을 만든다. 그대로 들어 올려서 반대 손의 엄지에 씌운 다음, 안쪽에서 반대로 뒤집는다.(성형 → p.61)

살시차 라구소스
1 냄비에 E.V. 올리브유, 잘게 다진 살시차(p.257 / 300g), 으깬 마늘, 펜넬씨, 방울토마토 통조림(300g)을 넣어 끓인다. 끓기 시작하면 약한 불로 줄이고 30분 동안 조린다.
2 마늘을 건져내고 소금으로 간을 한다.

마무리
1 끓는 소금물에 오레키에테를 넣고 7~8분 동안 삶는다.
2 오레키에테에 파르미자노 치즈와 페코리노 로마노 치즈를 넣어 버무린다. 잘게 찢은 바질, 필요한 만큼의 살시차 라구소스(1인분 90㎖), 깍둑썰기한 스카모르차 치즈(7~8g)를 넣고 잘 버무린다.
3 접시에 담고 파르미자노 치즈를 뿌린다.

051 Orecchiette con soffritto di maiale
매운 돼지내장 조림과 오레키에테

오레키에테
이탈리아에서는 세몰리나 밀가루로 만드는 파스타이지만, 매장에서는 기본인 세몰리나 밀가루와 00가루를 섞어서 반죽을 만든다. 탄력있는 식감을 조금 억제하고 부드럽게 만들어서, 다양한 소스와 잘 어울릴 수 있게 만든 것이다. 성형할 때는 손가락뿐 아니라, 끝이 둥근 칼로 홈을 만들어도 좋다. 홈을 제대로 만들어서 반죽을 넓힌 부분이 꺼끌거리면, 오레키에테의 특징도 살고 소스도 잘 묻는다.

지름 2.5~3㎝

매운맛과 신맛을 살린 부드러운 오레키에테

돼지내장 조림으로 만든 소스인 '소프리토'로 버무린 것. 소프리토는 원래 나폴리에서 겨울에 먹는 전통요리로 나폴리왕국이 지배하던 시절의 흔적인데, 지금은 나폴리주나 바실리카타주에서도 친숙한 요리이다. 돼지의 여러 가지 내장(심장, 콩팥, 위, 장, 허파, 자궁, 연골 등)으로 만든 조림에 홍고추, 토마토페이스트, 붉은 피망 퓌레 등을 넣어서 매운맛과 신맛을 강하게 살리고, 도톰하고 크게 만든 오레키에테를 조합하였다.

051

오레키에테 배합
[만들기 편한 적당량. 1인분 50g]

세몰리나 밀가루(De Cecco 제품) 250g
00밀가루(Caputo 제품) 250g
물 220~230g
소금 5g

오레키에테
1 완성된 반죽을 조금 덜어낸 후, 손바닥으로 굴려서 지름 1.5㎝ 막대모양으로 만든다. 2㎝ 길이로 자른다.
2 자른 면이 아래위로 오게 작업대에 올린 다음 엄지로 눌러서 홈을 만들고, 움푹 패인 중심이 다시 올라오도록 안쪽에서 뒤집는다.

돼지내장 조림
1 돼지 1마리 분량의 내장(총 2kg)을 밑손질한다. 심장은 여분의 기름을 제거하고 콩팥은 갈라서 펼친 다음 수뇨관을 제거하여, 모두 작은 주사위모양으로 자른다.
2 위, 대장, 소장, 자궁, 연골을 각각 화이트와인 식초를 넣고 끓인 물에 삶아서 잡내와 점액질을 없앤다. 얼음물에 넣어 수축시킨 다음, 물로 씻어서 불순물을 제거한다. 위는 여분의 기름기를 제거하여 작은 주사위모양으로 자르고, 대장과 소장은 갈라서 주름부분의 지방을 칼로 긁어낸 다음 물로 씻어서 작게 자른다. 자궁은 칼집을 낸 다음 얼음물에 넣고 주물러서 수분을 훑어낸다. 연골은 특히 단단한 부분을 제거하고 잘게 자른다.
3 허파는 잡내가 나지 않을 때까지 물을 갈아주면서 삶은 다음 주사위모양으로 썬다.
4 내장을 부위별로 팬에 넣고 라드를 넣어서 볶는다. 볶은 내장을 모두 섞은 다음 라드를 넣고 홍고추와 함께 볶는다. 소프리토(p.257/210㎖)를 넣고 함께 볶은 다음, 화이트와인(500cc), 토마토페이스트(약 3큰술), 붉은 피망 퓌레(p.255/140㎖)를 넣어 내장이 충분히 부드러워질 때까지 2시간 정도 조린다.

마무리
1 끓는 소금물에 오레키에테를 넣고 5분 동안 삶는다.
2 돼지내장 조림을 필요한 만큼 냄비에 담고(1인분 70㎖), 송아지 브로도(p246)와 토마토소스를 조금씩 넣어 섞는다. 오레키에테를 넣고 버무린 다음, 페코리노 칼라브레세 치즈를 뿌리고 버무린다.
3 접시에 담고 홀스 래디시를 갈아서 뿌린다.

스트라시나티 Strascinati

너비 2cm, 길이 5cm

스트라시나티
'질질 끌다', '길게 늘이다'라는 의미로 반죽을 얇게 펴서 만드는 쇼트파스타. 카바텔리(p.120)나 오레키에테(p.124)와 마찬가지로 홈을 만드는 파스타로, 그중에서 가장 긴 파스타이다. 풀리아주와 바실리카타주에서 시작되었다. 이 책에서는 크기가 다른 2종류의 스트라시나티를 소개하는데(p.128), 식감이나 소스를 얹는 방법이 다르다. 이 스트라시나티가 더 가늘며, 모양 때문에 '올리브잎을 닮은 스트라시나티'라고 부르기도 한다.

052 Strascinati al pomodoro e formaggio fresco di capra

토마토와 신선한 염소치즈로 버무린 스트라시나티

Sugihara

여름철에 어울리는 올리브잎 모양의 스트라시나티

신선한 토마토로 만든 소스와 염소치즈로 맛을 낸 여름철에 어울리는 스트라시나티. 깊은 맛이나 단맛은 적고 산뜻한 신맛이 있는 염소치즈를 사용하는 것이 포인트로, 신선한 토마토 특유의 상큼한 소스와 잘 어울린다. 쇼트파스타 중에서도 겉면적이 넓은 스트라시나티가 가장 맛있게 먹을 수 있는 조합이지만, 너무 넓은 파스타는 소스가 많이 묻어서 섬세한 신맛을 느낄 수 없다. 가늘게 만든 스트라시나티가 가장 잘 어울린다.

052

스트라시나티 배합
[만들기 편한 적당량. 1인분 90g]

세몰리나 밀가루(Caputo 제품) 200g
물 100g

스트라시나티
1 완성된 반죽을 조금 덜어낸 다음 앞뒤로 굴려서 지름 7mm 막대모양(연필 정도의 굵기)으로 만든다. 5cm 길이로 자른다.
2 반죽을 세로로 길게 놓고 칼날을 반죽 오른쪽 가장자리에 맞춰서 올린 다음, 왼쪽 방향으로 힘을 주어 편다.
3 너비의 중심까지 오면 늘려서 둥글게 말린 오른쪽 부분을 다른 손으로 잡고, 칼은 그대로 왼쪽으로 감아올리듯이 눌러서 편다.(성형 → p.60)

생토마토소스
1 으깬 마늘을 E.V. 올리브유에 볶다가 향이 나면 바질잎(나폴리종)과 세로로 2등분한 피엔놀로종 방울토마토(6~7개)를 넣는다. 굵은 소금을 넣어 살짝 졸인 다음, 마지막에 소금으로 간을 한다.

마무리
1 끓는 소금물에 스트라시나티를 넣고 6분 동안 삶는다.
2 생토마토소스(1인분 90㎖)에 스트라시나티를 넣고 파르미자노 치즈, 페코리노 로마노 치즈, 염소젖 프로마주 블랑 치즈(각각 약 1큰술씩), 마조람을 넣어 버무린다.
3 접시에 담고 페코리노 로마노를 뿌린다.

※염소젖 프로마주 블랑 치즈는 염소젖을 유산균으로 발효시킨 부드러운 프레시 치즈.

Point
토마토소스에 프레시 치즈를 사용할 때는 일반적으로 모차렐라를 사용한다. 그런데 홀토마토로 만든 소스는 깊은 맛이 있어서 균형이 잘 맞지만, 생토마토의 경우에는 모차렐라 치즈의 감칠맛이 무겁게 느껴져서 맛이 잘 어우러지지 않는다. 또한 우유나 양젖으로 만든 리코타 치즈도 단맛이 강해서 어울리지 않는다. 염소젖 치즈로 만들어야 제맛을 낼 수 있는 요리이다.

053 Strascinati ai gamberi e funghi secchi

새우와 포르치니 소스로 버무린 스트라시나티

Sugihara

스트라시나티

p.127의 스트라시나티와 배합이나 만드는 방법은 같은데, 굵은 막대모양의 반죽을 넓게 성형한 것이다. 이것이 표준 사이즈. 스트라시나티는 스파게티처럼 여러 가지 파스타 요리에 활용할 수 있고, 채소 소스, 해산물 소스, 고기 소스 등 어떤 것과도 잘 어울린다. 또한 소스의 농도에 구애받지 않아 사용하기 편하다. 유일한 단점은 쉽게 질리기 때문에, 많은 양을 먹을 수 없다는 것이다.

너비 3cm, 길이 4.5cm

새우 소스와 잘 어울리는 넓게 편 스트라시나티

소스는 새우와 말린 포르치니를 토마토와 생선 브로도로 조린 라구 소스이다. 새우껍질의 고소함이 돋보이는 깊은 맛으로, 감칠맛이 강한 포르치니와 만나면 상승효과가 생기기 때문에 강한 인상을 주는 새우 소스이다. 나폴리의 트라토리아에서 배운 요리인데, 그 당시에는 카사레체로 만들었지만 여러 가지 파스타로 시험해본 결과 넓게 편 스트라시나티가 가장 잘 어울린다는 것을 확신하게 되었다.

053

스트라시나티 배합
[만들기 편한 적당량. 1인분 90g]

세몰리나 밀가루(Caputo 제품) 200g
물 100g

스트라시나티
1 완성된 반죽을 조금 덜어서 지름 1cm 정도의 막대모양을 만든 다음, 약 4cm 길이로 자른다.
2 반죽을 세로로 길게 놓고 칼날을 반죽의 오른쪽 가장자리에 대고 왼쪽 방향으로 힘을 주어 편다.
3 너비의 중심부분까지 오면 말린 오른쪽 부분을 다른 손으로 잡아서 펴고, 그대로 왼쪽으로 칼을 당겨 감아올리듯이 편다.(성형 → p.60)

새우와 포르치니 소스
1 머리와 껍질이 붙어 있는 새우(홍다리얼룩새우 등 2~3마리)의 등쪽 내장을 제거한다. 말린 포르치니(5g)를 미지근한 물에 부드럽게 불린 다음 물기를 빼고 작게 자른다.
2 으깬 마늘을 E.V. 올리브유에 볶다가 향이 나기 시작하면 새우를 넣고 소금과 검은 후추를 뿌리면서 소테한다. 오일에 새우의 향이 배도록 양면을 모두 익힌다.
3 포르치니, 통조림 방울토마토(1인분 2~3개), 다진 이탈리안 파슬리를 넣고 브랜디를 넣어 알코올 성분을 날린 다음, 생선 브로도(90㎖)를 넣어 데운다.
4 새우를 건져서 머리와 몸통을 분리한다. 머리를 소스에 다시 넣고 나무주걱으로 으깨서 내장을 짜낸다. 살짝 익힌 다음 마지막에 머리를 건져낸다. 새우 몸통은 껍질을 벗기고, 먹기 좋은 크기로 잘라둔다.

마무리
1 끓는 소금물에 스트라시나티를 넣고 6분 동안 삶는다.
2 새우와 포르치니 소스(1인분 약 120cc)를 데우고 스트라시나티를 넣어 버무린다. 다진 이탈리안 파슬리와 새우 몸통을 넣어 다시 잘 버무린다.
3 접시에 담고 파르미자노 치즈를 뿌린다.

054 Strascinati di farro e baccalà mollicato

빵가루를 뿌려 구운 바칼라와 파로 스트라시나티

파로 스트라시나티
원래는 세몰리나 밀가루와 물만으로 만드는 파스타이지만, 통밀가루나 파로가루, 보릿가루를 섞어 개성있게 만든 것도 많다. 사진은 파로가루와 0밀가루를 같은 비율로 섞어서 향기롭게 만든 것인데, 파로 특유의 견과류와 같은 달콤한 향이 살아 있다. 파로만으로는 식감이 퍼석거릴 수 있으므로, 일반 밀가루와 섞어서 사용하는 것이 효과적이다.

너비 2.5㎝, 길이 4.5㎝

파로가루가 이어주는 바칼라와 스트라시나티

몰리세주의 향토요리인 '바칼라 빵가루구이'를 스트라시나티의 소스로 응용하였다. 대구로 직접 만든 바칼라를 블랙 올리브나 드라이 토마토와 함께 볶아서 끓인 소스로, 마무리로 아몬드가루와 허브를 섞은 빵가루를 뿌려서 고소하게 굽는다. 파로가루를 섞어서 탱탱한 식감의 스트라시나티와 부드러운 바칼라가 잘 어울려서 맛있는 일품요리가 된다.

054

스트라시나티 배합
[만들기 편한 적당량. 1인분 40g]

0밀가루(Marino 제품) 200g
파로 통밀가루(Marino 제품) 200g
소금 4g
미지근한 물 180g

스트라시나티
1 완성된 반죽을 조금 덜어서 지름 1㎝ 막대모양으로 만든 다음 2㎝ 길이로 자른다.
2 반죽의 자른 면이 위아래로 오게 놓는다. 엄지로 눌러서 홈을 만든 다음, 옆으로 눌러 펴서 홈을 넓힌다.
3 오그라들지 않도록 트레이 등에 넓게 펼쳐놓고 30분 정도 상온에서 겉면을 말린다.(성형 → p.60)

바칼라소스
1 바칼라(p.257 / 1인분 40g)를 작게 자른다.
2 으깬 마늘을 E.V. 올리브유에 볶다가 갈색으로 변하기 시작하면 건져낸다. 다진 양파(약 1큰술)를 넣고 단맛이 날 때까지 천천히 볶는다.
3 씨를 제거한 블랙 올리브(5개), 듬성듬성 자른 드라이 토마토(2개 분량), 소금에 절인 케이퍼(약 1큰술)를 넣고 살짝 볶은 다음, 바칼라를 넣어 볶는다. 물을 자작하게 넣고 바칼라가 결대로 자연스럽게 풀어지도록 끓인다. 말린 오레가노와 강판에 간 레몬껍질(레몬제스트)을 조금씩 넣는다.

마무리
1 끓는 소금물에 스트라시나티를 넣고 10분 정도 삶는다.
2 바칼라소스를 데우고 스트라시나티를 넣어 버무린다. 겉면에 빵가루(p.257)를 뿌리고, 살라만더(또는 고온의 오븐)로 겉면이 노릇해지게 굽는다.
3 접시에 담고 구운 아몬드슬라이스를 뿌린다.

말로레두스 Malloreddus

길이 2cm

055 Malloreddus alla campidanese
캄피다노풍 말로레두스

말로레두스
작은 반죽 덩어리에 홈을 만드는 종류의 파스타. 말로레두스는 사르데냐섬 남서부 캄피다노 지방의 방언으로, 표준어로는 뇨케티 사르디(p.131)라고 한다. 수소를 의미하는 'mallore'의 복수형에서 비롯된 이름으로 '송아지 무리'라는 뜻이다. 원래 골풀로 만든 소쿠리 위에 반죽을 굴려서 줄무늬를 만들었는데, 이 줄무늬를 '송아지 옆구리의 갈비뼈'로 보았다고도 한다. 현재는 일상적인 요리가 되었지만 원래는 축제 때 먹는 파스타로, 세몰리나 밀가루 반죽에 사프란을 넣어서 보기 좋게 만든다.

사프란을 넣은 줄무늬 파스타
말로레두스와 어울리는 소스로 더 유명한 '캄피다노풍 소스'로 완성한 요리. 펜넬로 풍미를 살린 살시차 토마토 조림과 그 지역 특산품인 페코리노 사르도 치즈를 사용하였다. 캄피다노는 기복이 심한 이 섬에서 면적의 10%를 차지하는 넓은 평야로, 농업과 낙농업이 활발한 지역이다. 예전에는 많은 소떼가 있었고, 그런 정경이 머릿속에 그려지는 요리이다.

055

말로데두스 배합
[만들기 편한 적당량. 1인분 50g]

세몰리나 밀가루(De Cecco 제품) 300g
사프란 조금
미지근한 물 140~150g
소금 3g

※현재는 '페티네'라고 부르는 홈이 파인 나무판을 사용하여 성형하는 것이 일반적이다. 그 외에도 소쿠리나 포크 등으로 무늬를 만들어도 좋다. 또한 여기서는 줄무늬를 사선으로 만들었지만, 평평하게 굴리면 느낌이 달라져서 재미있다.

말로데두스
1 분량의 물에 사프란을 넣어 녹이고, 세몰리나 밀가루와 소금을 넣어 반죽한다.
2 완성된 반죽을 조금 덜어서 지름 1㎝ 막대모양으로 만든 다음, 2㎝ 너비로 자른다. 자른 면이 좌우로 오게 놓고, 페티네에 비스듬히 올린다. 엄지로 홈을 만들면서 굴려 줄무늬를 만든다.(성형 → p.60)

살시차 소스
1 으깬 마늘을 E.V. 올리브유에 볶다가 향이 나면, 수제 살시차(p.257 / 1인분 50g)의 속재료를 넣고 풀어주면서 볶는다.
2 익으면 펜넬씨, 잘게 다진 펜넬잎, 토마토소스(70㎖)를 넣어 맛이 날 때까지 졸인다.

마무리
1 끓는 소금물에 말로레두스를 넣고 7~8분 동안 삶는다.
2 살시차 소스를 데우고 말로레두스를 넣어 버무린다. 강판에 간 페코리노 사르도 치즈를 뿌려서 버무린다.
3 접시에 담고 페코리노 사르도를 뿌린다.

뇨케티 사르디 Gnocchetti Sardi

056 Gnocchetti sardi con ragù d'agnello e scaglie di pecorino sardo

새끼양고기 라구소스로 버무리고 페코리노 치즈를 곁들인 뇨케티 사르디

너비 8㎜, 길이 1.5㎝

뇨케티 사르디
말로데두스(p.130)의 표준어 이름으로 '사르데냐의 작은 뇨키'라는 의미이다. 감자 뇨키가 등장하기 전 세몰리나 밀가루 반죽을 작고 동그랗게 뭉쳐서 만든 초창기 뇨키 중 하나이다. 현재는 건면이 널리 보급되어 있다. 원래는 세몰리나 밀가루만으로 만들지만, 여기서는 씹는 느낌을 강하게 만들기 위해 00밀가루를 조금 섞어서 반죽하였다. 전통에 따라 사프란을 넣었다.

양의 섬, 사르데냐의 이미지를 살린 파스타
해산물이나 고기와도 잘 어울리는 파스타이지만 사르데냐주는 양 사육이 활발한 지역이기 때문에, 그런 이미지를 살려서 새끼양 라구소스를 조합하였다. 오동통한 뇨케티 사르디의 모양과 잘 어우러지도록 고기는 굵게 다져서 요리하는 것이 좋다. 건면은 매끈하지만, 생면은 끈적거려서 뭉치기 쉽고 소스와 잘 어우러진다.

Nishiguchi

056

뇨케티 사르디 배합
[만들기 편한 적당량. 1인분 80g]

세몰리나 밀가루(Marino 제품) 170g
00밀가루(Marino 제품) 70g
사프란물 108g
소금 조금

※ 사프란물은 약간의 사프란을 소량의 물에 담가서 색과 풍미를 낸 다음, 체에 내려 미지근한 물과 섞어서 108g을 준비한다.

※ 뇨케티를 만드는 도구인 페티네는 3㎜ 또는 4㎜ 간격이 있으므로, 취향에 따라 선택한다. 날이 촘촘한 포크의 안쪽이나 가르가넬리용 페티네(p.58 A 참조)를 사용해도 좋다.

뇨케티 사르디
1 완성된 반죽을 조금 덜어낸 다음 굴려서 지름 1㎝ 막대모양으로 만들고, 0.5㎝ 길이로 자른다.
2 자른 면이 위로 오게 페티네에 올리고, 엄지로 홈을 만들면서 굴려서 줄무늬를 만든다.

새끼양고기 라구소스
1 새끼양의 어깨살(1㎏)을 민서로 굵게 간다.
2 새끼양고기를 퓨어 올리브유에 볶은 다음, 소프리토(p.254 / 120g)를 넣어 섞는다. 화이트와인을 넣어 알코올 성분을 날리고, 토마토페이스트(50g)를 넣어 살짝 볶는다.
3 월계수잎, 로즈메리, 닭고기 브로도(1ℓ)를 넣어 2시간 30분 동안 졸인다.

마무리
1 끓는 소금물에 뇨케티 사르디를 넣고 2~3분 동안 삶는다.
2 인원수 만큼의 새끼양고기 라구소스(1인분 약 100g)에 닭고기 브로도를 조금 섞어서 데운다. 다진 로즈메리, 페코리노 사르도 치즈, 그라나 파다노 치즈를 뿌려서 버무린다.
3 뇨케티 사르디를 넣고 버무린 다음 접시에 담는다.

응용하기
뇨케티 사르디를 차가운 인살라타(샐러드)에 넣어도 맛있다. 토마토, 케이퍼, 살시차 등을 넣고 올리브유와 레몬즙으로 간을 맞추면 맛있는 여름 요리가 된다.

가르가넬리 Garganelli

너비 1cm, 길이 4~5cm

가르가넬리
에밀리아로마냐주의 튜브모양 파스타. 가르가넬리는 로마냐 지방의 옛날 방언으로 '기관지 연골'이라는 의미이다. 가르가넬리의 탄생은 1700년대의 추기경 만찬회에서 비롯되었다. 당시에 유행하던 카펠레티에 넣을 속재료를 고양이가 먹어버려 곤란해진 요리사가 즉흥적으로 만든 것이 가르가넬리라고 한다. 사각형 반죽을 막대에 감고 직조기의 실을 통과시키는 부분인 리드 위에 굴려서 줄무늬를 만들었다는 것이다. 카펠레티 반죽은 부드럽기 때문에 매장에서는 모양이 흐트러지는 것을 막고 식감을 잘 살리기 위해, 세몰리나 밀가루를 섞고 달걀노른자를 좀 더 넣어서 조금 단단하게 만든다.

카펠레티보다 식감이 좋은 얇은 튜브모양 파스타

가르가넬리는 고기를 넣은 라구소스나 살시차 소스로 버무리는 경우가 많지만, 여기서는 이탈리아에서 흔히 먹는 개구리고기로 만들었다. '겨울잠에서 깨어난 봄'이라는 이미지로 봄양배추를 같이 넣고 만드는데, 겨울이 제철인 사보이 양배추도 잘 어울린다. 양배추는 미리 데치지 않고 개구리 조림에 넣어서 익힌다.

057 *Garganelli con cosce di rane e cavolo primaverile*

개구리다릿살과 봄양배추를 넣은 가르가넬리

Koike

057

가르가넬리 배합
[만들기 편한 적당량. 1인분 50g]

00밀가루(Molini 제품) 250g
세몰리나 밀가루(De Cecco 제품) 250g
소금 5g
달걀노른자 8.5개 분량
물 100g
E.V. 올리브유 10g

가르가넬리
1 완성된 반죽을 파스타머신으로 1mm 두께로 민 다음, 3×3cm 크기로 자른다.
2 반죽의 대각선 중 하나가 페티네(가는 줄이 팽팽하게 연결된 나무로 된 작은 판)의 실과 평행이 되도록 놓는다. 지름 4mm 전용 막대에 말면서, 도구에 대고 세게 누르면서 굴려 줄무늬를 만든다.(성형 → p.58 A)

개구리다릿살 조림
1 개구리다릿살(6인분 24개)에 소금, 후추를 뿌린다.
2 개구리 뼈는 향미채소(양파, 마늘, 셀러리)와 월계수잎, 타임, 으깬 검은 후추, 물을 넣고 2시간 정도 끓여서 브로도를 만든다.
3 으깬 마늘, 세이지, 월계수잎에 버터와 E.V. 올리브유를 넣어서 볶는다. 향을 내면서 버터가 갈색으로 변할 때까지 볶는다. 개구리다릿살을 넣고 살짝 볶은 다음, 2의 브로도를 자작하게 붓고 살짝 조려서 베이스를 만든다.

마무리
1 끓는 소금물에 가르가넬리를 넣고 7분 동안 삶는다.
2 개구리다릿살 조림(1인분 약 2큰술)을 냄비에 담고, 먹기 좋게 자른 봄양배추(1/2장)를 넣어 2~3분 동안 끓인다.
3 가르가넬리를 넣어 버무리고, 강판에 간 레몬껍질과 파르미자노 치즈를 넣어 다시 한 번 버무린 다음 접시에 담는다.

058 *Garganelli al ragù di verdure*
채소 라구소스 가르가넬리

너비 1.5cm, 길이 4cm

가르가넬리
양끝이 펜네처럼 뾰족하고, 가는 줄무늬가 특징인 가르가넬리. 접시에 담았을 때 튜브모양이 찌그러져서 평평해지지 않게 만드는 것이 중요하다. 그러기 위해서 00밀가루에 세몰리나 밀가루를 넣어 탄력을 살리고, 성형한 다음 상온에서 반나절 정도 건조시켜 모양을 안정시킨다. 사진의 가르가넬리는 성형용 막대가 굵어서 파스타도 조금 굵게 만들어졌다. 또한 전통적인 제법에 따라 반죽에 육두구를 조금 넣었다.

카르초피 퓌레를 넣은 라구소스풍 가르가넬리
가르가넬리의 얇고 섬세한 식감과 육두구와 치즈로 풍미를 더한 맛을 살리기 위해, 소스는 언제나 부드러운 풍미의 소스를 곁들인다. 여기서는 작게 자른 6가지 채소를 볶아서 카르초피 퓌레와 함께 라구소스풍으로 만들었다. 토끼고기나 소고기 라구소스로 버무리는 경우에도, 간을 세게 하지 않고 채소를 듬뿍 넣는다.

Nishiguchi

058

가르가넬리 배합
[만들기 편한 적당량. 1인분 70g]

00밀가루(Marino 제품) 300g
세몰리나 밀가루(Marino 제품) 200g
달걀노른자 5개 분량
물 125g
육두구 1꼬집
파르미자노 치즈 1큰술

가르가넬리
1 완성된 반죽을 파스타머신으로 1mm 두께로 밀고, 가로세로 3cm 크기로 자른다.
2 반죽의 대각선 중 1개가 페티네(가는 줄이 팽팽하게 연결된 나무로 된 작은 판)의 실과 평행이 되도록 놓는다. 지름 9mm 전용 막대로 말면서, 도구에 대고 세게 누르면서 굴려 줄무늬를 만든다.(성형 → p.58 A)

채소 라구소스
1 카르초피 퓌레를 만든다. 밑손질한 카르초피의 줄기(120g)를 퓨어 올리브유에 볶는다. 양파 소프리토(p.254 / 30g)와 함께 닭고기 브로도(200cc)를 넣고 부드럽게 끓인다. 핸드믹서로 갈아서 퓌레를 만든 다음 체에 내린다.
2 채소를 밑손질한다. 완두콩(15g)을 끓는 소금물에 부드럽게 데친 다음, 찬물로 헹궈서 물기를 뺀다. 카르초피의 꽃봉오리(1/2개)는 작게 깍둑썰기해서, 레몬을 넣은 물에 담가둔다. 토마토(30g)는 끓는 물에 담갔다 빼서 껍질을 벗기고, 씨를 제거하여 작게 깍둑썰기한다.
3 껍질째 으깬 마늘을 퓨어 올리브유에 볶아서 향이 나면 마늘을 건져낸다. 카르초피, 가지(40g), 붉은 피망(40g)을 각각 작게 깍둑썰기한 다음 볶아서 익힌다. 소금, 검은 후추를 뿌린 다음 불을 끄고, 완두콩, 토마토, 카르초피 퓌레(30g)를 넣어 버무린다.

마무리
1 끓는 소금물에 가르가넬리를 넣고 7분 동안 삶는다.
2 채소 라구소스(1인분 약 100g)를 데우고, E.V. 올리브유로 향을 낸다. 파스타 면수를 조금 넣어 섞는다.
3 가르가넬리를 넣어 버무린다. 그라나 파다노 치즈를 뿌려서 버무린 다음 접시에 담는다.

※ 카르초피는 필요 없는 꽃받침과 줄기의 껍질을 벗기고, 소금과 레몬즙을 넣은 물에 넣고 끓인다. 끓기 시작하면 4분 동안 삶고, 냄비를 얼음물 위에 올려서 식힌다.

라가넬레 Laganelle

라가넬레
이탈리아 남부에서 널리 알려진 넓은 생파스타. 일반적으로는 가늘고 긴 탈리아텔레나 탈리올리니 모양으로 만들지만 (p.88) 사진과 같이 짧게 만들기도 하므로, 여기서는 쇼트파스타로 분류하였다. 매장에서는 세몰리나 밀가루와 물로 반죽하는 현지와 같은 방법으로 만들고, 조금 도톰하게 성형하였다.

너비 1.5cm, 길이 5cm

059 Pasta e ceci
병아리콩 파스타 조림

Sugihara

짧은 라가넬레와 병아리콩 수프
라가넬레의 어원이 된 시트모양 파스타 '라가네'와 병아리콩으로 만든 '라가네 에 체치(lagane e ceci)'에서 비롯된 요리이다. 라가네라고 하면 당연히 이 요리가 생각날 정도로 많이 먹는 요리이다. 여기서는 원래의 맛을 유지하면서 먹기에도 좋고 '맛을 느낄 수 있는 한 입 분량'을 고려하여 라가넬레를 가늘게 만들었다. 또한 수프이기 때문에 스푼으로 떠먹기 편하도록 짧게 만들었다.

059

라가넬레 배합
[만들기 편한 적당량. 1인분 70g]

세몰리나 밀가루(Caputo 제품) 200g
물 100g

라가넬레
1 완성된 반죽을 밀대로 2mm 두께로 민다. 칼로 길이 5cm , 너비 1.5cm로 잘라서 짧은 탈리아텔레 모양으로 만든다.

병아리콩 조림
1 충분한 물에 소다를 조금 넣고, 병아리콩을 적당량 담가서 하룻밤 불린다.
2 불린 물을 버리고 병아리콩 분량의 2배 정도 되는 물을 새로 넣어 콩이 충분히 부드러워질 때까지 삶는다. 으깬 마늘, 다진 이탈리안 파슬리, E.V. 올리브유를 각각 적당히 넣고, 30분 정도 더 끓인다.
3 병아리콩 분량의 1/2과 삶은 물 조금을 체에 걸러서 다시 냄비에 넣는다. 소금으로 간을 조절한다.

마무리
1 병아리콩 조림(1인분 약 300cc)에 라가넬레를 넣고 6~8분 동안 삶는다. 라가넬레가 다 삶아졌을 때 묽지도 되직하지도 않은 농도가 되도록 조절한다.
2 소금, 검은 후추, E.V. 올리브유로 간을 하고 접시에 담는다.

Point
콩은 마른 정도에 따라 삶는 시간이 달라지므로, 먹어보고 확인해가며 부드럽게 삶는다. 조린 뒤에는 1/2을 퓌레로 만들어서 먹기 좋고 깊은 맛이 있는 수프를 만든다. 파스타, 콩, 국물을 한 스푼에 골고루 떠서 먹을 수 있는 농도로 만드는 것이 중요하다.

피초케리 Pizzoccheri

060 *Pizzoccheri valtellinesi*

발텔리나풍 피초케리

피초케리(발텔리나풍)

롬바르디아주 북부에 위치한 산악지역인 발텔리나 지방의 시트모양 파스타이다. 한랭지에서 자란 메밀가루를 사용하는 것이 특징. 사진은 넓은 직사각형이지만, 반 정도의 너비로 가늘게 만들기도 한다. 또한 이 지역에는 메밀가루를 넣지 않고 알갱이 모양으로 성형하는 피초케리도 있는데(p.203), 이 시트모양 피초케리가 더 유명하다.

5 × 2cm

산악지역의 메밀가루를 넣은 시트모양 파스타

피초케리로 만드는 요리로는 사보이 양배추와 감자를 넣고 세이지 버터로 버무리는 것이 대표적인 요리로, 발텔리나 지방에서 나는 재료를 사용한 겨울철 명물요리이다. 추운 겨울철에 먹는 요리여서 찰기가 있고 진한 맛이다. 여기서는 대부분 전통을 따른 레시피를 소개했지만, 마지막에 버무리는 치즈는 구하기 쉬운 폰티나 치즈를 사용하였다. 이탈리아에서 사용하는 비토(bitto) 치즈나 카세라(casera) 치즈를 사용하면 좀 더 전통적인 느낌이 된다.

Nishiguchi

060

피초케리 배합
[만들기 편한 적당량. 1인분 70g]

메밀가루(Marino 제품) 180g
00밀가루(Marino 제품) 60g
물 90g

※ 메밀가루를 넣은 파스타는 밀가루만으로 만드는 파스타에 비해 부드럽지만 식감이 무석해지기 쉽다. 메밀가루와 00밀가루를 3:1로 배합하면 풍미와 식감이 균형을 이룬다.

피초케리
1 완성된 반죽을 파스타머신으로 얇게 밀고, 5 × 2cm로 자른다.

채소 밑손질
1 사보이 양배추(1인분 2장)를 3 × 3cm 크기로 잘라서 끓는 소금물에 데친다.
2 감자는 7~8mm 크기로 깍둑썰기 하고(1/2개 분량), 끓는 소금물에 넣어서 부드러워질 때까지 삶는다.

마무리
1 끓는 소금물에 피초케리를 넣고 8분 동안 삶는다.
2 다진 마늘과 세이지를 버터에 볶아서 향이 배이게 한다. 마늘이 노릇노릇해지기 시작하면 사보이 양배추와 감자를 넣고 살짝 볶는다. 삶은 물 조금과 세이지를 넣는다.
3 피초케리를 넣고 불을 끈 다음 버무린다. 깍둑썰기한 폰티나 치즈와 그라나 파다노 치즈를 넣고 버무려서 접시에 담는다.

응용하기
여기서 사용한 소스는 피초케리 뿐만 아니라 천 조각 모양의 스트라치나 메밀가루 폴렌타에도 잘 어울린다.

블레키 Bleki

메밀가루 블레키

프리울리 지방의 방언으로 '넝마조각' 또는 '꿰맨 천'을 의미하며, 표준어로는 '스트라치(p.138)'에 해당하는 파스타이다. 돌로미티나 카르니아 등과 같은 산간 한랭지의 파스타로, 전통적으로 메밀가루를 사용하는 것이 기본이다. 글루텐이 없는 메밀가루이므로 밀가루와 치즈, 달걀 등을 넣고 반죽하여 시트모양으로 만든 다음, 사각형 또는 삼각형으로 자른다.

7 × 4cm

061 Bleki al sugo di gulasch

메밀가루 블레키와 굴라시

Koike

메밀의 향을 살린 시트모양 파스타

블레키는 버터나 치즈로 버무리는 심플한 요리가 많지만, 여기서는 오스트리아헝가리제국의 영향을 많이 받은 지역성을 고려해서 오스트리아헝가리제국을 대표하는 굴라시 수고와 조합하였다. 굴라시는 파프리카파우더의 달콤한 풍미를 살린 소고기 스튜이다. 굴라시가 향이 강하기 때문에 블레키도 도톰하게 만들어 메밀의 향을 살렸다. 또한 치즈도 같은 지역의 특산품인 몬타시오(montasio) 치즈를 사용하여 고급스러운 맛으로 변화시켰다.

061

메밀가루 블레키 배합
[만들기 편한 적당량. 1인분 40g]

메밀가루(Marino 제품) 200g
00밀가루(Cinque Stragioni 제품) 200g
라드 10g
몬타시오 치즈(간 것) 30g
달걀 1.7개(100g)
미네랄 워터(경수) 100g
소금 4g

※ 몬타시오는 프리울리베네치아줄리아주 등 이탈리아 북동부에서 우유로 만든 하드치즈를 말한다. 12개월 동안 장기숙성한 것을 사용한다.

※ 메밀가루에만 있는 흙냄새와 바삭한 식감이 장점이기 때문에 밀가루와 치즈 등은 최소한으로 넣고 반죽한 다음 바로 사용하는 것이 좋으며, 맛, 식감, 밑손질, 보관 등을 고려하여 만들기 쉬운 배합으로 하였다. 메밀향이 날아가지 않도록 한 덩어리로 뭉쳐질 정도로만 반죽하고, 너무 오래 반죽하지 않도록 주의한다. 메밀가루 자체도 갓 빻아서 향이 좋은 것을 사용하는 것이 좋다.

블레키

1 완성된 반죽을 파스타머신으로 2~2.5mm 두께로 밀고, 7 × 4cm 직사각형으로 자른다.

소고기와 파프리카 굴라시

1 소고기 볼살 덩어리(1kg)에 소금과 후추를 뿌리고, 레드와인(1병 분량), 마늘, 갈거나 빻지 않은 향신료(시나몬, 정향, 고수, 스타아니스, 노간주열매), 허브(월계수잎, 로즈메리, 타임, 세이지)를 넣어 하룻밤 마리네이드한다.

2 마리네이드액에서 소고기를 건진 다음, 식용유를 두르고 양면을 굽는다. 소프리토(p.257 / 70㎖)와 함께 냄비에 넣고, 마리네이드액을 체에 내려서 모두 넣는다. 토마토소스(70㎖)와 파프리카파우더(약 1큰술)를 넣고 다시 마조림과 월계수잎을 넣어 3시간 정도 끓인다.

마무리

1 끓는 소금물에 블레키를 넣고 7~8분 동안 삶는다.

2 소고기 볼살을 잘라서 큰 덩어리는 세콘도 피아토로 이용하고, 자투리 고기는 파스타소스에 넣는다. 굴라시 국물을 적당히 넣고 데운 다음, 블레키를 넣어 버무린다.

3 접시에 담고 몬타시오 치즈를 뿌린다.

타코니 Tacconi

옥수수가루 타코니
'넝마조각'이나 '꿰맨 천'을 의미하는 이름으로, 아브루초주 주변에서 부르는 이름이다. 원형은 시트모양 파스타인 '사녜'로, 사녜를 작게 자른 것이 타코니이다. 이 지역의 전통 파스타로 유명한 '사녜 아 페치(sagne a pezzi)'와 거의 같다. 재료는 연질밀가루가 베이스로 세몰리나 밀가루, 콩가루, 옥수수가루를 넣어 반죽하기도 하지만, 여기서는 00 밀가루에 옥수수가루, 라드, 치즈를 넣은 농가의 레시피를 소개하였다.

1변 = 4~6㎝

062 Tacconi di mais al ragù di capra

염소고기 라구소스와 옥수수가루 타코니

아브루초주의 향토색 짙은 파스타

아브루초주에서 파스타 소스로 많이 먹는 것은 새끼양고기를 심플하게 토마토로 조린 라구소스로, 시트모양 파스타와 조합하는 것이 가장 일반적이다. 이탈리아에서는 염소고기를 이용하여 같은 방법으로 만들기도 하는데, 여기서는 일본에서 구하기 힘든 염소고기를 사용하여 향토요리의 색깔을 강조하였다. 타코니는 반 정도만 익힌 다음, 라구소스에 넣고 끓여야 맛이 잘 밴다.

Koike

062

타코니 배합
[만들기 편한 적당량. 1인분 50g]

00밀가루(Caputo 제품) 200g
옥수수가루(곱게 간 것) 200g
달걀노른자 3개 분량
미지근한 물 150g
라드 30g
페코리노 로마노 치즈 30g
소금 4g

※ 옥수수가루는 보통 굵게 간 것을 사용하지만, 여기서는 곱게 간 옥수수가루를 사용하였다. 굵게 간 것은 한 덩어리로 뭉치기 어렵고 꺼끌꺼끌해지기 쉽지만, 곱게 간 것은 부드러운 반죽으로 매끈하게 완성할 수 있다. 또 탄력이 있어서 옥수수의 단맛과 향을 보다 잘 살릴 수 있다. 단, 밀가루만으로 만든 반죽과 비교하면 부서지기 쉬우므로, 삶을 때나 버무릴 때 조심스럽게 다루어야 한다. 또한 덧가루로는 굵게 간 옥수수가루를 사용하여 살짝 꺼끌꺼끌한 식감을 낸다.

※ 옥수수가루를 넣으면 글루텐이 적기 때문에 별로 수축되지 않으므로, 파스타머신을 여러 번 사용하지 않아도 된다.

타코니
1 완성된 반죽을 파스타머신으로 2.5㎜ 두께로 밀고, 한 변이 4~6㎝ 정도 되는 평행사변형으로 자른다.

염소고기 라구소스
1 염소의 어깨살(1kg)을 한입크기로 자르고 소금을 뿌린다.
2 냄비에 염소의 비계를 넣고 껍질을 벗기지 않은 마늘과 허브(월계수잎, 로즈메리, 타임, 세이지)를 넣고 염소고기를 볶는다.
3 옅은 갈색으로 변하면 소프리토(p.257 / 70㎖), 홀토마토(1ℓ), 염소 브로도(500cc)를 넣고 약한 불로 2시간 정도 졸인다.

마무리
1 끓는 소금물에 타코니를 넣고 3분 동안 삶아서 반 정도만 익힌다.
2 염소고기 라구소스(1인분 60㎖)를 필요한 만큼 데우고, 타코니를 넣는다. 중간중간 고무주걱으로 냄비의 바닥부터 뒤집듯이 섞어주면서 5~6분 동안 끓인다.
3 접시에 담고 염소젖 프로마주 블랑을 둥근 모양으로 올린다. 페코리노 로마노를 뿌린다.

※ 염소젖 프로마주 블랑은 염소젖을 유산균으로 발효시킨 부드러운 프레시 치즈.

스트라치 Stracci

063 *Stracci di farina di mais al ragù di capesante*

가리비 라구소스와 옥수수가루 스트라치

옥수수가루 스트라치
'넝마조각' 또는 '꿰맨 천'이라는 의미로, 같은 종류의 파스타 이름 중에서 가장 표준적인 이름이다. 마름모꼴 등 사각형으로 만드는 경우가 많으며, 사진은 한 변의 길이를 3㎝로 특별히 작게 만든 것이다. 재료도 00밀가루와 베네토 주의 흰 옥수수가루를 같은 비율로 섞은 것으로 퍼석하고 독특한 식감이다. 옥수수가루에는 글루텐이 없어서 반죽이 끊어지기 쉬우므로, 가늘고 길게 자르기보다는 시트모양으로 만드는 것이 좋다. 소박한 맛의 향토요리 느낌이다.

1변 = 3㎝

Nishiguchi

흰 옥수수가루를 넣은 시트모양의 작은 파스타

가리비를 토마토소스로 조리고, 흰 옥수수가루를 넣은 스트라치를 넣어서 버무린 요리. 베네치아의 정통요리인 '해산물과 화이트 폴렌타'를 파스타로 응용한 것이다. 새끼가리비는 감칠맛이 진한 국물을 만들 수 있기 때문에 파스타 소스 등에 이용하면 좋다. 많은 양을 넣고 조리면, 심플하지만 맛있는 라구소스가 완성된다.

063

스트라치 배합
[만들기 편한 적당량. 1인분 70g]

00밀가루(Marino 제품) 100g
흰 옥수수가루(la grande ruota 제품) 100g
달걀노른자 1개 분량
물 약 100g

스트라치
1 완성된 반죽을 파스타머신으로 얇게 밀고, 1변이 3㎝ 정도 되는 사각형으로 자른다.

새끼가리비 라구소스
1 새끼가리비(1인분 7~8개)는 껍질을 열어 살(관자, 외투막 등)을 발라내고, 검은 내장(중장선)을 제거한 다음 물로 씻어서 물기를 뺀다.
2 으깬 마늘을 퓨어 올리브유에 볶다가 색이 변하기 시작하면 가리비를 넣고 볶는다. 소금을 뿌리고 토마토페이스트(20g)를 넣은 다음, 생선 브로도를 자작하게 부어서 살짝 끓인다.

마무리
1 끓는 소금물에 스트라치를 넣고 3분 정도 삶는다.
2 새끼가리비 라구소스(1인분 약 100cc)에 살사 마리나라(p.253)를 조금 넣고 섞어서 데운다. 다진 이탈리안 파슬리와 E.V. 올리브유를 넣는다.
3 스트라치를 넣고 버무려서 접시에 담는다.

Point
새끼 가리비를 넣으면 단맛이 강해지므로, 짠맛을 살리고 너무 오래 끓이지 않아야 단맛을 줄일 수 있다.

스트라파타 Strappata

064 Pasta strappata di pane integrale al ragù rustico d'anatra

시골풍의 오리고기 라구소스와 통밀가루 스트라파타

1변 = 3~4cm

통밀가루 스트라파타

'잡아떼다'라는 의미로, 시트모양의 반죽을 잡고 뜯어서 만든다는 의미에서 붙여진 이름이다. 움브리아주 남부의 테르니 일대에 전해오는 파스타로, 인접한 토스카나주나 라치오주의 일부 지역에서도 볼 수 있다. 라치오주에서 요리를 배웠던 레스토랑에서는 '스트라파텔라'라고 불렀다. 기본은 00밀가루와 물로 만들지만 여기서 소개하는 것은 발효타입으로, 원래는 남은 빵반죽을 다시 반죽하여 만들었다고 한다. 발효반죽의 부드러운 식감, 살아 있는 효모의 향, 신맛이 자아내는 풍미 때문에 자주 만든다.

Koike

발효반죽 시트를 뜯어서 만든 파스타

발효반죽으로 만든 스트라파타와 오리고기 라구소스를 조합하였다. 이탈리아에서는 농가에서 사육하는 집오리나 야생조류 등을 내장까지 같이 끓여서 투박하게 만든 라구소스를 조합하는 경우가 많기 때문에, 여기서도 그 느낌을 살리고자 하였다. 스트라파타는 옛날에 먹던 시골빵의 느낌을 살려서 통밀가루를 천연효모로 발효시킨 반죽을 사용한다. 천연효모 덕분에 독특한 향도 생긴다. 라구소스는 오리 다릿살을 레드와인으로 조리고, 3종류의 내장을 섞었다.

064

스트라파타 배합
[만들기 편한 적당량. 1인분 50g]

중간 반죽A
- 통밀가루(Marino 제품) 100g
- 물 50g
- 리에비스(천연효모) 1꼬집

중간 반죽B
- 통밀가루(Marino 제품) 300g
- 물 150g

완성 반죽
- 통밀가루(Marino 제품) 200g
- 물 100g
- 소금 6g

※ 매장에서는 리에비스 대신 천연효모를 사용한 발효 빵반죽을 사용한다.

스트라파타

1 중간 반죽 A의 리에비스를 분량의 물에 녹인 다음, 통밀가루에 섞어서 반죽한다. 비닐에 넣고 상온에서 하룻밤 발효시킨다.

2 다음날부터 1일에 1번씩 중간 반죽 B의 재료 중 통밀가루 100g, 물 50g씩을 1에 넣고 가루느낌이 없어질 때까지 반죽한 다음 같은 방법으로 발효시킨다. 이 과정을 3번 반복한다.

3 2의 반죽에 완성 반죽 재료(통밀가루, 물, 소금)를 모두 넣고 충분히 치댄다. 상온에서 3시간 정도 발효시킨 다음 냉장고에 넣어 하룻밤 재우고 성형할 때 다시 상온에 꺼내둔다.

4 밀대로 살짝 민 다음 파스타머신으로 3mm 두께로 민다. 4cm 정도의 불규칙한 모양으로 뜯는다.

오리고기 라구소스

1 샤랑오리 다릿살(8장)에 소금, 후추를 뿌린다. 으깬 마늘, 로즈메리, 마르살라 와인을 뿌리고, 냉장고에 넣어 하루 정도 마리네이드한다.

2 E.V. 올리브유를 두르고 오리고기를 굽고, 소프리토(p.257 / 140㎖)를 넣어 섞는다. 레드와인, 마르살라 포도주(각 250cc)를 넣고 알코올 성분을 날린 후, 토마토소스(70㎖)와 오리고기 브로도(p.255)를 자작하게 부어 1시간 동안 끓인다.

3 오리고기를 건져서 작게 깍둑썰기하고, 국물에 다시 넣어 섞는다.

마무리

1 끓는 소금물에 스트라파타를 넣고 5분 동안 삶는다.

2 오리 내장(간, 심장, 모래집)을 넣고 E.V. 올리브유에 볶아서 자른다.

3 오리고기 라구소스(1인분 70㎖)를 필요한 만큼 냄비에 담고, 마르살라를 넣어 데운다. 볶은 내장 적당량과 잘게 자른 로즈메리, 세이지를 넣어 섞는다.

4 스트라파타를 넣고 버무린 다음, 페코리노 로마노 치즈와 그라나 파다노 치즈를 넣어 버무린다.

5 접시에 담고 굵게 다진 이탈리안 파슬리, 페코리노 로마노 치즈, 그라나 파다노 치즈를 뿌린다.

코르체티 Corzetti

코르체티(스탬프형)

리구리아주 제노바 동쪽의 레반트(동리비에라)라고 불리는 지역의 파스타. 스탬프식 틀로 둥글게 찍어낸 다음, 양면에 스탬프로 무늬를 만든다. 어원은 '크록세티(croxetti)'로, 중세시대에 종교행사나 축제 때 식탁에 올리기 위해 코르체(십자가) 무늬를 만든 것에서 붙여진 이름이라는 설이 유력하다. 스탬프는 크게 변하지 않았지만, 무늬는 종교적인 것, 귀족 가문의 문장, 화초 무늬 등 여러 가지가 있다.

지름 5.5cm

065 Corzetti stampati con coniglio e olive taggiasche
토끼고기와 타자스케 올리브로 버무린 스탬프 코르체티

Koike

스탬프로 무늬를 만든 원형 파스타

코르체티는 스탬프 무늬를 선명하게 찍는 것이 포인트로, 보기에 좋을 뿐만 아니라 소스가 잘 묻는다. 선명한 무늬를 만들기 위해서는 반죽을 탄력 있게 만들어야 한다. 이 요리는 리구리아주를 대표하는 재료인, 포넨테(서리비에라) 지역에서 유명한 타자스케 올리브와 평지가 적은 땅에서도 기를 수 있는 토끼고기를 심플하게 졸여서 소스로 만들었다.

065

코르체티 배합
[만들기 편한 적당량]

00밀가루(Marino 제품) 350g
세몰리나 밀가루(De Cecco 제품) 150g
물 200g
E.V. 올리브유(타자스케종) 10g
소금 5g

코르체티

1 완성된 반죽을 파스타머신으로 2mm 두께로 민다.
2 코르체티용 스탬프로 반죽을 둥글게 찍어낸 다음, 스탬프의 무늬가 있는 면 위에 올린다. 스탬프를 세게 눌러 양면에 무늬를 찍는다.(성형 → p.63)

토끼고기 조림

1 토끼 다릿살(4장)을 작게 깍둑썰기한 다음, 소금과 고수파우더를 뿌린다.
2 으깬 마늘, 타임, 마조람, 바질을 E.V. 올리브유에 볶다가 향이 나면 모두 꺼낸다. 에샬로트를 다져서(1개 분량) 넣고 단맛이 날 때까지 볶는다.
3 토끼고기를 넣고, 화이트와인을 부어 알코올 성분을 날린다. 토끼 브로도(1ℓ)를 넣고, 30분~1시간 정도 졸인다.

마무리

1 코르체티(1인분 7장)를 끓는 소금물에 넣고 5~6분 동안 삶는다.
2 씨를 제거한 블랙 올리브(타자스케종 / 1인분 3~4개), 식초에 절인 케이퍼(1꼬집), 잣(1꼬집), 편썰기한 새송이버섯(1/4개 분량)을 E.V. 올리브유에 볶은 다음, 토끼고기 조림(30㎖)을 넣는다.
3 코르체티를 넣어 버무린다. 그라나 파다노 치즈를 조금 뿌리고, E.V. 올리브유를 넣어 버무린다.
4 접시에 담고 손으로 찢은 바질과 그라나 파다노 치즈를 뿌린다.

Point

조릴 때 토끼뼈를 넣으면 감칠맛이 빨리 우러나는 효과가 있다. 또는 토끼뼈로 브로도를 만들어서 사용해도 좋다.

066 *Corzetti con carciofi e gamberi*
카르초피와 새우소스 코르체티

코르체티(스탬프형)
p.140과 마찬가지로 스탬프로 무늬를 만든 원형 파스타로, 무늬가 다른 스탬프로 찍으면 다양한 무늬를 만들 수 있다.

지름 5.5㎝

해산물과 카르초피로 리구리아주의 특색을 살린 조합

리구리아주의 특산물인 카르초피를 조합하여, 그 지역의 특색이 느껴지는 요리로 완성하였다. 이탈리아에서는 카르초피를 해산물에 곁들이는 것이 일반적이므로 여기서는 새우를 사용하였는데, 잘 어우러지도록 작게 잘라서 사용하였다. 이탈리아 북부요리는 버터를 사용하는 경우가 많지만, 리구리아주는 세계적으로 유명한 올리브유 산지이므로 올리브유를 사용하였다. 카르초피&새우 소스에는 올리브유의 산뜻한 풍미가 잘 어울린다.

Nishiguchi

066

코르체티 배합
[만들기 편한 적당량. 1인분 60g]

00밀가루(Marino 제품) 800g
세몰리나 밀가루(Marino 제품) 200g
달걀노른자 8개 분량
달걀 5개
퓨어 올리브유 조금

코르체티
1 완성된 반죽을 파스타머신에 넣고 3㎜ 두께로 민다.
2 코르체티용 스탬프로 원형으로 찍어낸 다음, 스탬프의 무늬가 있는 면 위에 올린다. 스탬프를 세게 눌러서 양면에 무늬를 만든다.(성형 → p.63)

카르초피와 새우소스
1 카르초피(1인분 1개)를 밑손질하여 얇게 편 썰기한다. 레몬을 넣은 물에 담가둔다.
2 새우(천사새우 3마리)의 머리, 껍질, 다리를 분리하고 새우살을 작게 자른다.
3 으깬 마늘을 퓨어 올리브유에 볶다가 향이 나면 마늘을 꺼낸다. 얇게 썬 카르초피를 넣어 센 불로 볶는다. 카르초피 퓨레(p.133 '채소 라구소스' 참조. 30g)를 넣은 다음 불을 끄고, 파스타 면수를 조금 넣는다.
4 새우를 넣고, 다진 파슬리와 E.V. 올리브유를 넣어 버무린다. 남은 열로 새우를 익힌다.

마무리
1 코르체티(1인분 약 10장)를 끓는 소금물에 넣고 3~4분 동안 삶는다.
2 카르초피와 새우소스를 데우고(1인분 100g), 코르체티를 넣어 버무린다.
3 접시에 담고 E.V. 올리브유를 뿌린다.

067 Corzetti alla polceverasca al ragù di vitello con ceci

송아지고기와 병아리콩 라구소스로 버무린 폴체베라풍 8자형 코르체티

길이 5cm

코르체티(8자형)

앞에 나온 스탬프형 코르체티와 같은 이름이지만, 여기서는 평평한 8자 모양으로 성형하였다. 이것은 리구리아주 중에서도 제노바를 둘러싸고 있는 폴체베라 계곡의 독자적인 파스타이다. 병아리콩 크기의 반죽을 당기거나, 쥐거나, 비트는 등 여러 가지 성형 방법이 있지만, 여기서는 손가락으로 양끝을 누른 다음 비틀어서 성형하였다. 가운데 부분까지 고르게 익고 효율적으로 작업할 수 있도록, 반죽은 부드럽게 만드는 것이 좋다. 이탈리아에서는 건면도 유통되고 있다.

Koike

지역의 대표적인 특산물이 들어간 독특한 8자형 파스타

제노바의 대표적인 요리인 '치마(cima)'는 송아지고기를 주머니모양으로 만든 다음, 송아지고기로 만든 파테를 채워서 삶는 요리이다. 그만큼 이 지역에서는 송아지 요리를 많이 먹는다. 소 사육에 적당한 지역은 아니지만, 이웃한 피에몬테주와의 교역의 영향이라고 할 수 있다. 반면 병아리콩은 제노바가 해양왕국으로 명성을 떨치던 시대에 들어와 정착된 곡물이다. 지금은 그 지역의 대표적인 특산품이 된 2가지 재료로 조림을 만들고 보기 힘든 8자모양의 코르체티를 조합하여, 리구리아주의 요리를 제대로 맛볼 수 있다.

067

코르체티 배합
[만들기 편한 적당량. 1인분 50g]

00밀가루(Molini 제품) 350g
세몰리나 밀가루(Caputo 제품) 150g
달걀노른자 2개 분량
물 180g
소금 5g

코르체티
1 완성된 반죽을 조금 덜어서 1㎝ 지름의 막대 모양으로 만들고, 2㎝ 너비로 자른다.
2 자른 면이 아래위가 되도록 놓고, 양손의 엄지와 검지로 잡고 누르면서 좌우로 조금 당긴다. 한 쪽을 뒤로 비틀어 8자 모양을 만든다.(성형 → p.62)

송아지고기와 병아리콩 라구소스
1 병아리콩을 물로 씻어서 하룻밤 동안 물에 담가둔다. 물을 갈아준 다음 마늘, 세이지, 월계수잎, 소금을 넣고 부드러워질 때까지 30분 정도 삶는다.
2 송아지 어깨살(1㎏)을 1.5㎝ 크기로 깍둑썰기해서 소금을 뿌린다.
3 송아지고기를 E.V. 올리브유에 볶다가 색이 변하기 시작하면 소프리토(p.257 / 300g)를 넣어 섞는다. 화이트와인을 넣어 알코올 성분을 날리고 송아지 브로도(p.255)를 자작하게 부은 다음 부케가르니(월계수잎, 로즈메리, 타임, 마조람, 세이지, 에스트라곤) 1다발, 반달모양으로 자른 레몬 1조각을 넣고 1.5~2시간 동안 조린다.
4 병아리콩은 물기를 빼고 송아지고기 라구소스에 넣어 섞는다.

마무리
1 끓는 소금물에 코르체티를 넣고 12~13분 동안 삶는다.
2 송아지고기와 병아리콩 라구소스(1인분 약 1큰술)를 필요한 만큼 냄비에 담아 데운다. 코르체티를 넣어 섞는다. 수고 디 카르네(p.256)를 조금 넣고 버무려서 깊은 맛을 낸다.
3 접시에 담고 손으로 찢은 바질을 뿌린 다음, 갈아놓은 레몬껍질(레몬제스트)을 뿌린다.

파르팔레 Farfalle

길이 2~3cm

파르팔레
'나비'라는 의미로, 이름처럼 작은 나비 모양으로 만든 것이다. 일반적으로는 얇게 민 사각형 반죽의 가운데를 손가락으로 집어서 나비모양을 만들지만, 사진은 한쪽을 뒤로 비틀어서 만든 모양이다. 이탈리아에서 요리를 배웠던 곳에서 익힌 성형 방법으로, 가운데 부분이 두꺼워지지 않고 작업하기도 쉽다. 건면이 많이 유통되는 파스타이므로, 생면도 건면에 가깝게 씹는 느낌이 있는 배합으로 만들고, 육두구와 파르미자노 치즈로 풍미를 더하였다.

068 Farfalle con prosciutto e piselli

생햄과 완두콩을 넣은 크림소스 파르팔레

Nishiguchi

정통 크림소스로 버무린 나비모양 파스타
생햄과 완두콩을 넣은 정통 생크림소스로 버무린 파르팔레. 이 소스는 자칫 잘못 만들면 느끼해지므로, 생햄을 너무 많이 볶지 말고 생크림도 너무 많이 졸이지 않아야 부드럽고 깊은 맛이 있는 맛있는 소스가 된다. 얇고 작게 만든 파르팔레와 잘 어울린다.

068

파르팔레 배합
[만들기 편한 적당량. 1인분 70g]

00밀가루(Marino 제품) 300g
세몰리나 밀가루(Marino 제품) 200g
달걀노른자 5개 분량
물 125g
육두구 1꼬집
파르미자노 치즈 1큰술

파르팔레
1 완성된 반죽을 파스타머신으로 1㎜ 두께로 밀고, 물결모양 파이커터로 한 변이 3㎝ 정도 되는 사각형으로 자른다.
2 좌우를 잡고 한쪽을 뒤로 뒤집듯이 비틀어서 나비모양을 만든다. 가운데 부분을 눌러 얇게 만든다.(성형 → p.64)

크림소스
1 완두콩(2인분 50g)을 끓는 소금물에 넣고 부드럽게 데친다. 찬물에 담갔다 빼서 물기를 뺀다.
2 버터(40g)를 두른 프라이팬에 곱게 채썬 생햄(50g)을 넣고 향이 나도록 재빨리 볶은 다음 불을 끈다.
3 화이트와인(30㏄)을 부어서 끓인 다음 생크림(120㏄)을 넣는다. 거품이 반쯤 올라오기 시작하면 불을 끈다.
4 검은 후추를 뿌리고 완두콩을 넣어 섞는다.

마무리
1 끓는 소금물에 파르팔레를 넣고 8~9분 동안 삶는다.
2 크림소스(1인분 100g)를 데우고, 파르팔레를 넣어 실리콘주걱으로 저으면서 살짝 끓인다. 그라나 파다노 치즈를 뿌려서 살짝 섞은 다음 접시에 담는다.

Point
생햄을 바삭하게 볶으면 감칠맛과 향이 없어지므로, 살짝 볶아야 한다. 볶지 않고 끓인 생크림에 직접 넣으면 맛이 부드러워진다.

스트리케티 Strichetti

길이 5.5cm, 너비 3.5cm

스트리케티
p.144처럼 파르팔레라는 이름으로 알려진 나비모양의 파스타이지만, 에밀리아로마냐주 모데나 일대에서는 예전부터 스트리케티라고 부른다. '묶다, 합치다' 등의 의미가 있는 '스트린제레(stringere)'의 방언에서 비롯된 이름으로, 반죽 가운데를 손으로 집어서 만든 데서 붙여진 이름이다. 참고로 스트리케티 중에는 정사각형의 마주보는 각 1쌍을 겉면에서 붙이고 다른 1쌍은 뒤로 돌려서 붙인 모양도 있다.

069 *Strichetti con grongo e funghi*

오렌지와 월계수로 향을 낸 붕장어와 버섯 스트리케티

붕장어 조림이 들어간 모데나의 나비모양 파스타

에밀리아로마냐주는 장어를 많이 먹는 지역으로, 장어를 사용하는 전통요리가 많이 있다. 그중 하나인 장어조림을 장어 대신 붕장어로 만들어서, 같은 지역의 파스타인 스트리케티의 소스로 사용하였다. 붕장어 조림은 토마토소스를 베이스로 버섯과 향미채소를 넣고 조린 것으로, 궁합이 잘 맞는 오렌지 껍질과 월계수잎으로 향을 살렸다.

Koike

069

스트리케티 배합
[만들기 편한 적당량. 1인분 40g]

00밀가루(Molini 제품) 250g
세몰리나 밀가루(De Cecco 제품) 150g
달걀노른자 4개 분량
물 125g
소금 4g

※ 일반적으로 달걀을 넣은 반죽을 사용하지만, 여기서는 달걀노른자로 달걀의 맛과 향을 내고, 나머지는 물로 수분을 조절하여 씹는 느낌과 쫄깃함을 모두 살렸다. 가운데의 두꺼운 부분이 잘 익도록 고려한 배합이다.

스트리케티
1 완성된 반죽을 파스타머신에 넣고 2mm 두께로 민 다음, 물결모양 파이커터와 칼로 5.5 × 3.5cm 직사각형으로 자른다.
2 마주보는 긴 변(직선)의 가운데를 각각 엄지와 검지로 잡고, 가운데에 산모양의 주름이 생기도록 양손가락으로 붙여서 나비모양으로 만든다.

붕장어 소스
1 붕장어(4마리)를 갈라서 내장, 뼈, 지느러미를 제거한다. 생선살에 소금, 후추를 뿌리고 뼈를 자르면서 토막낸다. 박력분을 뿌려서 버무린 다음 살짝 튀긴다.
2 으깬 마늘을 E.V. 올리브유에 볶다가 향이 나기 시작하면, 마늘, 양파, 셀러리를 각각 작게 깍둑썰기해서(총 200g) 넣고 볶는다.
3 풀어놓은 잎새버섯(1송이 분량)과 두툼하게 썬 양송이버섯(6개 분량)을 E.V.올리브유에 볶아서 2에 넣고, 토마토소스(140㎖), 마르살라 포도주(1컵), 붕장어 브로도(p.256)를 잠길 정도로 부은 다음 식초에 절인 케이퍼(약 1큰술)를 넣고 약한 불로 30분 정도 끓인다.
4 튀긴 붕장어를 넣고 15분 정도 끓인다. 붕장어살이 부스러지지 않고 붕장어의 풍미가 소스에 잘 배이도록 부드럽게 끓인다. 1~2일 동안 냉장고에 넣어둔다.

마무리
1 끓는 소금물에 스트리케티를 넣고 8분 동안 삶는다.
2 붕장어 소스(1인분 30㎖)를 필요한 만큼 데우고, 월계수잎과 갈아놓은 오렌지껍질을 넣는다. 토마토소스와 파스타 면수를 조금씩 넣어 농도를 조절한다.
3 스트리케티를 넣어 버무린다.
4 접시에 담고 굵게 다진 이탈리안 파슬리를 뿌린다.

노케테 Nocchette

오징어먹물 노케테

'작은 나비넥타이', '작은 리본'이라는 의미로, 원형 반죽의 마주보는 양끝을 붙여서 나비넥타이 모양으로 만든 파스타. 구멍이 생겨서 파르팔레(p.144)와 파케리(p.118)의 중간쯤 되는 모양이 된다. 연질밀가루와 달걀로 만든 반죽으로, 여기서는 오징어먹물을 넣고 반죽하였다. 크기도 자유롭게 변형할 수 있다.

긴 지름 3cm

070 Nocchette al nero di seppia ai gamberi

새우 소스와 오징어먹물 노케테

Sugihara

튜브가 된 나비넥타이 모양의 파스타

감칠맛이 진하고 심플한 새우소스로 버무린 노케테. 나폴리에서 요리를 배울 때 한 고급 레스토랑에서 제공하던 오리지널 요리로, 그대로 재현하여 제공하고 있다. 탱탱한 살이 가득한 새우와 부드러운 노케테의 궁합도 좋지만, 새우 내장의 깊은 맛과 오징어먹물의 풍미도 궁합이 잘 맞는다. 오징어먹물의 향을 좀 더 강하게 살리려면 소스에도 오징어먹물을 넣으면 효과적이다.

070

노케테 배합
[만들기 편한 적당량. 1인분 90g]

00밀가루(Caputo 제품) 500g
달걀 1개
물 150g
오징어먹물 15g
E.V. 올리브유 15g

노케테

1 모든 재료를 잘 반죽하여 랩으로 싼 다음, 냉장고에서 하룻밤 휴지시킨다.
2 완성된 반죽을 파스타머신에 넣어 1.5~2mm 두께로 밀고, 지름 3cm 원형틀로 찍는다. 마주보는 양쪽 끝부분을 붙인 다음, 주머니모양이 된 부분에 손가락을 넣어 평평하게 모양을 잡는다. (성형 → p.58)
3 반죽이 부드럽기 때문에 트레이 위에 올려놓고 서로 들러붙지 않을 정도로 살짝 말린다.(바로 조리하지 않을 경우에는 건조 후 냉동한다)

새우 소스

1 마늘과 홍고추를 E.V. 올리브유에 볶아서 향이 나면 새우(홍다리얼룩새우 등 5마리 분량)를 머리째 넣고 향이 나도록 소테한다.
2 다진 이탈리안 파슬리와 통조림 방울토마토(3~4개 분량)를 넣고, 블랜디를 넣는다. 알코올 성분을 날리고, 생선 브로도(p.258 / 80cc)를 넣어 한소끔 끓인다.
3 새우를 건져서 머리와 껍질을 제거한 다음, 새우살을 한입크기로 잘라둔다. 머리는 소스에 다시 넣어 나무주걱으로 으깨서 내장이 나오게 한다. 살짝 끓인 다음 체에 내린다.

마무리

1 끓는 소금물에 노케테를 넣고 1~2분 동안 삶는다.
2 새우 소스(1인분 90㎖)를 데우고 새우살과 노케테를 넣어 버무린다.
3 접시에 담고 다진 이탈리안 파슬리를 위에 뿌린다.

응용하기

파스타 반죽이 부드러워서 볼락이나 새우 등을 사용한 부드러운 풍미와 식감이 있는 소스와 잘 어울린다. 감칠맛이 진한 바지락이나 오징어, 문어 등 씹는 맛이 강한 재료는 노케테와 어울리지 않는다.

로리기타스 Lorighittas

로리기타스
사르데냐주 서부의 오리스타노 주변에서 시작된 파스타로, 이탈리어로 '반지'라는 뜻이 있다. 가는 막대기모양 반죽을 2중으로 겹쳐서 비틀었다. 기본재료는 세몰리나 밀가루와 물이지만, 여기서는 만들기 쉽게 00가루를 더하고 수분을 조금 더 넣어서 부드럽고 밀기 쉬운 반죽으로 만들었다. 크기는 작지만 이중으로 만든 링이 꼬여 있어서 씹는 느낌이 있고 소스도 잘 묻는다.

긴 지름 3~4cm

071 Lorighittas con la pasta di salsiccia delle selvaggine da penna

야생조류 살시차 토마토조림과 로리기타스

Koike

사르데냐주의 반지모양 파스타

사르데냐섬은 언덕이 많은데 중앙부의 산악지대에는 야생동물이 많이 서식하고 있어서, '자고새고기 조림'도 자주 먹는 요리 중 하나이다. 여기서는 자고새 외에 뇌조와 꿩고기도 넣고 조려서 로리기타스의 소스로 사용하였다. 고기는 갈아서 펜넬, 시나몬, 레드와인을 넣어 향을 더한 다음, 살시차를 만들어서 토마토로 조렸다. 자고새의 가슴살은 담백하지만 다릿살은 근육질로 독특한 쓴맛과 떫은맛이 있으며, 뇌조와 꿩고기도 넣어서 개성 있는 소스를 만들었다.

071

로리기타스 배합
[만들기 편한 적당량. 1인분 50g]

세몰리나 밀가루(Caputo 제품) 250g
00밀가루(Caputo 제품) 250g
미지근한 물 230g
소금 5g

로리기타스
1 완성된 반죽을 조금 덜어서 작업대 위에 올린 다음, 굴려서 가늘고 길게 민다. 지름 3mm 정도로 만든다.
2 손가락 3개에 이중으로 감은 다음 여분의 반죽을 잘라낸다.(길이 22cm 정도) 양끝을 손가락으로 집어서 붙이고, 링의 좌우를 잡고 같은 방향으로 5번 정도 꼬아준다.(성형 → p.59)

살시차 속재료
1 자고새(붉은색과 회색 2종류), 뇌조, 꿩(총 1kg) 고기를 모두 다진다. 소금, 후추, 펜넬씨, 고수파우더, 시나몬파우더, 레드와인, 그래뉴당(각 적당량)을 넣고 반죽한다. 냉장고에 넣어 하룻밤 재운다.

마무리
1 끓는 소금물에 로리기타스를 넣고 10분 동안 삶는다.
2 살시차 속재료를 한입크기로 동그랗게 뭉쳐서 E.V. 올리브유에 볶는다. 화이트와인을 뿌리고, 토마토소스(약 1큰술), 씨를 제거한 그린 올리브(4개)를 넣어 10분 정도 끓인다.
3 로리기타스를 넣고 버무려서 접시에 담은 다음, 페코리노 사르도 치즈를 뿌린다.

응용하기
심플한 소스나 고기류를 넣은 맛이 강한 소스에도 모두 무난하게 잘 어울린다. 토마토소스나 해산물 소스도 좋다.

트로피에 Trofie

길이 5~7㎝

트로피에
리구리아주에서 가장 유명한 쇼트파스타. 시작은 중세시대로, 배 위에서 요리사가 파스타를 반죽할 때 손에 붙은 가루를 양손으로 비벼서 떨어뜨린 것에서 유래되었다는 설이 유력하다. 해양국가였던 제노바다운 이야기이다. 가늘고 짧은 뱅어모양이지만, 막대모양에 가까운 것, 손가락 자국이 올록볼록한 것, 사진과 같이 나선모양으로 비튼 것 등 여러 가지로 응용할 수 있다. 나선모양은 레코지역에서 만들던 방법으로, 가는 반죽을 작업대 위에 굴려서 모양을 만든다.

072 Trofie al pesto genovese con pesce
페스토 제노베세와 나선모양 트로피에

Koike

리구아주에서 가장 유명한 비틀어서 만든 트로피에

리구리아주의 파스타소스라면 바질로 만든 페스토 제노베세가 가장 먼저 떠오를 것이다. 요즘은 믹서로 부드럽게 만드는 방법을 주로 사용하지만, 일부러 대리석 막자사발에 빻은 것처럼 굵게 갈아서 향을 살려 트로피에와 조합한다. 꼬투리강낭콩과 감자를 넣는 것이 전통적이고 대중적이지만 여러 가지로 응용할 수 있다. 여기서는 흰살생선과 타자스케종 올리브를 곁들였다.

072

트로피에 배합
[만들기 편한 적당량. 1인분 50g]

강력분(도쿄제분 '수퍼마나슬') 500g
물 240g
화이트와인 식초 5g
소금 5g

※ 반죽재료에 식초를 넣는 이유는 글루텐의 힘을 억제하여 밀기 쉬운 반죽을 만들기 위해서이다. 너무 무르거나 단단하지 않아서 트로피에 모양이 잘 만들어진다.

※ 마찰이 큰 나무작업대를 사용하면 만들기 쉽다. 또한 반죽 가운데에서 방향을 살짝 돌려서 균형이 안 맞는 나선모양을 만들어도 좋다.

트로피에
1 완성된 반죽을 조금 덜어서 지름 1㎝ 막대모양을 만든 다음, 1㎝ 길이로 자른다. 1개씩 굴려서 가늘고 긴 뱅어모양으로 만든다.
2 반죽을 가로로 놓고, 손바닥을 세워서 올린 다음 반죽을 오른쪽에서 왼쪽방향으로 아래위로 굴려서 나선모양을 만든다.(성형 → p.63)

조개 밑손질
1 블랙 올리브(타자스케종 / 1인분 5개)는 씨를 제거하고, 과육은 15분 동안 물에 담가둔 다음 물기를 뺀다.
2 꼬투리강낭콩(3개)은 심을 제거하고 먹기 좋은 길이로 자른다. 꼬투리완두(1개)도 심을 제거한다.
3 성대(30g)를 작게 자르고, 소금을 뿌린 다음 E.V. 올리브유에 볶는다.

마무리
1 끓는 소금물에 트로피에를 넣고 10분 동안 삶는다. 중간에 꼬투리강낭콩과 꼬투리완두를 넣고 적당히 삶아서 물기를 뺀다.
2 볶은 성대에 생선 브로도(p.256)를 넣고 데운다. 트로피에를 넣고 버무린 다음 페스토 제노베세(p.256 / 1인분은 약 1큰술)를 넣어 버무린다.
3 꼬투리강낭콩, 꼬투리완두, 블랙 올리브를 넣고 버무린 다음 접시에 담는다.

스트리골리 Strigoli

길이 약 5cm

스트리골리
p.148 트로피에의 한 종류로, 짧은 막대모양의 반죽을 나선모양으로 감은 것이다. 어떤 파스타 회사가 건면 트로피에에 독자적인 상품명을 붙이기 위해 '스트린고(구두끈)'처럼 보인다고 해서 지은 이름이 시초가 되었다고도 한다. 개인적으로는 이탈리아 중부에서 남부 사이의 지역에서 수제 스트리골리를 사용하는 것을 많이 보았다. 여기서는 나의 방식으로 응용하여 글루텐이 많은 밀가루(강력분)를 달걀흰자로 반죽하고 팔레트나이프로 나선모양을 만들었다.

073 *Strigoli ai frutti di mare in sapore di peperone*

해산물과 피망 풍미의 달걀흰자로 반죽한 스트리골리

Koike

강력분을 달걀흰자로 반죽한 나선모양 파스타

조개류와 보리새우를 찌듯이 끓이고 붉은 피망 퓌레와 사프란을 넣어 향이 좋은 소스를 스트리골리와 조합하였다. 가장 인상적이었던 스트리골리 요리로, 아브루초주의 바닷가 마을에서 처음 접했다. 해산물의 감칠맛이 잘 배어들고, 특산물인 사프란의 향을 살려서 특색 있게 완성하였다.

073

스트리골리에 배합
[만들기 편한 적당량. 1인분 50g]

00밀가루(Caputo 제품) 300g
달걀흰자 2.5개 분량
물 적당량
소금 3g

※ 달걀흰자로 반죽하면 반죽이 더 하얗게 되고, 익은 후에는 싹둑 잘라지는 특유의 식감이 생긴다.

스트리골리
1 완성된 반죽을 조금 덜어서 지름 5mm 막대모양을 만든 다음, 6cm 길이로 자른다. 양끝을 누르고 다시 굴려서 양끝을 가늘게 만든다.
2 반죽을 가로로 길게 놓고, 팔레트나이프를 오른쪽에 올린 다음 왼쪽 앞으로 세게 누르면서 밀어서 나선모양을 만든다.

붉은피망과 해산물 소스
1 붉은 피망 퓌레를 만든다. 붉은 피망(4개 분량)의 꼭지와 씨를 제거하고 듬성듬성 자른다. 으깬 마늘과 함께 E.V. 올리브유에 천천히 볶은 다음, 뚜껑을 덮어 부드럽게 찌듯이 굽는다. 믹서로 갈아 퓌레를 만든다.
2 다진 마늘과 홍고추를 E.V. 올리브유에 볶다가 향이 나면 해산물(바지락 3개, 백합 2개, 고둥 1개, 보리새우 1마리가 1인분)을 넣어 볶는다. 기름이 돌면 물을 조금 넣고 뚜껑을 덮어 찌듯이 끓인다.
3 조개껍질이 벌어지면 해산물을 모두 꺼내고, 바지락과 백합은 껍질을 벗겨낸다. 보리새우는 머리와 꼬리를 남긴 채, 배부분의 껍질을 벗긴다. 국물은 그대로 남겨둔다.
4 3의 국물에 붉은 피망 퓌레(약 1큰술), 사프란파우더, 으깬 방울토마토(5개 분량)를 넣고 끓인다. 3의 해산물을 다시 넣고 데운다.

마무리
1 끓는 소금물에 스트리골리를 넣고 15분 동안 삶는다.
2 붉은 피망과 해산물 소스로 버무린다.
3 접시에 담고 굵게 다진 이탈리안 파슬리를 뿌린다.

※ 붉은 피망의 조리방법은 캄파니아주의 산간마을에서 배운 방법이다. 보통은 껍질을 벗기지만, 껍질째 찌듯이 구워서 진한 퓌레를 만들면 독특한 단맛과 향을 살릴 수 있다. 매장에서는 진공상태로 포장한 다음 냉동보관하며, 아브루초주 일대의 요리에 자주 활용한다.

프 로 를 위 한 파 스 타 의 기 술

생파스타_만두형

ALL THAT PASTA

라비올리 Ravioli

1변 = 5~6cm

라비올리
대표적인 만두형 파스타로, 비슷한 종류의 만두형 파스타를 통틀어 부르는 이름이기도 하다. 보통은 5~6cm 정사각형, 삼각형, 원형, 반원형 등으로 만들어서, 고기, 해산물, 채소, 콩, 치즈 등 여러 가지 재료로 만든 소를 채운다. 지역에 따라 '아뇰로티(p.159)'나 '토르텔리(p.158)' 등 고유의 이름으로 부르는 것도 있다. 여기서 소개하는 라비올리는 00밀가루와 달걀로 만든 반죽에 리코타를 채운, 기본적인 라비올리이다.

리코타 치즈 등 여러 가지 치즈로 소를 만든 라비올리

074 Ravioli con sciurilli
주키니와 주키니꽃으로 버무린 라비올리

나폴리는 채소가 풍부하며, 그중에서도 주키니는 인기가 높은 채소이다. 내가 요리를 배울 때는 일본에 비해 파격적으로 저렴한 가격이었고, 봄철에는 무료로 꽃까지 얻을 수 있었다. 냄비 가득 잘게 자른 주키니를 넣고 재료의 수분만으로 찌듯이 익히면, 뚜껑을 여는 순간 향긋한 냄새가 코를 찌른다. 그 감동을 라비올리 소스로 재현하였다. 이 요리의 이탈리아 이름인 '시우릴리(sciurilli)'는 나폴리 방언으로 꽃이 붙어 있는 주키니라는 뜻이다.

Sugihara

074

라비올리 반죽 배합
[만들기 편한 적당량]

00밀가루(Caputo 제품) 100g
달걀 1개
E.V. 올리브유 조금
소금 조금

리코타를 넣은 소
[만들기 편한 적당량. 1개 분량은 약 1작은술]

| 리코타(우유) 치즈 250g |
| 달걀노른자 1개 분량 |
| 파르미자노 치즈 10g |
| 페코리노 로마노 치즈 8g |
| 소금·검은 후추 적당량씩 |

라비올리
● 소
1 리코타 치즈에 달걀노른자, 파르미자노 치즈, 페코리노 로마노 치즈, 소금, 검은 후추를 넣고 잘 섞는다.
● 성형
1 완성된 반죽을 파스타머신에 넣고 두께 1mm 이하로 얇게 민다. (크기는 적당히)
2 소를 짤주머니에 넣고, 반죽 위에 5~6mm 간격으로 1줄로 짠다. 소 주변에 물을 바르고 다른 반죽을 덮는다. 소 주변을 눌러서 공기를 빼내고 반죽을 밀착시킨다.
3 5~6cm 크기의 정사각형으로 자른다.

주키니찜
1 꽃이 붙어 있는 주키니(10개)를 열매는 두께 5mm 정도의 반달모양으로 썰고, 꽃은 단단한 부분을 제거한다.
2 다진 양파(1/2개 분량)를 E.V. 올리브유에 볶아서 부드러워지면, 썰어놓은 주키니와 바질잎, 소금을 넣고 뚜껑을 덮어 부드러워질 때까지 찌듯이 끓인다.
3 익으면 주키니 꽃을 넣고 살짝 익힌다.

마무리
1 끓는 소금물에 라비올리(1인분 5개)를 넣고 2~3분 동안 삶는다.
2 라비올리에 E.V. 올리브유와 파르미자노 치즈를 넣어 버무린 다음, 주키니찜(약 2큰술)을 넣어 다시 버무린다.
3 접시에 담고 파르미자노 치즈를 뿌린다.

Point
주키니찜에 꽃을 넣어서 꽃의 풍미를 살릴 수 있게 만든 레시피이다. 꽃이 없는 가을, 겨울에는 양파 대신 마늘을 사용하고, 삶은 라비올리를 E.V. 올리브유로 버무릴 때도 버터를 넣으면 깊은 맛을 낼 수 있다.

응용하기
이 라비올리는 심플한 토마토소스나 나폴리풍 라구소스와도 잘 어울린다.

075 *Ravioli di melanzane e scamorza affumicata*

가지와 훈제 스카모르차 치즈를 채운 라비올리

라비올리

00밀가루와 세몰리나 밀가루를 달걀과 올리브유로 반죽한 매장에서 사용하는 기본 반죽으로 국화모양으로 성형했다. 라비올리의 소는 2종류의 가지를 각각 퓌레와 구이로 만든 다음, 이탈리아 남부의 훈제 치즈와 섞었다.

지름 5.5㎝

가지튀김 퓌레를 채운 국화모양 라비올리

가지는 기름으로 요리하면 감칠맛이 한층 더해지는 채소이다. 바로 이 맛을 이용한 현대식 라비올리. 특히 기름과 궁합이 잘 맞는 쌀가지로 퓌레를 만들고, 식감에 악센트를 주기 위해 긴가지를 구워서 섞었다. 또한 가지는 주로 이탈리아 남부에서 먹기 때문에, 남부의 특산품인 스카모르차 치즈를 넣어 이탈리아 남부의 색깔을 강하게 표현하였다. 소스는 알리오 올리오 풍미로 볶은 토마토로, 여름철에 어울리는 산뜻한 맛이다.

Nishiguchi

075

라비올리 반죽 배합
[만들기 편한 적당량]

00밀가루(Marino 제품) 800g
세몰리나 밀가루(Marino 제품) 200g
달걀노른자 8개 분량
달걀 5개
퓨어 올리브유 조금

가지와 치즈를 넣은 소
[만들기 편한 적당량]

| 쌀가지·스카모르차 아푸미카타(이탈리아 남부의 훈제치즈)·그라나 파다노 치즈·중력분·식용유·소금·검은 후추·긴가지·소금·퓨어 올리브유 적당량씩 |

※ 가지는 개체에 따라 수분 함유량 등이 다르므로, 치즈나 밀가루의 분량을 적당히 조절해야 한다.

※ 만두형 파스타를 성형할 때는 먼저 소의 주변을 눌러서 공기를 빼고 틀로 찍어내거나 자른 다음, 다시 한 번 눌러서 반죽 두께를 얇게 만드는 것이 중요하다. 개수가 많아도 성형은 한 사람이 담당하는 것이 좋은데, 그렇지 않으면 모양, 크기, 두께가 달라지기 때문이다. 또한 삶는 작업도 성형을 담당해서 반죽의 상태를 아는 사람이 하는 것이 기본이다. 겨울철에는 반죽이 빨리 마르기 때문에, 특히 빠른 속도로 만드는 것이 중요하다.

라비올리
● 소
1 쌀가지로 퓌레를 만든다. 가지의 껍질을 벗겨 듬성듬성 자른 다음, 소금을 뿌리고 누름돌을 올려 하룻밤 둔다.
2 가지의 수분과 떫은맛을 짜낸 다음, 중력분을 뿌리고 200℃ 정도의 기름에 넣어 튀긴다.
3 푸드프로세서로 퓌레를 만들어서 식힌다. 스카모르차 아푸미카타 치즈를 다져서 넣고, 그라나 파다노 치즈, 소금, 검은 후추를 넣어서 잘 섞는다.
4 긴가지를 그릴에 굽는다. 긴가지의 껍질을 벗겨서 1㎝ 너비로 둥글게 썬 다음, 소금을 뿌린 철판에 올리고 그 위에 다시 소금을 뿌린다. 20분 정도 두어서 수분과 떫은맛을 제거하고, 키친타월로 수분을 닦아낸다.
5 퓨어 올리브유를 뿌리고 그릴에 구운 다음, 1장을 4등분한다.

● 성형
1 완성된 반죽을 파스타머신에 넣고 두께 1㎜ 이하로 민다.(크기는 적당히)
2 반죽 전체에 물을 살짝 바른다. 쌀가지 퓌레를 짤주머니에 넣고, 6㎝ 간격으로 1줄로 짠다. 그릴에 구운 긴가지를 적당히 올린 다음 다른 반죽으로 덮는다.
3 소 주변을 눌러 공기를 빼고 반죽을 밀착시킨다. 지름 5.5㎝ 국화모양틀로 찍어낸다.

소스
1 으깬 마늘과 홍고추를 퓨어 올리브유에 볶다가, 마늘이 옅은 갈색으로 변하기 시작하면 홍고추와 같이 건져낸다.
2 작게 깍둑썰기한 토마토 적당량과 다진 이탈리안 파슬리를 넣어 따뜻해질 때까지 볶은 다음 소금을 뿌린다.

마무리
1 끓는 소금물에 라비올리(1인분 8개)를 넣고 2분 동안 삶는다.
2 소스에 파스타 면수를 조금 넣고 데운 다음, 라비올리를 넣어 버무린다. 그라나 파다노 치즈를 뿌려서 버무리고 접시에 담는다.

Point
일본 가지는 이탈리아 가지보다 풍미가 약하므로, 여러 종류를 사용하여 각각의 개성을 살리는 것이 좋다. 미국품종인 블랙뷰티 가지를 일본에서 개량한 쌀가지는 껍질이 단단하므로 벗겨서 튀기고, 껍질쪽의 향과 맛이 강한 긴가지는 껍질째 그릴로 굽는다.

076 Ravioli di ceci con polpa di germano reale

청둥오리 콩피로 버무린 병아리콩 라비올리

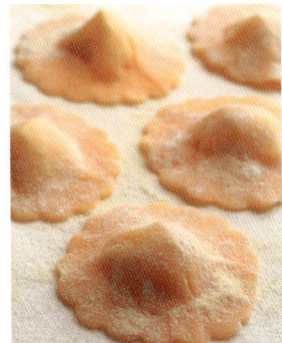

지름 5.5㎝

라비올리

반죽과 틀은 p.153의 라비올리와 같은 것으로, 00밀가루와 세몰리나 밀가루를 달걀과 올리브유로 반죽하여 국화모양틀로 찍어냈다. 소는 폴렌타풍으로 졸인 병아리콩 퓌레에 워시 타입 치즈인 탈레조를 섞었다.

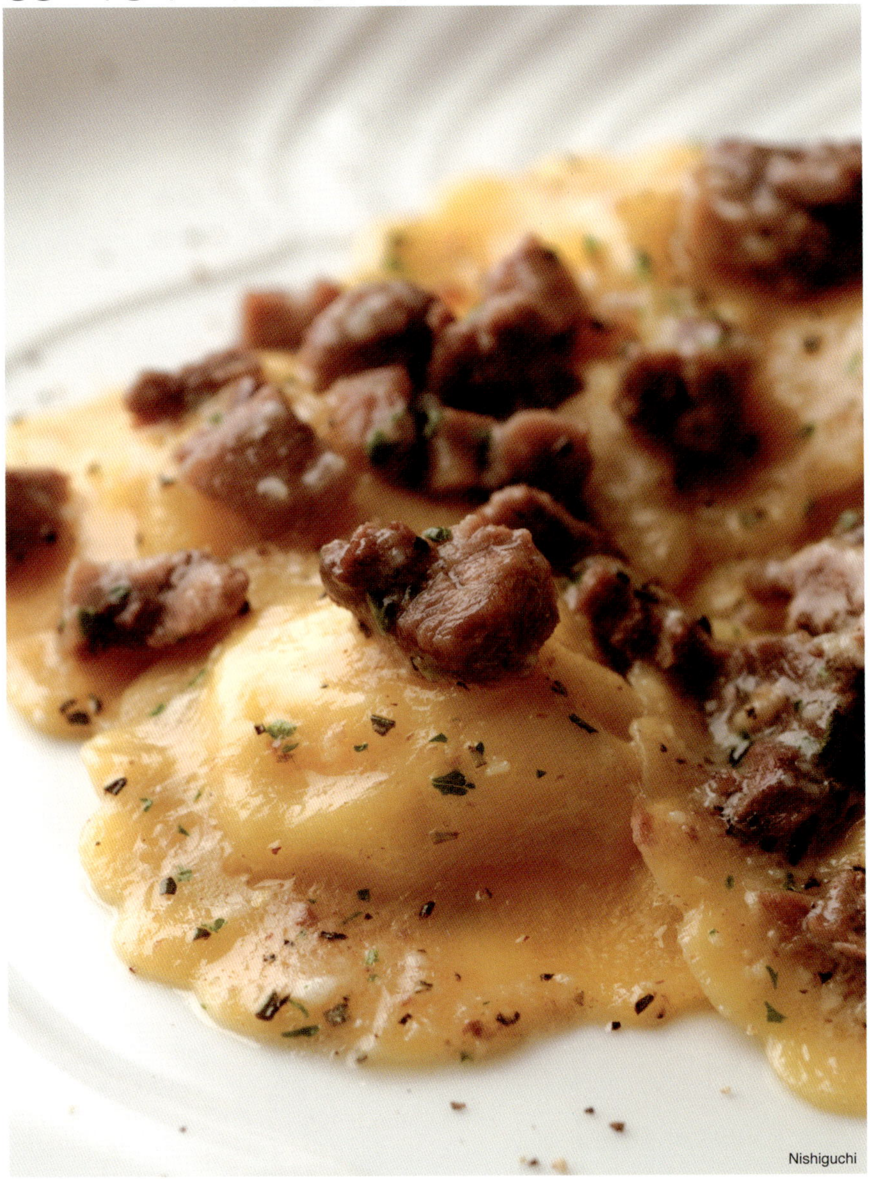

Nishiguchi

폴렌타풍 병아리콩을 채운 라비올리

이탈리아에서는 강낭콩 다음으로 병아리콩을 많이 먹는다. 콩을 그대로 넣는 요리 외에 가루를 내서 만드는 요리도 많은데, 콩가루를 사용하면 손쉽게 퓌레를 만들 수 있다. 여기서는 병아리콩 가루를 폴렌타처럼 익혀서 라비올리의 소로 사용하였다. 깊은 맛과 독특한 향, 부드러운 식감이 어우러져 라비올리의 소로 넣기에 더할 나위 없다. 또한 오리 다릿살로 콩피를 만들어서 소스로 사용하였다.

076

라비올리 반죽 배합
[만들기 편한 적당량]

00밀가루(Marino 제품) 800g
세몰리나 밀가루(Marino 제품) 200g
달걀노른자 8개 분량
달걀 5개
퓨어 올리브유 조금

병아리콩을 넣은 소
[만들기 편한 적당량]

● **병아리콩 퓨레**
병아리콩 가루 100g
물 400cc
소금 · 검은 후추 · 그라나 파다노 적당량씩
● **탈레조 치즈 적당량**

라비올리

● 소
1 냄비에 물을 끓여서 소금을 넣고, 병아리콩 가루를 넣는다. 폴렌타를 만드는 요령으로 덩어리지지 않도록 거품기로 잘 섞은 다음, 나무주걱으로 가끔씩 저어주면서 20분 동안 끓인다.
2 체에 내려 트레이에 담고, 남은 열을 식힌다.(푸드프로세서로 섞어도 좋다)
3 소금, 검은 후추, 그라나 파다노 치즈를 넣어 간을 맞춘다.

● 성형
1 완성된 반죽을 파스타머신에 넣고 두께 1㎜ 이하로 얇게 민다.
2 병아리콩을 넣은 소를 짤주머니에 넣고, 반죽 위에 6㎝ 간격으로 1줄로 짠다. 탈레조 치즈를 조금씩 잘라서 올린다. 반죽 가장자리에 물을 바르고, 반으로 접어서 소를 덮는다.
3 소 주변을 눌러 공기를 빼고 반죽을 밀착시킨 다음, 지름 5.5㎝ 국화모양틀로 찍어낸다.

오리고기 콩피
1 청동오리 다릿살(약 300g / 2인분 1개)은 뼈를 제거하고, 고기는 1㎝ 크기로 깍둑썰기해서 소금과 검은 후추를 뿌린다.
2 오리고기를 냄비에 넣고 식용유를 자작하게 부은 다음, 로즈메리와 마늘을 넣어 끓인다.
3 기름이 따뜻하게 데워지면, 닭고기 브로도(p.253 / 200cc)를 넣고 약한 불로 45분~1시간 정도 끓인다. 한김 식으면, 기름에 담근 채로 하루 정도 냉장고에 넣어둔다.

마무리
1 끓는 소금물에 라비올리(1인분 8개)를 넣고 3분 동안 삶는다.
2 프라이팬에 버터를 넣고 오리고기 콩피(1인분 약 70g)를 건져서 넣는다. 기름 아래에 고여 있는 수고(조림국물)도 조금 넣고 데운다.
3 라비올리를 넣어 버무리고, 다진 이탈리안 파슬리를 뿌려서 다시 버무린다.
4 접시에 담고 검은 후추를 뿌린다.

Point
오리고기 콩피를 1시간 이상 끓이면, 다릿살에 탄력이 없어지고 질겨지므로 너무 오래 끓이지 않는다. 또한 식어서 굳어진 기름 밑에 고여 있는 조림국물은 오리고기의 풍미가 응축된 것이므로 반드시 소스에 넣는다.

077 Ravioli di baccalà e piselli
바칼라와 완두콩 라비올리

지름 5.5cm

라비올리
반죽도 틀도 p.153의 라비올리와 같다. 00밀가루와 세몰리나 밀가루를 달걀과 물로 반죽한 다음 국화모양틀로 찍어내고, 마지막에 양옆을 손가락으로 집어서 모양에 변화를 주었다. 소는 이탈리아식 대구요리인 바칼라 만테카토와 완두콩 퓌레로 만들었다.

Nishiguchi

오 리 지 널 성 형 을 변 형 시 킨 라 비 올 리
라비올리의 성형은 정사각형이나 원형이 가장 쉽지만, 살짝 변형시키는 것만으로도 이미지나 식감이 새로워진다. 여기서 소개하는 라비올리도 작은 아이디어로 소를 안쪽으로 몰아서 만든 것이다. 소에 넣은 바칼라 만테카토는 매장에서는 항상 준비해두는 재료이기 때문에 손쉽게 사용할 수 있다. 완두콩과의 궁합도 매우 좋다. 또한 완두콩 퓌레에 버터를 섞어서 소스에도 넣었다.

077

라비올리 반죽 배합
[만들기 편한 적당량]

00밀가루(Marino 제품) 800g
세몰리나 밀가루(Marino 제품) 200g
달걀노른자 8개 분량
달걀 5개
퓨어 올리브유 조금

바칼라와 완두콩을 넣은 소
[만들기 편한 적당량]

| 바칼라 만테카토(p.254) 100g
| 완두콩(소스용 포함) 50g
| 소금 적당량
| E.V. 올리브유 15cc

라비올리

● 소
1 끓는 소금물에 완두콩을 넣어 부드럽게 데치고 물기를 뺀다. 삶은 물 조금과 E.V. 올리브유를 넣고 믹서로 갈아서 퓌레를 만든다. 식으면 소와 소스용으로 3:1의 비율로 나눈다.
2 바칼라 만테카토와 소에 넣을 완두콩 퓌레를 섞은 다음, E.V. 올리브유로 맛을 낸다.

● 성형
1 완성된 반죽을 파스타머신에 넣고 두께 1㎜ 이하로 얇게 민다.(크기는 적당히)
2 소를 짤주머니에 넣고 반죽 위에 6㎝ 간격으로 1줄로 짠다. 반죽 가장자리에 물을 바르고, 반으로 접어 소를 덮는다.
3 소 주변을 눌러서 공기를 빼고 반죽을 밀착시킨다. 지름 5.5㎝ 국화모양틀로 찍어낸 다음, 소의 양쪽에서 가운데로 살짝 몰아준다.

마무리

1 끓는 소금물에 라비올리(1인분 8개)를 넣고 3분 동안 삶는다.
2 프라이팬에 버터(1인분 30g)를 녹인 다음, 소스용 완두콩 퓌레(약 20g)를 넣어 따뜻하게 데운다.
3 라비올리를 넣고 버무려서 접시에 담는다.

토르텔리 Tortelli

가로세로 4~5cm

토르텔리
라비올리의 한 종류로, 이탈리아 중부~북부에 걸쳐서 사용하는 이름이다. 일반적으로 정사각형이 많지만, 삼각형, 원형, 반원형, 그리고 링모양으로 만든 것도 있다. 여기서 소개한 '단호박 토르텔리'는 단호박 재배가 활발한 롬바르디아주 만토바 지방의 전통요리로 르네상스 이전부터 만들어온 것으로 알려져 있으며, 지금도 크리스마스 이브에 빼놓을 수 없는 요리이다.

078 Tortelli di zucca alla mantovana

단호박 토르텔리

Nishiguchi

만토바 지방에서 크리스마스 이브에 먹는 파스타

소는 단호박 퓌레에 아몬드가루로 만든 아마레티(쿠키)와 육두구, 그라나 파다노 치즈를 섞은 것으로, 단맛, 쓴맛, 스파이시한 향이 섞여서 복잡한 풍미가 있다. 이탈리아에서는 머스터드 풍미의 채소시럽 조림인 '모스타르다(Mostarda)'도 넣지만, 여기에서는 구하기 어려워 사용하지 않았다. 그래서 육두구를 적게 넣고 단호박의 감칠맛과 단맛을 살린 레시피로 만들었다. 소스는 정통 세이지 풍미의 버터소스.

078

토르텔리 반죽 배합
[만들기 편한 적당량]

00밀가루(Marino 제품) 800g
세몰리나 밀가루(Marino 제품) 200g
달걀노른자 8개 분량
달걀 5개
퓨어 올리브유 조금

단호박을 넣은 소
[만들기 편한 적당량]

| 단호박 300g
| 아마레티 30g
| 육두구·그라나 파다노 치즈·소금·
| 검은 후추 적당량씩

※이 요리는 소의 맛이 달고 진하므로, 소의 양에 비해 반죽을 크게 만들어야 맛이 균형을 이룬다.

토르텔리
● 소
1 단호박은 8등분해서 알루미늄포일로 덮은 다음, 180℃ 오븐에 넣고 부드러워질 때까지 굽는다.
2 껍질을 잘라내고 과육을 체에 내린 다음, 곱게 빻은 아마레티, 육두구, 그라나 파다노 치즈, 소금, 검은 후추를 넣어 단단한 소를 만든다.
● 성형
1 완성된 반죽을 파스타머신에 넣고 두께 1mm 이하로 얇게 민다.(크기는 적당히)
2 소를 짤주머니에 넣고 반죽 위에 4~5cm 간격으로 1줄로 짠다. 다른 반죽으로 덮는다.
3 소 주변을 눌러서 공기를 빼고 반죽을 밀착시킨다. 물결무늬 커터로 4~5cm 크기의 정사각형으로 자른다.

마무리
1 끓는 소금물에 토르텔리(1인분 8개)를 넣고 1~2분 동안 삶는다.
2 버터(1인분 30g)와 세이지를 프라이팬에 넣어 녹인 다음, 토르텔리를 넣어 버무린다.
3 접시에 담고 그라나 파다노 치즈를 뿌린다.

아뇰로티 Agnolotti

가로세로 5cm

아뇰로티
라비올리의 일종으로, 피에몬테주 고유의 파스타이다. 원래는 동그란 모양이었지만, 지금은 버리는 부분이 적고 작업하기도 편한 사각형으로 만드는 경우가 많다. 어원에 대해서는 anèllo(반죽을 도려내는 원형 도구) 등 여러 가지 설이 있다. 또한 요리 이름의 '고비(gobbi)'는 혹을 의미하는데 속을 채운 모양이 혹같이 볼록하다는 뜻으로, p.160 아뇰로티 델 플린과 구별하기 위해 붙이는 것이다. 소박하지만 대접하기 좋은 요리이므로, 휴일이나 축제, 특히 크리스마스 식탁에 빠지지 않는다.

079 Agnolotti gobbi di fonduta e patate
폰두타와 감자를 채운 아뇰료티

Koike

피에몬테주의 치즈 라비올리
아뇰료티의 소는 감자와 2종류의 치즈로 만들었다. 피에몬테주 북부~발레다오스타주에 걸친 지역의 향토요리로 폰두타(치즈 퐁듀)에 사용하는 폰티나(fontina) 치즈와 라스케라(raschera) 치즈를 감자 퓌레에 섞어서 녹인 것이다. 소스는 피에몬테주 특산품인 토피낭부르(돼지 감자)를 넣은 세이지 버터. 라비올리의 소와 소스 모두 아뇰료티의 전형적인 조합 중 하나이다.

079

아뇰로티 반죽 배합
[만들기 편한 적당량]

00밀가루(Marino 제품) 400g
달걀 3개
달걀노른자 2개 분량
물 50g
소금 4g
E.V. 올리브유 5g

감자와 치즈를 넣은 소
[만들기 편한 적당량. 1개 분량은 1작은술]

감자 3개
폰티나 치즈 100g
라스케라 치즈 50g
우유 조금
소금 적당량

아뇰료티
● 소
1 감자는 껍질째 알루미늄포일로 싸서 230℃ 오븐에 1시간 정도 찌듯이 굽는다. 껍질을 벗겨서 체에 내린다.
2 감자를 냄비에 넣어 불에 올리고, 잘게 자른 폰티나 치즈와 라스케라 치즈를 넣고 섞으면서 녹인다. 우유를 넣어 농도를 맞추고 소금으로 간을 한다.
● 성형
1 완성된 반죽을 파스타머신에 넣고 두께 1mm 이하로 얇게 민다.(크기는 적당히)
2 소를 짤주머니에 넣고 반죽 위에 5cm 간격으로 1줄로 짠다. 반죽 가장자리에 물을 묻히고 반으로 접어 소를 덮는다.
3 소 주변을 눌러서 공기를 빼고 반죽을 밀착시킨다. 파이커터로 5cm 크기의 정사각형으로 자른다.

토피낭부르 소스
1 토피낭부르는 껍질을 제거하고 한입크기로 자른다.(1인분 여러 개)
2 으깬 마늘, 세이지, 버터를 불에 올리고 타지 않도록 볶다가, 향이 나면 토피낭부르를 넣어 볶는다.
3 채소 또는 닭고기 브로도, 파스타 면수를 넣고 유화시키면서 부드럽게 끓인다.

마무리
1 끓는 소금물에 아뇰료티(1인분 5개)를 넣고 5분 동안 삶는다.
2 토피낭부르 소스로 아뇰료티를 버무린다.
3 접시에 담고 그라나 파다노 치즈를 뿌린다.

Point
소에 수분이 많으면 모양이 깔끔하게 완성되지 않으므로, 감자는 찜기가 아니라 오븐으로 찌듯이 구워 조금 단단한 퓌레를 만든다. 한편 반죽은 밀기 쉽게 만들어서 아주 얇게 밀어야 볼록하게 솟은 혹모양을 제대로 만들 수 있다.

응용하기
소고기를 레드와인으로 졸인 소고기 브라사토(brasato)나 이탈리아의 전통 스튜인 볼리토 미스토(bollito misto)의 자투리 고기를 소로 사용하는 경우도 많다.

아뇰로티 델 플린 Agnolotti del plin

080 Agnolotti del plin al sugo d'arrosto

송아지고기와 근대를 넣은 아뇰로티 델 플린

1변 = 3cm

아뇰로티 델 플린

아뇰로티는 큰 만두형 파스타이지만 (p.159), 이름에 '델 플린(del plin)', 또는 '달 플린(dal plin)'이 붙으면, 가로세로 3cm 정도의 작은 것을 가리킨다. '플린(plin)'이란 피에몬테주의 방언으로 '집다'라는 의미인데, 손가락으로 반죽을 집어서 만드는 성형 방법에서 유래되었다. 크기가 작아 먹기도 편하고 삶는 데 걸리는 시간도 짧기 때문에, 이탈리아의 레스토랑에서는 연회메뉴에 빠지지 않는 요리이다. 일반적으로는 송아지고기, 토끼고기, 돼지고기 등을 채우지만, 채소나 치즈를 넣는 경우도 있다. 여기서는 송아지고기, 살시차, 근대를 넣었다.

Nishiguchi

반죽을 손가락으로 집어서 만드는 작은 만두형 파스타

만두형 파스타는 원래 구운 고기를 재활용하기 위해서 만들기 시작한 것으로, 잘 익은 고기를 사용하는 것이 기본이다. 아뇰로티 델 플린도 고기를 충분히 익혀 맛을 응축시킨 다음, 부드러운 페이스트로 만들어서 넣으면 한층 더 맛이 좋다. 여기서 소개하는 아뇰로 델 플린은 녹인 버터와 치즈로 버무리는 기본 레시피이지만, 악센트를 주기 위해 고기를 구울 때 배어나오는 육즙과 졸인 레드와인을 섞어서 뿌렸다.

080

아뇰로티 델 플린 반죽 배합
[만들기 편한 적당량]

00밀가루(Marino 제품) 800g
세몰리나 밀가루(Marino 제품) 200g
달걀노른자 8개 분량
달걀 5개
퓨어 올리브유 조금

송아지고기를 넣은 소
[만들기 편한 적당량]

송아지 다릿살(덩어리)	500g
살시차(p.255)	200g
근대(비에톨라)	300g
마늘	1톨
로즈메리	1줄기
화이트와인·닭고기 브로도·육두구· 그라나 파다노 치즈·식용유· 소금·검은 후추	적당량씩

아뇰로티 델 플린
● 소
1 송아지 다릿살은 힘줄을 제거하고, 소금과 검은 후추를 넉넉히 뿌린다.
2 식용유를 두른 냄비에 송아지고기와 살시차, 으깬 마늘, 로즈메리를 넣고 180℃ 오븐에 굽는다. 고기가 노릇해지기 시작하면 화이트와인과 닭고기 브로도(p.253)를 넣어 20분 동안 찌듯이 굽는다.
3 살시차는 익으면 꺼내고, 송아지고기는 20분 정도 더 굽는다. 상온에서 식혀 적당한 크기로 자른 다음, 살시차와 같이 푸드프로세서로 갈아서 페이스트를 만든다.
4 근대는 끓는 소금물에 넣어 데친 다음, 물기를 빼고 잘게 다진다.
5 근대와 고기 페이스트를 섞은 다음 송아지고기의 구운 육즙 조금, 육두구, 그라나 파다노 치즈, 소금, 검은 후추를 넣고 반죽한다.

● 성형
1 완성된 반죽을 파스타머신에 넣고 0.5㎜ 두께로 얇게 밀어서 적당한 크기로 자른다. (여기서는 40 × 20㎝)
2 반죽을 가로로 길게 놓고 앞쪽 가장자리에 물을 바른다. 소를 짤주머니에 넣고 앞쪽에서 2㎝ 들어간 위치에 1㎝ 간격으로 1줄로 짠다.
3 앞쪽 반죽으로 소를 덮어 밀착시키고, 소의 양옆을 수직으로 세우듯이 손가락으로 집는다.
4 소 뒤쪽의 반죽을 자른 다음, 1개씩 분리한다. 반죽이 겹쳐진 부분은 손으로 세게 눌러서 두께를 균일하게 만든다.(성형 → p.65)

레드와인 소스
1 레드와인(300cc)이 걸쭉해질 때까지 졸이고, 송아지고기의 육즙과 폰도 브루노(p.253)를 조금씩 넣어 졸인다.

마무리
1 끓는 소금물에 아뇰로티 델 플린(1인분 16개)을 넣고 3~4분 동안 삶는다.
2 버터(1인분 30g), 파스타 면수 조금, 아뇰로티 델 플린을 넣고 가열하면서 버무린 다음 그라나 파다노 치즈를 뿌린다.
3 접시에 담고 레드와인 소스를 살짝 뿌린다.

Point
작은 파스타는 모양과 크기를 고르게 만들어서 통일감을 주어야 하기 때문에, 수십 개를 만들더라도 한 사람이 만들어야 한다. 반죽이 두꺼우면 식감이 고르지 않기 때문에, 두께 0.5㎜ 정도로 얇게 밀어서 속이 비쳐보이게 한다. 시간이 지나거나 냉동하면 반죽이 찢어지기 쉬우므로, 성형한 다음 바로 삶아서 제공한다.

라비올로네 Raviolone

지름 10cm

라비올로네
크기가 큰 라비올리. 보통의 라비올리는 한 접시에 여러 개를 담지만, 라비올로네는 한 접시에 1개씩 담을 정도의 볼륨으로 만든다. 리코타를 넣은 소와 달걀노른자를 함께 넣고 반숙으로 익히는 것이 유명하다.

081 Raviolone di ricotta, fiore di zucca e tuorlo d'uovo

리코타, 주키니꽃, 달걀노른자를 넣은 라비올로네

Nishiguchi

반숙으로 익힌 달걀노른자가 흘러내리는 큼지막한 라비올리

라비올로네는 1980~1990년대에 걸쳐 성행했던, '누오바 쿠치나(nuova cuccina)'의 일품요리로 탄생한 요리이다. 예전에 일하던 롬바르디아주의 레스토랑에서는 크리스마스 메뉴로 자주 만들었다. 여기서는 리코타, 달걀노른자, 주키니꽃으로 소를 만들었다. 크고 화려하며 잘랐을 때 반숙으로 익은 달걀노른자가 흘러나오는 의외성 때문에 이벤트 등에 적합하다. 화이트 트러플을 곁들이면 한층 더 화려해진다.

081

라비올로네 반죽 배합
[만들기 편한 적당량]

00밀가루(Marino 제품) 800g
세몰리나 밀가루(Marino 제품) 200g
달걀노른자 8개 분량
달걀 5개 분량
퓨어 올리브유 조금

리코타와 주키니꽃을 넣은 소

리코타 40g
육두구 · 소금 · 검은 후추 ·
  그라나 파다노 치즈 적당량씩
주키니꽃 2개
얇게 썬 프로슈토 코토(p.255) 2장
달걀노른자 1개 분량
소금 적당량

라비올로네
● 소
1 리코타를 체에 올려서 2시간 정도 두고 수분을 제거한다. 육두구, 소금, 검은 후추, 그라나 파다노 치즈로 간을 하여 섞는다.
2 주키니꽃을 끓는 소금물에 살짝 데친 다음 물기를 뺀다.

● 성형
1 완성된 반죽을 파스타머신에 넣고 두께 1mm 이하로 얇게 민다. 세로 25cm, 가로는 적당한 길이로 자르고, 앞쪽 가장자리에 물을 바른다.
2 리코타를 짤주머니에 넣고 반죽 뒤쪽에 지름 6cm 도넛모양으로 짠다. 10cm 간격으로 1줄로 짠다.
3 리코타로 그린 도넛모양 안에 주키니꽃과 프로슈토 코토를 1개씩 겹쳐서 올리고, 달걀노른자를 올린다. 그 위에 다시 프로슈토 코토와 주키니꽃을 올린다.
4 앞쪽 반죽으로 소를 덮고, 주변을 눌러서 공기를 뺀다. 지름 10cm 원형틀로 찍어낸 다음, 반죽이 겹친 부분을 손가락으로 세게 눌러서 두께를 고르게 정리한다.

마무리
1 라비올로네(1인분 1개)를 끓는 소금물에 넣고 5~6분 동안 삶는다.
2 프라이팬에 버터(1인분 30g)와 파스타 면수를 넣고 데운다. 라비올로네를 넣고 버무린 다음, 그라나 파다노 치즈를 뿌려 버무린다.
3 접시에 담고 다시 한 번 그라나 파다노 치즈를 뿌린다.

Point
크기도 크고 달걀노른자가 부드럽기 때문에 성형하기가 매우 어렵다. 달걀노른자가 흘러내리지 않도록 리코타로 그린 도넛모양 가운데에 조심스럽게 넣어야 한다. 보기에도 좋을 뿐만 아니라, 반숙으로 만들기도 쉽다. 실패할 것을 대비하여 넉넉한 양을 준비해두는 것이 좋다. 또한 보관이 어려우므로 요리하기 직전에 성형해야 한다.

응용하기
소에 넣는 채소는 녹색채소가 일반적이다.

메첼루네 Mezzelune

메첼루네
'반달'이라는 뜻으로, 이름 그대로 반달 모양으로 만든 만두형 파스타이다. 단 반달모양으로 만들어도 라비올리, 토르텔리라고 부르는 경우도 많다.

지름 약 5cm

082 Mezzelune di barbabietola e patate al burro e salvia

비트와 감자를 넣은 세이지 풍미의 메첼루네

Nishiguchi

감자와 비트를 채운 반달모양 파스타

에밀리아로마냐주를 중심으로 한 북부지역에서는 감자와 치즈를 소로 채워 넣는 경우가 많은데, 그것을 응용하여 감자에 비트를 섞어서 소를 만들었다. 비트를 넣어 단맛이 더해지고, 뿌리채소 특유의 구수한 풍미가 생긴다. 반죽 속에 비쳐 보이는 선명한 붉은색이 보기 좋다. 소스는 기본적인 세이지 풍미의 버터소스를 사용하였다.

082

메첼루네 반죽 배합
[만들기 편한 적당량]

00밀가루(Marino 제품) 800g
세몰리나 밀가루(Marino 제품) 200g
달걀노른자 8개 분량
달걀 5개
퓨어 올리브유 조금

감자와 비트를 넣은 소
[만들기 편한 적당량]

감자 200g
비트 70g
닭고기 브로도 조금
육두구·검은 후추·
그라나 파다노 치즈 적당량씩

메첼루네

● 소
1 감자는 껍질째 끓는 소금물에 넣고 부드럽게 삶는다. 껍질을 벗기고 포테이토매셔로 으깬다.
2 비트도 껍질째 끓는 소금물에 넣고 부드럽게 삶는다. 껍질을 벗기고 적당한 크기로 잘라서 닭고기 브로도(p.253)와 같이 핸드믹서로 갈아 퓨레를 만든다.
3 감자와 비트를 3:1로 섞은 다음, 소금, 검은 후추, 육두구, 그라나 파다노 치즈로 간을 하여 섞는다.

● 성형
1 완성된 반죽을 파스타머신으로 1mm 두께로 민다. 적당한 크기로 자르고 앞쪽 가장자리에 물을 바른다.
2 짤주머니에 넣고, 반죽 앞쪽에서 약 6cm 들어간 위치에 5cm 간격으로 1줄로 짠다.
3 앞쪽 반죽으로 소를 덮고 주변을 눌러서 공기를 뺀다. 지름 5cm 원형틀로 찍어서 정확한 반원보다 조금 크게 만든다. (반원의 지름은 3.5cm 정도)

마무리

1 메첼루네(1인분 8개)를 끓는 소금물에 넣고 2~3분 동안 삶는다.
2 프라이팬에 버터(1인분 약 30g)와 세이지를 녹인 다음 메첼루네를 넣어 버무린다.
3 접시에 담고 그라나 파다노 치즈를 뿌린다.

Point

비트는 수분이 많으므로 너무 많이 넣지 말고, 감자 분량의 1/3 정도만 넣으면 균형이 맞는다. 또한 소에 수분이 많으면 파스타 반죽이 찢어지기 쉬우므로, 반죽은 일반적인 만두형 파스타 반죽보다 조금 도톰하게 만든다.

판소티 Pansotti

판소티
삼각형으로 만드는 라비올리로, 리구리아주의 대표적인 만두형 파스타. 달걀을 넣은 파스타 반죽에 여러 가지 채소와 리코타 치즈를 넣는 것이 정통이지만, 여기서는 리구리아주 특산물인 새끼 정어리 요리를 응용하여 일본에서 많이 먹는 뱅어를 뭉그러질 정도로 볶아서 넣었다. 이탈리아에는 뱅어가 서식하지 않지만, 이탈리아에서 흔히 먹는 새끼 정어리 대신 뱅어를 사용하는 것도 아이디어이다.

1변 = 6cm

083 Pansotti ripieni di bianchetti al pesto genovese

제노바 페스토로 맛을 낸 뱅어를 넣은 판소티

Nishiguchi

리구리아주의 삼각형 라비올리

채소와 리코타 치즈를 속에 넣는 기본 판소티는 호두소스로 맛을 내지만, 여기서는 리구리아주 특산물인 바질로 만든 제노바 페스토(페스토 제노베세)를 사용하여 지역의 색깔을 표현하였다. 해산물로 속을 채웠기 때문에 허브를 넣은 소스와 균형이 잘 맞는다. 단, 해산물과 치즈는 잘 어울리지 않으므로, 치즈를 넣지 않은 산뜻한 맛의 페스토로 판소티를 버무렸다.

083

판소티 반죽 배합
[만들기 편한 적당량]

00밀가루(Marino 제품) 800g
세몰리나 밀가루(Marino 제품) 200g
달걀노른자 8개 분량
달걀 5개
퓨어 올리브유 조금

뱅어를 넣은 소
[만들기 편한 적당량]

| 뱅어 200g
| 마늘 1쪽
| 홍고추 1개
| 퓨어 올리브유·E.V. 올리브유 조금씩
| 소금 적당량

판소티
● 소
1 으깬 마늘(껍질째)과 홍고추를 E.V. 올리브유에 볶다가 향이 나기 시작하면 뱅어를 넣은 다음 소금을 뿌려서 볶는다. 뱅어에서 수분이 나오므로 7~8분 동안 더 볶듯이 끓인다. 일부는 자연스럽게 으깨지지만 일부러 으깨지는 않는다.
2 트레이에 넓게 펼쳐놓고 E.V. 올리브유를 뿌린다.

● 성형
1 완성된 반죽을 얇게 밀어서 6cm 크기의 정사각형으로 자른다.(여기서는 물결모양으로 잘랐지만, 직선모양으로 잘라도 좋다)
2 반죽 가장자리에 물을 바르고 소를 올린다. 대각선으로 접어서 삼각형을 만든 다음, 가장자리를 눌러서 붙인다.

제노바 페스토
1 잣(30g), 마늘 (3g), E.V. 올리브유(100cc)를 믹서에 넣고 갈아서 페스토를 만든다. 바질잎(60g)을 넣고 좀 더 갈아서 부드럽게 만든다. 볼에 담고 소금으로 간을 한다.

마무리
1 끓는 소금물에 판소티(1인분 10개)를 넣고 1분 30초 정도 삶는다.
2 제노바 페스토(1인분 약 75cc)에 파스타 면수를 조금 넣어 데우고, 판소티를 넣어 버무린다. 접시에 담는다.

응용하기
속에 넣는 뱅어를 제노바 페스토에 섞어서, 링귀네나 트로피에 등 리구리아주의 파스타와 버무려도 좋다.

찰촌스 Cialzons

084 Cialzons

지름 7㎝ 반달모양

찰촌스

찰촌스

시나몬 등의 향신료를 넣어 달고 짭짤한 맛의 소를 채운 만두형 파스타. 14세기 문헌에 '부활절에 대접하는 찰촌스'라고 실려 있을 정도로 역사가 깊다. 프리울리베네치아줄리아주의 요리로, 대표적인 레시피는 오스트리아 국경에 접해 있는 카르니아 지역의 것이다. 향신료와 함께 감자나 리코타, 말린 과일 등을 채운 것이 유명하지만, 고기요리를 재활용하거나 살시차를 사용하기도 한다. 유래는 마지팬과 과일로 만든 프랑스 남부의 디저트 '칼리송(calisson)'의 이름과 단맛에서 비롯되었다는 설이 유력하다.

스파이시하면서 달콤짭짤한 라비올리

모양은 일반적인 라비올리와 다르지 않지만, 개성적인 맛의 찰촌스. 여기서는 감자를 주재료로 사용하고 말린 과일, 견과류, 레몬제스트 등을 섞은 다음, 시나몬, 코코아, 설탕으로 맛을 낸 찰촌스를 소개하였다. 소스도 마늘 풍미의 버터에 시나몬, 설탕, 소금을 넣어 맛을 낸 것이다. 파스타 반죽을 부드럽게 만들어야 소와 잘 어우러지고 빨리 익는다.

084

찰촌스 반죽 배합
[만들기 편한 적당량]

00밀가루(Molini 제품) 250g
강력분(도쿄제분 '슈퍼마나슬') 150g
소금 3g
물 120~130g
정제라드 25g

감자를 넣은 소
[만들기 편한 적당량]

| 감자 250g, 양파 1/2장
| 버터 30g, 말린 무화과(굵게 다진 것) 1개
| 건포도(미지근한 물에 불린 것) 1큰술
| 헤이즐넛(구워서 다진 것) 10개 분량
| 민트잎(큰 것) 5~6장
| 그라나 파다노 약 1큰술
| 레몬껍질(간 것) 1/8개 분량
| 시나몬파우더·코코아파우더·그래뉴당·
| 소금 적당량씩

※ 찰촌스용 파스타 반죽은 부드럽게 만들기 위해, 중간에 접지 않고 기계로 반복하여 펴는 방법이 좋다. 접으면 글루텐이 생성되기 쉬우며 수축해서 단단해진다.

찰촌스

● 소
1 감자는 껍질째 부드럽게 쪄서 껍질을 벗기고 체에 내린다.
2 양파를 넣고 끓인 버터를 만든다. 양파의 얇은 껍질 바로 안쪽의 양파조각을 적당한 크기로 잘라서 버터에 넣고 볶는다. 살짝 태워서 양파향이 버터에 배이게 한다. 버터만 체에 내려 사용한다.
3 감자에 버터를 넣고, 그 외의 모든 재료를 넣어 잘 섞는다.

● 성형
1 완성된 반죽을 얇게 펴서 지름 7cm 둥근모양으로 찍어낸다.
2 반죽 가운데에 소를 짜고 가장자리에 물을 묻혀 반으로 접는다. 소 주변의 공기를 빼면서 붙인다. 가장자리를 안쪽으로 접어 넣어 모양을 내도 좋다.(성형 → p.66)

소스

1 으깬 마늘을 버터에 볶다가 향이 나면 파스타 면수를 조금 넣어서 색이 변하지 않게 한다.
2 소금, 그래뉴당, 시나몬파우더를 넣어 간을 한다.

마무리

1 끓는 소금물에 찰촌스(1인분 5개)를 넣고 5분 동안 삶는다.
2 소스에 넣어 버무린다.
3 마늘을 건져내고 접시에 담는다. 민트로 장식하고 훈제 리코타(p.257)를 깎아서 올린다.

쿨린조니스 Culingionis

085 Culingionis di aragosta
닭새우 쿨린조니스

길이 9cm

쿨린조니스

사르데냐섬 동부 오리아스트라 지역에서 시작된 라비올리로, '보리 이삭'을 닮은 모양이 특징이다. 원형반죽에 소를 올리고 좌우의 반죽을 번갈아 덮고 손가락으로 붙여서, 뜨개바늘로 뜬 것 같은 모양을 만든다. 감자와 민트를 넣는 것이 일반적이지만, 그 외에도 해산물, 고기, 시금치 등을 넣어 응용할 수 있다. 쿨린조네스(culingiones), 쿨루르조네스(culurgiones) 등 여러 가지 이름으로 불린다.

보리 이삭을 닮은 사르데냐주의 라비올리

사르데냐주는 유명한 닭새우 산지이다. 거칠게 으깨서 식감을 살린 닭새우 퓌레와, 같은 지역을 대표하는 리코타를 조합하여 쿨린조니스의 소로 사용하였다. 소스도 닭새우 껍질로 만든 브로도를 베이스로 오렌지과즙과 토마토소스를 넣어 만든 것이다. 접시에 담을 때 같은 지역의 특산품인 참치 보타르가(bottarga)를 곁들여 사르데냐의 색깔을 진하게 표현하였다.

085

쿨린조니스 반죽 배합
[만들기 편한 적당량]

강력분(도쿄제분 '슈퍼마나슬') 250g
00밀가루(Molini 제품) 250g
미지근한 물 220g
라드 20g
소금 5g

닭새우를 넣은 소
[만들기 편한 적당량]

| 닭새우 4마리
| 채소 브로도 · 리코타(양젖) ·
| 코리앤더 파우더 · 다진 에스트라곤 ·
| 다진 처빌 · 다진 딜 · 소금 · 후추 적당량씩

※ 쿨린조니스 반죽은 세몰리나 밀가루, 달걀, 물로 만드는 것이 기본인데 올리브유나 라드를 넣기도 한다. 여기서는 세몰리나 밀가루 대신 2종류의 연질밀가루를 넣고 달걀 대신 미지근한 물로 반죽하였다. 섬세한 단맛이 있는 닭새우로 만든 소와 닭새우 풍미의 진한 소스가 균형을 이루려면 파스타 반죽이 잘 늘어나고 심플한 맛이어야 한다.

※ 이음매가 벌어지거나 반죽과 소 사이에 공기가 들어가지 않도록 밀착시킨다. 또한 이음매가 두툼하면 삶을 때 골고루 익지 않아 식감이 나빠지므로 주의한다.

쿨린조니스
● 소
1 닭새우는 껍질째 채소 브로도(p.256)에 넣고 50% 정도 익힌다. 껍질을 벗기고 새우살을 푸드프로세서로 거칠게 갈아 퓌레를 만든다.(칼로 굵게 다져도 좋다) 껍질과 내장은 소스용으로 보관해둔다.
2 리코타 치즈는 체에 올려 냉장고에 넣고 하룻밤 정도 두어 물기를 뺀 다음 체에 내린다.
3 닭새우 퓌레에 리코타, 코리앤더 파우더, 다진 타라곤, 다진 처빌, 다진 딜을 넣고, 소금과 후추를 넣어 섞는다.

● 성형
1 완성된 반죽을 파스타머신으로 얇게 펴서, 지름 9cm 원형틀로 찍어낸다.
2 반죽 가운데에 소를 약 25g씩 올리고, 반죽 한쪽 가장자리를 조금 접어서 구부린다. 그 위치에서부터 좌우의 반죽을 번갈아 조금씩 덮고, 그때마다 반죽을 손가락으로 집어서 붙인다.(성형 → p.67)

닭새우 소스
1 닭새우 브로도를 만든다. 보관해둔 닭새우 껍질(4마리 분량)을 다져서 당근 1/3개, 셀러리 1개, 양파 1개를 각각 깍둑썰기해서 넣고 퓨어 올리브유에 볶는다. 향이 나면 마르살라 포도주와 화이트와인을 붓고 알코올 성분을 날린다. 물을 자작하게 붓고 토마토페이스트(약 1큰술)를 넣은 다음, 2시간 정도 끓여서 고운체에 내린다. 좀 더 끓여서 살짝 걸쭉하게 만든다.
2 으깬 마늘과 홍고추를 퓨어 올리브유에 볶다가 향이 나면 건져낸다. 오렌지즙(1인분 1/2개 분량)을 넣어 끓이고, 새우 브로도와 토마토소스(70ml)를 넣어 졸인다. 맛이 들고 걸쭉해지면 닭새우 내장을 넣어 섞는다.

마무리
1 끓는 소금물에 쿨린조니스(1인분 3개)를 넣고 약 10분 동안 삶는다.
2 접시에 담고 닭새우 소스를 얹는다. 참치 보타르가를 얇게 편썰어서 올리고 채썬 오렌지 껍질과 민트잎으로 장식한 다음, E.V. 올리브유를 뿌린다.

토르텔리 Tortelli

086 Tortelli di gallo ruspante al burro e mais
옥수수를 넣은 버터소스와 닭고기 토르텔리

지름 3.5~4cm

토르텔리

토르텔리는 일반적으로 p.158처럼 평평한 모양이지만, 이렇게 링모양으로 만들기도 한다. 에밀리아로마냐주의 작은 만두형 파스타인 카펠라치(p.170) 등과 같은 방법으로, 크게 만든다. 반죽의 모양이 정사각형인지 또는 원형인지에 따라서 완성된 모양이 조금씩 달라진다. 소는 다양한데, 여기서는 이탈리아 중부에서 흔히 만드는 브로도에 넣고 조린 닭다리살을 베이스로 사용하였다.

Koike

리치한 맛의 크고 둥근 모양의 라비올리

소로 사용하는 닭다리 조림은 심플하게 사용해도 좋지만, 여기서는 근대와 쌀을 넣고, 달걀노른자, 생크림, 치즈로 버무려서 깊고 리치한 맛을 내고 시나몬과 육두구 향도 더하였다. 쌀이 소의 수분을 흡수하여 모양을 잡기 쉽고, 식감에 악센트를 주는 효과가 있다. 소스는 허브 풍미의 버터로 볶은 신선한 옥수수를 넣은 소스이다.

086

토르텔리 반죽 배합
[만들기 편한 적당량]

00밀가루(Molini 제품) 500g
달걀노른자 5개 분량
달걀 2.5개
소금 3g

닭고기를 넣은 소
[만들기 편한 적당량]

| 닭다리살 4장 |
| 마늘 1쪽 |
| 양파 2개 |
| 당근 1/3개 |
| 셀러리 2개 |
| 화이트와인 300cc |
| 닭고기 브로도 500cc |
| 부케가르니(타임, 로즈메리, 세이지, 월계수잎) 1다발 |
| 달걀노른자 2개 분량 |
| 우유 · 생크림 · 빵가루 · 레몬제스트 · 그라나 파다노 치즈 · 육두구 · 시나몬파우더 적당량씩 |
| 쌀(carnaroli) 30g |
| 근대 5장 |
| E.V. 올리브유 · 소금 · 후추 적당량씩 |

토르텔리
● 소
1 닭다리살(큰 것은 2등분)에 소금과 후추를 뿌리고 하룻밤 두어 밑간을 한다. 다음날, 수분을 닦아낸 다음 E.V. 올리브유를 넣고 양면을 소테한다.
2 으깬 마늘을 E.V. 올리브유로 볶다가 향이 나기 시작하면, 1cm 크기로 깍둑썰기한 양파, 당근, 셀러리를 넣고 볶는다. 향이 나고 부드러워지면 닭고기를 넣고 화이트와인, 닭고기 브로도, 부케가르니를 넣어 2시간 정도 약한 불로 끓인다.
3 닭고기를 건져서 푸드프로세서로 갈아 페이스트를 만든다. 달걀노른자, 우유, 생크림, 빵가루, 그라나 파다노 치즈, 레몬제스트, 육두구, 시나몬파우더, 소금을 넣고 섞는다.
4 쌀은 끓는 소금물에 넣어 알덴테보다 조금 부드럽게 삶고, 근대는 끓는 소금물에 데쳐서 곱게 다진다. 3의 페이스트에 넣어 반죽한다.

● 성형
1 완성된 반죽을 파스타머신으로 1mm 이하로 얇게 밀고, 지름 8cm 원형틀로 찍어낸다.
2 소를 짤주머니에 넣어 반죽 위에 짠다. 반으로 접어 공기를 빼면서 소 주변을 붙인다.
3 볼록한 부분 앞에 검지를 대고, 반죽 양쪽 가장자리를 손가락에 감듯이 교차시켜서 붙인다.(성형 → p.67)

옥수수 버터소스
1 옥수수(1인분 1/4개)를 끓는 소금물에 삶아서 알갱이를 떼어낸다.
2 으깬 마늘에 버터를 넣고 타지 않게 볶아서 향이 배이게 한다. 잘게 다진 타임, 로즈메리, 세이지, 월계수잎을 1꼬집씩 넣은 다음, 옥수수 알갱이를 넣어 볶는다.

마무리
1 끓는 소금물에 토르텔리(1인분 7개)를 넣고 5분 정도 삶는다.
2 소스에 파스타 면수를 조금 넣어 유화시키고, 토르텔리를 버무린다. 그라나 파다노 치즈와 페코리노 로마노 치즈를 뿌려서 버무린다.
3 접시에 담고 다시 2종류의 치즈를 뿌린다.

카펠라치 Cappellacci

087 Cappellacci di fave secche con ragù di verdure primaverili

봄채소 라구소스와 누에콩 카펠라치

길이 5cm

카펠라치
반으로 접은 작은 만두형 파스타를 링모양으로 말아서 만든다. 모양이나 크기가 조금 다른 것도 있지만 에밀리아로마냐주부터 롬바르디아주에 걸쳐서 이런 종류의 파스타가 다양하게 만들어지고 있으며, 지역에 따라 독자적인 이름을 갖고 있다. 카펠라치는 페라라 일대의 파스타로 그 외에도 볼로냐의 토르텔리니와 레조넬에밀리아, 모데나의 카펠레티, 만토바의 아뇰리와 아뇰리니 등이 있다. 소는 고기가 기본이지만 리코타 치즈나 채소를 사용하는 경우도 많다.

작은 링모양의 라비올리

작은 링모양의 라비올리는 수프에 넣는 경우가 많은데, 여기서는 소스로 버무리는 방법을 소개하였다. 카펠라치에 말린 누에콩 퓌레를 넣고 봄채소 라구소스로 버무렸다. 녹색채소를 작게 잘라 버터로 볶고, 완두콩 퓌레로 버무려서 봄내음이 가득한 라구소스를 만들었다. 수프로는 표현하기 힘든 계절감을 표현할 수 있다.

087

카펠라치 반죽 배합
[만들기 편한 적당량]

00밀가루(Marino 제품) 800g
세몰리나 밀가루(Marino 제품) 200g
달걀노른자 8개 분량
달걀 5개
퓨어 올리브유 조금

누에콩을 넣은 소
[만들기 편한 적당량]

말린 누에콩 500g
물 2ℓ
소금·검은 후추·E.V. 올리브유·
그라나 파다노 치즈 적당량씩

카펠라치
● 소
1 말린 누에콩을 물에 담가서 하룻밤 정도 불린다. 새 물(2ℓ)로 갈아주고 소금을 조금 넣은 다음, 약한 불로 40분 정도 부드럽게 삶는다.
2 물기를 뺀 다음 삶은 물을 조금 넣고 믹서로 갈아 퓌레를 만든다. 검은 후추를 살짝 뿌리고, E.V. 올리브유, 그라나 파다노 치즈를 넣어 맛을 낸다.

● 성형
1 완성된 반죽을 파스타머신으로 1mm 이하로 얇게 밀어서, 가로세로 5cm 크기로 자른 다음 4변에 물을 바른다.
2 소를 짤주머니에 넣고 반죽 가운데 짠다. 대각선으로 접어 삼각형을 만들고, 반죽을 붙인다. 밑변 가운데 부분을 눌러서 홈을 만든 다음, 양쪽 가장자리를 앞쪽으로 겹쳐서 붙인다.(성형 → p.66)

봄채소 라구소스 밑준비
1 완두콩 퓌레를 만든다. 완두콩(4인분 120g)을 끓는 소금물에 넣고 삶은 다음, 삶은 물 조금과 E.V. 올리브유를 넣고 핸드믹서로 갈아서 그대로 둔다.
2 주키니(1인분 1/4개)는 완두콩 크기로 깍둑썰기하고, 완두콩(20g)과 함께 끓는 소금물에 넣어 부드럽게 삶는다.
3 꼬투리강낭콩(5개), 그린 아스파라거스(1개)도 끓는 소금물에 넣어 부드럽게 삶은 다음, 완두콩 크기로 자른다.
4 삶은 채소는 모두 수분을 제거하고 버터에 볶는다.

마무리
1 끓는 소금물에 카펠라치(1인분 12개)를 넣고 2~3분 동안 삶는다.
2 프라이팬에 버터와 파스타 면수를 조금 넣어 데우고, 완두콩 퓌레(1인분 30cc)를 넣는다. 볶은 채소(45g)를 넣고 버무린 다음, 카펠라치를 넣어서 잘 버무린다.
3 그라나 파다노 치즈를 뿌려서 버무린 다음 접시에 담는다.

카 라 멜 레 Caramelle

088 Caramelle di ricotta e spinaci con tartufo nero

길이 6cm

카라멜레
캔디, 캐러멜이라는 뜻으로, 사탕모양과 비슷해서 붙여진 이름이다. 생파스타를 많이 먹는 에밀리아로마냐주에서 시작된 파스타로, 리코타와 녹색채소를 넣는 것이 일반적이다. 비틀어진 부분이 두꺼우면 잘 익지 않으므로, 성형할 때 잘 눌러서 얇게 만들어야 한다.

블랙 트러플을 곁들인
리코타와 시금치 카라멜레

Nishiguchi

리코타를 넣은 사탕모양 파스타
리코타와 시금치로 만든 소는 에밀리아로마냐주의 라비올리 종류에 많이 넣는 것으로, 여러 가지 파스타 요리에 사용된다. 부드럽고 포동포동한 식감이 개인적으로도 매우 마음에 든다. 여기서는 향을 더하기 위해 트러플을 첨가하였는데, 리코타와 궁합이 매우 좋아 매장에서는 파스타 요리 외에도 자주 사용한다. 소에도 화이트 트러플 오일을 넣어 향을 더하였다.

088

카라멜레 반죽 배합
[만들기 편한 적당량]

00밀가루(Marino 제품) 800g
세몰리나 밀가루(Marino 제품) 200g
달걀노른자 8개 분량
달걀 5개
퓨어 올리브유 조금

리코타와 시금치를 넣은 소
[만들기 편한 적당량]

리코타 100g
시금치 100g
소금·육두구·검은 후추·
화이트 트러플 오일 적당량씩

카라멜레
● 소
1 리코타를 체에 올려 2시간 정도 두고 수분을 제거한다. 시금치는 소금물에 데쳐서 물기를 뺀 다음 믹서로 갈아 체에 내린다.
2 리코타와 시금치를 섞고, 육두구, 소금, 검은 후추, 화이트 트러플 오일을 넣어 섞는다.
● 성형
1 완성된 반죽을 파스타머신으로 두께 1mm 이하로 얇게 밀고, 물결모양 파이커터로 6×6cm 크기로 자른다.
2 소를 짤주머니에 넣고 반죽의 1변을 따라 짠다. 양끝은 비틀 수 있도록 비워둔다.
3 사탕처럼 감싸고 양쪽 끝을 비튼다. 비튼 부분을 잘 눌러서 얇게 만든다.

마무리
1 끓는 소금물에 카라멜레(1인분 5개)를 넣고 2~3분 동안 삶는다.
2 프라이팬에 버터(1인분 30g)와 파스타 면수를 조금 넣어 데우고, 카라멜레를 넣어 잘 버무린다.
3 접시에 담고 블랙 트러플을 얇게 썰어서 올린다.

응용하기
이탈리아에서는 가을이면 포르치니 등의 버섯을 카라멜레 속에 넣어서 계절감을 표현하는 경우가 많다.

파고티니 Fagottini

약 3cm

파고티니
'작은 보따리'라는 의미. 반죽의 윗면을 오므려서 보따리모양으로 만든다. 사진은 전형적인 모양으로 사각형 반죽의 꼭지점을 붙여서 만들었다. 일본의 차킨시보리처럼 만든 것도 있다. 또한 크레이프 반죽으로 만드는 경우도 많다.

089 Fagottini di polenta e ceci con ragù di anguilla

장어 라구소스로 버무린 화이트 폴렌타와 병아리콩 파고티니

Nishiguchi

폴렌타를 넣은 작은 보따리

파고티니에 넣는 소는 리코타 치즈와 채소가 일반적이지만, 여기서는 폴렌타와 병아리콩을 넣었다. 이탈리아 북부에서는 폴렌타를 파스타 속에 넣는 경우가 많다. 부드러운 폴렌타와 균형을 맞추기 위해서는 파스타 반죽도 매끈하고 부드러워야 하므로 얇게 민다. 소스는 장어를 레드와인에 조려서 사용한다. 베네토주 등 이탈리아 북부에서는 장어를 조리는 경우가 많으므로, 폴렌타와 함께 조합하여 이탈리아 북부 스타일로 만들었다.

089

파고티니 반죽 배합
[만들기 편한 적당량]

00밀가루(Marino 제품) 800g
세몰리나 밀가루(Marino 제품) 200g
달걀노른자 8개 분량
달걀 5개
퓨어 올리브유 조금

폴렌타와 병아리콩을 넣은 소
[만들기 편한 적당량]

폴렌타(p.254 / 식혀서 굳힌 것) 200g
병아리콩퓌레 70g
마늘 1쪽
월계수잎 1장
굵은 소금·E.V. 올리브유·소금 적당량씩

파고티니

● 소
1 병아리콩을 물에 담가 하룻밤 불린다.
2 불린 물을 버리고 새 물을 충분히 부은 다음, 으깬 마늘, 월계수잎, 굵은 소금을 넣어 끓인다. 거품을 걷어내고 약한 불로 40~50분 동안 부드러워질 때까지 삶는다.
3 물기를 빼고 삶은 물을 조금 넣어서 핸드믹서로 갈아 퓌레를 만든다.
4 폴렌타를 푸드프로세서로 부드럽게 간 다음, 병아리콩 퓌레를 넣고 다시 간다. E.V. 올리브유와 소금으로 간을 한다.

● 성형
1 완성된 반죽을 파스타머신으로 두께 1mm 이하로 얇게 밀어서, 5 x 5cm 크기의 정사각형으로 자른다. 네 모서리에 물을 바른다.
2 반죽을 손바닥 위에 올리고 가운데에 소를 적당량 올린다. 네 모서리를 가운데로 오므려서 붙인 다음 세게 눌러서 얇게 만든다.(성형 → p.67)

장어 라구소스

1 장어(약 170g짜리 1마리)를 1장으로 갈라서 펼치고, 껍질을 벗겨 2cm 크기로 썬다. 소금과 중력분을 뿌리고 퓨어 올리브유로 겉면을 소테한다.
2 다른 냄비에 소프리토(p.254 / 10g)와 월계수잎을 넣고, 장어를 넣는다. 레드와인(100cc)을 넣고 센 불로 3분 동안 끓인다. 거품을 걷어낸 다음 토마토페이스트(10g), 물에 불린 포르치니를 잘게 다진 것(15g), 불린 물(30cc)을 넣고 중간 불로 20분 정도 더 조린다.

마무리

1 파고티니(1인분 10개)를 끓는 소금물에 넣어 2~3분 동안 삶는다.
2 장어 라구소스(1인분 약 100cc)를 데우고, 파고티니를 넣는다. 다진 이탈리안 파슬리를 넣어 버무린다.
3 접시에 담고 E.V. 올리브유를 두른다.

라사냐 Lasagna

090 Lasagne alla napoletana

나폴리풍 라사냐

약 15 × 18㎝

라사냐
대표적인 시트모양 파스타로, 10~20cm 정도 되는 것을 말한다. 밀가루는 세몰리나 밀가루와 연질밀가루 중 어떤 것을 사용해도 좋다. 또한 이 반죽을 소스나 여러 가지 재료와 함께 층층이 쌓아서 오븐에 구운 요리도 라사냐라고 부르며, 축제나 축하 파티 등에 많이 사용된다. 지역에 따라 재료, 소스, 치즈의 사용방법이 다양한데, 고기뿐만 아니라 해산물, 채소를 주재료로 만든 것도 있다. 볼로냐풍과 나폴리풍이 특히 유명하다.

Sugihara

나폴리풍 라구소스와 리코타를 사이에 넣은 라사냐

나폴리풍 라사냐는 2월 카니발의 요리이다. 소스는 나폴리 전통 파스타 요리로 유명한 나폴리풍 라구소스(p.244)를 사용하고, 리코타, 폴페테(polpette), 삶은 달걀을 넣는 것이 특징이다. 잘 알려진 볼로냐풍은 미트소스, 베샤멜소스, 파르미자노 치즈를 넣어서 맛이 묵직하고, 나폴리풍은 건더기가 없는 라구소스와 리코타가 베이스이므로 가벼운 느낌으로 한 번에 많은 양을 먹을 수 있다. 여기서는 소스와 잘 어우러지도록 삶은 달걀 대신 달걀물을 넣고 살시차와 살라미도 넣어 호화롭게 만들었다.

090

라사냐 반죽 배합
[만들기 편한 적당량. 1접시는 300g]

00밀가루(Caputo 제품) 200g
강력분(닛신제분 '카메리아') 100g
달걀 3개
소금 조금
E.V. 올리브유 조금

소
● 폴페테
[만들기 편한 적당량. 1접시는 약 20개]
소고기 다짐육 200g, 파르미자노 치즈 20g
달걀 1개, 빵(흰 부분) 2장 분량, 우유·소금·검은 후추·다진 바질·해바라기유 적당량씩
● 기타
[1접시 분량]
리코타 250g, 나폴리풍 라구소스(p.244) 적당량, 살시차(p.258) 200g
살라미(얇게 편썬 것) 적당량
모차렐라 적당량
달걀물 1.5개 분량, 버터 적당량

라사냐 반죽
1 완성된 반죽을 파스타머신으로 두께 1㎜로 얇게 민다. 내열용기보다 약간 작은 직사각형으로 자른다. (1접시 4장)
2 끓는 소금물에 넣어 2분 동안 부드럽게 삶은 다음, 얼음물에 넣어 식힌다. 면보로 물기를 닦는다.

폴페테
1 빵의 흰 부분을 우유에 담근다.
2 소고기 다짐육, 파르미자노 치즈, 달걀, 물기를 뺀 1의 빵, 소금, 검은 후추, 바질을 넣어 반죽한다.
3 지름 1.5㎝ 정도로 동그랗게 빚어 해바라기유에 튀긴다.

조립
1 볼에 리코타와 나폴리풍 라구소스을 넣고 섞는다.(7:3)
2 내열용기(18 × 29㎝, 깊이 4㎝)에 버터를 바르고 나폴리풍 라구소스을 조금 바른다.
3 라사냐 반죽을 펴고 1을 분량의 1/4 정도 올린다. 폴페테, 살시차, 살라미를 분량의 1/4씩 올리고, 모차렐라도 분량의 1/4을 올린다. 나폴리풍 라구소스 조금, 달걀물 분량의 1/3을 올린다.
4 3을 3번 반복하여 4층으로 만든다. 마지막에는 달걀물을 올리지 않고 라구소스만 올린다.

마무리
1 겉면에 빵가루를 얇게 뿌리고, 잘게 자른 버터를 올린다. 180℃ 오븐에서 40~50분 동안 굽는다.
2 40℃ 정도까지 식힌 다음, 잘라서 접시에 담는다.

Point
나폴리풍 라구소스는 국물만 사용하는 것이 기본이지만, 고기를 조금 으깨서 섞어도 좋다. 라사냐가 완성되면 식혀서 잘라야 안정적으로 잘 잘라진다.

091 Lasagne di pasta fresca con granchio e baccalà

털게와 바칼라로 만든 라사냐

1변이 7cm인 정사각형으로 잘라서 사용

라사냐

매장에서 준비해둔 기본반죽(00밀가루, 세몰리나 밀가루, 달걀, 퓨어 올리브유)으로 만든 라사냐 반죽. 여기서는 털게나 바칼라 등의 해산물을 층층이 넣어 만들기 때문에, 고기를 넣을 때보다 반죽을 얇게 만들어야 균형이 잘 맞는다.

Nishiguchi

베네치아풍 해산물 그라탱 라사냐

풍부한 해산물을 사이에 넣고 5층으로 겹쳐 올려서 그라탱으로 만든 베네치아풍 라사냐. 해산물은 털게 다릿살, 바칼라 만테카토를 넣은 크림, 다진 해산물(오징어, 문어, 가리비)을 넣은 라구소스로, 겉면에 게 내장으로 풍미를 살린 조림국물을 발라서 찌듯이 구웠다. 풍부한 게살에 진한 감칠맛의 해산물 소스가 스며들어, 달고 고소하며 진한 게의 풍미를 만끽할 수 있다.

091

라사냐 반죽 배합
[만들기 편한 적당량]

00밀가루(Marino 제품) 800g
세몰리나 밀가루(Marino 제품) 200g
달걀노른자 8개 분량
달걀 5개
퓨어 올리브유 조금

소
- ● 털게 다릿살 1개 분량 1.5개
- ● 털게 브로도

[만들기 편한 적당량]
털게 껍데기와 내장 2마리 분량
양파(깍둑썰기) 1개 분량
당근과 셀러리(깍둑썰기) 약 100g
　(양파 분량의 1/2)
월계수잎 1장
화이트와인 조금
토마토페이스트 2큰술
물 · 소금 · 퓨어 올리브유 적당량씩

- ● 크레마 디 바칼라

[만들기 편한 적당량]
바칼라 만테카토(p.254) 200g
베샤멜소스 70g, 소금 적당량

- ● 해산물 라구소스

[만들기 편한 적당량]
창꼴뚜기(한치) 지느러미 · 문어 다리 ·
　가리비 관자 50g씩
소프리토(p.254) 20g
화이트와인 적당량
토마토 페이스트 20g
월계수잎 1장
소금 · 생선 브로도 · 퓨어 올리브유 적당량씩

라사냐 반죽
1 완성된 반죽을 파스타머신으로 두께 1mm 이하로 얇게 밀고, 적당한 크기의 직사각형으로 자른다.
2 끓는 소금물에 넣고 2~3분 삶은 다음 찬물에 넣어 식힌다. 면보로 물기를 닦고 사이사이에 랩을 끼운다. 보관할 경우 냉장고에 넣는다.
3 코코트 지름에 맞게 정사각형으로 자른다. (여기서는 1변 = 7cm, 1개 분량 6장)

털게
1 털게는 껍데기째 25분 동안 삶고, 내장, 몸통 부분의 살, 다릿살을 발라낸다. 다릿살은 라사냐에 사용하고 껍질과 내장은 육수로 사용하며, 몸통 부분의 살은 다른 요리에 활용한다.

털게 브로도
1 껍데기를 굵게 다진다.
2 양파, 당근, 셀러리를 각각 깍둑썰기해서 퓨어 올리브유에 볶는다. 노릇해지면 껍데기와 내장을 넣는다. 소금을 뿌리고 으깨면서 충분히 볶아 비린내를 날린다.
3 냄비바닥이 갈색으로 변하면 화이트와인을 뿌리고 알코올 성분을 날린다. 토마토페이스트를 넣어 섞는다. 물을 자작하게 붓고 1시간 정도 끓인다.

크레마 디 바칼라
1 바칼라 만테카토와 베샤멜소스를 섞은 다음 끓여서 크림 상태를 만들고 소금으로 간한다.

해산물 라구소스
1 창꼴뚜기의 지느러미, 문어 다리, 가리비관자를 다진 다음, 거품기로 으깨면서 퓨어 올리브유에 볶는다.
2 어느 정도 익으면 소프리토를 넣고 화이트와인을 부은 다음, 알코올 성분을 날린다. 토마토페이스트를 넣고 소금을 뿌린다.
3 생선 브로도를 자작하게 붓고 월계수잎을 넣어 1시간 반 동안 끓인다.

조립
1 다릿살을 으깨서 소금을 뿌린다.
2 코코트에 반죽 1장을 깔고, 크레마 디 바칼라, 해산물 라구소스, 털게 다릿살 순서로 조금씩 겹쳐 올린다. 같은 방법으로 4번 반복하고 마지막 반죽 1장을 올린다.
3 털게 브로도 졸인 것 조금과 크레마 디 바칼라를 1:3으로 섞어서 마지막 반죽 위에 바른다.

마무리
1 코코트를 중탕으로 찌듯이 굽는다.(180℃ 오븐에서 10분)
2 코코트 그대로 또는 접시에 담고, 위에 털게 브로도 졸인 것을 조금 올린다. 잘게 다진 이탈리안 파슬리를 뿌리고 E.V. 올리브유를 두른다.

※ 베네치아에서 게를 사용할 때는, 이 요리처럼 다릿살은 파스타에 이용하고 몸통 살은 안티파스토에 사용하는 것이 일반적이다. 사진은 접시에 담은 모습이지만, 실제로 매장에서는 코코트째로 제공하고 있다.

라사네테 Lasagnette

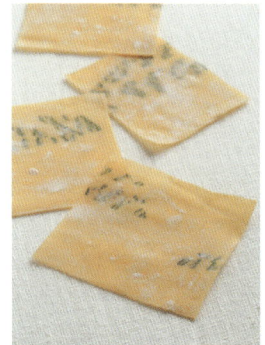

라사네테

크기가 작은 라사냐. 작아도 오븐에 굽는 경우가 많은데, 여기서는 샐러드처럼 만드는 냉파스타 요리에 사용하였다. 차가운 요리에 넣으면 반죽이 단단해지기 쉬우므로 얇게 밀어서 사용한다. 사진에 보이는 녹색무늬는 이탈리안 파슬리를 반죽 사이에 넣고 밀어서 만든 것이다. 향은 나지 않으며 장식을 위해 넣은 것이다.

1변 = 3.5㎝(정사각형)

차가운 샐러드풍 미니 라사냐

092 Lasagnette con baccalà mantecato al pomodoro
바칼라 만테카토, 토마토, 꼬투리강낭콩을 넣은 라사네테

소렌토 근교의 요리를 배우던 곳에서 제공하던 스타일로, 라사네테와 채소, 바칼라 만테카토를 층층이 쌓아서 샐러드풍으로 만든 것이다. 이탈리아 남부에서도 바칼라(소금에 절여서 말린 대구)를 많이 먹지만 만테카토는 드물기 때문에, 그 레스토랑에서 만든 오리지널 요리로 보인다. 중립적인 맛의 라사네테가 완충재 같은 역할을 하여, 진한 바칼라 만테카토를 더 맛있게 먹을 수 있다. 파스타 요리로는 물론, 전채요리인 안티파스토로도 좋다.

Sugihara

092

라사네테 반죽 배합
[만들기 편한 적당량]

00밀가루(Caputo 제품) 1kg
달걀노른자 30~36개 분량
이탈리안 파슬리 적당량

소
● 바칼라 만테카토
[만들기 편한 적당량. 1인분은 3스푼]
바칼라 1/2장, 마늘 3쪽
E.V. 올리브유·소금 적당량씩
● 채소
[1인분]
꼬투리강낭콩 3개, 소금·검은 후추·
레몬즙·E.V. 올리브유 적당량씩
프루토토마토 1/2개, 바질·마늘·소금·
검은 후추·E.V. 올리브유 적당량씩

※ 삶은 라사네테 반죽은 일반적으로 찬물로 식히지만, 이 요리는 차가운 요리이므로 단단해지지 않도록 따뜻한 물(50℃)에 담가 반죽을 식혔다. 이때 반죽의 짠맛이 씻겨나가지 않도록 따뜻한 물에도 소금을 넣어 간을 해둔다. 또한, 반죽의 수분을 완전히 닦아내면 말라서 맛이 없어지므로, 물기를 살짝 털어내는 정도가 좋다.

라사네테 반죽
1 00밀가루와 달걀노른자를 섞어서 잘 치댄 다음, 비닐로 싸서 냉장고에 넣고 3~4시간 이상 휴지시킨다. 수분이 적으므로 반죽은 단단한 상태이다.
2 파스타머신으로 얇게 편다. 반죽 2장 사이에 이탈리안 파슬리를 뿌려 넣고, 머신을 몇 번 통과시켜 아주 얇게 편다. 3.5㎝ 크기의 정사각형으로 자른다.

바칼라 만테카토
1 바칼라를 4일 동안 물에 담가서 소금기를 제거한다. 물은 매일 갈아준다.
2 끓는 물에 바칼라를 넣고 4~5분 동안 삶는다. 수분을 닦아낸 다음 껍질과 뼈를 제거하고 살을 발라낸다. 푸드프로세서로 간다.
3 으깬 마늘을 E.V. 올리브유에 볶아 기름에 향을 낸다.
4 바칼라와 마늘향 올리브유를 믹서에 넣고 갈아서 페이스트를 만든다. 소금으로 간을 한다.

채소 밑손질
1 꼬투리강낭콩을 끓는 소금물에 삶은 다음 찬물로 헹궈서 식힌다. 물기를 닦아내고 조금 길고 어슷하게 잘라서, 소금, 검은 후추, 레몬즙, E.V. 올리브유로 간을 한다.
2 토마토마리네이드를 만든다. 프루트토마토를 반달모양으로 자른 다음, 다시 작게 자른다. 손으로 찢은 바질, 얇게 편썰기한 마늘, 소금, 검은 후추, E.V. 올리브유로 간을 한다.

마무리
1 끓는 소금물에 라사네테(1인분 3장)를 넣고 1분 동안 삶는다. 소금을 넣은 따뜻한 물에 넣어 식힌 다음 물기를 뺀다.
2 접시에 토마토마리네이드를 깔고, 그 위에 라사네테 반죽, 토마토마리네이드, 바칼라 만테카토, 꼬투리강낭콩을 올린다. 이 과정을 2번 반복하여 층을 만든다.
3 페스토 제노베세(p.258)에 E.V. 올리브유를 섞고 여기저기 뿌린다. 처빌로 장식하고 검은 후추를 뿌린다.

응용하기
봄철에는 꼬투리강낭콩 대신, 완두콩이나 누에콩을 넣으면 계절을 표현할 수 있다.

칸넬로니 Cannelloni

093 Cannelloni di pollo e broccoli di natale in brodo

병아리 고기와 브로콜리 디 나탈레 칸넬로니를 넣은 미네스트라

칸넬로니
'파이프'를 의미하는 'canna'가 어원으로 칸넬로니는 '큰 파이프'를 의미한다. 시트모양 파스타 반죽에 다양한 소를 넣고 가늘고 긴 롤을 만들어서 요리한다. 전통적으로는 롤을 나란히 올리고 소스를 뿌려서 오븐에 굽지만, 여기서는 수프로 만들었다. 칸넬로니 속에는 삶아서 다진 병아리 고기와 브로콜리 디 나탈레(잎이 많은 브로콜리)를 넣었다.

길이 7~10cm

칸넬로니로 만든 크리스마스 미네스트라
나폴리 지역의 전통적인 크리스마스 수프로, 맛이 진한 브로도에 브로콜리 디 나탈레와 고기를 넣는 것이 정석이다. 파스타는 짧게 자른 스파게티나 토르텔리니 등도 많이 사용한다. 여기서는 브로콜리, 고기, 브로도의 맛이 조화를 이루도록 브로콜리 삶은 물에 병아리를 통째로 넣고 끓여서 브로도를 만들고, 브로콜리와 고기는 잘게 다져 칸넬로니 속에 넣어서 브로도 위에 띄웠다.

Sugihara

093

칸넬로니 반죽 배합
[만들기 편한 적당량]

세몰리나 밀가루(Caputo 제품) 200g
물 100g

닭고기와 브로콜리 디 나탈레를 넣은 소
[만들기 편한 적당량. 1인분 약 3큰술]

| 병아리 고기 1마리 분량
| 브로콜리 디 나탈레 300g
| 소금·검은 후추·파르미자노 치즈·
| E.V. 올리브유 적당량씩

※브로콜리 디 나탈레를 직역하면 '크리스마스의 브로콜리'이다. 이름대로 크리스마스 시기에 나오는 녹색채소로, 여기서처럼 대개 수프에 사용한다. '브로콜리 디 미네스트라'라고도 부른다.

※수프를 만들 경우 칸넬로니를 그대로 담으면 먹기 불편하다. 담기 전에 2등분해서, 스푼으로 떠먹을 수 있게 만든다.

브로도
1 병아리 1마리(300~400g)를 깨끗이 손질하고, 전체에 소금을 뿌려 하룻밤 재운다.
2 연한 소금물에 브로콜리 디 나탈레(300g)를 넣고 삶는다. 삶은 물은 브로도에 사용하고, 브로콜리는 소에 넣기 위해 건져 놓는다.
3 으깬 마늘을 E.V. 올리브유에 볶다가 향이 나면 작게 자른 라르도(20g)를 넣어 볶는다. 기름기가 없어지면 브로콜리 삶은 물(1ℓ), 양파(통째로 1개), 월계수잎을 넣어 끓인다.
4 잠시 그대로 끓이다가 양파의 매운 향이 없어지면 병아리를 넣는다. 약한 불로 8분 정도 끓인다.
5 병아리를 건져내고 다릿살과 가슴살을 잘라 소로 사용한다.
6 뼈와 날개 등을 삶은 물에 다시 넣고, 병아리와 브로콜리 향이 섞일 때까지 20분 정도 끓인다. 체에 내려 브로도를 만든다.

칸넬로니
● 소
1 5의 병아리 고기와 2의 브로콜리를 잘게 다져서 섞는다. 소금, 검은 후추, 파르미자노 치즈, E.V. 올리브유를 넣어 버무린다.
● 성형
1 완성된 반죽을 얇게 밀어서 7~10cm 길이의 직사각형으로 자른다.
2 한쪽 면 전체에 달걀물을 바르고, 소를 넓게 편다. 가장자리부터 돌돌 말아서 롤을 만든다.(성형 → p.66)

마무리
1 브로도를 끓여서 칸넬로니를 넣고 약한 불로 3분 동안 끓인다.
2 칸넬로니를 2등분하여 접시에 담는다.
3 브로도를 붓고 파르미자노 치즈를 뿌린다.

Point
고기와 녹색채소를 칸넬로니에 채워서 국물에 넣고 끓이면, 고기는 퍼석해지지 않고 채소도 흐물거리지 않는다. 또한 파스타 반죽으로 완전히 감싸지 않아서 수프와도 잘 어우러진다.

094 Cannelloni di asparagi verdi con salsa peverada

살사 페베라다를 곁들인 그린 아스파라거스 칸넬로니

길이 10cm

칸넬로니
칸넬로니의 소는 흐르지 않을 정도의 농도로 만든 라구소스, 곱게 다진 재료, 퓌레로 만든 재료 등을 넣는 것이 기본이지만, 여기서는 아스파라거스를 가운데에 통째로 넣고 말았다.

아 스 파 라 거 스 를   통 째 로   감 싼   칸 넬 로 니

이탈리아에서는 봄철에 모든 요리에 그린 아스파라거스를 사용하는 코스를 구성하는 경우가 많은데, 파스타 요리에도 아스파라거스의 모양을 그대로 살려서 넣는 경우가 적지 않다. 매장에서 매년 열리는 아스파라거스 페어에도 이 칸넬로니를 제공한다. 곁들이는 소스는 베네토주의 향토요리인 살사 페베라다. 살라미와 돼지고기(살코기), 닭간에 후추 향을 더해서 졸인 미트소스 형태이다.

094

칸넬로니 반죽 배합
[만들기 편한 적당량]

00밀가루(Marino 제품) 800g
세몰리나 밀가루(Marino 제품) 200g
달걀노른자 8개 분량
달걀 5개
퓨어 올리브유 조금

아스파라거스를 넣은 소
[1인분]

그린아스파라거스 1개
버터·소금·검은 후추 적당량씩

칸넬로니
● 소
1 아스파라거스를 손질해서 끓는 소금물에 넣고 데친다. 찬물로 헹군 다음 물기를 빼고 3등분한다.
2 버터로 볶고, 소금과 검은 후추를 뿌려서 식힌다.
● 성형
1 완성된 반죽을 파스타머신에 넣고 두께 1mm 이하로 얇게 민다. 10×13cm로 잘라서, 아스파라거스를 1개씩 올리고 돌돌 만다.

살사 페베라다
1 얇게 썬 양파(1개 분량)에 식용유를 충분히 넣고 소테해서 부드러워지면, 돼지고기 어깨살(살코기만 깍둑썰기한 것. 500g), 소프레사(베네토주 특산품 살라미. 300g), 닭간(300g)을 굵게 다져서 넣고 볶는다.
2 닭고기 브로도를 조금씩 넣으면서 자작자작한 상태로 2시간 정도 끓인다.
3 푸드프로세서로 갈아서 검은 후춧가루와 레몬즙을 넣고 섞은 다음, 용기에 옮겨 담아 냉장고에 넣고 하룻밤 둔다.
4 사용할 때는 위에 뜬 기름을 제거한 다음, 필요한 만큼 냄비에 넣고 식용유나 브로도를 조금 넣어서 데운다. 레몬즙으로 맛을 낸다.

마무리
1 그라탱 용기에 버터를 바르고 칸넬로니 3개를 올린 다음 겉면에 버터를 바른다. 그라나 파다노 치즈를 뿌리고 180℃ 오븐에 7~8분 동안 굽는다.
2 접시에 담고 살사 페베라다(1인분 약 60g)를 올린 다음, 레몬즙과 그라나 파다노 치즈, 검은 후추를 뿌린다.

응용하기
칸넬로니에 넣는 소는 구운 고기 퓌레, 시금치와 리코타, 버섯을 넣은 화이트소스 등이 일반적이다. 개성을 살리고 싶다면 카르초피 페이스트도 좋다.

로톨로 Rotolo

095 Rotolo di pasta fresca con radicchio trevisano e asiago

라디키오와 아시아고 로톨로

지름 5㎝

로톨로

튜브모양으로 만 것으로, 파스타 요리에서는 시트모양 반죽으로 소를 만 다음 잘라서 오븐에 구운 것을 말한다. 칸넬로니(p.177~179)도 튜브모양으로 만 것이지만, 로톨로가 더 굵고 길며 자른 면이 위로 오게 담아서 굽는 점이 다르다. 크기는 지름 5㎝ 정도, 길이는 30~40㎝로 두툼하게 만 김밥과 비슷하다. 에밀리아로마냐주를 중심으로 한 이탈리아 북부의 요리이며, 여러 가지 제철재료를 채워서 계절의 맛을 낼 수 있다. 위의 사진은 길이를 반으로 자른 것이다.

오 븐 에 구 운 겨 울 채 소 롤 파 스 타

이탈리아 북부의 파스타 요리이기 때문에, 개인적으로 좋아하는 이탈리아 북부의 겨울채소와 치즈(베네토주의 라디키오 로소와 아시아고 치즈, 롬바르디아주의 사보이 양배추)를 넣었다. 채소를 작게 잘라서 볶은 다음 얇게 썬 아시아고 치즈, 라구소스 등과 함께 반죽으로 2~3겹 감아서 만든다. 입에 넣어도 부담스럽지 않게 반죽을 아주 얇게 미는 것이 중요하고, 소 가운데에 반죽이 들어가게 말아야 반죽과 소가 입안에서 고르게 잘 섞인다.

095

로톨로 반죽 배합
[만들기 편한 적당량]

00밀가루(Marino 제품) 800g
세몰리나 밀가루(Marino 제품) 200g
달걀노른자 8개
달걀 5개
퓨어 올리브유 조금

라디키오와 아시아고 치즈를 넣은 소
[1개 분량]

라디키오 로소(타르디보) 200g
사보이 양배추 80g
아시아고 치즈(유제품, 세미 하드 치즈) 120g
볼로냐풍 라구소스(미트소스/p.254) 160g
베샤멜소스 160g
마늘 1쪽
퓨어 올리브유·버터·그라나 파다노·
　소금·검은 후추 적당량씩

로톨로

● 반죽 준비

1 완성된 반죽을 두께 1㎜ 이하로 얇게 밀어서 약 22 × 45㎝ 크기로 자른다. 필요한 만큼 같은 모양으로 자른다.
2 끓는 소금물에 넣고 2~3분 동안 부드럽게 삶은 다음 얼음물로 헹궈서 식힌다. 면보로 물기를 닦은 다음 사이에 랩을 끼워 넣고, 보관할 때는 냉장고에 넣어둔다.

● 소

1 으깬 마늘을 퓨어 올리브유에 볶아서 마늘 향이 나면, 2~3㎝ 크기로 자른 라디키오를 넣고 소금을 뿌린다.
2 사보이 양배추도 2~3㎝ 크기로 네모나게 썰고, 끓는 소금물에 살짝 데친다. 물기를 빼고 버터로 볶은 다음 소금을 뿌린다.
3 아시아고 치즈를 크기 3 × 5㎝, 두께 5㎜ 정도의 직사각형으로 자른다.
4 볼로냐풍 라구소스(미트소스)와 베샤멜소스를 섞는다.

● 성형

1 랩을 몇 장 잘라서 약 50㎝ 정사각형이 되도록 조금씩 겹쳐서 펼쳐놓는다.
2 반죽을 보관용 랩에서 떼어내고, 1의 랩 가운데에 세로로 길게 놓는다.
3 반죽의 뒤쪽 끝부분을 너비 5㎝ 정도로 잘라둔다.
4 반죽 앞쪽에 4~5㎝ 너비로 섞어둔 소스를 바르고, 그 위에 라디키오와 사보이 양배추를 올린 다음 아시아고 치즈를 올린다. 그라나 파다노 치즈와 검은 후추를 뿌린다.
5 3에서 잘라둔 반죽을 소가 절반 정도 덮이도록 뒤쪽에 올린다.
6 앞쪽 랩을 손으로 들어 올려 김밥 마는 요령으로 반죽과 소를 말아서 롤모양을 만든다. 바깥쪽을 랩으로 싼다.
7 좌우 양쪽 가장자리에 삐져나온 랩을 손으로 누르고 앞뒤로 굴려서 단단하게 만든다.
8 꼬치로 롤에 3군데 정도 구멍을 내서 공기를 뺀다. 전체를 랩으로 싸고 7과 같은 방법으로 굴려서 단단하게 만든다. 이 과정을 다시 1번 반복한다.
9 랩 양쪽 가장자리를 세게 비틀거나 묶어서 모양을 고정시킨다. 1시간 정도 냉장고에서 휴지시킨다.(성형 → p.65)

마무리

1 랩을 벗기고 3~4㎝ 너비로 자른다.
2 파이그릇에 버터를 바르고 로톨로를 올린 다음 그라나 파다노 치즈를 뿌리고 버터를 조금 올린다.
3 180℃ 오븐에 6분 동안 굽고, 살라만더로 겉면이 바삭하게 굽는다.

Point
라디키오 로소는 도톰하고 섬유질이 있는 식감이 특징이므로, 모양을 살려서 자르면 씹는 느낌을 살릴 수 있다.

응용하기
가장 기본적인 소는 시금치와 볼로냐풍의 라구소스(미트소스)이다.

트론케티 Tronchetti

096 Tronchetti gratinati con capesante
가리비 트론케티

트론케티
트론케티는 '작은 그루터기'라는 의미로, 그루터기 모양으로 만드는 것이 특징이다. 주로 크리스마스 케이크에 사용되는 이름이지만, 요리에서는 얇은 반죽에 소를 넣고 가는 롤을 만든 다음 작게 자른 것을 모아서 그루터기처럼 보이게 담은 것을 말한다. 이 요리는 이탈리아의 요리잡지에서 알게 되었는데, 잡지에는 크레이프 반죽으로 치즈를 만 요리가 소개되어 있었다. 매장에서는 파스타 반죽으로 대체하여 만들고 있다.

지름 7cm, 높이 3cm

가리비를 넣은 그루터기 모양의 파스타

가리비 외투막과 관자를 퓌레로 만들어서 얇은 파스타 반죽 속에 채운 트론케티. 반죽은 먼저 삶아서 익힌 다음 성형하고, 오븐에 구워 완성한다. 소스는 소와 잘 어울리도록, 가리비 난소와 라디키오 로소를 함께 볶아서 만든다. 요리로서 트론케티의 역사는 짧지만, 칸넬로니를 응용한 것 중 하나라고 생각하면 소와 소스를 자유자재로 바꿀 수 있다. 또한 만들기도 쉽고 간편하게 제공할 수 있는 요리이다.

096

트론케티 반죽 배합
[만들기 편한 적당량]

00밀가루(Marino 제품) 800g
세몰리나 밀가루(Marino 제품) 200g
달걀노른자 8개
달걀 5개
퓨어 올리브유 조금

가리비를 넣은 소
[만들기 편한 적당량.
1개 분량 40g × 4개가 1접시]

> 가리비 10개
> 마늘 1쪽
> 퓨어 올리브유 적당량
> 생선 브로도 150cc
> 베샤멜 소스 30g
> 소금 적당량

트론케티

● 소
1 가리비 외투막을 물로 깨끗이 씻은 다음 물기를 뺀다. 관자와 함께 적당한 길이로 자른다.
2 으깬 마늘을 퓨어 올리브유에 볶다가 향이 나면 외투막과 관자를 넣어 볶는다. 익으면 생선 브로도를 넣어 20분 동안 끓인다.
3 외투막과 관자를 건져내서 푸드프로세서로 갈아 퓌레를 만든다. 베샤멜소스로 버무리고, 소금으로 간을 한다. 국물은 소스용으로 보관해둔다.

● 성형
1 완성된 반죽을 파스타머신으로 두께 1mm 이하로 얇게 민다. 12 × 11cm 크기로 자르는데, 1접시에 4장이 필요하다.
2 끓는 소금물에 반죽을 넣고 2분 동안 삶은 다음 찬물로 헹궈서 물기를 뺀다.
3 3장을 가로로 놓고 각각 앞쪽 가장자리를 따라 소를 올린 다음 앞쪽부터 말고 뒤쪽 가장자리에 베샤멜소스를 발라서 붙인다. 각각 4등분(너비 3cm)한다.(총 12개)
4 나머지 1장의 반죽을 4등분(너비 3cm)한다.
5 3의 자른 단면이 위아래로 오도록 12개를 1묶음으로 모으고, 주위를 4의 반죽으로 적당히 감아서 연줄로 묶는다.

가리비와 라디키오 소스
1 가리비 난소(오렌지색 부분. 10개 분량)와 라디키오 로소 디 트레비소(타르디보 / 50g)를 굵게 다진다.
2 난소를 퓨어 올리브유에 볶고, 겉면이 익으면 라디키오를 넣어 볶는다. 소금과 가리비 국물을 적당히 넣고 간을 맞춘다.

마무리
1 파이그릇에 퓨어 올리브유를 바르고, 트론케티를 담아 180℃ 오븐에 10분 동안 굽는다.
2 트론케티 둘레를 묶은 연줄을 제거하여 접시에 담고, 가리비와 라디키오 소스(1인분 약 80g)를 얹은 다음 이탈리안 파슬리로 장식한다. 주변에 E.V. 올리브유를 두른다.

※타르티보는 만생종을 말한다.

크레스펠레 Crespelle

지름 17cm

크레스펠레
프랑스의 크레이프가 원형으로, 현재는 이탈리아 북부 지역에 파스타의 일종으로 보급되어 있다. 여기서 소개하는 것은 밀가루, 달걀, 우유, 버터, 소금으로 만든 기본적인 배합의 반죽이다. 시트모양 파스타와 마찬가지로, 재료와 반죽을 층층이 넣어 밀푀유나 라사냐처럼 만들거나, 가운데에 소를 넣고 돌돌 말아서 칸넬로니처럼 만드는 등 여러 가지로 응용할 수 있다.

097 Millefoglie di crespelle con prosciutto cotto e fontina

프로슈토 코토와 폰티나를 넣은 크레이프 밀푀유

Nishiguchi

파티요리로 좋은 크레이프 밀푀유
수제햄, 발레다오스타주의 특산 치즈, 폰티나를 크레스펠레 사이에 넣고 층층이 쌓아 밀푀유처럼 완성하였다. 층층이 쌓아서 준비해두었다가 제공하기 직전에 오븐으로 굽기만 하면 되고, 보기에도 고급스러워서 파티요리로 제격이다. 마지막에 오븐에 구우면 크레스펠레 반죽이 부드럽게 부풀어서 가벼워진다. 또 고소한 맛이 더해져 독특한 맛이 된다.

097

크레스펠레 반죽 배합
[만들기 편한 적당량. 8~10장이 1그릇]

준강력분(닛신제분 '리스도르') 75g
달걀 3개
우유 200g
소금 1꼬집
녹인 버터 15g

소
[1접시 분량]

| 프로슈토 코토(p.255 / 얇게 편썰기) 200g
| 폰티나(얇게 편썰기) 120g

크레스펠레 밀푀유
● 크레스펠레
1 달걀, 우유, 소금, 녹인 버터를 볼에 넣고 잘 섞는다. 준강력분을 넣고 살짝 섞은 다음, 냉장고에 넣고 1시간 정도 휴지시킨다.
2 지름 20cm(안쪽 지름 약 17cm) 프라이팬을 달군 다음 식용유를 두른다. 반죽을 얇게 부어 굽는다. 노릇해지면 뒤집어서 같은 방법으로 굽는다. 식힘망 위에 올려 식히고 나머지도 같은 방법으로 굽는다.
● 성형
1 접시에 크레스펠레 1장을 깔고, 프로슈토 코토와 폰티나를 몇 장씩 겹쳐 올린다. 이 과정을 반복하여 8~10층을 만든다.

2가지 소스
1 생크림(150cc)을 끓이고 그라나 파다노 치즈(30g)를 넣어 녹인다. 소금과 검은 후추로 간을 한다.
2 다른 냄비에 레드와인(300cc)을 넣고 걸쭉해질 때까지 졸인 다음, 수고 디 카르네(p.256 / 100cc)를 넣고 좀 더 졸여서 걸쭉한 소스를 만든다.

마무리
1 밀푀유를 방사형으로 8등분하고 180℃ 오븐에 7~8분 동안 굽는다.
2 접시에 담고 생크림소스(1인분 20g)와 레드와인소스를 조금 올린 다음 처빌로 장식한다.

응용하기
이탈리아에서 요리를 배울 때는 라디키오, 뿔닭 라구소스, 베사멜소스 등을 사용해 밀푀유를 만들었다. 또한 볼륨이나 모양을 다르게 해서 스투치키나나 안티파스토로도 제공할 수 있다.

스크리펠레 Scripelle

지름 17cm

098 Scripelle m'busse e uovo al tegamino

달걀프라이를 곁들인
통밀가루로 만든 시골풍 스크리펠레 수프

스크리펠레

키타라(p.78)와 함께 아브루초주를 대표하는 파스타. 프랑스의 크레이프가 이 지역에 전해지면서, 북부의 테라모 지역에서 스크리펠레를 처음으로 만들기 시작했다고 한다. 지금은 인접한 몰리세주에서도 많이 만든다. 표준어로는 크레스펠레(p.183)이지만 이 지역 방언으로 스크리펠레라고 부른다. 밀가루, 물, 달걀, 소금이 기본 재료로, 여기서는 00밀가루에 통밀가루를 섞고, 우유와 버터를 넣어 깊은 맛을 더했다. 이 지역에서는 프랑스의 크레이프보다 더 두툼하게 굽는다.

Koike

수프에 넣는 크레이프가 기본

스크리펠레 요리법 중 가장 소박하고 기본적인 것을 방언으로 '므부세(mbusse)'라고 한다. 수프에 넣는 '인 브로도'이다. 두껍게 구워 존재감을 살린 스크리펠레의 특징을 가장 잘 살리는 방법이라고 생각한다. 아브루초주는 돼지고기 요리가 유명한 지역이므로, 여기서는 스크리펠레를 라드로 구워 향을 더하였다. 또한 달걀프라이를 곁들이고 페코리노 치즈를 뿌려 농가의 소박한 식사풍경이 떠오르는 요리를 만들었다.

098

스크리펠레 배합
[10장 분량]

통밀가루(Marino 제품) 45g
00밀가루(Marino 제품) 95g
달걀 2개
우유 250g
소금 5g
버터 15g

※ 밀가루 분량의 1/3을 통밀가루로 대체해서 소박한 시골의 맛을 표현하고, 밀의 향이 돋보이게 만든 레시피이다. 재료를 섞어서 하룻밤 휴지시키면 향이 살아난다.

스크리펠레

1 통밀가루와 00밀가루를 볼에 넣는다. 우유, 소금, 버터는 냄비에 넣고 섞어서 중탕으로 녹인다. 한 김 식힌다.

2 가루에 우유를 조금씩 넣으면서 덩어리지지 않도록 거품기로 섞는다. 달걀 푼 것을 넣고 섞는다. 랩을 씌워서 냉장고에 넣고 하룻밤 휴지시킨다.

3 지름 20cm(안쪽 지름 약 17cm) 프라이팬에 라드(돼지 등비계를 민서로 다진 페이스트)를 얇게 발라 달군다. 반죽을 약 50g 정도 올려서 넓게 편다. 갈색으로 변할 때까지 굽는다. 뒤집어서 살짝 구운 다음 단단해지면 꺼낸다. 나머지도 같은 방법으로 굽는다.

수프

1 콘소메를 만든다. 냄비에 닭고기 다짐육(1kg)과 달걀흰자(5~6개 분량), 다진 검은 후추가루, 다진 월계수잎(건조), 다진 고수 적당량과 화이트와인(200cc)을 넣고 잘 섞는다.

2 1에 닭고기 브로도(p.255/4ℓ)를 넣고 끓인다. 약한 불로 3시간 정도 졸인다. 체에 내려 콘소메를 만든다.

3 콘소메를 필요한 만큼 냄비에 넣고, 사프란 아니스주, 소금을 조금씩 넣어 데운다.

마무리

1 프라이팬에 E.V. 올리브유를 두르고 달걀프라이를 만든다. 달걀노른자가 너무 익지 않도록 약한 불에서 천천히 익힌다.

2 스크리펠레를 굵게 말아 접시에 담고(1인분 2개), 뜨거운 수프를 적당량 붓는다. 달걀프라이를 올리고, 페코리노 로마노 치즈와 검은 후추를 뿌린다.

응용하기

칸넬로니처럼 소를 넣어 말거나 라사냐처럼 층층이 쌓아서 오븐에 구울 수도 있다. 또한 탈리아텔레처럼 가늘게 잘라서 소스에 버무려 먹는 방법도 있다.

프 로 를 위 한 파 스 타 의 기 술

뇨키 & 생파스타
_알갱이형

ALL THAT PASTA

감자 뇨키 Gnocchi di patate

가로세로 2cm

감자 뇨키
'뇨키'라는 이름은 '손가락 마디'라는 뜻의 '노카(Nocca)'에서 유래되었다. 작은 덩어리로 만들기 때문에 붙여진 이름이다. 고대에는 밀가루를 물로 반죽하여 만들었지만, 신대륙에서 감자가 들어오면서부터 감자 뇨키를 만들기 시작해서 지금은 감자 뇨키가 대부분이다. 부드럽게 삶아서 으깬 뜨거운 감자에 밀가루, 달걀, 치즈가루 등을 넣고 반죽하지 않고 섞는 것이 기본과정으로, 특유의 폭신한 식감이 가장 큰 매력이다.

099 Gnocchi di patate al castelmagno e fontina
카스텔마뇨와 폰티나 크레마로 맛을 낸 감자 뇨키

치즈소스로 버무린 피에몬테풍

감자 뇨키는 이탈리아 각지에서 만들어지므로 지역에 따라 여러 가지 소스가 있는데, 여기서는 피에몬테주의 치즈소스로 만들었다. 피에몬테주에서 요리를 배울 때는 특산품인 카스텔마뇨 치즈만으로 깔끔하게 만들었지만, 여기서는 카스텔마뇨의 상큼한 신맛과 균형을 맞춰서 지방이 많은 폰티나 치즈를 넣어 치즈의 깊은 맛과 향을 더하였다. 맛이 묵직해진 만큼 뇨키는 이탈리아 현지의 것보다 크게 만들어서 소스와 잘 어우러지게 하였다.

Koike

099

감자 뇨키 배합
[만들기 편한 적당량. 1인분 60g]

삶은 감자 500g
00밀가루(Marino 제품) 170g
달걀노른자 2개 분량
파르미자노 치즈 30g
육두구 조금
소금 적당량

※ 크기는 1.5cm 정도가 표준이다. 막대모양으로 잘라서 튜브모양이나 줄무늬가 있는 둥근 모양으로 만드는 것이 일반적이다.

감자 뇨키
1 끓는 소금물에 감자를 넣고 부드럽게 삶는다. 껍질을 벗기고 뜨거울 때 체에 내린다.
2 감자에 그 외의 모든 재료를 넣고, 스크레이퍼 2장으로 자르듯이 섞는다. 전체를 한 덩어리로 만들어서 작업대에 올린다. 손바닥으로 눌러서 접는 과정을 여러 번 반복하여 매끈하게 완성한다. 끈적거리게 만들지 않도록 주의한다.
3 지름 2cm 막대모양으로 뭉쳐서, 2cm 정도의 간격으로 자른다.

치즈소스
1 으깬 마늘(1쪽), 세이지(3장), 버터(약 2큰술)를 넣고 불에 올린다. 갈색으로 변하지 않고 마늘과 세이지 향이 버터에 배이도록 따뜻하게 데운다.
2 생크림(1인분 35㎖)과 송아지고기 브로도(p.255 / 70㎖)를 넣고, 약한 불로 뭉근하게 조린다. 잘게 썬 폰티나 치즈(10g)와 강판에 간 카스텔마뇨 치즈를(20g) 넣고 실리콘주걱으로 천천히 저어서 녹인다.

마무리
1 끓는 소금물에 뇨키(1인분 20개)를 넣고 삶는다.
2 뇨키가 물 위로 떠오르기 시작하면 구멍국자로 건져서 물기를 뺀다. 치즈소스에 넣고 버무리는데, 휘젓는 것이 아니라 실리콘주걱으로 냄비바닥의 소스를 긁어내는 느낌으로 섞는다.
3 마늘과 세이지를 건져내고 접시에 담은 다음, 갈아놓은 카스텔마뇨 치즈를 뿌린다.

Point
소스는 절대 끓어오르지 않게 하고, 천천히 치즈를 녹여서 만든다. 굳어지기 쉬우므로 브로도를 넣어서 부드럽게 만든다. 호두를 넣어도 맛있다.

100 Gnocchi alla sorrentina

소렌토풍 뇨키

감자 뇨키
작은 덩어리로 자른 반죽에 포크로 줄무늬를 만들고 동그랗게 만든 뇨키. 사진은 표준 사이즈로, 소스 농도에 따라 크기나 단단한 정도를 조금 변화시킬 수 있다. 요리로 만들었을 때 감자의 풍미가 제대로 살고, 쫄깃하고 탱탱하며 매끈한 여러가지 식감이 잘 섞이는 것이 이상적이다.

1.5cm

Sugihara

토마토, 모차렐라, 바질로 만든 소스

나폴리 사람들에게 있어서 생파스타로 빼놓을 수 없는 것이 뇨키와 라사냐이다. 의외로 뇨키를 좋아하는 사람들이 많다. 소스는 매우 다양한데 개인적으로 가장 좋아하는 것은 소렌토풍으로, 토마토소스, 모차렐라 치즈, 바질이 필수 재료이다. 지역 특산물을 조합한 것인데, 토마토의 신맛이 부담스럽게 느껴지기 쉬운 뇨키를 먹기 좋게 만들어주고 모차렐라의 부드럽고 진한 맛이 더해져서 맛이 매우 깊다. 소스가 뇨키에 잘 묻도록 농도와 양을 맞추는 것이 중요하다.

100

감자 뇨키 배합
[만들기 편한 적당량. 1인분 100g]

삶은 감자 500g
00밀가루(Caputo 제품) 150g
달걀노른자 2개 분량
E.V. 올리브유 조금
소금 적당량

※ 감자는 계절이나 개체에 따라 맛이나 수분 함유량이 달라지므로, 상황에 맞게 배합을 조금씩 조절하고 뇨키의 크기도 다르게 한다. 예를 들어, 감자에 수분이 많아 밀가루가 많이 필요할 때는 뇨키를 작게 만들고, 반대로 밀가루가 적을 때는 크게 만드는 등 뇨키 하나하나에 감자맛이 확실하게 느껴지게 만든다. 특히 8~10월에 나오는 감자의 경우 감자전분과 밀가루에 들어 있는 글루텐의 균형이 잘 맞아서 만들기 쉽다.

감자 뇨키
1 끓는 소금물에 감자를 넣고 부드럽게 삶는다. 껍질을 벗기고 뜨거울 때 포테이토매셔로 으깬다.
2 감자에 소금, E.V.올리브유, 달걀노른자, 00밀가루를 순서대로 넣고 많이 치대지 않도록 주의해서 한 덩어리로 만든다.
3 반죽을 지름 1cm 막대모양으로 밀어서, 1cm 길이로 자른다. 자른 면이 아래위로 오도록 포크 뒷면의 볼록한 부분에 올린 다음, 손가락으로 굴려서 줄무늬를 만든다.(성형 → p.68)

토마토소스
1 으깬 마늘(1쪽)을 E.V.올리브유(20cc)에 볶는다.
2 마늘향이 나기 시작하면 바질(나폴리종. 1줄기)과 토마토를 체에 내려서 만든 파사타 디 포모도로(병조림 / 180cc)를 넣고, 굵은 소금으로 밑간을 한다. 걸쭉해지고 감칠맛이 날 때까지 살짝 졸인다.

마무리
1 끓는 소금물에 뇨키를 넣고 삶는다.
2 뇨키가 물 위로 떠오르기 시작하면 구멍국자로 건져 물기를 뺀다. 토마토소스(90㎖)를 넣은 다음, 파르미자노 치즈, 페코리노 로마노 치즈, 작게 찢은 바질(나폴리종), 네모나게 썬 모차렐라 치즈(물소젖)를 넣어 버무린다.
3 접시에 담고 파르미자노 치즈를 뿌린다.

Point
물소젖으로 만든 모차렐라 치즈는 수분과 부드러운 풍미를 잃지 않도록 가열하지 않는다. 모차렐라를 넣은 다음, 공기를 넣듯이 부드럽게 버무린다.

응용하기
감칠맛이 조금 강하지만 나폴리에서는 나폴리풍 라구소스(p.244)를 섞어서 사용하는 일도 많다.

뇨키 라비올리 Ravioli di gnocchi

101 Ravioli di gnocchi con le cozze e pecorino fresco

홍합과 페코리노 프레스코 풍미의 뇨키 라비올리

뇨키 라비올리
감자 뇨키 반죽 속에 치즈를 넣어서 만든 라비올리로, 뇨키의 식감이 살아 있는 부드러운 맛이다. 나폴리에서 배운 요리로, 역사가 길지 않은 레스토랑 요리이다. 부드럽고 찢어지기 쉬운 반죽이므로 전체를 틀로 찍어내지 말고, 반으로 접은 반죽에서 접힌 부분을 살려서 사진처럼 반원에 가까운 모양으로 만든다.

지름 약 3cm

Sugihara

프레시 치즈를 채운 뇨키

원래는 우유로 만든 리코타 치즈를 넣는 라비올리이지만, 사진은 여름철에 맞게 염소젖으로 만든 프레시 치즈를 넣은 것이다. 여름에는 우유로 만든 리코타가 무겁게 느껴질 수 있으므로, 신맛이 있는 염소젖 치즈 중에서 숙성시키지 않은 프레시 치즈를 사용하여 산뜻하게 완성하였다. 소렌토부터 아말피 해안가에 이르는 지역에서는 특산물인 해산물로 만든 소스를 곁들이는 경우가 많은데, 여기서도 홍합을 올리브유로 심플하게 볶고 방울토마토의 신맛을 살짝 더해서 소스를 만들었다.

101

뇨키 반죽 배합
[만들기 편한 적당량]

감자 350g(중간크기 3개)
박력분(닛신제분 '바이올렛')
　감자 분량의 35%
달걀노른자 1개 분량
E.V. 올리브유 조금
소금 적당량

소
[만들기 편한 적당량. 1개 분량 1/2작은술]

| 염소젖 프로마주 블랑 100g
| 페스토 제노베세(p.258) 약 1큰술
| 소금 적당량

※ 뇨키 반죽은 망가지지 않도록 다른 뇨키보다 밀가루를 좀 더 많이 넣어 단단하게 만든다.

※ 염소젖 프로마주 블랑은 염소젖을 유산균으로 발효시킨 프레시 치즈이다.

뇨키 라비올리
● 뇨키 반죽
1 감자를 끓는 소금물에 넣고 부드럽게 삶는다. 껍질을 벗기고 뜨거울 때 체에 내린다.
2 감자에 소금, E.V.올리브유, 달걀노른자, 박력분을 순서대로 넣고, 많이 치대지 않도록 주의해서 한 덩어리로 만든다.
● 소
1 염소젖 프로마주 블랑에 페스토 제노베세를 넣고 소금으로 간을 한다.
● 성형
1 뇨키 반죽에 강력분(분량 외)으로 덧가루를 뿌리면서, 파스타머신으로 3~4cm 두께로 민다. 작업대에 올려서 너비 13~14cm(길이는 적당히) 직사각형으로 자른다.
2 뇨키 반죽의 한쪽 면에 소를 1작은술씩, 5~6cm 간격으로 올린다. 반죽을 반으로 접어서 덮고, 소 주변을 눌러준다.
3 지름 3cm 원형틀로 찍어낸다. 이 때 틀 위치를 조금 밖으로 빼서 접은 부분이 잘리지 않도록 반원에 가까운 모양으로 만든다.

홍합 소스
1 방울토마토(2개), 으깬 마늘, 바질을 E.V.올리브유에 재빨리 볶는다.
2 으깬 마늘과 홍고추를 E.V.올리브유로 볶는다. 향이 나면 홍합(아카시산 5~7개)을 껍질째 넣고, 적당량의 물, 타임, 다진 이탈리안 파슬리, 1의 방울토마토를 넣는다.
3 홍합 껍질이 벌어질 때까지 끓인다.

마무리
1 끓는 소금물에 라비올리(1인분 8개)를 넣고 1~2분 동안 삶는다.
2 홍합 소스(1인분 90mℓ)를 넣어 잘 섞는다.
3 라비올리를 접시에 담고, 홍합은 한쪽 껍질을 떼어낸 다음 접시 둘레에 담는다. 페코리노 사라치노(사르데냐주의 세미하드 양젖치즈)를 뿌린다.

응용하기
바지락, 오징어, 흰살생선 등을 사용한 해산물 소스와 조합하기도 한다.

살구 뇨키 Gnocchi di patate alle albicocche

102 Gnocchi di patate alle albicocche

살구를 넣은 뇨키

살구 뇨키
감자 뇨키 반죽으로 살구를 감싼 알토아디제 지방의 요리이다. 이웃한 프리울리베네치아줄리아주에는 말린 서양자두를 넣은 뇨키가 있다. 이 지역은 중앙 유럽 문화의 영향을 받았는데, 과일을 넣은 뇨키는 체코나 슬로바키아 등 보헤미아 지역에서 비롯되었다고 한다. 보헤미아 지역에서는 달콤한 과자였지만, 이탈리아에서는 달콤새콤한 맛의 독특한 요리로 변신하였다. 사진은 표준 크기로 일반적인 뇨키보다 크다.

지름 4.5~5cm

달 콤 새 콤 짭 쪼 름 한 뇨 키
가장 기본적인 소스는 녹인 버터에 그래뉴당을 섞은 것이지만, 여기서는 양질의 발효버터를 녹여서 살짝 태운 다음 양귀비씨를 넣어 섞었다. 짭짤한 맛이 느껴지는 소스로 다음에 나오는 메인 메뉴인 세콘도 피아토와 균형을 맞추고 존재감도 살렸다. 물론 시나몬과 설탕도 넣었기 때문에 그 지역 특유의 단맛은 건재한다.

Koike

102

뇨키 반죽 배합
[만들기 편한 적당량. 1인분 60g]

삶은 감자 250g
강력분(도쿄제분 '슈퍼 마나슬루') 80g
달걀노른자 1개 분량
그라나 파다노 치즈 30g
시나몬파우더 조금
소금 3g

소
[만들기 편한 적당량. 1개 분량 2장]

   살구(반건조) 16장
   그라파 1방울
   화이트 럼 2방울

살구를 넣은 뇨키
● 뇨키 반죽
1 끓는 소금물에 감자를 넣고 부드럽게 삶는다. 껍질을 벗기고 뜨거울 때 체에 내린다.
2 다른 재료를 모두 넣고 잘 반죽한다.
● 살구 속
1 반건조 살구에 그라파와 화이트 럼을 뿌려서 하룻밤 둔다.
● 성형
1 살구의 물기를 닦아내고 뇨키 반죽 속에 2장씩 넣은 다음, 지름 5cm 정도의 공모양으로 빚는다.
2 호밀가루(분량 외)를 뿌려둔다.

양귀비 버터소스
1 버터(1인분 약 1큰술)를 녹인 다음 양귀비씨(1꼬집)를 넣고 가열해서 살짝 태운다.
2 파스타 면수를 조금 넣어 유화시키고, 시나몬파우더, 소금, 그래뉴당으로 간을 한다.

마무리
1 끓는 소금물에 뇨키(1인분 2개)를 넣고 7분 동안 삶는다.
2 물 위로 떠오르면 잠시 그대로 두었다가 건져서 물기를 뺀다.
3 접시에 담고 양귀비 버터소스를 뿌린다.

소를 채운 뇨키 Gnocchi ripieni

지름 5cm

라구소스를 넣은 뇨키
라구소스 등을 속에 넣고 롤모양으로 만든 뇨키. 큰 롤은 둥글게 썰어서 담는다. 다양한 소스를 사용할 수 있다. 미리 삶아 두었다가 요리를 내기 직전에 오븐에 데우기만 하면 되기 때문에, 많은 양을 만들어야 하는 파티요리로도 좋다. 소의 맛뿐 아니라, 뇨키 반죽의 감자 풍미가 요리의 맛을 살려준다.

103 *Gnocchi ripieni con funghi*
포르치니와 라구소스를 넣은 뇨키

Nishiguchi

포르치니 조림을 넣은 뇨키
여기서는 일반적으로 매장에서 항상 준비해두는 포르치니 소테를 뇨키의 소로 활용하였다. 푸드프로세서로 퓌레를 만들고 볼로냐풍 라구소스(미트소스)에 섞어서 뇨키로 싼다. 접시에 담은 다음 뇨키 위에 포르치니를 조금 더 곁들였다. 포르치니 외에도 적색치커리나 카르초피 등으로 다양하게 응용할 수 있다. 사진에서 뇨키 주변에 뿌린 소스는 트러플을 넣은 폰도 브루노이다.

103

뇨키 반죽 배합
[만들기 편한 적당량. 2개 분량]

삶은 감자 100g
00밀가루(Marino 제품) 40~50g
달걀노른자 1개 분량
육두구 조금
소금·검은 후추 조금씩

소
[만들기 편한 적당량. 2개 분량]

포르치니 200g
으깬 마늘 1쪽 분량
퓨어 올리브유·소금·검은 후추 적당량씩
볼로냐풍 라구소스(미트소스 / p.254) 100g
빵가루 적당량
그라나 파다노 치즈 30g
소금·검은 후추 적당량씩

라구소스를 넣은 뇨키
● 뇨키 반죽
1 끓는 소금물에 감자를 넣고 부드럽게 삶는다. 껍질을 벗기고 뜨거울 때 포테이토매셔로 으깬다.
2 감자에 소금, 검은 후추, 육두구, 달걀노른자, 00밀가루를 순서대로 넣고, 너무 많이 치대지 않도록 주의하면서 한 덩어리로 만든다.
3 반죽에 00밀가루(분량 외)를 덧가루로 뿌리고, 반죽을 두께 1cm, 길이 25cm, 너비 15cm 직사각형으로 민다.

● 소_포르치니 조림
1 으깬 마늘과 얇게 썬 포르치니를 퓨어 올리브유에 볶은 다음 소금, 검은 후추를 넣는다. 볶은 포르치니를 푸드프로세서로 갈아서 퓌레를 만든다.
2 냄비에 옮겨 담고 볼로냐풍 라구소스를 넣어 데운 다음, 빵가루, 소금, 검은 후추, 약간의 그라나 파다노 치즈를 넣어 섞는다.

● 성형
1 뇨키 반죽 한쪽에 소를 올리고, 세로로 길게 반으로 접어서 가장자리를 눌러서 붙인다.
2 끓는 소금물에 뇨키(1개가 2인분)를 넣고 2~3분 동안 삶는다. 뇨키가 물 위로 떠오르면 구멍국자로 건져서 물기를 뺀 다음 트레이에 건져서 식힌다.

● 소스
1 폰도 브루노를 졸이다가 다진 블랙 트러플을 넣는다.

● 마무리
1 뇨키를 3~4cm 너비로 자른다.
2 자른 면이 보이도록 접시에 세워서 담은 다음, 그라나 파다노 치즈를 뿌리고 E.V.올리브유도 뿌린다. 고온의 오븐에 넣고 노릇해지기 직전까지 데운다.
3 접시에 담고 포르치니 조림을 조금 곁들인 다음, 주위에 소스를 뿌린다. 이탈리안 파슬리로 장식하고, 그라나 파다노 치즈를 뿌린다.

세몰리나 뇨키 Gnocchi di semola

104 Gnocchi di semola con ragù di coda di bue

소꼬리 라구소스를 곁들인 세몰리나 뇨키

세몰리나 밀가루 뇨키
세몰리나 밀가루와 우유를 섞어서 폴렌타처럼 익힌 다음, 원형틀로 찍어낸 뇨키. 원래의 뇨키 모양이 아니라 전통적인 둥근 모양으로 만들어서, 녹인 버터와 파르미자노 치즈를 얹어 오븐에 구웠다. 로마 요리의 하나로, '로마풍 뇨키(gnocchi alla romana)'라고도 부른다.

지름 8cm

부드럽게 만든 로마풍 뇨키

전통적인 세몰리나 밀가루 뇨키는 우유, 달걀, 파르미자노 치즈를 넣어 반죽을 만든 다음, 오븐에 구울 때 버터와 파르미자노 치즈를 듬뿍 뿌리기 때문에 요즘 사람들에게는 기름지고 무겁게 느껴지기 쉽다. 매장에서는 배합을 달리해서 맛은 가볍고 식감은 부드러우며 폭신하게 응용하였다. 우유와 약간의 버터, 소금만으로 반죽을 만들어서 부드럽게 익힌 다음, 심플하게 구워서 소스를 곁들였다. 고기를 넣은 라구소스와 궁합이 좋으므로, 여기서는 소꼬리 조림을 곁들였다.

Nishiguchi

세몰리나 뇨키 배합
[만들기 편한 적당량]

세몰리나 밀가루(Marino 제품) 100g
우유 500g
버터 20g
소금 3g

※ 전통적인 요리법에서는 달걀이나 치즈를 넣고 조금 단단하게 만들지만, 여기서는 버터를 넣어 가볍고 부드러운 맛으로 만들었다.

세몰리나 뇨키
1 냄비에 우유, 버터, 소금을 넣고 끓인다. 끓기 시작하면 세몰리나 밀가루를 넣는다. 덩어리가 남지 않도록 거품기로 잘 섞고, 나무주걱으로 바꿔서 약한 불로 약 20분 동안 폴렌타처럼 저어가며 끓인다.
2 지름 8cm 코코트에 4cm 두께로 반죽을 붓는다. 한 김 식힌 다음 냉장고에 넣어 굳힌다.

소꼬리 라구소스
1 관절 부위를 둥글게 썬 소꼬리(10개)에 소금, 검은 후추, 중력분을 뿌리고 식용유로 소테한다.
2 냄비에 옮겨 담고 불에 올린 다음, 소프리토(p.254 / 120g), 화이트와인(100cc), 건포도, 잣, 코코아파우더, 토마토페이스트를 적당히 넣고 조린다. 닭고기 브로도(1~1.5ℓ)를 붓고 끓이면서 거품을 걷어내고, 약한 불로 3.5~4시간 정도 조린다.
3 한 김 식힌 다음 소꼬리를 건져내고, 국물은 상온에 둔다. 국물 윗면에 기름이 굳어지면 걷어낸다.
4 소꼬리는 살과 뼈를 분리한 다음, 고기를 으깨서 3의 국물에 넣고 데운다.

마무리
1 불소가공한 오븐팬에 식용유를 두르고, 코코트에서 뇨키를 분리한 다음 가로로 2등분해서 올린다. 180℃ 오븐 아래쪽에 넣고 3분 정도 구워서 뇨키 바닥이 노릇노릇해지게 굽는다. 뒤집어서 같은 방법으로 고소하게 굽는다.
2 접시에 담고(1인분 3개) 소꼬리 라구소스(1인분 약 100g)를 곁들인 다음, 이탈리안 파슬리로 장식한다.

폴렌타 뇨키 Gnocchi di polenta

지름 1.3cm, 길이 1.5cm

폴렌타 뇨키
옥수수가루로 만든 폴렌타를 주식으로 먹는 베네토주와 롬바르디아주의 뇨키. 폴렌타는 보통 갓 끓여서 부드러울 때 먹는 요리인데 남은 것은 굳혀서 보관하고, 구운 폴렌타, 튀긴 폴렌타 또는 라비올리와 뇨키의 소로도 활용할 수 있다. 매장에서는 폴렌타와 폴렌타 뇨키를 각각 따로 준비하며, 여기서는 뇨키 전용 배합과 만드는 방법을 소개하였다. 폴렌타처럼 익힌 다음, 재료를 섞어서 성형한 다음 삶는다.

105 Gnocchi di polenta al tartufo nero
블랙 트러플 풍미의 폴렌타 뇨키

Nishiguchi

콘 소 스 를 뿌 린 폴 렌 타 풍 뇨 키
폴렌타 뇨키는 베네토주와 롬바르디아주의 전통요리로 뿔닭이나 토끼고기 라구소스, 또는 바칼라 요리 등과 조합하는 일이 많지만, 여기서는 현대식으로 심플하게 만들었다. 폴렌타의 원재료인 옥수수 알갱이를 떼어서 버터로 볶은 다음, 그라나 파다노 치즈로 맛을 낸 소스로 옥수수의 풍미를 한껏 살렸다.

105

폴렌타 뇨키 배합
[만들기 편한 적당량. 1인분 80g]

폴렌타가루(화이트. Marino 제품) 500g
물 1.5ℓ
우유 500g
소금 18g
(위의 재료를 섞은 것 500g 기준)
달걀 1개
달걀노른자 1개 분량
00밀가루(Marino 제품) 110g
소금·검은 후추 적당량씩

※ 화이트 폴렌타가루는 베네토주에서 사용하는 것이다. 롬바르디아주의 노란 폴렌타가루도 좋다. 여기서는 폴렌타가루의 비율을 일반적인 폴렌타의 1.5배로 늘려 단단한 반죽을 만든다. 또한 옥수수의 풍미가 확실히 느껴지도록 밀가루의 비율도 조절하였다.

폴렌타 뇨키
1 냄비에 물, 우유, 소금을 넣고 끓인다. 폴렌타가루를 넣고 약 40분 동안 저어서 단단한 폴렌타를 만든다. 한 김 식힌 다음 그 중 500g을 사용한다.(나머지는 랩으로 싸서 냉장보관하고 다음에 사용한다)
2 1의 반죽에 달걀, 달걀노른자를 넣어 섞는다. 00밀가루를 넣어 가루가 보이지 않을 때까지 섞는다. 소금, 검은 후추로 간을 한다.
3 반죽을 짤주머니(지름 약 1.5cm 둥근 깍지)에 넣는다. 소금물이 끓고 있는 냄비 위에서 반죽을 짜고, 1.5cm 길이로 잘라서 떨어뜨린다.
4 물 위로 떠오르면 구멍국자로 건져서 얼음물에 넣고 식힌다. 수분을 제거하고 트레이에 올린 다음, E.V.올리브유로 버무려서 냉장고에 보관한다.

옥수수 소스
1 생옥수수(1인분 1/4개 분량) 알맹이를 칼로 분리한 다음, 끓는 소금물에 살짝 데쳐 물기를 뺀다.
2 옥수수와 버터를 따뜻하게 데운다.

마무리
1 끓는 소금물에 뇨키(1인분 30개)를 넣고 따뜻하게 데운다.
2 물기를 뺀 다음 옥수수 소스에 넣고, 그라나 파다노 치즈를 뿌려서 버무린다.
3 접시에 담고 블랙 트러플을 얇게 편썰어서 곁들인다.

가지 뇨키 Gnocchi di melanzane

지름 1.5cm, 길이 2.5cm

가지 뇨키
튀긴 가지로 만든 페이스트에 밀가루를 섞은 독특한 뇨키. 이탈리아 남부 출신의 요리사에게 배웠는데, 이탈리아에서 일할 때부터 자주 선보였던 요리이다. 현재는 가지의 비율을 높여서 좀 더 풍미를 살린 배합으로 만들고 있다. p.196의 붉은 강낭콩 뇨키처럼 최근 이탈리아에서는 여러 재료를 페이스트로 만든 다음 밀가루를 넣어서 만드는 뇨키가 많아지고 있다.

106 Gnocchi di melanzane con mozzarella di bufala
물소 모차렐라 치즈를 곁들인 가지 뇨키

Nishiguchi

그라탱으로 만든 가지 뇨키
가지와 궁합이 좋은 미트소스로 뇨키를 버무리고, 모차렐라 치즈를 뿌린 다음 오븐에 구워 그라탱을 만들었다. 따뜻할 때 네모나게 썬 토마토와 모차렐라 치즈로 버무리기만 해도 맛이 좋다. 가지를 페이스트로 만들 때는 튀김옷을 입히지 않고 튀기거나 그릴에 굽는 것이 가장 좋다. 소금을 뿌려서 가지의 수분을 충분히 빼고, 고소하게 익혀서 향을 내고 맛을 응축시키는 것이 포인트.

106

가지 뇨키 배합
[만들기 편한 적당량. 1인분 100g]

쌀가지 500g
소금·중력분·튀김유 적당량씩
달걀노른자 2개 분량
준강력분(닛신제분 '리스도르') 적당량
소금·검은 후추 적당량씩

가지 뇨키
1 가지의 껍질을 벗기고, 4cm 크기로 잘라 소금을 뿌린다. 체에 담아 누름돌을 올린 다음, 하룻밤 그대로 두어 수분을 제거한다. 수분이 남아 있지 않도록 손으로 짠다. 준강력분으로 버무린 다음 식용유에 튀긴다.
2 키친타월 위에 올려 가지의 기름을 제거하고, 푸드프로세서로 갈아서 페이스트를 만든다. 소금, 검은 후추, 달걀노른자, 준강력분을 넣고 섞어서 매끈한 반죽을 만든다.
3 지름 1.5cm 둥근 깍지를 끼운 짤주머니에 반죽을 넣는다. 끓는 소금물 위에서 반죽을 짜고, 길이 2.5cm로 잘라서 떨어뜨린다.
4 물 위로 떠오르면 구멍국자로 건져서 찬물에 넣고 식힌다. 수분을 제거하고 트레이에 담아 랩을 씌워 냉장보관한다.

마무리
1 가지 뇨키(1인분 30개)를 끓는 소금물에 넣고 데운다.
2 볼로냐풍 라구소스(미트소스 / p.254 / 1인분 약 80cc)에 버터와 닭고기 브로도를 조금씩 넣어 데운다. 뇨키를 넣고 버무린 다음, 그라나 파다노 치즈를 뿌려 버무린다.
3 그라탱 그릇에 담고 작게 자른 물소 모차렐라 치즈를 뿌린 다음, 살라만더나 고온의 오븐에 넣고 노릇노릇해질 때까지 굽는다.

붉은 강낭콩 뇨키 Gnocchi di fagioli borlotti

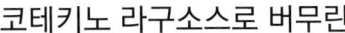

107 Gnocchi di fagioli borlotti con ragù di cotechino

코테키노 라구소스로 버무린 붉은 강낭콩 뇨키

붉은 강낭콩 뇨키
'보를로티'라고 부르는 붉은 강낭콩으로 만든 뇨키. 마른 콩을 불려서 부드럽게 삶은 다음, 페이스트로 만들어서 달걀과 밀가루를 넣어 반죽하였다. 뇨키로 만들면 콩의 부드러운 육질이 단단해져서 성형하기도 쉬워진다. 감자와는 또 다른 식감으로 콩의 풍미도 제대로 살아 있다.

1.2~2cm

Nishiguchi

콩 페이스트와 밀가루로 만든 뇨키

콩으로 만든 뇨키는 고기류의 라구소스와 조합하여 사용하는 경우가 많은데, 이 요리에도 코테키노(대형 살라미)를 잘게 다져서 폰도 브루노로 조린 라구소스를 사용하였다. 강낭콩을 넣고 조리면 뇨키의 풍미와 한층 잘 어우러진다. 또한 뇨키에 사용하는 콩의 산지와 라구소스의 출신지역은 맞추는 편이 좋다. 이번에 사용한 보를로티는 베네토주 등 이탈리아 북부의 특산품 콩이므로, 이탈리아 북부의 소스와 조합하였다.

107

붉은 강낭콩 뇨키
[만들기 편한 적당량. 1인분 80g]

붉은 강낭콩(보를로티) 퓌레 120g
00밀가루(Marino 제품) 적당량
달걀노른자 1개 분량
육두구 조금
그라나 파다노 치즈 조금
소금·검은 후추 적당량씩

붉은 강낭콩 뇨키
1 붉은 강낭콩을 물에 담가 하룻밤 불린다. 물을 갈아준 다음 가열해서 끓기 시작하면 약한 불로 줄이고, 부드러워질 때까지 1시간 정도 삶는다.
2 콩을 체에 받쳐 물기를 빼서 볼에 담고, 달걀노른자와 극소량의 콩 삶은 물을 넣어 핸드믹서로 갈아준다. 작업대에 올리고 육두구, 그라나 파다노 치즈, 소금, 검은 후추를 넣은 다음, 농도를 보면서 00밀가루를 넣어 섞는다.
3 지름 1.2cm 막대모양으로 밀어서 2cm 길이로 자른다. 포크 뒷면에 올려놓고 굴려서 무늬를 만든다.
4 끓는 소금물에 삶아서 뇨키가 물 위로 떠오르기 시작하면, 구멍국자로 건져 얼음물에 넣고 식힌다. 물기를 뺀 다음 트레이에 담고 E.V.올리브유로 버무려서 냉장고에 보관한다.

코테키노 라구소스
1 수제 코테키노(p.255 / 300g)를 푸드프로세서로 간 다음, 냄비에 옮겨서 겉면을 굽는다. 소프리토(p.254 / 30g), 폰도 브루노(p.253 / 100g), 말린 포르치니(15g)를 물에 불려서 다진 것과 불린 물(30cc), 월계수잎을 넣고 30~40분 동안 끓인다.
2 코테키노가 담긴 냄비에 넣고 살짝 끓인다.

마무리
1 뇨키(1인분 12개)를 끓는 소금물에 넣어 따뜻하게 데운다.
2 코테키노 라구소스(1인분 약 100g)를 데우고, 다진 로즈메리, 버터, 그라나 파다노 치즈를 넣어 섞는다.
3 뇨키를 넣고 버무려서 접시에 담는다.

※ 코테키노는 에밀리아로마냐주의 특산품이지만 베네토주에도 '무제'라고 부르는 코테키노 종류가 있으며, 어느 것을 사용해도 좋다.

응용하기
말린 누에콩, 렌즈콩, 흰 강낭콩(cannellini bean), 생완두콩 등으로도 만들 수 있다.

빵 뇨키 Gnocchi di pane

108 Gnocchi di pane con prosciutto cotto al burro e salvia

세이지버터 소스로 버무린
프로슈토 코토와 빵 뇨키

Nishiguchi

지름 1cm

빵 뇨키
빵을 베이스로 한 반죽에 프로슈토 코토를 섞어서 감칠맛이 강한 뇨키. 프로슈토 코토는 빵이나 그리시니와 같이 먹는 경우가 많다는 데서 착안한 뇨키이다. 빵은 바게트를 사용하는데 약간의 우유에 적셔서 부드러워지면 프로슈토 코토, 볶은 양파, 달걀노른자, 그라나 파다노 치즈 등을 섞어서 성형한다. 트렌티노알토아디제주의 카네데를리(p.200)와 비슷하다.

바게트와 밀가루로 반죽한 뇨키

기본 재료는 바게트의 하얀 부분과 밀가루이지만, 부재료로 프로슈토 코토, 양파, 달걀노른자, 치즈 등을 넣어 씹는 느낌이 있고 고급스러운 풍미를 느낄 수 있다. 이 맛을 살리기 위해서 소스는 매우 심플한 세이지 풍미의 버터 소스를 조합하였다. 뇨키와 조합하는 정통 소스의 하나로, 여러 가지 뇨키에 사용할 수 있다.

108

빵 뇨키 배합
[만들기 편한 적당량. 1인분 80g]

바게트 조각(흰 부분) 125g
우유 40g
프로슈토 코토(p.255) 60g
양파 소프리토(p.254) 1큰술
달걀노른자 1개 분량
그라나 파다노 치즈 1큰술
준강력분(닛신제분 '리스도르') 50g
소금·검은 후추 적당량씩

빵 뇨키
1 바게트 조각을 우유에 담가 하룻밤 두고, 푸드프로세서로 갈아서 페이스트를 만든다.
2 프로슈토 코토의 자투리고기(비계 포함)를 푸드프로세서로 간다.
3 프로슈토 코토와 양파 소프리토를 버터로 볶아서 한 김 식힌 다음, 바게트 페이스트, 달걀노른자, 소금, 검은 후추, 그라나 파다노 치즈를 넣고 섞는다. 준강력분을 넣고 살짝 섞는다.
4 완성된 반죽을 조금씩 덜어서 손바닥 위에 올린 다음, 굴려서 지름 1cm 공모양을 만든다. 다른 파스타와 마찬가지로 뇨키가 서로 들러붙지 않도록 세몰리나 밀가루(분량 외)를 뿌린다.

세이지 버터소스
1 버터(1인분 30g)와 세이지잎(1~2장)을 불에 올려 버터를 녹이면서 향을 낸다. 파스타 면수를 조금 넣고 섞는다.

마무리
1 끓는 소금물에 뇨키를 넣고 7분간 삶는다.
2 세이지 버터소스로 버무리고, 그라나 파다노 치즈를 넣어 다시 버무린다.
3 접시에 담고 세이지잎으로 장식한다.

응용하기
토마토소스 등 심플한 소스가 잘 어울린다.

피사레이 Pisarei

109 Pisarei al ragù di cavallo con peperoni
말고기와 페페로니로 버무린 피아첸차풍 피사레이

길이 1.5~2cm

피사레이

에밀리아로마냐주 피아첸차 지역의 명물로, 밀가루에 빵가루를 넣고 반죽하여 작은 덩어리로 만든 뇨키. 옛날 값비싼 밀가루를 절약하기 위해 남은 빵을 이용하던 생활의 지혜에서 비롯된 소박한 농민요리이다. 이름의 유래는 옛날 방언으로 '나비'를 의미하며, 성형 중인 반죽의 모양에서 비롯되었다. 여기서는 빵가루의 고소함을 살리기 위해 볶아서 향을 살리고, 우유, 치즈, 라드를 섞어서 고급스러운 맛으로 완성하였다.

Koike

피아첸차 명물인 빵가루를 넣은 뇨키

피사레이로 만든 가장 대표적인 요리는 강낭콩 토마토 조림으로 버무린 '피사레이 에 파소(pisarei e faso)'로, 피아첸차 지방의 대표적인 향토요리이다. 여기서는 또 하나의 전통요리인 말고기 라구소스와 조합하였다. 말고기를 작게 자르고 레드와인과 토마토소스를 넣어 조린 것으로, 붉은 피망과 노란 피망을 넣는 것이 특징이다. 피사레이와도 궁합도 강낭콩 토마토 조림에 뒤지지 않는다.

109

피사레이 배합
[만들기 편한 적당량. 1인분 50g]

00밀가루(Marino 제품) 240g
빵가루 40g
우유 100g
파르미자노 치즈 20g
정제라드 5g
소금 3g
물(굳기 조절용) 조금

※ 예전에는 재활용하기 위해 빵가루를 사용하였지만, 요즘은 빵의 고소한 맛과 특유의 식감을 더하기 위해 사용한다. 단, 빵가루의 비율이 너무 높으면 반죽이 잘 뭉쳐지지 않고, 그것을 막기 위해 다른 재료의 양을 늘리면 빵가루의 향이 느껴지지 않는다. 균형을 생각해서 취향에 맞는 향과 식감을 찾아보자.

피사레이

1 빵가루는 볶아서 수분을 날리고, 고소한 향이 나면 불을 끈다.
2 빵가루의 향이 사라지기 전에 재료를 모두 섞어서 반죽한다. 비닐로 싸서 1시간 이상 휴지시키고, 다시 반죽하는 작업을 2~3번 반복한 다음 냉장고에 넣고 하룻밤 휴지시킨다.
3 완성된 반죽을 적당히 덜어서 지름 1cm 막대 모양으로 만든 다음 1.5cm 길이로 자른다.
4 자른 면이 좌우로 오게 두고, 엄지로 누르면서 굴려서 동그랗게 만든다. 홈이 있는 작은 덩어리가 된다.(성형 → p.69)

말고기 조림

1 말고기 어깨살(2kg)을 3~4cm 크기로 깍둑썬다. 레드와인(1병 분량)과 허브(로즈메리, 세이지, 월계수잎), 갈거나 빻지 않은 향신료(검은 후추, 양귀비, 정향, 팔각, 시나몬)에 재워서 냉장고에 넣고 하룻밤 둔다.
2 말고기의 수분을 닦아내고 민서로 다진다. 소금, 검은 후추, 시나몬파우더를 뿌린다. 마리네이드액은 보관해둔다.
3 말고기를 E.V.올리브유에 볶은 다음, 소프리토(500g)가 담긴 냄비에 넣는다. 마리네이드액, 토마토페이스트(약 2큰술)를 넣고 뚜껑을 덮어 고기가 부드러워질 때까지 2시간 정도 조린다. 중간에 수분이 부족하면 물을 적당히 보충한다.
4 세로로 길게 자른 붉은 피망과 노란 피망(각 1/8개)에 E.V.올리브유를 넣고 찌듯이 굽는다. 익으면 3의 말고기 조림을 넣고, 물을 조금 넣는다. 토마토소스(약 1큰술)와 월계수잎을 넣고 살짝 조려서 맛을 낸다.

마무리

1 끓는 소금물에 피사레이를 넣고 5분 동안 삶는다.
2 말고기 조림(1인분 30㎖)을 넣어 버무린다.
3 접시에 담고 파르미자노 치즈를 뿌린다.

카네데를리 Canederli

지름 3.5cm

카네데를리

단단해진 빵을 물에 불려서, 경단 모양으로 만든 뇨키. 독일, 오스트리아 문화권인 남티롤지방의 향토음식으로, 빵을 재활용하기 위해 만들기 시작했다. 고도가 높고 추위가 심한 지역으로 밀가루가 매우 귀했기 때문에, 예전에는 메밀가루나 호밀가루로 빵을 만들었고 카네데를리도 그 빵으로 만들었다. 요즘에는 여기서 소개한 것처럼 밀가루 빵을 베이스로하고, 메밀가루를 섞어서 풍미를 더하는 경우도 많다. 반죽에 특산품인 스펙(돼지고기 훈제햄)을 섞어서 특색 있는 카네데를리를 만들었다.

110 Canederli di grano saraceno e formaggio grigio
메밀가루와 그라우캐제를 넣은 카네데를리

Koike

수 프 로 만 든 빵 뇨 키

카네데를리로 만드는 레시피는 셀 수 없이 많은데, 여기서 소개하는 레시피는 기본적인 것 중 하나이다. 빵을 우유에 적셔 부드럽게 불리고 메밀가루와 스펙을 넣은 다음, 그라우캐제라는 향토치즈를 더해 반죽한 뇨키. 메밀가루를 넣으면 식감에 탄력이 생기는데, 수프로 만들면 수분을 듬뿍 빨아들여서 부드러워진다. 일반적으로 수프요리를 많이 만들지만 소스로 버무리는 방법도 있다.

110

카네데를리 배합
[만들기 편한 적당량. 1인분 80g]

빵(단단해진 흰 부분) 200g
빵껍질(자투리 부분) 15g
메밀가루(Marino 제품) 40g
00밀가루(Molini 제품) 40g
우유 100g
달걀 1개
다진 스펙 20g
다진 에스트라곤 1g
작게 자른 차이브 2g
그라우캐제(곱게 으깬 것) 5g
그라나 파다노 치즈 2g

※ 취향에 따라 단단한 정도를 조절하고, 빵의 마른 정도에 따라 우유의 양을 조절한다. 삶은 다음에도 부서지지 않을 정도로 단단해야 하지만, 너무 단단하면 안된다. 빵만으로는 반죽이 질척거리므로 메밀가루를 넣는다.

※ 보관할 경우에는 둥글게 뭉친 덩어리를 1~2분 정도 삶아서 겉면을 익힌 다음, 수분을 닦고 용기에 담아서 냉장보관한다.

카네데를리

1 빵의 흰 부분을 작게 자르고 우유를 부어 주무른다.
2 부드러워지면 00밀가루와 메밀가루 외의 재료를 넣고 반죽한다. 00밀가루와 메밀가루를 순서대로 넣고 그때마다 잘 섞는다. 찹쌀경단보다 조금 부드러운 촉감으로 완성한다.
3 지름 3.5cm 공모양으로 빚는다.

콘소메

1 콘소메를 만든다. 냄비에 다진 소고기(1kg), 달걀흰자(5~6개 분량), 양파(1/2개 분량), 마늘(1/4개 분량), 셀러리(1개)를 각각 굵게 다져서 넣고, 검은 후추, 월계수잎, 코리앤더 적당량을 각각 다져서 넣는다. 화이트와인(300cc)을 넣어 잘 섞는다.
2 1에 송아지 브로도(p.255 / 3ℓ)를 넣고 약한 불로 3시간 정도 졸인 다음 체에 내린다.

마무리

1 콘소메를 따뜻하게 데운다. 커민파우더와 소금으로 간을 한다.
2 끓는 소금물에 카네데를리(1인분 7개)를 넣고 12~13분 동안 삶아서 속까지 익힌다.
3 접시에 담고, 다진 차이브와 그라나 파다노 치즈(토렌티노산이 좋다)를 뿌린다.

파스타 그라타타 Pasta grattata

너비 8mm, 길이 약 3cm

파스타 그라타타
그라타타는 '갈다'라는 의미로, 완성된 반죽을 치즈용 강판 등으로 잘게 간 것을 말한다. 생파스타로 유명한 에밀리아로마냐주의 파스타인데, 같은 주의 파스타인 '파사텔리(p.23)'는 모양이나 배합이 파스타 그라타타와 비슷하다. 파사텔리는 빵가루를 주재료로 만든 부드러운 반죽을 전용기구나 포테이토매셔로 눌러서 만든 것이고, 파스타 그라타타는 밀가루를 주재료로 만들어서 일반 파스타 반죽에 가까운 식감이다.

111 Pasta grattata in brodo
국물 파스타 그라타타

Koike

알갱이형 파스타 수프
알갱이형 파스타를 수프로 만든 '인 브로도(in brodo)'. 브로도는 닭고기나 송아지 등 기본 육류를 사용하지만, 여기서는 깊은 맛을 내기 위해 육수보다 감칠맛이 진한 콘소메를 사용하였다. 이탈리아에서는 크리스마스 시기에 감칠맛이 잘 우러나는 거세된 식용 수탉(cappone)으로 육수를 만들어 인 브로도에 사용한다. 브로도를 고급스럽게 만들고 위에 띄우는 재료에도 변화를 주면, 원래는 검소하고 소박한 농민요리가 훌륭한 레스토랑 요리가 된다.

111

파스타 그라타타 배합
[만들기 편한 적당량. 1인분 40g]

00밀가루(Marino 제품) 200g
세몰리나 밀가루(De Cecco 제품) 100g
빵가루 45g
파르미자노 치즈 35g
육두구 1꼬집
시나몬파우더 1꼬집
레몬제스트(간 것) 1/4개 분량
달걀노른자 100g
소금 5g
물 5g

※ 재료와 배합은 지역이나 만드는 사람에 따라 조금씩 차이가 있는데, 여기서는 레몬, 육두구, 시나몬 등을 충분히 넣어서 이탈리아에서 먹어본 파스타보다 향이 강하게 만들었다. 강판의 구멍 크기에 따라 파스타의 크기도 변하므로, 취향에 따라 선택한다. 여기서는 지름 8mm 구멍의 강판을 사용하였다. 반죽을 조금 단단하게 완성해야 강판에 갈기 쉽다.

파스타 그라타타
1 재료 중에서 00밀가루부터 레몬제스트까지 볼에 넣고 섞는다. 다른 용기에 달걀노른자, 소금, 물을 넣어 섞은 다음, 가루종류와 섞어서 한 덩어리를 만든다.
2 작업대에 올려 반죽하고 비닐로 싸서 30분 동안 휴지시킨 다음 다시 반죽한다. 이 과정을 2~3번 반복한다.

콘소메
1 냄비에 다진 닭고기(1kg), 달걀흰자(5~6개 분량), 다진 양파(1/2개 분량), 다진 당근(1/4개 분량), 다진 셀러리(1대 분량)를 넣고, 검은 후추, 말린 월계수잎, 고수 다진 것 적당량과 화이트와인(300cc)을 넣어 잘 섞는다.
2 1에 닭고기 브로도(3ℓ)를 넣고 가열한 다음, 약한 불로 3시간 정도 졸인다. 체에 내려 콘소메를 만든다.

마무리
1 콘소메를 냄비에 담고 따뜻하게 데운 다음, 람브루스코(에밀리아로마냐산 약발포성 와인)와 소금으로 간을 한다.
2 파스타 그라타타 반죽을 치즈 강판으로 갈아서 브로도에 넣고 삶는다. 위로 떠오르면 불을 끈다.(성형 → p.68)
3 접시에 담고 파르미자노 치즈와 E.V.올리브유를 두른다.

응용하기
파스타 그라타타는 세이지버터나 볼로냐풍 라구소스(미트소스), 해산물 소스와 궁합이 잘 맞는다.

스패츨리 Spätzli

너비 5mm, 길이 1~2cm

비트 스패츨리
독일, 오스트리아권에서 시작되어 그 지역과 국경을 접하는 트렌티노알토아디제주에 전해졌고, 이곳을 대표하는 파스타가 되었다. 밀가루와 물, 우유, 달걀로 만든 묽은 반죽을 슬라이서식 도구를 통과시켜 끓는 물에 직접 떨어뜨려 삶은 것으로, 식감은 쫄깃하며 부드럽다. 이탈리아어로는 '티롤풍 뇨케티(gnocchetti tirolesi)'라고 한다. 스패츨리는 독일어의 '슈페츨레'에서 전용된 것으로, '작은 조각'이라는 의미이다. 여기서는 비트 퓌레를 넣어 응용해보았다.

112 Spätzli di barbabietra allo speck e radicchio

스펙과 라디키오 버터로 맛을 낸 비트 스패츨리

Koike

독일과 오스트리아에서 유래된 알갱이형 파스타

스패츨리와 마찬가지로 트렌티노알토아디제주의 특산품인 스펙(돼지고기 다릿살 생햄)을 이탈리아 북부 채소인 라디키오와 함께 버터로 볶아서 소스를 만든다. 스패츨리의 오래된 조합 중 하나이다. 훈제 스펙의 훈연 향에 노간주열매와 시나몬의 향을 더해, 이 지역 특유의 풍미를 자아낸다.

112

비트 스패츨리 배합
[만들기 편한 적당량. 1인분 50g]

00밀가루(Marino 제품) 300g
비트 퓌레 280g
물 80g
달걀노른자 3개 분량
소금 5g
육두구 조금

※ 부드러운 반죽은 떨어지는 속도가 빨라서 길게 늘어진 모양이 되므로 도구를 재빨리 움직여야 한다. 반대로 단단한 반죽은 떨어지는 속도가 느리므로 도구를 천천히 움직인다. 또한 반죽이 너무 부드러운 경우에는 끓는 물에 녹을 수 있으므로 주의한다. 퓌레를 섞을 때는 퓌레 재료에 따라 수분 함유량이 다르므로, 적당한 농도가 되도록 물이나 달걀노른자의 양을 조절한다.

스패츨리
1 비트 퓌레를 만든다. 냄비에 비트가 잠길 정도로 물을 부어 끓인 다음, 소금, 시나몬파우더, 정향, 아니스, 노간주열매, 월계수잎을 넣는다. 비트는 껍질째 그대로 넣고 부드러워질 때까지 삶는다.
2 비트를 건져서 껍질을 벗기고, 삶은 물에 다시 넣어 하루 정도 맛이 배도록 둔다.
3 비트의 수분을 제거하고, 적당히 잘라 믹서로 갈아서 퓌레를 만든다.
4 볼에 스패츨리 재료를 모두 넣고, 거품기로 강력분을 풀어주면서 덩어리지지 않도록 잘 섞는다.

스펙과 라디키오 소스
1 으깬 마늘, 채썬 스펙(20g), 노간주열매 몇 개를 버터에 볶아서 향을 내고, 스펙의 지방도 녹인다.
2 크게 찢은 라디키오 로소 디 트레비조를 넣고 라디키오에서 단맛이 날 때까지 볶는다.
3 마늘과 노간주열매를 건져내고 송아지고기 브로도(70㎖)와 생크림을 조금 넣은 다음, 시나몬파우더를 뿌려서 걸쭉해질 때까지 끓인다.

마무리
1 냄비에 물을 끓인다. 스패츨리 반죽을 슬라이서식 전용 도구에 넣고 도구를 반복적으로 움직여서 반죽을 끓는 물에 직접 떨어뜨려 삶는다.(성형 → p.69 피초케리(키아벤나풍))
2 반죽이 물 위로 떠오르면 구멍국자로 건져서 트레이에 담고, E.V.올리브유를 넣어 버무린다.
3 스펙과 라디키오 소스를 접시에 담고 스패츨리를 올린다. 훈제 리코타 치즈를 갈아서 위에 뿌린다.

응용하기
스패츨리는 비트, 시금치, 각종 채소나 허브 등 다양한 재료를 넣어 만들 수 있다. 소스는 고기를 넣은 라구소스도 좋다.

피초케리 Pizzoccheri

5mm~2cm

피초케리(키아벤나풍)

p.202의 스패츨리와 비슷한 작은 알갱이형 파스타로, 롬바르디아주 북부에 위치한 발텔리나 지방 키아벤나의 파스타이다. 밀가루, 물, 소금이 기본 재료이다. 사진은 스패츨리용 슬라이서식 도구를 사용하여 만든 것인데, 손가락, 스푼, 실리콘주걱 등으로 조금씩 떼어서 끓는 물에 떨어뜨려 만들 수도 있다. 삶을 때 길게 늘어진 것은 삶은 다음 자른다. 같은 지방에서 만드는 시트모양 피초케리(p.135)가 더 잘 알려져 있다.

113 Pizzoccheri di Chiavenna con verdure fresche

키아벤나의 피초케리

봄채소와 만난 산악지방의 알갱이형 파스타

키아벤나의 피초케리로 만드는 전형적인 요리는 감자와 그 지역의 치즈로 버무린 것으로, 사보이 양배추를 넣은 일도 많다. 산악지방의 겨울요리로 걸쭉하고 농후한 맛이다. 여기서는 응용요리로 봄철에 먹는 녹색채소를 듬뿍 넣어 가벼운 소스를 만들었다. 채소는 피초케리 크기에 맞게 작게 자르는 반면, 피초케리는 채소의 식감에 맞춰 씹는 느낌이 있도록 단단하게 만드는 것이 좋다.

113

피초케리 배합
[만들기 편한 적당량. 1인분 80g]

00밀가루(Marino 제품) 200g
물 100~150g
소금 1꼬집

※삶은 것은 냉장보관할 수 있지만 다음날까지 모두 사용해야 한다.

피초케리

1 00밀가루에 물과 소금을 넣고 섞는다. 도구를 통과시킬 때 똑똑 천천히 떨어지는 정도가 좋다. 냉장고에 넣고 1시간 정도 휴지시킨다.
2 냄비에 소금물을 끓이고 위에 슬라이서식 도구를 올린 다음, 1의 반죽을 넣고 도구를 좌우로 움직여서 반죽을 직접 소금물에 떨어뜨려서 삶는다. 위로 떠오르면 한소끔 끓인 다음, 구멍국자로 건져서 얼음물에 넣고 재빨리 식힌다.(성형 → p. 69)
3 체에 밭쳐 수분을 제거하고 용기에 넣은 다음 E.V.올리브유로 버무린다.

소스 재료 밑손질

1 완두콩, 누에콩, 꼬투리강낭콩, 그린 아스파라거스, 주키니(적당한 크기로 자른 것), 유채, 방울양배추, 곰보버섯을 각각 깨끗이 손질하여 끓는 소금물에 데친다. 찬물에 헹군 다음 물기를 빼고 완두콩 크기에 맞게 자른다.
2 완두콩과 누에콩 일부(각 40g 정도)를 양파 소프리토(p.254 / 20g)와 함께 닭고기 브로도(150~200cc)에 넣고 5~6분 동안 끓인다. 핸드믹서로 갈아서 퓌레를 만든다.
3 나머지 채소류는 퓨어 올리브유를 두르고 살짝 볶는다.

마무리

1 밑손질한 채소류(1인분 70g)와 콩퓌레(1큰술)를 섞어서 가열하고, 말린 포르치니 불린 물 조금, 파스타 면수, 버터를 넣어 데운다.
2 삶아 둔 피초케리를 넣고 따뜻하게 데우면서 버무린 다음, 그라나 파다노 치즈를 뿌려서 버무린다. 접시에 담는다.

응용하기

지비에로 만든 라구소스도 인기 있는 조합이다. 또한 버무린 것을 오븐에 구워도 좋다. 베네토주에서는 달걀노른자를 넣은 반죽을 '황금 물방울'이라고 부르는데 연어 크림소스나 각종 라구소스를 조합하기도 하고, 카니발 시기에는 시금치나 토마토페이스트를 반죽에 섞어서 화려하게 만들기도 한다. 여기서 소개한 봄채소 소스는 시트모양 피초케리와도 잘 어울린다.

쿠스쿠스 Couscous

114 Couscous alla trapanese
클래식한 트라파니풍 해산물 쿠스쿠스

지름 2~3mm

쿠스쿠스

굵은 세몰리나 밀가루에 물을 뿌려 알갱이를 만든 다음, 쪄서 익힌 파스타. 쿠스쿠스는 파스타 이름인 동시에 요리 이름이기도 하다. 모로코 등 아프리카 북부에서 전해진 것으로, 이탈리아에서는 시칠리아주 북서부의 항구도시인 트라파니의 전통요리이기도 하다. 먹는 방법은 발상지나 다른 루트로 전해진 프랑스와는 다르게, 해산물 수프를 뿌려서 먹는 방법이 일반적이다. 쿠스쿠스는 시판품이 나와 있지만, 여기서는 직접 만드는 방법을 소개하였다.

Sugihara

해 산 물 수 프 를 끼 얹 는 트 라 파 니 풍

최근에는 해산물 건더기도 함께 올리는 쿠스쿠스가 많지만, 원래는 해산물을 우려낸 국물만 끼얹는 것이 트라파니풍이다. 실제로 건더기가 없어야 쿠스쿠스의 식감이 확실히 느껴진다. 수프를 만들 때 꼭 필요한 것이 쏨뱅이인데, 이것만 사용해도 좋고 다른 해산물을 섞어도 좋다. 여기서 소개한 방법은 쏨뱅이를 끓여서 국물을 우려낸 다음, 체에 내린 국물의 일부를 넣고 다시 쏨뱅이를 끓이는 것이다. 완전히 흐물흐물해진 다음 걸러서 원래의 수프와 섞는다. 진하고 깔끔한 풍미가 느껴진다.

쿠스쿠스 배합

[만들기 편한 적당량]

세몰리나 밀가루(Gaban 제품) 150g
소금 1꼬집
물 적당량

※ 위의 분량은 첫 번째 요리인 프리모 피아토일 경우 2인분, 안티파스토일 경우에는 6인분 분량이다.

※ 세몰리나 밀가루는 생파스타에 사용하는 고운 알갱이가 아니라 굵은 알갱이를 사용한다.

※ 대량으로 준비할 경우, 소금이 골고루 섞이도록 먼저 소금을 물에 녹여 소금물을 만들어서 뿌린다.

※ 쿠스쿠스를 만들 때 손이나 스푼 등으로 물을 뿌리면 물이 고르게 닿지 않아 알갱이 크기가 고르지 않게 된다. 예전에는 크기별로 체로 분리하여 조리법을 구분해서 사용하는 경우도 있었다(작은 알갱이가 고급). 분무기로 물을 뿌리면 고르게 뿌려지므로 알갱이 크기가 균일해진다.

※ 한 번에 많은 물을 뿌리면 큰 덩어리가 생기기 쉬우므로 조금씩 뿌린다. 한꺼번에 뿌리는 물의 양은 이 배합의 경우 처음에는 분무기로 5번 뿌리고, 조금씩 늘려서 마지막에는 10번을 뿌린다.

※ 완성한 쿠스쿠스를 찌기 전에 살짝 말려서 올리브유로 코팅하는 것은, 겉면에 기름막을 만들기 위해서이다. 이 과정을 거쳐야 알갱이에 수프가 너무 많이 흡수되어 흐물흐물해지는 것을 막을 수 있다. 또한 기름에 버무린 다음 바로 찌면 기름이 흘러내리기 쉬우므로, 30분 정도 휴지시킨 다음에 찌는 것이 좋다.

쿠스쿠스

1 큰 볼에 세몰리나 밀가루를 넣고 소금을 뿌려서 섞는다.
2 분무기로 전체에 5번 정도 물을 뿌린다. 5개의 손가락을 넓게 벌려 수분이 전체에 닿도록 천천히 크게 섞는다.
3 가루가 수분을 흡수하여 수분기가 없어지면 다시 물을 뿌려 섞는다. 이 과정을 10번 정도 반복한다. 알갱이 크기가 커지면, 손가락을 가지런히 모아 손등을 알갱이에 대고 서로 닿게 문질러서 크기를 고르게 만든다.
4 촉촉한 치즈가루를 만졌을 때처럼 기름진 촉감이 손끝에 느껴지는 정도가 좋다. 면보 위에 넓게 펴고, 30분 정도 말린다.(성형 → p.68)

쿠스쿠스 조리

1 쿠스쿠스를 볼에 넣고 다진 양파(1/4개 분량), 다진 이탈리안 파슬리(조금), 다진 마늘(1/2쪽 분량), 소금, E.V.올리브유(60cc)를 넣어 손으로 잘 섞는다. 수분이 흡수되어 알갱이가 커지면, 면보를 덮고 상온에서 30분 정도 휴지시킨다.
2 찜통 아래쪽 냄비에 물을 붓고, E.V.올리브유와 양파 등의 자투리 채소를 적당히 넣어 끓인다. 위쪽 찜기에 말린 월계수잎을 깔고 쿠스쿠스를 넓게 편 다음, 뚜껑을 덮고 45분~1시간 정도 찐다.
3 볼에 옮겨 담고 면보를 덮어서 따뜻한 곳에 보관한다.

해산물 수프

1 얇게 편썬 양파(1개 분량)를 E.V.올리브유에 잘 볶는다. 생토마토를 적당히 잘라서(2개 분량) 넣고 끓인다.
2 손질한 쏨뱅이(15마리)를 통째로 넣고, 뚜껑을 덮어 찌듯이 굽는다.
3 끓는 물을 자작하게 붓고, 사프란을 조금 넣는다. 으깨지지 않도록 20분 정도 젓지 않고 그대로 푹 끓인다.
4 모두 체에 내린다. 체에 내린 수프의 70%는 보관해두고, 30%에 쏨뱅이를 넣고 다시 20분 동안 끓인다. 이때는 쏨뱅이 살이 으깨지도록 저어서 육수에 맛이 충분히 우러나게 한다.
5 체에 내려서 보관해 둔 나머지 수프와 섞는다. 소금과 굵게 빻은 고춧가루로 간을 한다.

마무리

1 상온에 둔 쿠스쿠스(1인분 약 90㎖)에 끓인 해산물 수프를 조금(쿠스쿠스가 흡수할 수 있는 양) 뿌리고, 20분 동안 휴지시켜 맛이 잘 배이게 한다.
2 접시에 조금 높이 담고 뜨거운 수프를 듬뿍 끼얹는다.

※ 수프에 다른 해산물을 섞을 때도 분량의 반 이상은 쏨뱅이로 한다. 그 외의 해산물은 손질하고 남은 생선, 새우, 오징어 등의 자투리를 이용해도 좋다.

프라스카렐리 Frascarelli

지름 1mm~1cm

프라스카렐리
밀가루에 물방울을 뿌려 알갱이를 만드는 파스타. 쿠스쿠스(p.204)나 사르데냐주의 프레골라(p.24)와 만드는 방법은 거의 같지만, 프라스카렐리는 알갱이가 크고 불규칙적이다. 어원은 '잎이 달린 나무줄기'라는 의미로, 잎 끝에 달린 물방울을 밀가루에 뿌려서 만든 데서 비롯된 이름이다. 반죽한 것이 아니라 물방울과 밀가루가 자연스럽게 섞인 알갱이이므로 부드럽고 끈적한 식감이다. 모양이나 크기가 일정하지 않은 것이 특징으로, 다양한 크기로 만든다.

115 Frascarelli con lumache di mare in porchetta
고둥 포르케타와 프라스카렐리로 만든 미네스트라

Koike

들쭉날쭉 알갱이형 파스타 수프
마르케주의 2가지 향토요리인 고둥조림과 프라스카렐리를 한 접시로 조합한 것이다. 고둥에 토마토소스와 물을 넣고 끓여서 수프처럼 만든 다음 프라스카렐리를 직접 넣고 끓여서, 탱탱한 고둥과 프라스카렐리 알갱이가 함께 씹히면서 감칠맛이 입안 가득 퍼진다. '포르케타'는 원래 이탈리아 중부에서 많이 먹는 '돼지 통구이'인데, 그때 사용하는 플로렌스 펜넬의 잎 등을 다른 요리에 사용해도 '포르케타풍'이라고 이름을 붙인다. 고둥조림도 그중 하나이다.

115

프라스카렐리 배합
[만들기 편한 적당량. 1인분 50g]

0밀가루(Marino 제품) 200g
미지근한 물 적당량

프라스카렐리
1 0밀가루를 큰 트레이에 담는다. 솔 끝에 미지근한 물을 묻혀서 가루 위에 털면서 뿌린다. (분무기로 뿌려도 좋다)
2 바로 트레이를 앞뒤로 흔들어서 밀가루 알갱이를 만든다. 이 과정을 반복하여 알갱이를 많이 만든다. 가장 먼저 만들어진 알갱이는 이 과정이 반복되면서 점점 커진다.
3 체로 쳐서 여분의 가루를 털어내고, 트레이 위에 넓게 편다. 상온에 잠시 두고 겉면을 말린다.(성형 → p.69)

고둥 포르케타
1 고둥을 밑손질한다. 껍데기에서 살을 발라내고, 타액선 등의 내장을 제거한다.
2 다진 마늘, 홍고추, 향신료(시나몬, 정향, 아니스)를 E.V.올리브유에 볶아서 향이 나면 향신료를 건져낸다.
3 고둥살(12인분 500g)을 넣어 볶는다. 타임, 세이지, 로즈메리, 월계수잎을 각각 다져 넣고, 줄기가 붙어 있는 마조람과 플로렌스 펜넬잎을 넣어 살짝 볶는다.
4 화이트와인(200cc)을 넣어 냄비 바닥에 눌어붙은 육즙을 녹인 다음, 토마토소스(70㎖)와 물을 자작하게 붓고 펜넬씨를 부셔서 넣는다.
5 뚜껑을 덮고 고둥이 부드러워질 때까지 약 30분 정도 끓인다.

마무리
1 필요한 만큼의 고둥 포르케타(1인분 70㎖)를 냄비에 덜고, 물을 넣어 농도와 수분을 조절하면서 데운다. 프라스카렐리를 넣고 국물이 흡수되도록 5분 정도 끓인다.
2 끓는 소금물에 데친 완두콩을 1에 넣어서 버무린다.
3 접시에 담고 플로렌스 펜넬의 잎으로 보기 좋게 장식한다.

응용하기
세몰리나 밀가루나 폴렌타가루로 만든 프라스카렐리도 있다.

프 로 를 위 한 파 스 타 의 기 술

건조 파스타_롱

ALL THAT PASTA

스파게티 Spaghetti

116 *Spaghetti al pomodoro*
토마토 스파게티

지름 1.8㎜ (Afeltra 제품)

스파게티
나폴리 그라냐노에 위치한 제조사의 제품. 청동틀로 뽑아서 겉면에 거친 비늘모양이 있다. 소스가 잘 묻기 때문에 수분이 많은 소스와 특히 잘 어울린다.

Sugihara

나폴리에서 많이 먹는 방울토마토 소스

토마토, 마늘, 바질로 만든 이탈리아 남부의 기본적인 토마토소스. 일본에서는 산 마르차노(san marzano)종 등 타원형의 큰 토마토로 만드는 경우가 많지만, 여기서는 가공용 방울토마토를 사용하였다. 나폴리에서는 가정에서도 방울토마토 소스를 많이 만들어 먹는다. 큰 토마토로 만든 소스는 충분한 양의 과육을 사용하여 달고 진한 맛이지만, 방울토마토로 만든 소스는 산뜻한 향과 신맛이 있는 개운한 감칠맛으로, 이 맛에 한 번 익숙해지면 잊혀지지 않는 맛이다. 매장에서는 여름에 병조림을 만들어서 1년 내내 사용한다.

방울토마토 병조림

1 방울토마토는 꼭지를 떼어내고 껍질째 세로로 2등분한다. 살균소독한 병 입구까지 방울토마토를 채우고, 바질(나폴리종. 이하 동일)을 줄기째 적당량 넣고 뚜껑을 닫는다.
2 큰 냄비에 넣고 병이 완전히 잠길 정도로 물을 부은 다음, 1시간 정도 계속 가열한다.
3 뜨거운 물에 담근 채로 자연스럽게 식힌 다음, 상온에서 보관한다.(1년간 보관가능)

수고 디 포모도로

1 으깬 마늘을 E.V.올리브유에 볶아서 향이 나면, 색깔이 변하기 전에 2~3장의 잎이 붙어 있는 바질 1줄기를 넣어 섞는다.
2 병조림 방울토마토(1인분 8~10개)를 넣고, 기름이 튀지 않도록 주의하면 약간의 파스타 면수를 넣은 다음 포크로 으깨면서 볶는다.
3 굵은 소금 1꼬집을 넣고 5분 동안 끓인 다음 바질을 건져낸다.

마무리

1 끓는 소금물에 스파게티(1인분 90g)를 넣고 12분 동안 삶는다.
2 수고 디 포모도로로 살짝 버무리고, 바질잎을 작게 찢거나 가늘게 채썰어서 넣고 섞는다.
3 접시에 담고 생바질로 장식한다.

※ 방울토마토는 나폴리에서 재배되는 품종 중에 칸넬리노(cannellino)종, 피엔놀로(piennolo)종 등 일본에서 생산되는 것을 사용한다. 이런 종의 방울토마토는 껍질이 두껍고 과육이 단단하여 과즙이 적으므로, 껍질째 사용하면 껍질의 비율이 높아진다. 껍질에는 생토마토처럼 신선한 향이 풍부하기 때문에 소스에 상쾌한 향을 더해 준다.

※ 일본에서 일반적으로 사용하는 바질은 제노바종이지만, 여기서는 나폴리종을 사용하였다. 잎이 크고 쪼글쪼글한 것이 특징으로 향도 강하다.

Point

병조림 방울토마토는 주문이 들어올 때마다 마늘 풍미의 올리브유로 온도가 높아지기 전에 재빨리 익혀서, 제철 토마토의 싱싱한 풍미를 재현한다.

117 Spaghetti alle vongole
바지락 스파게티

스파게티
p.208의 스파게티와 같다. 이 제품은 면이 굵은데, 익숙해지면 이 굵기 때문에 계속 먹고 싶어진다.

지름 1.8mm (Afeltra 제품)

Sugihara

바지락 농축액으로 맛을 낸 스파게티

나폴리의 맛을 재현한 바지락 스파게티. 화이트와인 등으로 감칠맛을 내지 않고, 짠맛도 바지락 국물로 조절해서 바지락 농축액의 감칠맛이 직접적으로 전달되는 맛이다. 바지락은 껍질이 벌어지면 바로 건져서 살을 발라내 조갯살의 부드럽고 촉촉한 맛을 유지하고, 바지락으로 우러낸 국물을 졸여서 스파게티에 버무리는 느낌으로 만든다. 국물과 기름을 유화시키면 바지락 국물의 섬세한 맛이 사라진다.

117

봉골레소스

1 바지락은 껍질째(1인분 12~15개) 2% 소금물에 담가 해감한다.

2 으깬 마늘을 E.V.올리브유에 볶아서 향을 낸 후, 바지락, 다진 이탈리안 파슬리, 통조림 방울토마토(1인분 1~2개)를 넣고, 물을 조금 넣는다.

3 뚜껑을 덮고 냄비를 조금씩 흔들어가며 센불로 단번에 익힌 다음, 바지락은 껍질이 완전히 벌어진 순서대로 볼에 건져놓는다. 마지막으로 마늘도 건져내고, 냄비에 남아 있는 바지락 국물 중 10~20%를 바지락을 담은 볼에 덜어서 따뜻한 곳에 둔다.

마무리

1 끓는 소금물에 스파게티(1인분 90g)를 넣고 12분 동안 삶는다.

2 냄비에 남은 바지락 국물을 살짝 졸인다. 스파게티를 넣어 버무리고, 검은 후추를 뿌린다.

3 맛을 보고 싱거우면 바지락과 같이 덜어놓은 국물을 적당히 넣는다. 냄비를 2~3번 흔들어 섞는다.

4 접시에 담고 바지락을 올린다. 다진 이탈리안 파슬리를 뿌린다.

※스파게티가 완성되기 3~4분 전에 소스를 만들기 시작하면 갓 끓인 소스의 풍미를 즐길 수 있다.

Point
바지락은 산지에 따라 맛이 상당히 다른데, 바닷물과 민물이 만나는 기수역에서 잡히는 것이 특히 품질이 좋다. 이런 경우에는 바닷물보다 염분 농도가 낮기 때문에, 해감할 때 넣는 소금물의 농도를 2% 이하로 낮춘다. 나의 경험으로는 큰 바지락과 작은 바지락을 같은 무게로 비교하였을 때, 작은 바지락으로 만든 것이 맛이 더 진했다. 또한 방울토마토를 조금 넣는 것은 짠맛을 부드럽게 만들기 위해서이다.

118 Spaghetti con i carciofi
카르초피 스파게티

스파게티
p.208의 스파게티와 같다. 전통 제법으로 만든 파스타는 이렇게 심플한 소스로 버무려야 힘을 발휘한다.

지름 1.8mm (Afeltra 제품)

카르초피 산지의 스파게티 요리

카르초피는 이탈리아 각 지역에서 나지만 캄파니아주 살레르노 지방이 특히 유명하다. 카르초피를 조려서 파스타 소스로 사용하는 이 요리가 이 지역의 전통요리이다. 알리오 올리오가 맛의 베이스인데, 카르초피 외에는 거의 아무것도 넣지 않는다. 케이퍼를 조금 넣어 감칠맛을 더하는 정도이다. 카르초피는 품종에 관계없이 제철일 때 사용하는 것이 중요하며, 입에 넣는 순간 카르초피의 풍미가 퍼지는 것이 이 소스의 매력이다.

Sugihara

118

카르초피 밑손질
1 카르초피는 윗부분을 1/3~1/2 정도 잘라내고, 단단한 받침부분과 껍질을 벗긴다. 세로로 2등분하고 털이 있으면 제거한다.
2 레몬을 넣은 물에 잠시 담가두고 쓴맛을 제거한다. 2~3mm 두께로 세로로 썰고, 다시 레몬물에 담근다.

카르초피 조림
1 으깬 마늘을 E.V.올리브유에 볶다가 향이 나기 시작하면, 다진 양파(1인분 1큰술)를 넣어 살짝 볶는다.
2 물기를 뺀 카르초피(1.5개), 소금에 절인 케이퍼를 물로 살짝 헹궈서 물기를 뺀 것(8알), 다진 이탈리안 파슬리를 넣고 소금을 살짝 뿌린 다음 찌듯이 볶아서 섞는다.
3 파스타 면수를 조금 넣고, 카르초피가 부드러워질 때까지 찌듯이 조린다.

마무리
1 끓는 소금물에 스파게티(1인분 90g)를 넣고 12분 동안 삶는다.
2 카르초피 조림과 버무리고, 검은 후추, 다진 이탈리안 파슬리, 파르미자노 치즈를 넣어 버무린다.
3 접시에 담고 파르지마노를 뿌린다.

※ 스피노소(spinoso)종 카르초피는 쓴맛이 적어서 샐러드같이 날것으로 먹는 요리에 사용하는 것이 좋으므로, 그 외의 익혀서 먹는 품종을 사용하는 것이 좋다. 이탈리아산 카르초피가 들어오는 3월부터 일본산이 출하되는 5월까지가 제철이다.

응용하기
카르초피 조림은 탄력이 강하지 않고 부드러운 부카티니나, 세몰리나 밀가루와 물로 만들어서 식감이 단단한 생스파게토니와 잘 어울린다.

119 Spaghetti alla puttanesca
푸타네스카 스파게티

스파게티
p.208의 스파게티와 같다.

지름 1.8㎜ (Afeltra 제품)

블랙 올리브, 케이퍼, 안초비 풍미의 소스

푸타네스카는 '창녀 스타일'이라는 의미로, 블랙 올리브와 케이퍼 등 여러 재료를 넣은 소스로 버무린 것을 말한다. 유래에는 여러 가지 설이 있는데, 원래 남부 일대에서 만들던 '올리브와 케이퍼로 버무린 페투체'를 나폴리만 이스키아섬에서 스파게티로 만들었던 것이 '푸타네스카'라는 이름으로 알려지면서 붙여진 이름이다. 먼저 블랙 올리브와 케이퍼를 잘 볶아서 기름에 올리브의 맛과 향이 배이게 함으로써, 올리브 맛을 강조하는 것이 맛있게 만드는 비결이다. 면과 소스가 잘 어우러져 맛이 월등히 좋아진다.

Sugihara

119

푸타네스카 소스

1 으깬 마늘을 E.V.올리브유에 볶아서 향을 낸다. 씨를 제거한 블랙 올리브(1인분 7~8개)와 소금에 절인 케이퍼를 물로 살짝 씻어서 물기를 뺀 것(7~8개), 안초비 필레(1장)를 넣고 약한 불로 볶기 시작한다. 수분이 적기 때문에 파스타 면수를 조금 넣어서, 보글보글 끓을 정도로 물의 양과 불의 세기를 조절한다.
2 올리브의 수분이 배어나와 기름이 검붉어지고 향이 어우러지면, 통조림 방울토마토(7~9개)를 넣고 포크 등으로 으깨면서 섞는다. 마늘을 건져낸 다음, 다시 향이 어우러지고 기름이 조금씩 분리될 때까지 끓인다.

마무리

1 끓는 소금물에 스파게티(1인분 90g)를 넣고 12분 동안 삶는다.
2 볼에 넣고 파르미자노 치즈, 페코리노 치즈, 다진 이탈리안 파슬리를 아주 조금만 넣어 재빨리 섞는다. 소스의 80%를 넣고 버무린다.
3 접시에 담고 나머지 소스를 뿌린 다음, 파르미자노 치즈를 조금 뿌린다.

Point

블랙 올리브와 케이퍼를 제대로 볶지 않으면 대충 재료가 섞여 있는, 맛이 어우러지지 않은 요리가 된다. 먼저 올리브, 케이퍼, 안초비를 잘 볶고, 다음으로 토마토를 넣어서 볶는 방식으로 단계적으로 만들어야 한다. 또한 맛이 단조롭지 않도록 삶은 스파게티에 먼저 치즈를 섞어서 깊은 맛과 단맛을 낸 다음, 푸타네스카 소스로 버무리는 것이 효과적이다.

120 Spaghetti al sugo di anguilla alla Cavalcanti
카발칸티 스타일의 장어조림 스파게티

스파게티
p.208의 스파게티와 같다.

지름 1.8mm (Afeltra 제품)

Sugihara

19세기 요리의 흐름을 담은 장어조림

장어에 토마토를 넣고 조려서 굵은 체에 내린 소스로 버무린 스파게티 요리. 원래는 메를루초(merluzzo. 대서양 대구)로 만드는데, 요리를 배웠던 나폴리의 레스토랑 메뉴 중 가장 마음에 든 요리이다. 그러나 일본의 대구로는 같은 맛을 낼 수 없어서, 장어로 응용하여 현지의 맛에 가깝게 만들었다. 요리 이름의 카발칸티는 19세기 초에 활동하던 나폴리에서 태어난 귀족 출신의 요리연구가이다. 메를루초 요리는 그의 저서에 실려 있는 것이다.

120

장어 조림 소스

1 칼로 장어(300g 1마리가 8인분)의 점액질을 긁어내고 물로 씻은 다음, 뼈째로 토막낸다.
2 얇게 썬 양파(1/2개 분량)를 E.V.올리브유에 볶는다. 익기 시작하면 장어와 으깬 통조림 방울토마토(200g)를 넣고, 뚜껑을 덮어 40분 정도 찌듯이 끓인다.
3 장어의 뼈를 제거하고 살과 국물을 체에 내린다.
4 냄비에 다시 담아 가열한 다음, 소금, 검은 후추, 마르살라 포도주를 넣어 간을 한다. 마지막에 버터를 조금 넣는다.

마무리

1 끓는 소금물에 스파게티(1인분 90g)를 넣고 11분 동안 삶는다.
2 장어 조림 소스를 넣고, 다진 이탈리안 파슬리와 파르미자노 치즈를 조금 넣어 버무린다.
3 접시에 담고 냄비에 남은 소스를 얹는다. 파르미자노 치즈와 이탈리안 파슬리를 뿌린다.

Point
장어를 충분히 조리는 것이 맛을 내는 비결이다. 뚜껑을 열면 강한 향이 올라올 때까지 조린다.

응용하기
이 소스는 붕장어로 만들어도 맛이 좋다.

스파게티

나폴리 그라냐노에 위치한 제조사의 제품. 겉면이 거칠게 뽑아지는 청동 다이스로 만든 제품으로 소스가 잘 묻는다. 해산물로 만든 소스에는 나폴리산 파스타가 잘 어울린다.

지름 1.9㎜ (Liguori 제품)

새 우 와 오 징 어 를 갈 아 서 만 든 라 구 소 스

해산물로 만든 미트소스 스파게티. 새우, 오징어, 가리비의 살을 갈아서 보슬보슬하게 볶은 다음, 토마토페이스트와 물 등을 넣고 조려서 만든 소스이다. 원래는 자투리 재료를 이용하여 만든 소스로, 생선 외에 갑각류, 오징어, 문어, 조개 등 감칠맛이 있고 조려도 퍽퍽해지지 않는 재료를 사용한다. 먼저 갈아놓은 재료를 마른 느낌이 들 때까지 잘 볶는 것이 포인트인데, 그렇게 하면 더 고소하고 달콤하며 진한 소스가 된다.

121 Spaghetti al ragù di pesce
해산물 라구소스 스파게티

Nishiguchi

121

해산물 라구소스

1 보리새우살(3마리 분량), 껍질을 벗긴 화살꼴뚜기(1마리 분량), 가리비 관자(3개)를 푸드프로세서로 곱게 간다.(약 2인분)
2 퓨어 올리브유와 같이 프라이팬에 넣고 거품기로 눌러서 으깨가며 볶는다. 수분이 날아가고 조금 마른 느낌이 들면 불을 끈다.
3 퓨어 올리브유를 두른 냄비에 옮겨담고 가열한다. 소프리토(p.254 / 1큰술), 월계수잎, 토마토페이스트(15g), 화이트와인(2큰술)을 넣고 섞는다. 생선 브로도(p.253 / 300cc)를 넣는다.
4 2의 프라이팬에 화이트와인(1큰술)을 넣고 센불로 끓여서 눌어붙은 국물을 녹여낸 다음 3의 냄비에 넣는다.
5 끓으면 약한 불로 조린다. 20분 간격으로 생선 브로도(300cc)를 2번 넣고, 다시 20분 동안 끓인다.

마무리

1 끓는 소금물에 스파게티(1인분 90g)를 넣고 10분 동안 삶는다.
2 프라이팬에 해산물 라구소스(1인분 5큰술), E.V.올리브유, 살사 마리나라(p.253 / 3큰술), 면수를 조금 넣어 데운다.
3 스파게티를 넣고 버무린 다음, 다진 이탈리안 파슬리를 넣어 다시 한 번 버무린다. 접시에 담는다.

Point

여기서는 마무리로 살사 마리나라를 넣어 토마토의 풍미를 더했지만, 넣지 않고 산뜻한 라구소스를 만들어도 좋다.

122 Spaghetti alla pescatora
페스카토라 스파게티

스파게티
p.214의 스파게티와 같다.

지름 1.9㎜ (Liguori 제품)

Nishiguchi

조 개 의 감 칠 맛 이 베 이 스

'페스카토라(어부 스타일)'라는 이름에 걸맞게 해산물을 듬뿍 넣어서 바다향과 감칠맛을 살린 토마토소스. 갑각류, 오징어, 문어, 조개류를 적당히 조합하여 사용한다. 조개류인 바지락과 홍합은 껍질째 넣는 것이 필수인데, 껍질 속에 있는 감칠맛이 진한 국물을 넣어야 맛이 더 살아난다. 조개국물에는 소금기가 있기 때문에 자연의 짠맛으로 충분히 간이 된다. 원래는 나폴리 요리이지만, 지금은 이탈리아 전국에 널리 퍼졌다.

122

보리새우 밑손질
1 보리새우는 수염과 머리가슴쪽 다리를 요리용 가위로 잘라내고, 머리는 남겨두고 껍질을 벗긴다. 꼬치 등으로 등쪽 내장을 제거한다.

페스카토라 소스
1 프라이팬에 퓨어 올리브유를 두르고 달군 다음, 바지락(2인분 14개)과 홍합(4개)을 넣고 화이트와인(40cc)을 붓는다. 뚜껑을 덮고 껍질이 벌어질 때까지 끓인다. 불을 끄고 조개를 볼에 건져서 따뜻한 곳에 둔다.
2 1의 프라이팬에 보리새우(4마리)와 링썰기한 오징어(4개)를 넣고, 남은 열로 익힌다. 조개를 담은 볼에 덜어놓는다.
3 2의 프라이팬에 살사 마리나라(p.253 / 180cc)를 넣고 끓여서 조개국물과 잘 섞는다. 끓기 시작하면 다진 이탈리안 파슬리를 넣고, E.V.올리브유를 뿌려서 향을 낸다.

마무리
1 끓는 소금물에 스파게티(1인분 80g)를 넣고 10분 동안 삶는다.
2 페스카토라 소스로 버무린다.
3 스파게티를 먼저 접시에 담고, 볼에 남아 있는 소스에 바지락, 홍합, 보리새우, 오징어를 넣고 남은 열로 버무린다.
4 스파게티 위에 해산물과 소스를 얹는다.

Point
새우와 오징어는 살이 단단해지기 쉬우므로, 남은 열로 볶아서 살짝 익히는 것이 좋다. 또한 스파게티를 버무릴 때는 소스에 들어 있는 해산물을 건져내고 소스와 스파게티를 먼저 버무려서 접시에 담은 다음, 해산물을 소스에 다시 넣고 따뜻하게 데우면 알맞게 익는다.

스파게티

몰리세주 캄포바소에 위치한 제조사의 제품이다. 테플론 가공한 다이스로 뽑은 제품으로, 매끈한 식감이 있다. 알리오 올리오 등 오일소스에 잘 어울린다.

지름 1.7㎜ (Molisana 제품)

123 Spaghetti aglio, olio e peperoncino
알리오 올리오 페페론치노

Nishiguchi

고소한 마늘향이 맛의 비결

올리브유, 마늘, 홍고추로 만든 오일 스파게티 중에서 가장 기본적인 스파게티 요리이다. 시작은 로마와 나폴리라고도 하지만, 재료가 모두 남부의 특산품이라는 점에서 남부 요리임에 틀림없다. 또한 이탈리아에서는 레스토랑 요리가 아닌, 주로 가정에서 야식으로 먹었다. 재료는 매우 심플하지만 향, 매운맛, 감칠맛이 절묘하게 균형을 이루어서 질리지 않을 뿐만 아니라, 먹을 때마다 맛있게 느껴지는 파스타 요리이다.

123

알리오 올리오 소스

1 프라이팬에 퓨어 올리브유(2인분 30cc), 다진 마늘(5g), 작게 썬 홍고추(1개 분량)를 넣고 중간 불로 볶는다. 프라이팬을 흔들어서 마늘을 넓게 편다.
2 마늘이 옅은 갈색으로 변하기 시작하면, 바로 다진 이탈리안 파슬리(3g)를 넣는다. 불을 끄고 오일에 마늘과 파슬리향이 배어들게 한다.
3 파슬리가 익으면 파스타 면수(3큰술)를 넣고 온도를 조금 낮춰서, 마늘이 타지 않게 한다.

마무리

1 끓는 소금물에 스파게티(1인분 80g)를 넣고 9분 동안 삶는다.
2 스파게티가 다 삶아지기 직전에 소스를 데운 다음, 스파게티를 넣고 프라이팬을 흔들면서 버무린다. 소금을 뿌린다.
3 프라이팬 바닥에 수분이 없어지고 소스와 파스타가 잘 버무려지면, 접시에 담는다.

Point

마늘은 으깨거나 얇게 저미는 방법 등이 있는데, 향이 달라지기 때문에 취향에 따라 선택하는 것이 좋다. 다졌을 때가 가장 향이 강하다. 골고루 잘 익도록 비슷한 크기와 모양으로 고르게 잘라서 색이 살짝 변할 정도로만 볶으면, 마늘의 좋은 향만 살릴 수 있다.

스파게티
p.216의 스파게티와 같다.

지름 1.7mm (Molisana 제품)

124 Spaghetti alla boscaiola
보스카이올라 스파게티

Nishiguchi

참치의 감칠맛을 더한 버섯소스

보스카이올라는 '나무꾼'이라는 의미로, 산에서 나는 버섯을 사용한 요리를 말한다. 이 때, 보통 같이 넣는 재료가 참치인데, 이 요리뿐만 아니라 이탈리아에서는 정통적인 조합이다. 기름에 절인 참치는 산속에서도 손쉽게 사용할 수 있는 해산물 재료로, 감칠맛과 영양분이 풍부하고 버섯의 맛과도 잘 어울려서 파스타 요리로 만들게 된 것이다. 토마토를 사용하지 않는 레시피도 있지만, 일반적으로는 토마토소스를 베이스로 한다. 또한 버섯의 종류는 여러 가지로 응용할 수 있다.

124

참치와 버섯의 밑손질
1 볼에 체를 겹쳐 올리고 참치 통조림(2인분, 80g)을 부은 다음, 포크로 세게 눌러서 기름기를 제거한다.
2 포르치니(80g)는 젖은 키친타월로 갓의 바깥부분을 닦고, 기둥은 필러로 껍질을 얇게 제거한다. 모두 작게 깍둑썰기한다.

참치와 버섯 소스
1 포르치니를 퓨어 올리브유에 볶다가 중간에 소금을 뿌린다. 익기 시작하면 불을 끄고, 살사 마리나라(p.253 / 2인분 200g)를 넣어 섞는다.
2 다시 불에 올리고 참치를 넣어 살짝 섞는다. 파스타 면수를 조금 넣고 다진 이탈리안 파슬리, E.V.올리브유를 뿌려서 섞는다.

마무리
1 끓는 소금물에 스파게티(1인분 80g)를 넣고 9분 동안 삶는다.
2 참치와 버섯 소스로 버무려 접시에 담는다.

Point
참치 기름을 제거하지 않고 사용하면 파스타가 끈적거리고 맛도 느끼해진다. 포크로 참치를 눌러서 으깨고, 고운체에 기름을 걸러서 사용한다. 또한 참치는 이미 익힌 것이므로 소스에 넣고 가볍게 데우는 정도면 충분하다.

스파게토니 Spaghettoni

125 *Spaghetti alla norcina*
노르차풍 블랙 트러플과 살시차 스파게티

지름 2.2mm (Rustichella d'abruzzo 제품)

스파게토니
여기서 사용한 것은 스파게티보다 조금 굵은 '스파게토니'이다. 제조사마다 제품의 굵기가 다른데, 굵기에 관계없이 스파게토니를 사용한 요리의 이름은 '스파게티'라고 붙이는 경우가 많다.

노르치나의 2대 특산물로 만든 겨울 스파게티

요리 이름의 노르차는 움브리아주의 마을로, 고대 로마시대부터 살루미(salumi)를 만든 곳이며, 주변의 깊은 숲에는 블랙 트러플이 풍부하다. 여기서 소개한 요리는 노르차가 자랑하는 2대 특산물을 조합한, 이 지역의 전통적인 파스타 요리이다. 심플하지만 강렬한 맛으로 겨울철에 잘 어울린다. 스파게티로 만드는 것이 정통이지만, 생크림을 조금 넣어 깊은 맛을 냈기 때문에 굵은 스파게토니를 조합하였다.

노르차풍 소스

1 으깬 마늘을 E.V.올리브유에 볶아서 향을 낸 후 건져낸다. 살시차(p.257 / 1인분 약 50g)의 속재료를 으깨서 넣고 볶은 다음 좀 더 곱게 으깬다.

2 노릇노릇해지면 잘게 다진 블랙 트러플(2g)을 넣고 살짝 볶아 향을 낸다.

3 생크림(30cc)과 송아지고기 브로도(70㎖)를 넣어 살짝 걸쭉해질 때까지 끓인다.

마무리

1 끓는 소금물에 스파게티(1인분 60g)를 넣고 15분 동안 삶는다.

2 노르차풍 소스로 버무리고, 페코리노 디 몬티 시빌리니 치즈를 넣어 버무린다.

3 접시에 담고 다시 한 번 페코리노 디 몬티 시빌리니를 뿌린 다음, 블랙 트러플을 얇게 편썰어서 올린다.

응용하기

이탈리아에서는 쇼트파스타는 펜네, 생파스타는 탈리아텔레, 움브리아주의 스트린고치를 조합하기도 한다.

※ 페코리노 디 몬티 시빌리니(pecorino di monti sibillini)는 마르케주 산간 지방의 치즈.

링귀네 Linguine

링귀네
자른 면이 타원형인 롱파스타. 사진은 너비 4mm의 조금 굵은 제품으로, 제조사에 따라 너비가 조금씩 다르다. 자른 면이 원형인 스파게티에 비해, 링귀네는 두께와 너비의 비율이 다르기 때문에 식감도 다르고 소스도 잘 묻는다.

너비 4mm (Afeltra 제품)

126 Linguine con bottarga e panna al peperoncino
페페론치노 풍미의 생크림을 넣은 가라스미 링귀네

질리지 않는 생크림 베이스의 소스

특별한 재료를 넣지 않고 생크림이 주재료인 소스를 링귀네와 조합한 오리지널 요리. 깊은 맛이 있고 포만감이 오래가는 소스이지만 유당의 단맛이 느끼하게 느껴지기 쉬우므로, 홍고추의 매운맛과 고소하게 볶은 마늘의 자극적인 맛을 살려서 깔끔하게 완성하였다. 이 방법은 전통적인 '소렌토풍 호두 소스'(p.224)를 응용한 것이다. 가라스미는 유제품과 맛이 잘 어울린다. 여름철 식욕이 없을 때 인기가 높은 요리이다.

126

생크림소스
1 3mm 정도로 네모나게 썬 마늘과 홍고추를 E.V.올리브유에 볶아서 천천히 향을 낸다.
2 체에 내려 마늘을 건져내고, 기름은 다시 프라이팬에 넣는다. 다시 가열하여 다진 이탈리안 파슬리, 파스타 면수(50cc), 생크림(80cc)을 넣어 살짝 졸인다.

마무리
1 끓는 소금물에 링귀네(1인분 90g)를 넣고 11분 동안 삶는다.
2 생크림소스를 넣고 가라스미(수제 / p.258)를 가늘고 길게 깎아서 넣고 버무린다.
3 접시에 담은 다음 다시 한 번 가라스미를 깎아서 올리고, 건져둔 마늘을 뿌린다.

Point
이 소스에는 브로도 종류를 넣지 않는다. 육수로 감칠맛을 더하지 않아야, 입에 넣는 순간 생크림의 깊은 감칠맛이 느껴지고 여운이 남지 않아 뒷맛이 산뜻하다.

응용하기
가라스미를 넣은 생크림소스는 생스파게토니와도 잘 어울린다.

링귀네

p.220의 링귀네와 같다. 제조사에 따라 겉면의 촉감이 다르므로, 소스에 맞게 선택하는 것이 좋다. 여기에서는 표고버섯과 잘 어울리도록 매끈한 링귀네를 사용했다.

너비 4mm (Afeltra 제품)

127 Linguine con abalone e funghi
전복과 표고 링귀네

Sugihara

소스도 파스타도 모두 후루룩 넘어가는 식감

표고버섯과 찐 전복을 같이 볶아서 넣은 링귀네. 표고는 돗토리현에서 원목재배하여 말리지 않은 생표고로, 갓이 많이 펴지지 않고 도톰한 '동고'를 사용하였다. 익히면 향과 매끈하고 탄력 있는 식감이 돋보이며, 씹는 느낌이 비슷한 전복을 조합하여 맛이 더좋다. 표고는 듬성듬성 자르거나 얇게 써는 2가지 방법으로 식감에 변화를 주고, 전복은 부드럽게 쪄서 얇게 편썬다. 또한 전복간도 소스로 활용하는 등 재료 사용이나 맛에서 동양의 특별한 맛을 느껴볼 수 있는 파스타이다.

127

전복과 표고 밑손질
1 전복은 껍데기째(1개 약 100g) 더치 오븐으로 30분 동안 찌듯이 굽는다. 한 김 식으면 껍데기를 떼어내고, 전복살, 외투막, 간으로 분리한다. 전복살은 5mm 너비로 얇게 자르고, 간은 체에 내려 전복간 소스에 이용한다.(외투막은 사용하지 않는다)
2 생표고(1인분 큰 것 1.5개 분량) 분량의 1/2은 듬성듬성 자르고, 나머지 1/2은 얇게 썬다.

전복과 표고 소스
1 얇게 썬 마늘을 E.V.올리브유에 볶다가 옅은 갈색으로 변하면 표고를 모두 넣어 살짝 볶는다. 파스타 면수와 타임을 조금 넣고 뚜껑을 덮어 찌듯이 굽는다.
2 표고가 익기 시작하면 소금, 검은 후추로 간을 하고 얇게 썬 전복(100g)을 넣어 볶는다.

전복간 소스
1 작은 냄비에 전복간(1개 분량)을 넣고, 파스타 면수, E.V.올리브유, 버터를 조금씩 넣어서 퓌레 상태가 되도록 저으면서 데운다.

마무리
1 끓는 소금물에 링귀네(1인분 90g)를 넣고 11분 동안 삶는다.
2 전복과 표고 소스에 링귀네를 넣고, 파르미자노 치즈, 검은 후추, 레몬즙, 다진 이탈리안 파슬리를 각각 조금씩 넣어서 살짝 버무린다.
3 접시에 담고 전복간 소스(1인분 2큰술)를 주변에 뿌린다.

Point
전복간 소스는 메인소스와 섞지 말고, 파스타를 담은 후에 따로 뿌려낸다. 먹을 때도 한꺼번에 섞지 말고 맛을 조절해가며 섞어서 먹어야 맛있게 먹을 수 있다.

응용하기
전복과 표고 소스는 건조 롱파스타와 잘 어울리며, 푸실리 룬기나 스파게티와도 잘 어울린다. 생파스타는 질릴 수 있다.

128 Linguine con polipi alla luciana
산타루치아풍 문어와 토마토조림 링귀네

너비 4mm (Afeltra 제품)

링귀네
p.220의 링귀네와 같다. 나폴리에서는 해산물 소스, 특히 문어나 조개를 넣은 소스를 조합하는 경우가 많다.

Sugihara

참 문 어 와 토 마 토 조 림 으 로 버 무 린 링 귀 네

참문어를 통째로 넣고 토마토로 조린 다음 잘라서 링귀네와 같이 버무린 나폴리 요리. 이탈리아에서 문어가 많이 잡히는 곳은 나폴리로, 요리 이름의 산타루치아 지구는 예전부터 문어 어획이 활발한 지역이다. 문어 파스타의 소스는 토마토조림이 일반적인데, 문어에서 배어나온 수분은 감칠맛이 진하기 때문에 토마토는 조금만 넣고 문어 자체의 수분으로 찌듯이 익힌다. 나폴리에서는 '문어는 문어 자체의 수분으로 익혀라'라는 말이 있을 정도이다.

문어와 토마토조림
1 문어 1마리(500~600g)를 물로 깨끗이 씻은 다음, 눈, 입, 내장을 제거한다.
2 냄비에 E.V.올리브유, 으깬 마늘, 문어(통째로), 잣과 건포도 1줌씩, 소금에 절인 케이퍼 조금, 이탈리안 파슬리, 살짝 으깬 통조림 방울토마토(1통 분량), 굵은 소금 조금을 넣고 뚜껑을 덮어 문어를 부드럽게 익힌다. 문어에서 나오는 수분이 거의 없어질 때까지 익힌다. (여기서는 약 30분)
3 요리용 가위로 문어를 한입크기로 잘라서 냄비에 다시 담는다.(도마 위에 올려놓고 자르면 문어의 붉은 색이 묻어나서 지워지지 않는다)

마무리
1 끓는 소금물에 링귀네(1인분 90g)를 넣고 11분 동안 삶는다.
2 문어와 토마토조림(1인분 90㎖)에 버무린다.
3 접시에 담고 다진 이탈리안 파슬리를 위에 뿌린다.

Point
일본 요리에는 1㎏ 정도의 큰 문어를 사용하지만, 이탈리아 요리에는 500~600g의 작은 문어를 사용한다. 조림요리에는 작은 문어 여러 마리를 통째로 사용하는 편이 향이나 감칠맛이 살고 맛도 진해진다.

응용하기
문어와 토마토조림은 그대로 전채요리로 사용할 수 있다.

※ 문어는 이탈리아어로 'polpo'이지만, 캄파니아주 등의 일부 지역에서는 'polipo'라고 하기도 한다. 이 요리는 나폴리 요리이므로 polipo의 복수형인 polipi를 사용하였다.

페르차텔리 Perciatelli

지름 2㎜, 전체길이 50㎝
(Pastai Gragnanesi 제품)

페르차텔리
중심에 구멍이 있는 롱파스타. p.226의 부카티니와 같은 것으로, 나폴리 일대에서 부르는 이름이다. '베르미첼리 부카티(vermicelli bucati)'라는 이름으로도 유통된다. 제품에 따라 굵기가 다르며, 사진은 지름 2㎜의 가는 면으로 삶으면 부드럽다. 50㎝ 길이의 면이 반으로 접혀 있으므로, 접힌 부분을 잘라서 사용한다.

129 Perciatelli alle noci
소렌토풍 호두 소스 페르차텔리

Sugihara

전통적인 호두크림 소스

소렌토는 레몬이나 시트론이 유명하지만 호두의 산지이기도 하며, 이 소스도 소렌토의 특산물을 사용하여 만든 전통적인 파스타 소스이다. 굵게 빻은 호두를 볶은 다음 생크림을 넣고 졸이는 심플한 레시피로 호두향이 식욕을 자극한다. 캄파니아주에서는 흔하지 않은 생크림을 사용한 파스타 요리인데, 홍고추의 매운맛으로 생크림의 단맛을 줄이는 방법이 재미있을 뿐 아니라 실제로 효과도 있다.

129

호두 소스
1 호두를 160℃ 오븐에 넣고 15분 동안 구운 다음, 절구로 거칠게 빻는다.
2 얇게 편썰기한 마늘과 홍고추를 E.V.올리브유에 볶아서, 마늘향이 나면 다진 이탈리안 파슬리, 호두(1인분 1큰술), 약간의 파스타 면수를 넣고, 호두향이 나도록 약한 불에서 볶는다.
3 생크림(80cc)을 넣어 졸인다.

마무리
1 끓는 소금물에 페르차텔리(1인분 90g)를 넣고 10분 동안 삶는다.
2 호두 소스로 버무린 다음, 파르미자노 치즈와 페코리노 치즈를 넣어 다시 한 번 버무린다.
3 접시에 담고 파르미자노 치즈를 뿌린다.

응용하기
호두 소스는 코르체티와도 잘 어울린다.

130 Perciatelli con gli zucchini
나폴리풍 주키니 페르차텔리

페르차텔리
p.224의 페르차텔리와 같다. 주키니 소스에는 가늘고 부드러운 파스타가 잘 어울린다.

지름 2㎜, 전체길이 50㎝
(Pastai Gragnanesi 제품)

나폴리의 독특한 주키니 소스

둥글게 썬 주키니를 튀겨서 소스로 만든 나폴리의 독특한 파스타 요리이다. 소렌토 근교 항구도시인 네라노에서 시작되었다고 해서, 요리 이름에 네라노풍이라고 붙이기도 한다. 주키니의 겉면은 바삭하고, 안쪽은 부드럽게 튀기는 것이 포인트이다. 그러기 위해서는 주키니를 1㎝ 정도로 도톰하게 썰어서(조금씩 다르게 써는 편이 더 좋다), 160~170℃의 낮은 온도에서 튀기는 것이 비결이다. 주키니를 가장 맛있게 먹는 방법이라고 할 수 있다.

130

주키니 소스
1 주키니(1인분 1/2개)를 7~8㎜ 두께로 둥글게 썰어서 160~170℃ 해바라기유에 튀긴다.
2 튀긴 것을 볼에 넣고 소금, 작게 찢은 바질(나폴리종), 소금에 절인 케이퍼를 물로 씻어서 물기를 뺀 것, 라드, 파르미자노 치즈, 다진 마늘을 조금씩 넣는다. 튀김유도 조금 넣어서 섞은 다음 따뜻한 곳에 둔다.

마무리
1 페르차텔리(1인분 90g)를 끓는 소금물에 넣고 10분 동안 삶는다.
2 주키니 소스를 넣은 볼에 페르차텔리를 넣고, 파르미자노 치즈와 작게 찢은 바질(나폴리종)을 넣어 다시 한 번 버무린다.
3 접시에 담고 파르미자노 치즈를 뿌린다.

Point
주키니의 품질이 소스의 맛을 크게 좌우하는 요리. 매장에서는 나폴리의 산 파스콸레(san pasquale)종을 일본에서 재배한 것을 사용한다. 겉면의 줄무늬가 특징으로, 부드럽고 은은한 쓴맛이 있어서 맛이 좋다.

응용하기
건조 롱파스타로 만드는 것이 정통이며, 이탈리아에서는 스파게티도 자주 사용한다. 부카티니를 사용해도 좋다.

부카티니 Bucatini

지름 2㎜ (Masciarelli 제품)

부카티니

중심에 가는 구멍이 있는 롱파스타. '구멍이 뚫린'이라는 의미의 이름이다. 굵은 스파게티와 거의 같은 굵기이지만, 탄력이 강해서 강한 맛의 소스와 균형이 잘 맞는다. 일본에서는 아마트리차나(amatriciana)용 파스타로 잘 알려져 있지만, 시칠리아의 정어리 파스타에도 부카티니를 사용한다.

131 Bucatini all' amatriciana
로마식 아마트리차나 부카티니

부카티니로 만들어야 로마풍

아마트리차나는 오랫동안 변함없이 인기 있는 대표적인 파스타 요리 중 하나이다. 이름의 유래가 된 '아마트리체'는 라치오주 산간마을의 이름이다. 이 지역에서 예전부터 먹던 파스타 요리(구안치알레와 그 지역의 페코리노로 만든 스파게티 요리 '화이트 아마트리차나 p.78')에 토마토를 넣은 것으로, 이 지역 출신의 셰프가 로마에서 일할 때 만든 것이 널리 퍼진 것이다. 20세기 초에 시작된 파스타로 역사는 그리 길지 않다. 로마에서는 스파게티가 아니라, 부카티니와 페코리노 로마노 치즈로 만든 것을 정통으로 친다.

131

구안치알레 소스
1 으깬 마늘과 홍고추를 E.V.올리브유에 볶다가 향이 나면 구안치알레(돼지고기 다릿살 소금절임)를 굵게 채썰어서(1인분 50g) 넣고 볶는다. 기름이 배어나오게 볶는데, 기름이 너무 많으면 적당히 제거한다.
2 결과 반대로 2~3㎜ 두께로 얇게 썬 양파(1/6개 분량)를 넣어 살짝 볶는다. 뚜껑을 덮고 부드러워질 때까지 찌듯이 구워서 단맛을 낸다. 토마토소스(90g)를 넣고 부드럽게 졸인다.

마무리
1 끓는 소금물에 부카티니(1인분 60g)를 넣고 10분 동안 삶는다.
2 구안치알레 소스를 넣어 버무리고, 페코리노 로마노 치즈를 뿌려서 다시 한 번 버무린다.
3 접시에 담고 다시 한 번 페코리노 로마노 치즈를 뿌린다.

Point
마늘과 양파의 사용은 사람에 따라 다르지만, 여기서는 모두 사용하였고 특히 양파의 단맛을 살려서 만들었다. 양파는 결과 반대로 잘라서 단맛과 감칠맛을 살리는 것이 중요하다.

응용하기
아마트리체 스타일인 스파게티로• 만들어도 좋다. 펜네와 리가토니도 잘 어울린다.

카사레체 룬게 Casarecce Lunghe

길이 25cm
(La fabbrica della pasta 제품)

카사레체 룬게
카사레체는 '손으로 만들다'라는 의미로, 자른 면이 S자모양이 되도록 반죽을 구부려서 만든 파스타이다. 손으로 만든 것 같은 모양에서 붙여진 이름이다. 한 글자가 다른 '카세레체(caserecce)'라고도 부른다. 5cm 정도의 쇼트파스타가 일반적이며, 사진은 롱파스타이다. 그대로 사용하면 너무 길기 때문에 2~3등분해야 먹기 좋다. 양쪽에 2줄의 홈이 있어서 소스가 잘 묻는다.

132 Casarecce lunghe al ragù genovese di polipi

문어 라구소스와 제노베세 카사레체 룬게

Sugihara

S자모양으로 비튼 파스타

나폴리요리 중 '제노베세 라구소스'(p.245)라는 돼지고기 조림이 있는데, 이를 응용하여 돼지고기 대신 문어를 넣어 만든 파스타 소스이다. 만든 지 20년 정도밖에 안 된 새로운 나폴리 요리. 듬뿍 넣은 양파와 통째로 넣은 문어를 재료 자체의 수분으로 찌는 요리법으로, 양파는 녹아서 걸쭉해지고 문어는 고유의 맛이 살아 있는 부드러운 상태로 완성된다. 카사레체는 반죽이 얇고 비틀어진 만큼 요리 전체가 가볍고 섬세한 맛이 된다.

문어 라구소스
1 참문어 1마리(500~600g)를 흐르는 물에 깨끗이 씻은 다음, 눈, 입, 내장을 제거한다.
2 얇게 썬 양파(1개 분량)를 E.V.올리브에 볶다가, 양파가 부드러워지면 문어를 통째로 넣는다. 뚜껑을 덮고 약한 불로 30~40분 동안 찌듯이 끓인다. 문어가 부드러워지면 불을 끄고, 소금으로 간을 한다.

마무리
1 끓는 소금물에 카사레체 룬게(1인분 90g)를 3등분해서 넣고 7분 동안 삶는다.
2 문어를 라구소스에서 꺼낸 다음 다리를 큼직막하게 자르고, 몸통은 작게 잘라서 라구소스에 다시 넣는다.
3 작은 냄비에 문어 라구소스(1인분 90㎖)를 넣고 데운 다음, 카사레체를 넣어 버무린다.
4 접시에 담고 검은 후추와 다진 이탈리안 파슬리를 뿌린다.

Point
문어는 통째로 조리하여 부드럽게 완성한다. 문어의 맛을 제대로 느낄 수 있도록 큼지막하게 잘라서 버무린다.

응용하기
카사레체는 면의 홈에 소스가 고이기 때문에, 걸쭉하고 진한 맛의 소스일 경우 느끼하게 느껴질 수 있다. 재료의 감칠맛이 잘 살아있는 오일 소스 종류와 잘 어울린다.

마 팔 데 Mafalde

마팔데

양쪽 가장자리가 주름진 모양의 마팔데는 사보이아 왕가의 비토리오 에마누엘레 3세(이탈리아왕국 제3대 국왕)의 왕녀인 마팔다(Mafalda)에서 유래되었다. 몸에 걸친 드레스의 레이스, 또는 머리모양을 본떴다고 한다. 삶았을 때 가장자리와 가운데 평평한 부분의 익은 정도가 다르기 때문에, 식감에 차이가 생기고 소스가 묻는 정도도 달라져서 입안에서 다양한 변화를 즐길 수 있다. 삶는 시간은 20분 이상.

너비 1.7mm, 길이(U자모양의 1/2) 25cm
(Vicidomini 제품)

133 Mafalde al pesto trapanese
트라파니풍 페이스트 마팔데

Koike

왕녀의 이름에서 유래된 주름모양 파스타

염전으로 유명한 시칠리아주 서부의 트라파니풍 페이스트로 버무린 마팔데. 이 페이스트는 바질로 만드는 '제노바풍 페이스트'를 변형한 것이다. 옛날 무역선이 왕래할 때 제노바에서 트라파니로 전해졌고, 시간이 지나면서 특산품인 아몬드나 토마토를 사용하게 되었다. 바질과 견과류를 넣은 맛이 깊은 소스로, 존재감이 강한 마팔데에 지지 않는 맛이다.

133

트라파니풍 페이스트

1 믹서에 껍질 벗긴 생아몬드(10g), 마늘 조금, E.V.올리브유 적당량을 넣고 갈아서 페이스트를 만든다.
2 바질잎(2팩 분량), 껍질과 씨를 제거하지 않은 방울토마토(10개)를 번갈아 넣으면서 갈아준다.
3 E.V.올리브유를 적당히 넣어서 농도를 조절한다.

마무리

1 끓는 소금물에 마팔데(1인분 40g)를 넣고 20분 정도 삶는다.
2 2등분한 방울토마토(1인분 3개)를 E.V.올리브유에 볶는다. 익기 시작하면 꺼내서 따뜻한 곳에 둔다. 트라파니풍 페이스트(1인분 약 1큰술)를 넣어 가열하고 소금으로 간을 한다.
3 마팔데를 넣어 버무리고, 건져둔 방울토마토를 다시 넣어 살짝 버무린다. 페코리노 시칠리아노 치즈를 뿌려서 버무린다.
4 접시에 담고 구운 아몬드 슬라이스와 바질을 곁들인다.

Point

마팔데는 삶으면 볼륨감이 생기고, 견과류를 넣은 소스는 맛이 강하기 때문에 전체적으로 묵직한 느낌이 들기 쉽다. 그러므로 파스타는 너무 딱딱하지 않게 삶고, 소스도 너무 진하지 않게 만든다. 또한 페이스트에 넣는 페코리노는 마팔데를 버무릴 때 넣어야 맛도 가벼워지고 페이스트도 좀 더 오래 보관할 수 있다.

응용하기

이탈리아의 트라파니에서는 트라파니풍 페이스트와 스파게티, 링귀네, 펜네 등을 조합하는 경우가 많다.

트리폴리니 Tripolini

134 Tripolini alla pescatora con macchia di nero di seppia

오징어먹물로 만든 해산물 라구소스 트리폴리니

트리폴리니
p.228의 마팔데를 세로로 2등분하여 한쪽면만 주름진 모양의 파스타로, 이것도 마팔테와 마찬가지로 마팔다 왕녀에게서 유래되었다고 한다. 마팔데 정도는 아니지만 볼륨감이 있고, 주름 부분에 소스가 잘 묻는다.

너비 9㎜, 길이(U자모양의 1/2) 24㎝ (Pastai Gragnanesi 제품)

오징어먹물을 넣은 페스카토라로 버무린 주름 파스타

새우, 오징어, 문어, 흰살생선, 조개 등 해산물을 듬뿍 넣은 라구소스로 버무린 트리폴리니. '페스카토라(p.215)'와 거의 같은 요리로, 여기서는 오징어먹물을 넣어 신선한 느낌을 주고 풍미도 강하게 만들었다. 트리폴리니는 소스가 잘 묻기 때문에 라구소스의 맛이 너무 진하면 빨리 질릴 수 있다. 소금은 아주 조금만 넣고 신선한 해산물로 우려낸 육수의 감칠맛으로 간을 하면, 질리지 않고 듬뿍 먹을 수 있다.

Sugihara

134

해산물 밑손질
1 새우(보리새우, 홍다리얼룩새우, 스캠피 등)는 머리와 껍질을 제거하지 않은 채, 등쪽 내장을 제거한다.
2 갑오징어는 깨끗이 씻어서 먹물주머니를 떼어낸다. 몸통은 가늘게 채썰고, 다리는 1개씩 잘라서 분리한다.
3 참문어 1마리를 흐르는 물에 문질러 씻어서 점액질을 제거하고, 소금물에 넣은 다음 15~40분 동안(문어의 질에 따라) 부드럽게 삶는다. 다리는 한입크기로 자르고, 삶은 물은 보관해둔다.

해산물 라구소스의 베이스
1 으깬 마늘과 홍고추를 E.V.올리브유에 볶다가 마늘이 노릇해지기 시작하면 새우(4인분 8마리)와 갑오징어 다리(1/2마리 분량)를 넣고, 약한 불로 볶아서 향을 낸다. 소금을 살짝 뿌린다. 새우 향이 충분히 나면 건져내고, 갑오징어 다리는 약한 불로 살짝 더 볶는다.
2 방울토마토(7~8개), 다진 이탈리안 파슬리를 넣고 브랜디를 아주 조금 넣는다.
3 문어 다리(2개)와 문어 삶은 물을 조금 넣고 살짝 조린다. 생선 브로도와 오징어먹물을 조금씩 넣고 2~3분 정도 더 끓인다.
4 새우는 껍질을 벗기고 한입크기로 잘라서 라구소스에 다시 넣는다.

마무리
1 끓는 소금물에 트리폴리니(1인분 70g)를 넣고 9분 동안 삶는다.
2 해산물 라구소스의 베이스(1인분 90㎖)를 냄비에 담고, 한입크기로 자른 흰살생선(20g), 바지락(3개)을 넣어 껍질이 벌어질 때까지 끓인다.
3 불에서 내린 다음 트리폴리니와 채썬 갑오징어를 넣고 버무려서 남은 열로 익힌다. 접시에 담는다.

Point
마지막에 오징어를 넣고 익히면 조림 국물이 빨리 유화된다. 예전에는 여기에 올리브유를 넣어 유화시켰지만, 넣지 않는 쪽이 가볍고 깔끔한 맛이 난다. 오랫동안 우려낸 해산물의 풍부한 향을 생생하게 느낄 수 있다.

응용하기
이 해산물 라구소스는 링귀네와 조합하는 것이 정통이다.

미스타 룬가 Mista Lunga

135 Mista lunga con soffritto di maiale

나폴리풍 곱창조림으로 버무린 미스타 룬가

길이 20~22㎝ (Pastai Gragnanesi 제품)

미스타 룬가
'롱파스타 믹스'라는 의미로, 7가지 건조 롱파스타를 1팩에 담은 제품이다. 아래부터 트리폴리니, 마팔디네, 탈리아텔레, 링귀네, 스파게티, 부카티니, 페르차텔리. 주름모양, 튜브모양, 평평한 모양 등 여러 가지 모양의 파스타가 섞여 있어서 새로운 맛을 느낄 수 있다. 작게 잘라서 수프나 미네스트로네에도 이용할 수 있다.

Sugihara

파스타도 내장소스도 믹스된 나폴리 정통요리

소스로 사용한 '돼지내장 조림'은 나폴리의 겨울철 정통요리이다. 한입크기로 자른 여러 종류의 내장을 충분히 볶아서 누린내를 없앤 다음, 토마토소스로 조렸다. 맛과 식감이 다양한 내장을 섞고 파스타도 7종류가 믹스된 제품을 사용하여, 한 접시로 색다른 즐거움을 느낄 수 있다. 이 소스를 구운 빵에 묻혀서 먹기도 하는데, 그 때는 '추파 포르테(zuppa forte, 매운 맛 수프)'라고 부른다.

돼지내장 소프리토

1 토마토소스를 만든다. 얇게 썬 양파(1.5개 분량)를 E.V.올리브유에 볶는다. 노릇노릇해지기 시작하면 홍고추, 로즈메리, 파사타 디 포모도로(700cc)를 넣은 다음 소금을 뿌리고 30~40분 동안 졸인다.
2 돼지의 폐, 비장, 목 연골, 간(각 500g씩)을 2㎝ 크기로 네모나게 썬다. 라드를 넣고 달군 프라이팬에 내장을 넣고 중간 불로 소테한다.
3 내장에서 더 이상 수분이 나오지 않으면 소금을 뿌리고, 레드와인(200cc)을 넣어 알코올 성분을 날린다.
4 내장을 1의 토마토소스에 넣고 30~40분 동안 조린다. 소스가 검붉은 색으로 변하기 시작하면 완성.

마무리

1 끓는 소금물에 미스타 룬가(1인분 40g)를 넣고 8~9분 동안 삶는다.
2 돼지내장 소프리토(1인분 90㎖)를 넣고 페코리노 로마노 치즈를 뿌려서 버무린다.
3 접시에 담고 다시 한 번 페코리노 로마노 치즈를 뿌린다.

Point
돼지내장을 소테할 때 색깔이 갈색으로 변하면 불이 너무 세고, 반대로 수분이 고이면 불이 너무 약한 것이다. 내장에서 흘러나오는 수분이 일정한 속도로 증발하도록 불을 조절하는 것이 중요하다. 이것이 풍미를 좌우한다.

응용하기
돼지내장 소프리토는 부카티니와 조합하는 것이 가장 좋다.

프로를 위한 파스타의 기술

건조 파스타_쇼트

ALL THAT PASTA

펜 네 Penne

긴 지름 8mm, 길이 5cm
(Pastai Gragnanesi 제품)

펜네

마카로니 종류인 튜브모양 파스타로, 어슷하게 잘린 모양이 펜 앞부분을 닮았다고 해서 펜네(펜. 원래 의미는 '날개')라는 이름이 붙여졌다. 일본에서는 '펜네 리가테(줄무늬가 있는 펜네)'가 일반적이지만, 여기서는 줄무늬가 없는 펜네 치티(penne ziti), 또는 펜네 리셰(penne lisce·매끈매끈한 펜네)라고 부르는 파스타를 사용하였다. 리가테보다 가늘고 조금 짧으며, 삶으면 윤기가 나고 부드럽고 매끈한 식감이 매력적이다.

136 Penne all' arrabbiata
펜네 알 아라비아타

Koike

아라비아타는 펜네로 만든 요리

'아라비아타'라는 이름으로 잘 알려진 홍고추의 매운맛을 살린 토마토소스로 버무린 펜네요리. 로마에서 시작된 전통적인 일품요리로, 파스타는 반드시 펜네를 사용한다. 요리 이름의 '아라비아타(arrabbiata)'는 '화가 났다'는 의미로, 화가 날 정도로 맵다고 해서 붙여진 이름이다. 먼저 으깬 마늘과 넉넉한 양의 홍고추를 천천히 볶아서 매운 맛과 향을 충분히 끌어내는 것이 중요하며, 마지막에는 로마의 치즈인 페코리노 로마노 치즈를 뿌리는 것이 정석이다. 지금은 기본 중의 기본이지만, 20세기 초에 만들어진 비교적 새로운 요리이다.

136

※펜네 치티는 펜네와 치티(p.242), 2종류의 파스타 이름이 결합된 이름이다. 치티는 겉면이 평평하고 얄팍한 튜브모양 롱파스타인데, 이것을 어슷하게 자른 것이 펜네 치티이다. 시판 제품 중 '펜네 치티 리가테'라고 부르는 상품도 있지만, 원래는 펜네 치티(또는 펜네 리셰)와 펜네 리가테가 맞는 이름이다.

아라비아타 소스

1 으깬 마늘(1인분 1쪽), 홍고추 (2개)를 E.V.올리브유에 천천히 볶아서 향과 매운맛을 낸다.

2 토마토소스(140㎖)를 넣고 파스타 면수를 조금 넣어 적당한 농도가 될 때까지 끓인다.

마무리

1 끓는 소금물에 펜네(1인분 50g)를 넣고 10분 동안 삶는다.

2 아라비아타 소스에 넣고 버무린다. 페코리노 로마노 치즈를 넣어 다시 한 번 버무린 다음, 접시에 담는다.

펜 네 테 Pennette

펜네테
'작은 펜네'라는 의미로, 펜네보다 조금 작게 만든 것이다. 사진은 청동 다이스로 뽑아낸 제품으로 겉면에 비늘모양이 있어 거칠다. 전분이 녹아 소스가 걸쭉해지기 쉬우므로, 여기서 조합한 라르디아타 소스처럼 기름이 많은 소스로 버무려도 끈적거리지 않아서 먹기 좋다.

긴 지름 7mm, 길이 5cm
(Pastai Gragnanesi 제품)

137 Pennette allardiate
라르디아타 소스 펜네테

Sugihara

기름진 소스와도 잘 어울리는 가는 펜네

라르도가 주재료인 소스와 펜네테를 버무린 나폴리 농가의 전통요리. 숙성된 라르도의 감칠맛과 달콤한 향이 잘 살아나도록 다져서 페이스트를 만들고, 양파와 방울토마토를 조금 넣고 볶는다. 이탈리아 남부 농가에서는 항상 준비된 재료이므로, 언제든지 간단하게 만들 수 있다. 가난했던 시대의 대표적인 겨울철 요리로 나폴리 사람들에게는 그리운 향수를 불러일으키는 맛이다.

137

라르디아타 소스
1 라르도(1인분 25g)를 칼등으로 다져서 페이스트를 만든다.(향신료가 어느 정도 남아 있는 상태로 사용한다)
2 양파를 두껍게 썬 다음(1/2개 분량) E.V.올리브유에 볶아 단맛이 많이 나지 않고 옅은 갈색이 되도록 만든다. 라르도 페이스트를 넣어 향이 조화를 이룰 때까지 볶는다. 이때 센불로 볶으면 라르도의 달콤한 향이 없어지므로, 중간 불을 유지한다.
3 통조림 방울토마토(12개)를 으깨면서 넣고, 필요하면 굵은 소금을 넣어 수분이 거의 증발할 때까지 졸인다.

마무리
1 끓는 소금물에 펜네테(1인분 70g)를 넣고 9~10분 동안 삶는다.
2 물기를 뺀 펜네테에 따뜻하게 데운 라르디아타 소스를 넣어 버무린다.
3 접시에 담고 페코리노 로마노를 뿌린다.

Point
이 요리는 라르도의 질이 맛을 좌우하기 때문에 숙성이 잘 된 맛있는 라르도가 필요하다. 토스카나주 콜로나타산처럼 최고급품을 사용하면 소박한 요리라는 이미지는 사라지고 오히려 고급스러운 소스가 된다.

토마토는 날것을 사용하면 신맛이 두드러져서 라르도의 풍미에 영향을 주기 때문에, 신맛이 적은 통조림이나 병조림을 사용하는 것이 좋다.

느끼한 맛을 없애기 위해서는 펜네테와 소스 양의 균형을 잘 맞추는 것도 중요하다. 버무릴 때 소스의 양을 잘 조절해서 맛있게 완성한다.

응용하기
라르디아타 소스에는 롱파스타보다 쇼트파스타, 그중에서도 구멍이 있는 튜브모양 파스타가 기름이 잘 배지 않아 느끼하지 않고 좋다. 치티나 펜네 치티도 잘 어울린다.

138 *Pennette alla carbonara*

카르보나라 펜네테

긴 지름 7㎜, 길이 5㎝
(Pastai Gragnanesi 제품)

펜네테

p.235의 펜네테와 같다. 일반적인 굵기의 펜네도 좋지만, 카르보나라에는 가는 펜네테가 더 잘 어우러진다.

Sugihara

펜네테를 사용하는 나폴리식 카르보나라

카르보나라가 시작된 곳은 로마 근교였지만, 지금은 이탈리아 전체에 보급되어 각 지역의 개성을 표현하고 있다. 여기서는 전형적인 나폴리 스타일로 펜네테(또는 펜네)를 사용하고, 달걀을 스크램블로 만들어서 버무리는 것이 특징이다. 달걀은 퍼석퍼석하고 단단하게 볶거나 날달걀이 아닌 반숙상태로 폭신하고 부드럽게 만든다. 생크림을 사용하지 않고 날달걀의 걸쭉한 느낌도 없기 때문에 느끼하지 않고 질리지 않는 맛이 매력적이다. 양파를 조금 넣는 것은 특유의 향으로 진한 감칠맛의 달걀 소스를 산뜻하고 깔끔한 맛으로 마무리하기 위해서이다. 한편 카르보나라는 '석탄 캐는 사람'이라는 의미로, 기본적인 레시피에서는 스파게티를 사용한다.

펜네테
1 끓는 소금물에 펜네테(1인분 70g)를 넣고 10분 정도 삶는다. 알덴테보다 살짝 부드럽게 삶는다.

카르보나라 소스 베이스
(펜네테가 완성되기 3분 전에 시작)
1 판체타를 직사각형(1인분 30g)으로 얇게 잘라 E.V.올리브유(20cc)에 볶는다. 붉은 살코기가 하얗게 익고 지방이 녹으면서 익는 냄새가 날 때까지 볶는다.
2 다진 양파(1작은술)를 넣고 살짝 섞는다. 파스타 면수를 조금 넣고 불을 끈다. 양파를 익히지 않고 향을 살리는 것이 목적이므로, 면수는 바로 증발해서 없어질 정도만 넣는다.

마무리
1 펜네테를 카르보나라 소스 베이스에 넣고 파르미자노 치즈와 페코리노 로마노 치즈를 넣어 살짝 버무린다.
2 중간불에 올리고 펜네테와 기름이 만나 탁탁하는 소리가 나면, 달걀물(1인 1개 분량)을 둘러 넣는다. 달걀이 익어가는 속도와 섞는 속도를 맞춰서 국자로 크게 젓는다. 달걀을 넣고 10초 안에 완성해야 한다.
3 접시에 담고 굵게 간 검은 후추를 뿌린다.

Point
달걀물을 넣고 섞을 때 섞는 속도가 너무 빠르면 달걀 덩어리가 너무 가늘어지고, 속도가 너무 느리면 달걀 덩어리가 커진다. 양쪽 모두 달걀과 펜네테가 퍼석퍼석해지므로, 달걀 익는 속도에 맞춰서 섞는 것이 가장 중요하다.

응용하기
이 카르보나라는 스파게티로도 만들 수 있는데, 달걀이 퍼석해지기 쉬우므로 면수를 조금 넣어 부드럽게 만드는 것이 좋다.

리가토니 Rigatoni

지름 12㎜, 길이 4㎝ (De Cecco 제품)

리가토니

'줄무늬가 있는'이라는 뜻을 가진 이름처럼, 세로줄무늬가 있는 튜브모양 쇼트 파스타. 요즘은 줄무늬가 있는 파스타가 여러 종류 있지만, 리가토니가 가장 먼저 만들어진 것이다. 튜브의 지름은 1㎝로 굵고 도톰하며, 긴 파스타를 수직으로 잘라서 만든다. 소스와 잘 어우러지기 때문에 진한 소스와 조합하거나, 오븐구이 등에 사용하기도 한다. 이탈리아에서는 펜네, 푸실리와 함께 대표적인 쇼트파스타이다.

139 Rigatoni con pajata

파야타 리가토니

Koike

리가토니로 만든 전형적인 로마요리

리가토니 요리로 가장 잘 알려져 있는, 소의 소장(파야타)을 토마토로 조린 조림을 조합한 파스타이다. 로마요리의 상징이라고도 할 수 있다. 도축장을 겸하고 있는 로마 교외의 테스타초 시장(Testaccio Food Market)에서 시작되었다는 이야기도 있다. 도축장에서 일하는 가난한 노동자가 매일 고기를 손질한 후 남은 내장을 임금과 함께 지급 받고, 작은 음식점 등에 가져가서 요리를 청했다는 것이다. 가난하지만 강하게 살아온 노동자의 모습을 느낄 수 있는 요리이다. 경의를 표하는 의미로 현지의 요리 방법을 그대로 소개하였다.

139

파야타 소스

1 소(또는 송아지)의 소장을 밑손질한다. 소장(1㎏)을 약 2시간 동안 천천히 삶아서, 점액질과 기름을 제거한다. 찬물에 담가서 수축시켜 여분의 기름을 제거하고 작게 토막낸다.
2 으깬 마늘, 홍고추를 E.V.올리브유에 볶다가 향이 나면 정제라드와 소장을 넣어 볶는다.
3 화이트와인을 뿌려 알코올 성분을 날린 후, 토마토소스(500cc)를 넣고 약한 불로 2시간 정도 조린다.

마무리

1 리가토니(1인분 50g)를 끓는 소금물에 넣고 13분 동안 삶는다.
2 파야타 소스(1인분 60㎖)를 냄비에 담고, 송아지고기 브로 또는 토마토소스를 조금 넣고 따뜻하게 데워서 농도를 조절한다.
3 리가토니를 넣고 살짝 조리면서 버무린다. 페코리노 로마노 치즈를 뿌려서 버무린다.
4 접시에 담고 다시 한 번 페코리노 로마노 치즈를 뿌린다.

Point

소장은 밑손질을 꼼꼼히 해야 하는데, 너무 오래 삶으면 식감도 향도 나빠지므로 삶는 정도를 잘 조절해야 한다. 파스타의 유래에 어울리게 남성다운 이미지가 잘 살도록 리가토니는 조금 딱딱하게 삶고, 페코리노 로마노 치즈를 듬뿍 뿌려서 짭조름하게 완성하는 것이 좋다.

파케리 Paccheri

지름 2~2.5cm, 길이 4~5cm
(Afeltra 제품)

파케리

구멍이 큰 튜브모양 파스타. 표준어로는 '스키아포니(schiaffoni)'이고 캄파니아주의 방언으로는 파케리인데, 지금은 파케리를 더 일반적으로 사용한다. 이탈리아에서는 건면만 사용하지만 매장에서는 생파케리(p.117)도 만들어서 크기나 두께가 다른 건면 2종류와 함께 소스에 따라 맞춰서 사용하고 있다. 여기서는 꽃게로 만든 진한 소스에 맞춰서, 24분 동안 삶아야 하는 두툼한 건면을 사용하였다.

140 Paccheri al granchio
세토우치의 특대 꽃게로 맛을 낸 파케리

Sugihara

농후한 꽃게소스로 버무린 두툼한 파케리

700g짜리 크고 질 좋은 꽃게의 살, 내장, 껍데기 등 거의 모든 부위를 사용하여 풍미가 살아 있는 꽃게 소스와 파케리를 조합하였다. 파케리도 씹는 느낌이 있는 두툼한 제품을 사용하여 균형을 잡았다. 갑각류 파스타는 살을 넣는 것만으로는 부족하며, 껍데기에서 나오는 특유의 달고 고소한 향과 깊은 맛이 필요하다. 먼저 기름을 두른 냄비에 껍데기째 넣고 꽃게 자체의 수분으로 찌듯이 굽는 것이 중요하며, 이것으로 기름에 껍데기의 고소한 풍미가 배어들고 게살도 수축되지 않고 부드럽게 익는다.

140

꽃게 소스

1 꽃게 1마리(약 3인분 700g)의 껍데기를 분리하고 모래주머니와 허파를 제거한 다음, 내장은 보관해둔다. 몸통에서 다리와 집게를 분리한다.
2 도톰하게 편썰기한 마늘과 작게 자른 홍고추를 E.V.올리브유(150~160cc)로 향이 날 때까지 볶는다. 꽃게 다리, 집게, 몸통을 넣고 소금과 검은 후추를 뿌려서 볶는다. 꽃게의 수분으로 약한 불에서 찌듯이 굽는 방법으로 뭉근하게 가열하여, 기름에 꽃게의 풍미가 배어들게 한다.
3 집게와 몸통이 익으면 건져내고, 기름은 용기에 옮겨 담아 '꽃게유'로 사용한다. 마늘과 홍고추도 제거한다.
4 냄비에 남아 있는 다리에 1에서 분리한 껍데기와 자작자작할 정도의 물을 넣어 조린다. 조려지면 물을 더 넣는 과정을 몇 번 반복하며 40분 동안 끓여서 진한 육수를 만든다. 체 위에서 껍데기를 으깨면서 내린다.
5 육수 분량의 1/2을 '꽃게 브로도'로 사용한다. 나머지는 냄비에 담아 끓이고 내장을 넣은 다음 끓기 직전에 불을 끈다. 믹서로 갈아서 '꽃게 내장을 넣은 브로도'를 만든다.
6 3에서 건져놓은 집게와 몸통은 껍데기를 제거하고 살을 발라 마무리용으로 보관해둔다. 껍데기는 물에 넣고 20분 동안 끓인 다음 체에 내려 '연한 꽃게 브로도'를 만든다.
7 소스를 완성한다(1인분). 3의 꽃게유(약 2큰술), 5의 꽃게 브로도(약 3큰술), 꽃게 내장을 넣은 브로도(약 3큰술)를 같이 넣어 끓이고, 6의 연한 꽃게 브로도를 넣어 농도를 조절한다. 병조림 방울토마토를 2등분한 것(p.258 / 3조각), 씨를 제거하고 손으로 으깬 홀토마토(1큰술), 작고 네모나게 썬 생토마토(약 1큰술)를 넣어 10분 동안 졸여서 맛과 농도를 조절한다.

마무리

1 파케리(1인분 80g)를 끓는 소금물에 넣고 13분 동안 삶는다.
2 따뜻하게 데운 꽃게소스를 넣어 버무린다. 발라놓은 게살을 넣고, 살이 으깨지지 않고 따뜻해질 정도로만 버무린다.
3 접시에 담은 다음 다진 이탈리안 파슬리를 뿌린다.

Point

큰 꽃게를 사용하면 게살도 많고 덩어리도 크기 때문에, 소스와 버무릴 때 맛이 잘 배지 않는 부분이 생겨서 게살 자체의 풍미도 맛볼 수 있다. 먼저 파케리를 소스의 국물로 버무린 다음, 게살을 넣고 으깨지지 않도록 살짝 버무리는 것이 좋다.

응용하기

꽃게소스는 스트라시나티 등과도 잘 어울린다.

141 Paccheri con rana pescatrice e pomodoro fresco
아귀와 생토마토 소스 파케리

파케리
대형 파케리. 요즘은 길이가 1/2인 작은 파케리도 판매되고 있다. 표준어인 스키아포니나 파케리는 모두 원래 '손바닥으로 치기'라는 의미이다.

지름 2.5~3㎝, 길이 5㎝
(Antonio Amato 제품)

알리오 올리오 풍미의 해산물 소스

파케리는 이탈리아 남부 캄파니아주의 파스타이지만 요즘은 이탈리아 북부에서도 자주 사용되며, 해산물이나 채소로 만든 소스와 조합하는 경우가 많다. 여기서 소개하는 소스도 아귀를 블랙 올리브, 케이퍼, 생토마토와 같이 볶아서 만든 소스이다. 보기에는 산뜻해 보이지만 알리오 올리오 풍미에 올리브와 케이퍼의 감칠맛이 더해진 강한 맛으로 존재감 있는 파케리와 조화를 이룬다.

141

아귀와 생토마토 소스
1 으깬 마늘과 홍고추를 퓨어 올리브유로 볶다가 옅은 갈색으로 변하고 향이 나기 시작하면 마늘과 홍고추를 건져낸다.
2 1.5㎝ 크기로 깍둑썰기한 아귀살(1인분 40g)을 넣어 살짝 볶다가, 네모나게 자른 토마토(35g), 굵게 다진 블랙 올리브(3개), 식초에 절인 케이퍼(2g), 이탈리안 파슬리를 넣는다. 파스타 면수를 조금 넣고 아귀살이 익을 때까지 살짝 끓인다.

마무리
1 끓는 소금물에 파케리(1인분 70g)를 넣고 14분 동안 삶는다.
2 아귀와 생토마토 소스(1인분 약 90g)로 버무린다.
3 접시에 담은 다음 다진 이탈리안 파슬리를 뿌린다.

응용하기
매장에서는 삶은 파케리에 채소요리인 카포나타(caponata) 또는 모차렐라 치즈와 토마토를 채운 다음 잘라서 식전음식인 스투치키니로 제공한다. 또한 칸넬로니처럼 사용하거나 오븐에 굽기도 한다.

칼 라 마 리 Calramari

칼라마리
화살꼴뚜기를 링모양으로 썬 것과 닮았다고 해서 화살꼴뚜기를 의미하는 '칼라마리'라는 이름을 갖게 된 나폴리의 파스타. 두께가 1mm 정도로 같은 나폴리 파스타인 '파케리'처럼 도톰하지만, 길이가 짧아서 한입에 먹기 좋다. 겉면이 매끄럽지만 소스가 잘 묻는다.

지름 2~2.5cm, 길이 2cm
(Pastai Gragnanesi 제품)

142 Calamari allo scarpariello
스카르파리엘로 칼라마리

매일 먹는 치즈와 토마토로 맛을 낸 심플한 파스타

'스카르파리엘로'는 이탈리아어로 신발 만드는 사람을 의미한다. 요리 이름의 유래에는 여러 가지 설이 있지만, 그중 신뢰할만한 이야기는 나폴리의 스페인 지구에 많았던 신발공방에서 만들어졌다는 설이다. 가족 모두가 일하는 작은 공방에서는 늘 준비되어 있는 재료로 간단하게 만들 수 있는 요리가 필요했기 때문에, 치즈와 토마토소스로 만든 파스타가 일상이 되었다는 것이다. 시대에 따라 생햄과 고급 파스타를 사용하는 등 세련되어졌다. 여기서도 그런 흐름에 따라 방울토마토로 신선함을 살리고, 판체타로 감칠맛과 향을 더한 소스를 만들었다. 여기에 지방 고유의 파스타를 합쳐 나폴리 색깔이 강한 파스타로 완성하였다.

방울토마토 소스
1 으깬 마늘과 홍고추를 E.V.올리브유에 볶다가 향이 나기 시작하면 도톰하게 채썬 판체타(1인분 30g)를 넣어 볶는다.
2 기름을 제거하고 방울토마토(5개)를 2등분해서 자른 면이 밑으로 향하게 올린다. 약한 불로 부드럽게 익혀서 수분이 배어나오게 한다. 바질잎(2~3장)을 넣고 중간중간 냄비를 흔들어 토마토 모양이 망가지지 않게 볶는다.
3 굵게 간 검은 후추를 뿌리고, 채소 브로도(또는 파스타 면수)를 토마토가 살짝 잠기게 부어서 끓인다. 마지막에 바질잎을 건져낸다.

마무리
1 끓는 소금물에 칼라마리(1인분 50g)를 넣고 17~18분 동안 삶는다.
2 방울토마토 소스에 넣어 버무리고, 페코리노 칼라브레세 치즈와 E.V.올리브유를 뿌려서 다시 한 번 버무린다.
3 접시에 담고, 작게 찢은 바질과 굵게 간 검은 후추를 뿌린 다음 페코리노 카네스트라토 치즈를 뿌린다.

응용하기
이탈리아에서는 스파게티나 파케리 등으로 만드는 경우가 많다.

치티 Ziti

143 Ziti con salsiccia e ricotta
살시차와 리코타로 버무린 치티

지름 1㎝, 길이 27㎝ 정도
(La fabbrica della pasta 제품)

치티
나폴리에서 시작된 구멍이 큰 튜브모양 파스타. 보통은 길이를 30㎝ 정도로 만든 다음 그때그때 손으로 짧게 잘라 사용하지만, 최근에는 짧게 잘라서 나온 제품도 있다. 이름은 신랑신부를 의미하는 방언인 '치트(zit)'에서 유래하는데, 전통적으로 결혼식 피로연에 제공되는 파스타였다. 스파게티와 같은 재료(좋은 품질의 세몰리나 밀가루)와 제법으로 만들고, 얇지만 탄력이 강하다.

Sugihara

치티의 정통소스는 고기조림
치티는 보통 '나폴리풍 라구소스(p.244)'나 '제노바풍 라구소스(p.245)'와 조합하지만, 여기서는 현대적으로 살시차 화이트와인 조림을 소스로 사용하였다. 하지만 맛은 나폴리 고전요리의 기본인 라드, 바질, 페코리노를 베이스로 한 것으로, 라드 대신 살시차를 사용하여 향과 감칠맛이 기름에 녹아든 깊은 맛으로 완성하였다.

143

살시차 수고
1 얇게 썬 양파(1개 분량)를 E.V.올리브유(100cc)에 볶는다. 양파가 부드러워지면 12㎝ 길이로 자른 살시차(수제 / p.258)를 넣어 좀 더 볶는다.
2 양파가 옅은 갈색으로 변하면 화이트와인(50cc)을 넣은 다음, 굵은 소금으로 밑간을 하고 볶으면서 끓인다.
3 살시차가 익으면 건져내서 한입크기로 잘라 다시 냄비에 넣는다. 큼직하게 자른 바질(나폴리종)을 듬뿍 넣고 섞은 다음 불을 끈다.

마무리
1 끓는 소금물에 치티(1인분 70g)를 3등분해서 넣고 14분 동안 삶는다.
2 살시차 수고(1인분 약 50cc), 리코타 치즈, 파르미자노 치즈, 페코리노 로마노 치즈를 조금씩 넣어 버무린다.
3 접시에 담고 파르미자노 치즈를 뿌린다.

응용하기
펜네를 이용해도 좋다.

144 Timballo di maccheroni
나폴리풍 팀발로

치티
p.242의 치티와 같다. 이 요리에는 '마케로니'라는 이름을 많이 붙이기 때문에, 이탈리아 이름에는 마케로니를 붙였다. 나폴리에서 마케로니라고 하면 대개 치티를 사용한다.

지름 1cm, 길이 27cm 정도
(La fabbrica della pasta 제품)

치 티 로 만 든 파 티 용 파 이

팀발로는 악기인 팀파니를 의미하는데, 요리에서는 파스타와 소스를 파이 반죽으로 싸서 오븐에 구운 것을 말한다. 나폴리의 전통요리이지만 일상적으로 만들지 않고 결혼식, 생일, 세례식 등 축하하는 자리에 제공하는 파티요리이다. 파스타는 구멍이 있는 마카로니 종류를 사용하는데, 나폴리에서는 대부분 치티를 사용한다. 소스는 베샤멜, 다진 고기 소, 부드럽게 조린 소고기 등 다양하며, 고급스러운 맛의 손님접대용 파스타이다. 갓 구워서 뜨거울 때보다 한 김 식힌 후에 먹는 것이 더 맛이 좋다.

144

마르살라 풍미의 파이 반죽
1 볼에 00밀가루(500g), 버터(100g), 마르살라 포도주(5큰술), 달걀노른자(5개 분량), 소금, 물(적당량)을 넣고 섞어서 잘 반죽한다.
2 사각형으로 성형하여 비닐로 싼 다음, 냉장고에서 2~3시간 휴지시킨다.

소고기 그라사
1 소고기(꽃등심을 손질해서 나온 붉은 살코기) 덩어리(400g)에 로즈메리(1줄), 셀러리(1대), 월계수잎을 올리고 같이 실로 묶는다.
2 얇게 썬 양파(2개 분량)를 버터로 볶아서 부드러워지면, 소고기를 넣고 약한 불로 겉면을 익힌다.
3 소고기가 옅은 갈색으로 변하면 뜨거운 물을 자작하게 붓고, 뚜껑을 덮어 부드러워질 때까지 2시간 정도 찌듯이 끓인다.
4 뚜껑을 열고 수분이 거의 없어질 때까지 조린 다음, 수분과 기름이 반응하는 소리가 나기 시작하면 화이트와인을 조금 넣고 조린다. 양파가 녹고 옅은 갈색의 구운 즙이 생기면 완성.
5 소고기는 실을 제거하고 굵게 다진다.

다진 소고기 볶음
1 버터와 E.V.올리브유를 같은 비율로 넣고 다진 양파(1/2개 분량)를 볶다가 투명해지면 불린 포르치니(20g)를 다져 넣고 볶는다.
2 다진 소고기(300g)와 다진 닭간(80g)을 넣어 볶는다.
3 마지막으로 끓는 소금물에 데친 완두콩(300g)을 넣고 볶은 다음, 소금, 검은 후추로 간을 한다.

치티
1 치티(350g)를 손으로 길이 8cm 정도로 자르고, 끓는 소금물에 넣어서 7분 정도 삶는다. 알덴테보다 조금 단단하게 삶는다.
2 파르미자노 치즈를 듬뿍 넣고, 소고기 그라사의 구운 즙 적당량, 베샤멜 소스(약 500cc)를 넣어 버무린다.

마무리(25×10cm, 깊이 8cm 틀 1개 분량)
1 팀발로용 틀 안쪽에 버터를 바른다. 마르살라 풍미의 파이 반죽을 밀대로 6mm 두께로 얇게 민 다음, 틀 바닥과 4개의 옆면에 맞춰 자르고 틀에 붙인다. 나머지 파이 반죽은 뚜껑용으로 잘라두고, 남은 자투리는 뚜껑 위에 올릴 장식용으로 남겨둔다.
2 틀에 치티 분량의 1/3을 깔고, 소고기 그라사 분량의 1/2, 다진 소고기 볶음 분량의 1/2, 잘게 자른 모차렐라 치즈 적당량을 올린다. 위의 과정을 다시 1번 반복하고, 마지막에 나머지 치티를 올린다.
3 뚜껑용 파이 반죽을 올리고, 그 위에 자투리 반죽으로 적당히 장식하여 모양을 낸다. 윗면 가장자리에 증기가 빠져나갈 수 있는 작은 구멍을 1개 뚫는다.
4 180℃ 오븐에 40~60분 동안 찌듯이 굽는다. 파이 반죽이 옅은 갈색으로 변하고 충분히 익으면 꺼내서 한 김 식힌다.
5 조금 따뜻할 정도로 식은 다음에, 잘라서 제공한다.

Point
원래는 팀파니처럼 둥근 틀로 굽는 요리지만, 잘라서 나누기도 어렵고 치티도 흘러내리기 쉬우므로 사각형 틀로 만드는 것이 좋다. 모든 부위에 맛이 잘 배이지 않으면 느낌이 약해진다.

칸델레 Candele

칸델레
나폴리 특산품인 굵은 튜브모양 파스타로, '양초'를 의미한다. 치티(p.242)보다 조금 굵게 변형하여 만든 것인데, 최근에 제품화되었다. 길이는 50㎝ 정도로 길며 치티처럼 10㎝ 정도로 잘라서 사용한다. 굵고 구멍이 큰 튜브모양으로, 후루룩 넘어가는 매끄러운 식감과 쫄깃함을 동시에 즐길 수 있으며 조금만 먹어도 포만감을 느낄 수 있다. 또한 치티에 비해 크기가 큰 만큼 소스가 묻는 정도에도 차이가 생기므로, 한 접시 안에서 맛의 변화를 즐길 수 있다.

지름 1㎝, 길이 50㎝
(Pastai Gragnanesi 제품)

145 Candele al ragù napoletano con la ricotta

나폴리풍 라구소스와 리코타로 버무린 칸델레

Sugihara

나폴리 전통 라구소스와 튜브모양 파스타

돼지고기를 토마토로 조린 '나폴리풍 라구소스'로 만든 나폴리 전통요리이다. 이 라구소스는 볼로냐풍 라구소스와 함께 이탈리아의 '2대 라구소스'로 불린다. 다진 고기를 레드와인으로 조린 볼로냐풍에 비해, 나폴리풍은 덩어리고기를 껍질과 뼈가 붙어 있는 채로 체에 내린 토마토를 넣고 조려서 국물만 파스타에 버무리는 것이 특징이다. 고기 자체보다 고기의 풍미가 밴 토마토소스가 중심이다. 고기를 으깨서 조림국물에 섞어도 좋지만 맛의 균형이 맞지 않으며, 조림국물만 버무리는 것이 더 맛있다. 여기서는 리코타 치즈와 스카모르차 치즈를 섞어서 깊은 맛을 더하였다

145

재료 밑준비
1 돼지고기 목심 덩어리(약 20인분 2㎏)를 실로 묶는다.
2 돼지껍데기(300g)를 10~15㎝ 크기로 깍둑썰기한 다음 잣, 건포도, 다진 이탈리안 파슬리, 채썬 마늘, 간 페코리노 로마노 치즈를 올려 롤모양으로 말고 실로 묶는다.

나폴리풍 라구소스
1 E.V.올리브유를 두르고 으깬 마늘이 옅은 갈색으로 변할 때까지 볶고, 손질한 돼지고기와 돼지껍데기, 돼지뼈(어깨뼈 또는 무릎뼈), 소금을 넣어 가열한다. 로스트처럼 겉면을 구워서 단단하게 익히는 것이 아니라, 고기를 굴리면서 돼지고기에서 달콤한 향이 날 때까지 약한 불로 20~30분 정도 천천히 굽는다.
2 다진 양파(1.5개 분량)를 넣어 매운맛이 없어질 때까지 볶는다.
3 레드와인(200cc), 토마토페이스트(30g)를 넣어 살짝 볶다가, 향이 나기 시작하면 파사타 디 포모도로를 고기가 잠길 정도로 붓고(3ℓ), 월계수잎을 넣는다.
4 약한 불로 8시간 정도 조린다. 너무 많이 졸아들지 않도록 물을 적당히 넣으면서, 소스가 짙은 갈색이 되고 나무주걱을 소스 안에 똑바로 세울 수 있을 정도의 농도까지 조린다. 소스가 걸쭉해지면 끓어오를 때마다 넘치기 쉬우므로 뚜껑을 조금 열어두는 것이 좋다.
5 마지막에 소금으로 간을 한다. 고기, 껍데기, 뼈를 건져서 국물과 분리한다.

마무리
1 칸델레(1인분 60g)를 10㎝ 정도로 불규칙하게 자른다. 자르면서 생기는 작은 조각도 다양한 식감을 위해 같이 사용한다. 끓는 소금물에 넣고 14분 정도 삶는다.
2 냄비에 리코타 치즈(약 1큰술)와 파스타 면수를 조금 넣어 섞고, 따뜻하게 데운 라구소스 국물(약 2큰술), 칸델레, 바질(나폴리종), 작게 자른 스카모르차 아푸미카타 치즈를 조금 넣어 버무린다.
3 접시에 담은 다음 파르미자노 치즈를 뿌리고 바질로 장식한다.

※조린 돼지고기와 돼지껍데기는 보통 세컨도 피아토나 다른 요리의 재료로 사용하지만, 적당한 양을 잘라서 다른 접시에 담은 다음 이 요리와 함께 곁들여 내도 좋다.

Point
라구소스에 넣는 고기는 소고기도 좋고, 돼지고기와 소고기를 같이 사용하는 것도 좋다. 붉은 살코기, 지방, 콜라겐이 풍부한 껍데기와 뼈를 같이 사용하여 복잡하고 진한 감칠맛을 내는 것이 포인트이다. 10인분 이상을 만들어야 맛이 좋다.

고기를 약한 불에 천천히 굽는 것은 육즙이 나오는 동시에 기름의 열로 수분을 증발시켜서 농축액이 기름에 배이게 만들기 위해서이다. 단, 불이 너무 약하면 누린내가 날 수 있으므로 주의한다.

응용하기
나폴리풍 라구소스는 치티와 버무리는 경우가 가장 많다.

146 Candele al ragù genovese
제노베세 라구소스 칸델레

칸델레
p.244의 칸델레와 같다. 여기서도 10㎝ 정도로 자르고, 자를 때 생긴 조각도 같이 사용한다.

지름 1㎝, 길이 50㎝
(Pastai Gragnanesi 제품)

Sugihara

나폴리의 또 하나의 전통 라구소스

나폴리에서 '나폴리풍 라구소스'와 같이 자주 사용하는 것이 '제노바풍 라구소스'이다. 예전에 제노바 출신의 요리사가 나폴리로 이주하여 트라토리아를 열고 이 라구소스를 만든 데서 유래하였다. 고기를 덩어리째 졸이는 것은 나폴리풍과 같지만, 토마토를 사용하지 않고 양파를 많이 사용하여 그 수분으로 조려서 만든다. 이탈리아에서는 소고기로 만드는 사람이 많지만, 양파나 판체타와의 궁합을 고려하여 돼지고기로 만드는 것을 추천한다. 나폴리풍처럼 조림국물만 파스타에 버무려 제공하기도 하지만, 제노바풍은 고기를 섞는 편이 더 맛있다.

제노베세 라구소스
1 얇게 썬 양파(8개 분량)를 E.V.올리브유에 볶다가 익기 시작하면 네모나게 썬 판체타(60g)를 넣고 좀 더 볶는다. 양파의 매운 향이 날아가고 판체타와 양파의 향이 잘 어우러지게 만들어야 한다.
2 실로 묶은 돼지고기 목심 덩어리(약 12인분 1㎏)를 넣고 굵은 소금을 넣는다. 뚜껑을 덮고 양파의 수분으로 약 2시간 정도 익힌다. 양파가 옅은 갈색으로 변할 때까지 익힌다.
3 토마토페이스트(20g)와 화이트와인(80cc)을 넣고 조려서, 돼지고기에 꼬치가 쑥 들어갈 정도로 부드럽게 만든다.

마무리
1 칸델레(1인분 60g)를 10㎝ 정도로 불규칙하게 자른다. 자르면서 부서진 작은 조각도 다양한 식감을 위해 같이 사용한다. 끓는 소금물에 넣고 14분 정도 삶는다.
2 라구소스의 고기를 필요한 만큼 잘게 자르고, 국물과 같이 따뜻하게 데운다.
3 삶은 칸델레를 다른 냄비에 넣고 파르미자노 치즈, 검은 후추, 작게 찢은 바질, 라구소스 고기와 국물을 넣고 따뜻하게 데우면서 버무린다.
4 접시에 담고 파르미자노 치즈를 뿌린다.

응용하기
같은 종류 중에서는 구멍이 큰 치티, 리가토니, 파케리가 잘 어울린다. 또, 고기를 넣지 않고 조림국물만으로 버무리는 경우에는 탈리아텔레 등의 롱파스타를 조합해도 맛있다.

스파게티 스페차티 Spaghetti Spezzati

스파게티 스페차티
스페차티는 '부러뜨리다'라는 의미이다. 긴 건면을 부러뜨려서 수프 건더기로 사용하는 경우도 많다. 먹기 좋게 스푼으로 뜰 수 있는 길이로 부러뜨리는 것이 중요하다. 또한 겉면이 거친 파스타는 겉면의 전분이 녹아 수프가 걸쭉해지기 때문에 재료와 잘 어우러진다.

지름 1.9㎝, 길이 4㎝
(Afeltra 제품)

147 Minestra di pasta e broccoli neri
브로콜리 네리와 스파게티 스페차티 미네스트라

Sugihara

스파게티를 잘라서 수프 건더기로 사용

짧게 자른 스파게티와 나폴리의 녹색채소 '브로콜리 네리(broccoli neri)'로 만든 수프. 나폴리는 '잎채소를 먹는 마을'이라고 할 정도로 녹색채소를 많이 먹는 지역으로, 특히 겨울에는 녹색잎채소 요리가 풍부하다. 파스타 요리에서는 수프로 만드는 경우가 많은데, 여기서 소개한 요리도 그중 하나이다. 데쳐서 라르도와 함께 볶은 다음, 브로콜리 네리 삶은 물을 넣어 끓이면 의외로 녹색잎채소의 풍미가 풍부해진다.

147

재료 밑준비
1 스파게티(1인분 60g)를 길이 4㎝ 정도로 자른다.
2 브로콜리 네리(500g)는 소금을 조금 넣은 끓는 물에 손으로 으깨질 정도로 부드럽게 삶는다. 물기를 뺀 다음 70% 정도는 큼직하게 자르고 30%는 잘게 다진다. 삶은 물은 남겨둔다.
3 라르도(60g)는 껍질을 작게 깍둑썰기하고, 지방은 칼로 다져서 페이스트를 만든다.
4 다진 마늘과 홍고추를 E.V.올리브유에 볶아서 향이 나기 시작하면, 라르도 껍질과 비계를 같이 넣어 볶는다.
5 라르도 껍질이 익으면 브로콜리 네리를 넣고 향이 날 때까지 볶는다.

미네스트라
1 볶은 브로콜리 네리(1인분 약 3큰술)를 냄비에 넣는다. 브로콜리 네리 삶은 물(스파게티 100g당 350cc)을 넣고, 다시 향이 날 때까지 끓인다.
2 스파게티를 넣고 부드러워질 때까지 11분 정도 끓여서 건더기와 국물이 균형을 이루는 죽과 비슷한 농도를 만든다.

마무리
1 다진 마늘과 E.V.올리브유를 넣고 바삭하게 볶는다.
2 미네스트라에 파르미자노 치즈와 페코리노 로마노 치즈를 넣고 크게 저어서 걸쭉하게 만들면서 식힌다.
3 접시에 담고 볶은 마늘, 파르미자노 치즈, 페코리노 로마노 치즈를 뿌린다.

※브로콜리 네리는 꽃봉오리가 작고, 크게 자란 잎을 먹는 품종이다. 쓴맛은 있지만 가열하면 단맛이 증가한다.

Point
맛있게 만드는 비결은 브로콜리 네리를 손으로 으깨질 정도로 부드럽게 삶은 다음 충분히 볶는 것이다. 또한 큰 것과 작은 것 2가지 크기로 자르면 수프 맛에 깊이가 생긴다.

응용하기
믹스 파스타나 투베티를 이용해도 좋다.

푸실리 Fusilli

길이 4cm (Molisana 제품)

푸실리
스프링, 나사, 프로펠러처럼 나선모양의 쇼트파스타이다. 나선모양 사이사이의 홈에 소스가 잘 배어들고, 입안에서 튀어오르는 듯한 느낌이다. 제품에 따라 홈의 간격이 다르며, 튀어나온 부분이 둥근 것, 얇고 평평한 것 등 모양이 다르다. 간격이 좁고 둥근 것이 소스가 잘 배어들고 식감도 부드럽다.

148 Fusilli con ricci di mare
성게 소스 푸실리

Nishiguchi

홈이 많은 푸실리에는 크리미한 소스

성게는 시칠리아나 이탈리아 남부에서 사랑받는 재료로, 볶아서 파스타 소스로 사용하는 경우가 많다. 여기서는 성게의 싱싱한 맛과 크리미한 식감을 살리고, 아주 살짝만 익혀 세련된 맛으로 완성하였다. 성게를 뜨거운 기름에 넣으면 순식간에 익기 때문에 불을 끈 냄비 위에 뭉쳐서 올리고, 살사 마리나라 등을 넣은 다음에 섞는다. 이렇게 하면 딱 알맞게 걸쭉해진다. 일반적으로는 롱파스타를 사용하지만, 소스와 잘 버무려지는 푸실리도 잘 어울린다.

148

성게 소스
1 성게는 날것을 구입하여 상자를 뒤집어서 접시에 담고, 껍질 조각이 붙어 있는지 확인해서 있으면 작은 스푼 등으로 제거한다.
2 껍질째 다진 마늘을 퓨어 올리브유에 볶아, 껍질이 옅은 갈색으로 변하면 불을 끈다. 성게(2인분 100g)를 프라이팬 위의 한곳에 뭉쳐서 올린다.
3 불을 끈 채로 성게 위에 살사 마리나라(p.253 / 35cc)를 넣고, 파스타 면수를 조금 넣는다. 스푼으로 잘 섞어서 소스를 걸쭉하게 만든다.
4 잘게 다진 이탈리안 파슬리를 뿌리고, E.V.올리브유로 향을 더한다.

마무리
1 끓는 소금물에 푸실리(1인분 70g)를 넣고 12분 동안 삶는다.
2 성게 소스를 따뜻하게 데워서 푸실리를 넣고 버무린다.
3 접시에 담은 다음 다진 이탈리안 파슬리를 뿌린다.

응용하기
성게 소스는 가는 스파게티와 잘 어울린다.

파스타 미스타 Pasta Mista

149 Minestra di pasta mista con piccoli pesci di scoglio e crostacei

근어와 갑각류 믹스 파스타

길이 4~5㎝ (Molisana 제품)

파스타 미스타
다양한 종류의 건조 쇼트파스타를 섞어놓은 제품으로, 나폴리에서는 흔한 제품이다. 사진은 8종류를 믹스한 것으로 롱파스타는 4~5㎝ 길이로 자른 것이 들어 있다. 스파게티, 부카티니, 링귀네, 페투첼레, 마케론치니, 푸실리, 마팔디네, 카사레체가 들어 있다. 일반적으로 걸쭉한 수프에 직접 넣고 끓인다.

다 양 한 종 류 와 모 양 의 해 산 물 , 믹 스 파 스 타 로 만 든 수 프

여러 가지 해산물을 섞어서 끓인 '추파 디 페세(zuppa di pesce)'는 빵을 찍어 먹는 수분이 적은 요리인데, 여기서 소개하는 것은 그것을 변형시켜 수분이 많은 수프로 만들어서 파스타를 넣고 함께 끓인 점이 새롭다. 나폴리에서 요리를 배웠던 레스토랑의 셰프가 고안한 조리 방법으로, 세토우치의 풍부한 해산물을 이용하여 응용하였다. 여러 가지 모양의 믹스 쇼트파스타를 같이 삶아 전분을 녹여내고, 저절로 뭉그러진 해산물과 함께 자연스럽게 걸쭉한 수프를 만드는 것이 포인트이다. 또한 식감에 변화를 주기 위해서 수제 쇼트파스타 '라가넬레(p.134)'도 넣었다.

149

라가넬레 배합
[만들기 편한 적당량]

세몰리나 밀가루(Caputo 제품) 100g
물 50g

사용하는 생선 종류와 분량
> 볼락 3마리 분량
> 참문어 500~600g 1마리
> (1인분은 다리 1/2개 사용)
> (이하는 1인분)
> 붕장어 15g
> 닭새우 1/2마리
> 도다리(작은 것) 1/3마리
> 굴(껍질 제거한 것) 1개
> 홍다리얼룩새우 1마리
> 꽃새우 4마리
> 살조개 4개

라가넬레
1 완성된 반죽을 밀대로 1mm 두께로 얇게 밀고, 너비 1cm, 길이 3cm 끈모양으로 자른다.

볼락 농축액
1 볼락을 3장뜨기로 손질해서 뼈는 농축액용으로, 살은 조림용으로 사용한다.
2 두툼한 냄비에 으깬 마늘과 홍고추를 넣고 E.V.올리브유(볼락뼈와 같은 무게)에 볶는다. 향이 나면, 볼락뼈, 바질, 검은 후추, 소금을 넣고 바로 뚜껑을 덮는다. 볼락의 향이 날 때까지 천천히 찌듯이 굽는다.
3 뚜껑을 열고 뚜껑 안쪽에 맺힌 물방울을 냄비에 다시 넣는다. 사용한 E.V.올리브유 분량의 1/3 만큼 물을 넣고 뚜껑을 연 채로 15분 정도 끓여서 다시 향을 낸다.
4 밀대로 으깨서 체에 내려 농축액을 만든다.

해산물 밑손질
1 붕장어를 손질한 후 1.5cm 크기로 깍둑썰기한다.
2 참문어를 통째로 흐르는 물에 문질러 씻어서 점액질을 제거한다. 끓는 소금물에 넣고 15~40분 동안(문어의 질에 따라) 삶아서 부드럽게 만든다. 살을 1.5cm 크기로 네모나게 썬다. 삶은 물은 보관해둔다.
3 닭새우를 세로로 2등분하여 살과 내장을 발라내고, 살은 잘게 찢어놓는다. 껍질은 보관한다.
4 볼락은 5장뜨기로 잘라서 필레를 만든다.
5 굴은 관자를 제거한다.

근어, 갑각류, 파스타 조림
1 으깬 마늘과 홍고추를 E.V.올리브유에 볶는다. 향이 나면 홍다리얼룩새우와 꽃새우를 머리와 껍질이 붙어 있는 채로 넣고, 기름에 향이 배도록 잘 볶는다.
2 병조림 방울토마토(p.258 / 1인분은 2등분한 방울토마토 2~3개)을 넣고 살짝 볶은 다음, 붕장어와 참문어를 넣고 함께 볶는다.
3 참문어 삶은 물(1인분 50cc), 생선 브로도(150cc), 볼락 농축액(50cc)을 넣고 끓이면서 거품을 걷어낸다.
4 홍다리얼룩새우와 꽃새우를 건져서 머리를 분리한 다음 머리만 다시 냄비에 넣는다. 살은 껍질을 벗기고 잘게 찢어둔다.
5 닭새우만 껍질을 넣고 다시 끓이면 살조개와 믹스 파스타(1인분 60g)를 넣고 3분 동안 조린다.
6 도다리와 볼락 필레, 라가넬레를 넣고 6분 동안 조린다.
7 홍다리얼룩새우와 꽃새우의 머리를 건져낸다.
8 닭새우살과 내장, 홍다리얼룩새우와 꽃새우의 살, 굴을 넣고 전체를 섞어가면서 1분 동안 끓인다. 생선살이 자연스럽게 으깨지고 파스타의 전분으로 걸쭉해지면 불을 끈다.
9 살조개는 껍질을 제거하고 살을 냄비에 다시 넣어 섞는다.
10 접시에 담는다.

Point
졸이면 감칠맛이 잘 우러나는 작은 근어(암초나 해초가 무성한 곳에서 사는 물고기)를 주로 사용하여 깊은 맛을 낸다. 매장에서 반드시 사용하는 것이 볼락과 붕장어이다. 또한 도다리류는 껍질에 점액질이 있으므로 걸쭉하게 만들 때 사용한다. 나머지는 갑각류, 조개류, 문어 등 여러 종류를 넣지만, 너무 많이 넣으면 맛이 느끼해지므로 적당히 넣는 것이 중요하다. 또한 단순히 섞어서 끓이기만 하면 퍼석거리는 생선도 있으므로, 각각의 어패류가 적당히 익도록 냄비에 넣는 타이밍을 분단위로 계산한다.

타코체테 Taccozzette

가로세로 3~4cm
(Pastai Gragnanesi 제품)

타코체테
작은 마름모모양이 특징으로, 사진처럼 가장자리가 물결모양인 것과 평평한 것이 있다. 시작은 아브루초주로, 옷을 이어붙인 천을 의미하는 '타코니(tacconi)'와 닮았다는 데서 붙여진 이름이다. 콩을 베이스로 한 요리와 궁합이 좋기 때문에, 나폴리에서는 '파바타' 요리에 항상 사용한다.

150 Favata con salsiccia di polipi
문어 살시차를 곁들인 파바타

콩과 궁합이 좋은 마름모꼴 파스타 수프

파바타는 '누에콩 수프'를 말한다. 각지에서 여러 가지로 조합하여 만드는 파스타와 콩으로 만든 수프인 '파스타 에 파지올리(pasta e fagioli)'를 누에콩으로 만든 것으로, 사르데냐주가 특히 유명하다. 이탈리아 남부는 누에콩 산지라서 생산과 소비가 활발하기 때문에, 신선한 콩뿐 아니라 말린 누에콩으로 만드는 경우도 많다. 여기서 소개하는 수프도 그중 하나이다. 수프만으로도 완벽한 맛이지만, 매장에서는 메뉴가 돋보이도록 수제 문어 살시차를 넣어 만든다.

150

누에콩 수프
1 말린 누에콩(250g)에 물을 넉넉히 붓고 하룻밤 불린다.
2 누에콩 부피의 1.5배 정도 되는 소금물에 부드럽게 삶는다. 반으로 나눠서 삶을 때는 20~30분, 한꺼번에 삶을 때는 1.5~2시간 정도가 적당하다.
3 다진 양파(1/2개 분량), 네모나게 썬 판체타(80g)를 E.V.올리브유(80cc)에 볶아서 판체타 기름이 녹으면 누에콩 삶은 물을 넣고 월계수잎을 넣는다.
4 약한 불로 40분 정도 졸인다. 타코체테를 넣고 적당한 농도가 되도록 조절한다.

문어 살시차
1 참문어(100g)를 믹서로 갈고, 수제 살시차(p.258/40g)와 섞는다. 다진 이탈리안 파슬리와 소금을 넣어 반죽한다.
2 손질한 양내장(1개 30g)에 넣고 살시차 모양을 만든다. 냉장고에 하루 정도 둔다.
3 제공하기 직전에 프라이팬으로 고소하게 굽는다.

마무리
1 누에콩 수프(1인분 약 180cc)에 타코체테(50g)를 넣고 알덴테가 되도록 약한 불에 10분 동안 끓인다.
2 E.V.올리브유와 굵게 간 검은 후추를 넣어 간을 한다.
3 접시에 담고 문어 살시차를 올린다.

Point
말린 누에콩은 모양(둥근 것 또는 반으로 자른 것)이나 말린 정도에 따라 삶는 시간이 달라진다. 또한 삶은 다음 졸이면서 자연스럽게 녹기 때문에 체에 내리지 않고 그대로 수프로 만든다. 말린 누에콩은 일본산은 감자처럼 보송보송해서 맛이 좋지만 수프로 만들면 느끼할 수 있으므로 이탈리아산을 사용한다.

루마코니 Lumaconi

루마코니
생긴 모양처럼 '큰 달팽이'라는 의미의 파스타이다. 달팽이 껍데기를 2등분한 모양으로, 안에 큰 구멍이 있어 소스나 건더기와 버무리기 좋다. 반죽을 뽑는 다이스의 모양이 다양해지고 건조기술이 발전하면서 최근에 만들어진 파스타이다. 도톰하여 소스와 잘 어우러지며, 활용도가 좋은 파스타이다.

타원의 긴 지름 4cm, 높이 2cm
(Dalla Costa 제품)

151 *Lumaconi alle lumache*
루마코니와 루마케

Koike

달팽이모양 파스타와 달팽이 요리

달팽이모양의 파스타에 달팽이(루마케)로 만든 소스를 조합한 재미있는 요리. 버무릴 때 파스타 구멍에 달팽이가 들어가 껍데기를 등에 지고 있는 달팽이가 연상된다. 보기에도 잘 어우러지지만 맛이나 식감도 잘 어우러진다. 소스의 베이스는 로마를 대표하는 전통 요리인 '성 조반니 달팽이'이다. 6월 24일, 성 조반니의 날 전날 밤에 로마의 성 조반니 대성당 광장에서 열린 마녀파티 때 대접한 음식이라는 이야기가 전해진다. 부정의 상징인 '뿔'을 가진 달팽이를 먹으면 깨끗해진다는 생각에서 비롯되었다.

151

루마케 소스
1 달팽이(삶아서 진공팩에 넣은 시판품)를 밑손질한다. 달팽이(1kg)를 물로 씻은 다음, 2~3번 정도 물을 갈아주면서 삶아 비린내와 불순물을 제거한다.
2 다진 마늘(3쪽)과 홍고추를 E.V.올리브유에 볶다가 향이 나면 안초비 필레(4장)를 넣어 살짝 볶는다.
3 달팽이를 넣고 볶다가 따뜻해지면 화이트와인을 뿌려 알코올 성분을 날린다. 토마토소스를 자작하게 넣고 다진 허브(로즈메리, 타임, 세이지, 마조람, 민트)를 넣은 다음, 달팽이의 감칠맛이 우러나도록 조린다. 중간에 소금을 조금 넉넉하게 넣는다.
4 냉장고에 넣고 2~3일 정도 그대로 둔다.

마무리
1 끓는 소금물에 루마코니(1인분 50g)를 넣고 12~14분 동안 삶는다.
2 냄비에 루마케 소스(1인분 70㎖)를 넣고 데운다. 닭고기 브로 또는 토마토소스를 조금 넣어 농도를 조절한다.
3 루마코니를 넣고 버무린 다음 페코리노 로마노 치즈를 뿌리고 다시 한 번 버무린다.
4 접시에 담고 민트를 올린 다음, 페코리노 로마노 치즈를 뿌린다.

Point
이탈리아에서는 마늘이 악마를 쫓아내고 정화시켜준다는 의미가 있기 때문에, 이 요리에도 듬뿍 사용하였다.

응용하기
루마코니는 크기 때문에 속에 리코타 치즈 등을 넣는 경우도 많다.

베수비오 Vesuvio

아랫면 지름 2.2㎝, 높이 2.8㎝
(Afeltra 제품)

베수비오
나폴리의 유명한 화산 베수비오산을 형상화하여 만든 파스타이다. 나선모양의 미끄럼틀과도 닮은, 깊은 홈이 있는 복잡한 모양이다. 2000년 전후로 탄생한 새로운 파스타로 같은 시기에 베수비오라고 하는 디저트가 등장한 것을 보면, 당시에 유행하던 이름을 파스타에 붙였을 가능성이 있다.

152 Vesuvio con totani, patate e carciofi

살오징어, 감자, 카르초피 베수비오

Sugihara

베수비오와 오징어, 감자, 아티초크 조림
오징어, 감자, 아티초크 등 3가지 재료를 조리고 베수비오를 넣어 버무렸다. 오징어와 감자 조림은 캄파니아주 아말피 지방의 전통요리로, 그 요리를 응용하여 오징어와 궁합이 좋은 카르초피를 넣어 고급스러운 맛으로 만들었다. 지금까지는 파스타 소스에 재료를 덩어리째 넣은 요리가 없었지만, 베수비오처럼 작은 덩어리 파스타에는 잘 어울린다. 요즘 새로 나온 파스타의 기술이라고 할 수 있다.

152

재료 밑손질(3가지 재료를 1㎏씩 준비)
1 살오징어를 씻은 다음 껍질째 몸통을 1㎝ 너비로 링썰기한다. 다리는 2개씩 나눠서 자른다.
2 햇감자는 껍질을 벗기고 4㎜ 두께로 편썬다.
3 카르초피는 윗부분을 1/3~1/2정도 잘라내고, 주위의 단단한 받침과 둘레의 껍질을 벗긴다. 세로로 2등분하고 털이 있으면 제거한다. 레몬을 넣은 물에 담가서 쓴맛을 제거하고 물기를 뺀 다음, 6~8등분으로 반달썰기해서 다시 레몬물에 담근다.

살오징어, 감자, 카르초피 조림
1 으깬 마늘을 E.V.올리브유에 볶아서 향을 낸다. 햇감자를 넣고 기름이 흡수되도록 볶는다.
2 햇감자가 60% 정도 익으면 카르초피를 넣어 볶는다.
3 카르초피가 반 정도 익으면 살오징어를 넣는다. 햇감자와 카르초피가 완전히 익을 때까지 볶은 다음, 소금과 검은 후추로 간을 한다.

마무리
1 끓는 소금물에 베수비오(1인분 60g)를 넣고 14분 정도 삶는다.
2 조림(90㎖)과 섞은 다음, 페코리노 로마노 치즈, 검은 후추, 다진 이탈리안 파슬리를 넣어 버무린다. 접시에 담는다.

※ 이 조림을 매장에서는 안티파스토로 제공하지만, 그 밖에 리소토나 메인요리인 세콘도 피아토 등에도 두루 사용할 수 있다.

응용하기
재료를 큼직한 덩어리로 잘라서 넣은 소스는 오징어링 모양의 칼라마리와도 잘 어울린다.

Plus Recipe
플러스 레시피

이 책에 나오는 브로도, 수고, 기본 소스, 수제품 등의 만드는 방법을 저자별로 소개한다.
분량은 특별한 표시가 없는 경우, 각 매장에서 만들기 편한 적당량을 나타낸다.

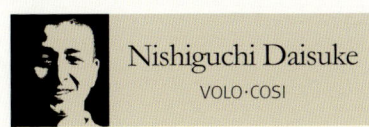

Nishiguchi Daisuke
VOLO·COSI

닭고기 브로도
재료
닭뼈 1kg
양파 100g
마늘 30g
셀러리 30g
월계수잎 1장
물 3.5ℓ

※채소는 덩어리째 사용한다.

1 닭뼈는 흐르는 물에 깨끗이 씻어서 불순물을 제거한다.
2 냄비에 모든 재료를 넣고 끓인다. 거품과 기름을 걷어내면서 약한 불에 2~3시간 정도 뭉근하게 끓인다.
3 체에 걸러 식힌 다음 냉장고에 넣고 하루 정도 둔다. 겉면에 굳어진 기름을 걷어내고 사용한다.

뿔닭 브로도
※닭고기 브로도의 재료 중 닭뼈 대신 뿔닭뼈를 사용하여 같은 방법으로 만든다.

생선 브로도
재료
흰살생선 뼈 1~2마리 분량
양파(3cm 크기로 듬성듬성 자르기) 170g
당근(3cm 크기로 듬성듬성 자르기) 30g
셀러리(3cm 크기로 듬성듬성 자르기) 30g
월계수잎 1장
물 적당량

1 생선뼈를 물에 깨끗이 씻고 양파, 당근, 셀러리, 월계수잎과 함께 냄비에 넣는다.
2 물을 재료가 잠기는 정도보다 조금 더 넉넉히 붓고 끓인다. 거품을 걷어내면서 약한 불에 2시간 정도 끓인다.
3 체에 걸러 식힌다. 냉장고에 하루 정도 둔 다음 사용한다.

폰도 브루노
재료
송아지뼈 3kg
양파(3cm 크기로 듬성듬성 자르기) 1개 분량
당근(3cm 크기로 듬성듬성 자르기) 양파의 1/2 분량
셀러리(3cm 크기로 듬성듬성 자르기) 양파의 1/2 분량
월계수잎 1장
레드와인 400cc
토마토 페이스트 3큰술
물 적당량

1 송아지뼈를 180℃ 오븐에 1시간 이상 굽는다. 수분이 날아가 가벼워질 때까지 굽는다.
2 냄비에 송아지뼈, 양파, 당근, 셀러리, 월계수잎을 넣고 가열한 다음, 레드와인을 붓고 알코올 성분을 날린다. 토마토페이스트를 넣고 볶다가 물을 듬뿍 붓는다.
3 끓어오르면 거품을 걷어내고 약한 불에 11시간 동안 끓인다. 물이 부족하면 중간에 물을 보충한다.
4 체에 걸러 식힌 다음, 냉장고에 넣고 하루 정도 둔다. 겉면에 굳어진 기름을 제거한 다음 사용한다.

토마토소스
재료
홀토마토 800g
양파 소프리토(p.254) 30g
월계수잎 1장
소금 3g
식용유 1큰술

1 볼에 체를 겹쳐놓고 그 위에 홀토마토를 올린 다음, 손가락으로 으깨서 심과 씨를 분리한 후 과육을 다른 볼에 옮겨 담는다. 심과 씨를 거품기로 눌러가면서 체에 내려 과즙을 볼에 담는다.
2 식용유와 양파 소프리토를 중간 불에 가열한 다음, 1의 과육과 과즙을 넣고 거품기로 살짝 으깬다. 월계수잎과 소금을 넣는다.
3 토마토가 따뜻하고 부드러워지면 약한 불로 줄이고, 덩어리가 있으면 거품기로 으깨서 부드럽게 만든다. 10분 정도 끓인다.

살사 마리나라
재료
홀토마토 800g
다진 마늘 15g
퓨어 올리브유 3큰술
소금 3g

1 볼에 체를 겹쳐놓고 그 위에서 홀토마토를 손가락으로 으깨면서 심과 씨를 분리한 다음, 과육을 다른 볼에 옮겨 담는다. 심과 씨를 거품기로 눌러서 체에 내리고 과즙을 볼에 담는다.
2 프라이팬에 퓨어 올리브유와 마늘을 넣고 넓게 편다. 중간 불로 볶다가 마늘 가장자리 색깔이 변하기 시작하면 불을 끈다.
3 1의 과육과 과즙을 넣고 토마토 덩어리가 있으면 거품기로 으깨면서 중간 불로 데운다. 소금을 넣고 약한 불로 줄인 다음, 토마토 덩어리를 스푼으로 으깨면서 섞는다. 5~6분 동안 끓인다.

※마늘 풍미를 살린 토마토소스. 냉동하면 2주 정도 보관할 수 있다. 다진 마늘은 금방 익는데, 처음부터 넣고 서서히 익혀서 가장자리 색깔이 변하기 시작하면 바로 불을 끈다. 마늘은 향이 은은하게 나야 맛있는데, 갈색으로 변할 때까지 볶으면 마늘 냄새가 강한 소스가 되므로 좋지 않다.

볼로냐풍 라구소스(미트소스)
재료
다짐육(소고기+돼지고기) 500g
식용유 40cc
소프리토(p.254) 150g
월계수잎 1장
레드와인 200cc
토마토페이스트 40g
닭고기 브로도 1.6ℓ
소금 1작은술
검은 후추 적당량

1 프라이팬에 식용유와 다짐육을 넣고 센불에서 거품기로 으깨면서 볶는다. 고기에서 수분이 나오면 약한 불로 줄이고, 30~40분 동안 볶아서 소보로 상태로 만든다. 수분을 날려서 보슬보슬하게 완성한다.
2 냄비에 소프리토, 월계수잎, 1의 고기를 넣는다. 고기를 볶은 프라이팬에 레드와인 100cc를 붓고 센불로 끓여서, 팬 바닥에 눌어붙은 육즙을 나무주걱으로 긁어 녹인 다음 냄비에 넣어 섞는다.
3 나머지 레드와인과 소금을 냄비에 넣고 센불로 끓인다. 수분이 거의 없어질 정도까지 조린다.
4 토마토 페이스트와 닭고기 브로도 450cc를 넣고 끓인다. 거품이 올라오면 약한 불로 줄이고 거품을 걷어낸다.
5 조금씩 끓는 상태에서 뚜껑을 덮고 졸인다. 고기가 보일 정도로 졸아들면, 나머지 브로도를 넣고 조린다. 2시간 정도 조린 다음 소금, 검은 후추로 간을 한다.

베샤멜소스
재료
중력분 100g
버터 100g
우유 1ℓ
육두구·소금·검은 후추 적당량씩

1 버터를 녹인 다음 중력분을 넣고 타지 않도록 볶는다.
2 우유를 넣고 걸쭉해질 때까지 잘 섞으면서 끓인다.
3 육두구, 소금, 검은 후추를 넣어 간을 하고 체에 내린다.

폴렌타
재료
폴렌타가루(흰색) 180g
우유 500cc
물 500cc
소금 7g

1 냄비에 우유와 물을 넣어 끓인 다음 소금을 넣어 녹인다.
2 중간 불에서 폴렌타가루를 넣고 덩어리가 없어질 때까지 거품기로 섞는다. 냄비 가장자리부터 걸쭉해지기 시작하므로, 타지 않도록 냄비 옆면을 긁어내듯이 섞는다.
3 거품기에 폴렌타가 달라붙기 시작하면 약한 불로 줄인다. 나무주걱으로 바꿔서 타지 않게 반죽하듯이 섞으면서 40분 동안 끓인다.
4 접시에 넓게 펴고 식혀서 굳힌다.

드라이 토마토
재료
토마토(큰 것) 2개
소금·그래뉴당 적당량씩
타임(줄기를 짧게 자른 것) 8개
마늘(얇게 썬 것) 8조각
퓨어 올리브유 적당량

1 토마토를 끓는 물에 담갔다 빼서 껍질을 벗기고, 가운데 심부분이 사각형으로 남도록 과육을 4등분한다.
2 철판에 오븐시트를 깔고, 토마토를 올린다.(껍질쪽이 아래로 향하게 올린다) 소금과 그래뉴당을 뿌리고 과육 1장당 타임 1개와 마늘 1개를 올린 다음 퓨어 올리브유를 뿌린다.
3 영업 후에 불을 끈 오븐에 넣고 하룻밤 둔다. 다음날 수분이 덜 증발된 상태라면, 점심 영업 후 따뜻한 오븐에 넣어 다시 한 번 말린다.
4 퓨어 올리브유에 담가서 보관한다. 말린 살구처럼 부드럽게 만든다.

소프리토
재료
양파 200g
당근 50g
셀러리 50g
식용유 3큰술

1 양파, 당근, 셀러리를 다진다.(믹서에 갈아도 좋다)
2 식용유를 넣고 1의 채소를 약한 불에 천천히 볶는다. 나무주걱으로 섞으면서 타지 않도록 주의한다. 40분 정도 볶아서 수분이 없어지기 시작하면 완성.

양파 소프리토
재료
양파 500g
식용유 3큰술

1 양파를 다진다.(믹서로 갈아도 좋다)
2 식용유를 넣고 양파를 약한 불에 볶는다. 나무주걱으로 섞으면서 타지 않도록 주의한다. 40분 정도 볶아서 수분이 없어지면 완성.

바칼라 만테카토
재료
바칼라(소금에 절인 말린 대구 1kg를 물에 불려서 껍질과 뼈를 제거한 것) 700g
우유 약 1ℓ
월계수잎 2장
검은 후추 적당량
레몬껍질(작은 조각) 2장
퓨어 올리브유 약 500cc
다진 마늘 1작은술
다진 이탈리안 파슬리 1큰술
검은 후추 조금

※ 베네치아의 '바칼라 만테카토'는 이탈리아에서는 스토카피소(stoccafisso. 소금에 절이지 않고 바짝 말린 대구)를 사용해서 만들지만, 매장에서는 소금에 절인 바칼라를 사용한다.

1 바칼라를 며칠 동안 찬물에 담가두고 소금기를 제거한다.(물을 몇 번 갈아주는데, 소금으로 간을 하지 않아도 될 만큼만 소금기를 제거하면 완성) 삶기 직전에 뼈와 껍질을 제거한다.
2 냄비에 바칼라 살을 넣고 자작자작할 정도로 우유를 붓는다. 월계수잎, 검은 후추, 레몬껍질을 넣어 가열한다. 끓기 시작하면 약한 불로 줄여서 30분 정도 더 삶는다.
3 바칼라 살이 부드럽게 으깨질 정도가 되면 바칼라를 체에 올리고, 삶고 난 우유는 조금 남겨둔다.
4 바칼라를 볼에 담고 퓨어 올리브유를 조금씩 넣으면서 나무주걱으로 공기가 들어가게 섞는다. 남겨둔 우유를 적당히 넣어 농도를 조절한다.
5 마늘, 이탈리안 파슬리, 검은 후추를 넣어 섞는다. 하루 정도 냉장고에 둔다.

살시차

재료
돼지고기(어깨살) 1250g
소금 13.5g
검은 후추 적당량
달걀흰자 60g
생크림 200cc
돼지창자 적당량

1 돼지고기 어깨살을 한입크기로 잘라서 푸드 프로세서에 넣는다. 소금, 검은 후추, 달걀흰자, 생크림을 넣고 갈아서 페이스트를 만든다.
2 볼에 옮겨 담고 찰기가 나도록 치댄 후, 냉장고에 하룻밤 둔다.
3 물에 불려서 손질한 창자 속에 넣은 다음, 적당한 간격으로 비튼다.

프로슈토 코토

재료
돼지고기(등심) 1kg
굵은 소금A 200g
절임국물
　물 2ℓ
　┌ 양파 100g
　│ 당근 50g
　│ 셀러리 50g
　│ 검은 후추 7알
　│ 굵은 소금B 80g
　└ 월계수잎 1장

※채소는 덩어리째 사용한다.

1 트레이 위에 철망을 겹쳐놓는다. 돼지고기 덩어리에 굵은 소금A를 듬뿍 뿌려서 철망 위에 올리고, 냉장고에 넣어서 3일 정도 둔다.
2 냄비에 절임국물 재료를 모두 넣고 한소끔 끓인 다음 식힌다.
3 돼지고기를 물에 씻어서 소금기를 제거한 다음, 절임국물에 넣는다. 고기 전체가 절임국물에 잠기게 넣고 냉장고에서 4일 동안 절인다.
4 돼지고기를 오목한 그릇에 옮겨 담고, 그 위로 물줄기가 가늘게 떨어지게 해서 8시간 동안 소금기를 제거한다.
5 큰 냄비에 충분한 양의 물을 끓인 다음, 돼지고기를 넣고 80℃를 유지하면서 1시간 정도 삶는다.
6 고기를 건져서 한 김 식히고 냉장보관한다.

코테키노

재료(지름 5~6cm, 길이 20cm 2개 분량)
돼지 볼살 500g
돼지 혀 300g
돼지 등비계 100g
돼지 귀 200g
생크림 3큰술
향미채소(양파:당근:셀러리=2:1:1) 적당량
소금 8.5g
검은 후추(으깬 것) 조금

1 돼지볼살, 혀, 등비계를 적당한 크기로 잘라서 푸드프로세서로 간다. 중간에 생크림을 넣는데, 찰기가 생겨서 뭉쳐질 정도까지만 갈고 너무 많이 갈지 않도록 주의한다.
2 돼지귀는 향미채소와 같이 살짝 삶아서 작게 자른다. 돼지귀를 1에 넣고, 소금, 검은 후추를 넣어 살짝 간다.
3 볼에 넣고 가볍게 치댄 다음 냉장고에 넣고 하루 정도 둔다.
4 랩에 싸서 지름 5~6cm, 길이 20cm 원통모양을 만든다. 비닐팩에 넣고 진공상태를 만들어서 약한 불에 4시간 정도 삶는다. 바로 얼음물에 넣어 식힌 다음 다시 냉장고에 넣고 하룻밤 둔다.

※비닐팩 안에 고인 굳은 기름은 제거하고 사용한다.

Koike Noriyuki
INCANTO

닭고기 브로도

재료
닭 뼈 6마리 분량
양파(반달모양으로 8등분) 2개 분량
당근(7~8mm 두께로 둥글게 썰기) 1/2개 분량
셀러리(2cm 두께로 둥글게 썰기) 2개 분량
향신료(타임, 로즈메리, 세이지, 월계수잎)
　적당량씩
물 5ℓ

1 닭뼈는 물에 씻고 양파, 당근, 셀러리, 향신료 등은 함께 냄비에 넣어 물을 붓는다.
2 센 불로 한소끔 끓인 다음, 살짝 보글거릴 정도로 불을 조절한다. 거품을 걷어내며 5~6시간 끓인다.
3 체에 걸러서 냉장고에 넣고 하루 정도 둔다. 겉면의 굳어진 기름을 걷어내고 사용한다.

오리고기 브로도

※닭고기 브로도의 재료 중 닭뼈 대신 오리뼈를 사용하여 같은 방법으로 만든다.

꿩고기 브로도

※닭고기 브로도의 재료 중 닭뼈 대신 꿩뼈를 사용하여 같은 방법으로 만든다.

토끼고기 브로도

※닭고기 브로도의 재료 중 닭뼈 대신 토끼뼈를 사용하여 같은 방법으로 만든다.

송아지고기 브로도

재료
송아지 뼈 2kg
송아지 힘줄 및 자투리고기(있을 경우) 적당량
양파(반달형으로 8등분) 2개 분량
당근(7~8mm 두께로 둥글게 썰기) 1/2개 분량
셀러리(2cm 두께로 둥글게 썰기) 2개 분량
향신료(타임, 로즈메리, 세이지, 생월계수잎)
　적당량씩
물 5ℓ

※위의 재료로 닭고기 브로도와 같은 방법으로 만든다.

염소고기 브로도
재료
새끼염소뼈 1/2마리 분량
새끼염소의 힘줄 및 자투리고기 1/2마리 분량
양파(반달형으로 8등분) 2개 분량
당근(7~8mm 두께로 둥글게 썰기) 1/2개 분량
셀러리(2cm 두께로 둥글게 썰기) 2개 분량
향신료(타임, 생월계수잎) 적당량씩
물 5ℓ

※위의 재료로 닭고기 브로도와 같은 방법으로 만든다.

생선 브로도
재료
흰살생선(도미 등) 1kg
양파(5mm 두께로 편썰기) 1개 분량
당근(3mm 두께로 편썰기) 1/3개 분량
셀러리(5mm 두께로 편썰기) 1개 분량
향신료(타임, 로즈메리, 세이지, 생월계수잎)
　조금씩
물 3ℓ
E.V. 올리브유 적당량

1 흰살생선의 뼈를 끓는 물에 담갔다 빼서 점액질과 비린내를 없앤다. 또는 토치나 가스레인지로 살짝 그슬린다.
2 양파, 당근, 셀러리를 E.V.올리브유에 천천히 볶아서 단맛을 낸다.
3 2에 뼈와 향신료를 넣고 물을 부어 끓인다. 살짝 보글거릴 정도로 불을 조절하고, 거품을 걷어내면서 2시간 동안 끓인다.
4 체에 걸러서 당일부터 사용한다.

붕장어 브로도
재료
붕장어 뼈(1마리 300g) 6마리 분량
양파(5mm 두께 편썰기) 1개 분량
당근(3mm 두께 편썰기) 1/4개 분량
셀러리(5mm 두께 편썰기) 1/2개 분량
향신료(타임, 로즈메리, 생월계수잎) 조금씩
검은 후추·고수씨 1꼬집씩
물 3ℓ
E.V. 올리브유 적당량

※위의 재료로 생선 브로도와 같은 방법으로 만든다.

채소 브로도
재료
양파(편썰기) 1개 분량
당근(편썰기) 1/4개 분량
셀러리(편썰기) 1/2개 분량
물 2ℓ

※손질하고 남은 채소 껍질이 있으면 적당히 사용한다.

1 양파, 당근, 셀러리를 냄비에 넣고 물을 부어서 끓인다. 거품을 걷어내고 살짝 보글거릴 정도로 불을 조절하여 30분 동안 끓인다.
2 체에 걸러서 당일부터 사용한다.

수고 디 카르네
재료
송아지뼈 5kg
양파(듬성듬성 썰기) 3개 분량
당근(듬성듬성 썰기) 1개 분량
셀러리(듬성듬성 썰기) 3개 분량
마늘(껍질째) 1통
레드와인 750cc
토마토페이스트 70cc
검은 후추 5g
향신료(타임, 세이지, 로즈메리, 생월계수잎)
　조금씩
물 10ℓ
식용유 적당량

1 송아지뼈에 식용유를 살짝 뿌리고 230℃ 오븐에 넣어 짙은 갈색으로 변할 때까지 30분 동안 굽는다.
2 양파, 당근, 셀러리도 식용유를 넣고 갈색으로 변할 때까지 볶는다.
3 냄비에 1과 2, 다른 재료를 모두 넣고 끓인다. 약한 불에서 거품을 걷어내면서 8시간 동안 끓인다.
4 체에 내려서 브로도를 보관해둔다. 뼈와 채소는 냄비에 남겨두고, 새 물을 자작하게 부어서 다시 살짝 끓인다. 체에 걸러서 보관해둔 브로도와 섞고 농도가 진해질 때까지 졸인다.

토마토소스
재료
홀토마토 1캔(2.55kg)
으깬 마늘 1톨
다진 양파 1/2개 분량
당근 1/12개 분량
셀러리 1/4개 분량
생월계수잎 3장
바질 줄기 1개
E.V. 올리브유 적당량
소금 적당량

1 마늘을 E.V.올리브유에 천천히 볶다가 향이 나면 건져낸다. 양파와 실로 묶은 당근, 셀러리, 월계수잎을 넣어서 양파가 옅은 갈색으로 변할 때까지 천천히 볶는다.
2 홀토마토를 넣고 끓인다. 가장 약한 불에서 거품을 걷어내면서 2시간 동안 끓인다.
3 실로 묶은 채소를 건져낸다. 거품기로 토마토 과육을 으깨고, 바질 줄기를 넣어 한소끔 끓여 향이 배이게 한다.
4 마지막에 소금으로 간을 한다.

페스토 제노베세
재료
바질잎 2팩 분량
잣 1스푼
마늘 조금(약 1/8쪽 분량)
E.V. 올리브유(타자스케종) 적당량

※원래 페스토 제노베세에는 치즈를 넣지만, 파스타 요리는 마지막에 치즈를 사용하기 때문에 이 페스토에는 치즈를 넣지 않는다.

1 믹서에 잣과 마늘을 넣고 E.V.올리브유를 조금 넣어서 간다.
2 바질잎을 넣고 E.V.올리브유를 조금씩 넣으면서 간다. 절구에 빻은 것처럼 거칠게 간다.

붉은 피망 퓌레
재료
붉은 피망 5개
E.V. 올리브유 적당량

1 붉은 피망의 꼭지와 씨를 제거하고 듬성듬성 잘라 냄비에 넣는다. E.V.올리브유를 뿌리고 뚜껑을 덮어 부드러워질 때까지 찌듯이 굽는다.
2 믹서에 갈아서 퓌레를 만든다.

소프리토
재료
마늘(으깬 것) 3쪽 분량
양파(1㎝ 크기로 깍둑썰기) 4개 분량
당근(1㎝ 크기로 깍둑썰기) 1개 분량
셀러리(1㎝ 크기로 깍둑썰기) 4개 분량
E.V. 올리브유 적당량

1 마늘을 E.V.올리브유에 충분히 볶아서 향이 나면 양파, 당근, 셀러리를 넣는다.
2 뚜껑을 덮고 그 위에 누름돌을 올려 밀폐상 태로 만든다. 옅은 갈색으로 변할 때까지 중간 중간 섞어주면서 약한 불에 2시간 정도 찌듯이 익힌다.

고소한 빵가루
재료
빵가루(굵게 갈아서 말린 것) 50g
다진 마늘 1/4쪽 분량
E.V. 올리브유 적당량
아몬드파우더 10g
페코리노 로마노 치즈 10g
소금 적당량
향신료(로즈메리, 타임, 생월계수잎)
　다진 것 조금씩

1 마늘을 E.V.올리브유에 볶다가 향이 나면 빵 가루를 넣는다. 옅은 갈색으로 변할 때까지 볶은 다음, 아몬드파우더를 넣고 살짝 볶아서 익힌다.
2 불에서 내리고 프라이팬을 흔들어서 식힌 다음, 페코리노 로마노 치즈와 소금을 넣고 섞는 다. 향신료를 넣고 섞어서 향을 낸다. 식혀서 보관한다.

훈제 리코타 치즈
재료
리코타(양젖) 치즈 1개(200~250g)
소금 리코타 분량의 1%
훈제용 벚나무 10g

1 리코타 치즈를 면보 등으로 싸서 체에 올리 고 누름돌을 위에 올린 다음, 냉장고에 넣고 하 루 정도 두어 수분을 충분히 제거한다.
2 면보를 벗기고 소금을 뿌린다. 그대로 체에 올려 냉장고에 넣고 하루 정도 건조시킨다.
3 트레이에 훈제용 벚나무를 올려서 태우고 철 망을 위에 걸쳐 놓는다. 그 위에 리코타를 올린 다음 뚜껑을 덮고, 얼음을 넣은 용기를 올려서 30분 동안 훈연시킨다.
4 식혀서 냉장고에 넣고 색과 향이 잘 배이게 한 다음, 단단해질 때까지 4~5일 동안 건조시 킨다.

바칼라
재료
대구 1마리
굵은 소금(시칠리아산 살레 그로소) 총 1㎏

1 대구는 껍질째 뼈를 발라내고 필레(filet)로 만든다. 살이 보이지 않을 정도로 굵은 소금을 듬뿍 뿌리고, 냉장고에 넣어서 하룻밤 동안 절 인다.
2 빠져나온 수분을 제거하고 다시 굵은 소금 을 적당히 뿌린다. 냉장고에 넣고 하루 정도 더 절인다. 이 과정을 3번 정도 반복하여 소금기가 속까지 배이게 한다. 대구에서 수분이 더 이상 나오지 않으면 완성.
3 물로 소금기를 씻어내고 물기를 닦는다. 냉 장고에 그대로 넣고 1개월 동안 건조시킨다. 적 당히 뒤집어주면서 골고루 건조시킨다. 겨울철 에는 밖에서 건조시켜도 좋다.

※ 완성한 바칼라는 물에 담가놓고 매일 물을 갈아주면 서 4~5일에 걸쳐 소금기를 제거한다. 물기를 닦아내고 랩으로 싸서 냉장고에 넣어두고 사용한다.

살시차
재료
돼지고기(다짐육) 1㎏
소금 15g
설탕 5g
검은 후추(으깬 것) 5g
펜넬씨 3g
레드와인 50cc
마늘가루 1g
돼지창자 적당량

1 돼지창자 외의 재료를 모두 볼에 넣은 다음, 볼 주변에 얼음을 대고 잘 섞는다.
2 랩으로 싸서 냉장고에 넣고 하룻밤 둔다.
3 물에 담가서 깨끗이 씻은 돼지창자 속에 2를 넣고 10㎝ 간격으로 비튼다.

라르도
재료
돼지 등비계 1㎏
굵은 소금(시칠리아산 살레 그로소) 30g
검은 후추(으깬 것) 20g
양귀비 씨(으깬 것) 10g
생월계수잎(잘게 찢은 것) 5장 분량
마늘(도톰하게 썬 것) 1쪽 분량
로즈메리(잎을 모두 떼어낸 것) 1줄기 분량
펜넬씨 10g

1 굵은 소금, 검은 후추, 향신료를 모두 섞은 다음, 돼지 등비계 겉면에 충분히 묻힌다.
2 비닐팩에 넣고 진공상태를 만든 다음, 냉장 고에 넣어 1~2개월 동안 숙성시킨다.

※ 겉면에 붙어 있는 향신료, 소금, 검은 후추를 털어낸 다음 사용한다.

Sugihara Kazuyoshi
OSTERIA O'GIRASOLE

생선 브로도

재료
흰살생선뼈 600g
양파 1.5개 분량
셀러리(잎이 붙어 있는 것) 1대
검은 후추 10알
월계수잎 2장
타임 2줄기
물 3.5ℓ

1 생선뼈를 물로 깨끗이 씻는다.
2 양파와 셀러리를 알맞은 크기로 자른다.
3 재료를 모두 냄비에 넣어 끓인다. 약한 불로 거품을 걷어내면서 끓인다.
4 체에 거른다.

※채소는 끓이는 시간에 따라 자르는 방법이 달라진다. 시간이 짧을 때는 도톰하게 슬라이스하고, 길 때는 4등분하는 등 크기를 조절하여 썬다.

※끓이는 시간은 생선뼈의 종류나 계절에 따라 달라진다. 예를 들어 도미는 약 20분 동안 끓이고, 금눈돔이나 쏨뱅이와 같이 오래 끓여야 맛이 좋은 생선뼈는 40분 동안 끓인다. 실제로 다양한 종류의 생선뼈를 같이 사용하는 경우도 많으므로, 향과 색깔 등을 보면서 끓이는 시간을 조절한다. 채소와 생선의 향이 조화를 이룰 때 불을 끈다.

※생선과 채소의 향이나 감칠맛이 물에 배어나오게 하는 것이 목적이므로, 단맛이 나지 않도록 주의한다.

베샤멜소스

재료
00밀가루 80g
버터 80g
우유 1ℓ
육두구·소금 조금씩

1 00밀가루와 버터를 냄비에 넣고 약한 불로 타지 않게 볶는다. 덩어리가 남아 있지 않도록 주의하면서, 부드러운 페이스트 상태의 루를 만든다.
2 우유를 조금씩 넣으면서 루를 풀어주고, 잘 저으면서 가열한다. 덩어리지지 않도록 주의해서 부드러운 소스로 완성한다.
3 마지막에 육두구, 소금을 넣어 섞은 다음 체에 내린다.

페스토 제노베세

재료
바질잎 50g
잣 20g
굵은 소금 3g
E.V. 올리브유 100cc
마늘(세로로 잘라 심을 제거한 것) 1/2쪽

※원래 페스토 제노베세에는 치즈를 넣지만, 파스타 요리는 마지막에 치즈를 사용하기 때문에 여기서는 치즈를 넣지 않는다.

1 믹서는 미리 차갑게 식혀둔다.
2 믹서에 바질, 잣, 굵은 소금, E.V.올리브유를 넣고 간다.
3 보관용기에 옮겨 담고, 마늘을 넣는다.

방울토마토 병조림

재료
방울토마토 적당량
바질(줄기째, 나폴리종) 적당량

※방울토마토는 나폴리에서 재배되는 품종 중, 칸넬리노(cannelino)종, 피엔놀로(piennolo)종 등, 일본에서도 재배되고 있는 것을 사용한다. 이 방울토마토는 껍질이 두툼하고 과육이 단단하기 때문에 과즙이 적으므로, 껍질째 사용하면 껍질의 비율이 높아진다. 껍질째에는 생토마토의 싱싱한 향이 풍부하기 때문에 소스에 상쾌한 향이 더해진다.

※나폴리종 바질은 잎이 크고 주름이 많으며, 향이 강한 품종이다.

1 방울토마토는 꼭지를 떼어내고 껍질째 세로로 2등분한다. 끓여서 소독한 병의 입구까지 꽉 차게 방울토마토를 담은 다음 바질을 넣고 뚜껑을 닫는다.
2 큰 냄비에 넣고 병이 완전히 잠길 정도로 물을 부은 다음, 1시간 정도 끓인다.
3 뜨거운 물 안에 넣은 채로 자연스럽게 식힌 다음, 상온에서 보관한다.(1년 동안 보관가능)

가라스미

재료
숭어 난소(알집) 3kg
소금물(8%) 적당량
E.V. 올리브유 적당량

1 숭어 난소를 물에 담그고 바늘로 혈관을 찔러 피를 빼낸다.
2 소금물은 끓여서 식혀둔다. 소금물에 난소를 넣고 냉장고에 넣어 하루 정도 둔다.
3 철망을 올린 트레이 위에 난소를 올리고, 2~3시간 정도 물기를 뺀다.(난소에 자국이 남지 않는 철망을 사용한다)
4 알코올로 소독한 트레이에 난소를 올리고, 냉장고 안쪽 바람이 닿는 곳에 20일 정도 두고 건조시킨다. 중간중간 뒤집어준다.(상태에 따라 1주일 정도 더 걸릴 수 있다)
5 겉면에 E.V.올리브유를 바르고, 1개(2덩어리)씩 진공포장하여 보관한다.

※소금물은 8~10%를 기준으로 한다. 10%로 만들면 수분이 잘 빠져서 감칠맛이 살지만, 짠맛이 강해서 한 번에 많은 양을 사용할 수 없다. 8%는 부패되지 않을 정도의 염도로, 많이 사용할 수 있어서 가라스미의 풍미를 충분히 살릴 수 있기 때문에 파스타 요리에 적합하다.

살시차

재료
돼지고기(목심) 1kg
소금 16g
검은 후추(간 것) 적당량
검은 후추(으깬 것) 적당량
펜넬씨 적당량
화이트와인 80cc
돼지창자 적당량

1 돼지고기를 갈아서 소금과 2종류의 검은 후추, 펜넬씨, 화이트와인을 넣고 찰기가 생길 때까지 반죽한다.
2 물로 속까지 깨끗이 씻은 돼지창자에 1을 넣고, 적당한 길이로 비튼다.
3 트레이에 담아 냉장고 속 바람이 잘 닿는 곳에 두고, 36시간 정도 건조시킨다.

※돼지고기는 목에 가까운 목심이 적당하다. 지방과 붉은 살코기가 골고루 있기 때문에, 풍미와 식감에 변화가 생겨 더 맛이 좋아진다.

※살시차는 돼지창자에 넣어야 고기에 향이 배어 진정한 살시차가 된다.

주요 재료별 요리

ㄱ

굴
바다향 소스와 수제 파케리 118
근어와 갑각류 믹스 파스타 248

가라스미
붉은 성게, 가라스미, 달걀노른자로 버무린 스파게토니 96
바다향 소스와 수제 파케리 118
페페론치노 풍미의 생크림을 넣은 가라스미 링귀네 220

가리비
털게와 바칼라로 만든 라사냐 174
가리비 트론케티 182
해산물 라구소스 스파게티 214

가리비(새끼)
가리비 라구소스와 옥수수가루 스트라치 138

가지
채소 라구소스 가르가넬리 133
가지와 훈제 스카모르차 치즈를 채운 라비올리 153
물소 모차렐라 치즈를 곁들인 가지 뇨키 195

갈치
갈치 라구소스와 페투체 86

감자
발텔리나풍 피초케리 135
폰두타와 감자를 채운 아뇰로티 159
비트와 감자를 넣은 세이지 풍미의 메첼루네 163
찰촌스 165
카스텔마뇨와 폰티나 크레마로 맛을 낸 감자 뇨키 188
소렌토풍 뇨키 189
홍합과 페코리노 프레스코 풍미의 뇨키 라비올리 190
살구를 넣은 뇨키 191
포르치니와 라구소스를 넣은 뇨키 192
살오징어, 감자, 카르초피 베수비오 252

개구리 고기
개구리다릿살과 봄양배추를 넣은 가르가넬리 132

건포도
산타루치아풍 문어와 토마토조림 링귀네 222
찰촌스 165
나폴리풍 라사냐 173
소꼬리 라구소스를 곁들인 세몰리나 뇨키 193
나폴리풍 라구소스와 리코타로 버무린 칸델레 244

고둥
해산물과 피망 풍미의 달걀흰자로 반죽한 스트리골리 149
고둥 포르케타와 프라스카렐리로 만든 미네스트라 206

고등어
정어리 대신 고등어를 사용한 카타니아풍 카바티에디 122

곰보버섯
키아벤나의 피초케리 203

구안치알레
화이트 아마트리차나 키타라 78
트로페아산 붉은 양파와 은두자로 맛을 낸 매운 토마토소스 필레야 115
로마식 아마트리차나 부카티니 226

그린 아스파라거스
봄채소 라구소스와 누에콩 카펠라치 170
살사 페베라다를 곁들인 그린 아스파라거스 칸넬로니 178
키아벤나의 피초케리 203

그린 올리브
야생조류 살시차 토마토조림과 로리기타스 147

근대(비에톨라)
송아지고기와 근대를 넣은 아뇰로티 델 플린 160
옥수수를 넣은 버터소스와 닭고기 토르텔리 168

꼬투리강낭콩
페스토 제노베세와 나선모양 트로피에 148
봄채소 라구소스와 누에콩 카펠라치 170
바칼라 만테카토, 토마토, 꼬투리강낭콩을 넣은 라사녜테 176
키아벤나의 피초케리 203

꼬투리완두
페스토 제노베세와 나선모양 트로피에 148

꽃게
세토우치의 특대 꽃게로 맛을 낸 파케리 239

꾀꼬리 버섯(칸타렐리)
버섯, 토마토, 마조람 풍미의 스트란고치 95

꿩고기
꿩고기와 카볼로네로 스튜 파파르델레 90
야생조류 살시차 토마토조림과 로리기타스 147

ㄴ

노란 피망
말고기와 페페로니로 버무린 피아첸차풍 피사레이 198

뇌조
야생조류 살시차 토마토조림과 로리기타스 147

주요 재료별 요리

누에콩
누에콩을 넣은 카초 에 페페와 스트로차프레티 101
키아벤나의 피초케리 203

누에콩(건조)
봄채소 라구소스와 누에콩 카펠라치 170
문어 살시차를 곁들인 파바타 250

ㄷ

단호박
단호박 토르텔리 158

달걀
삶은 달걀을 넣은 토마토소스와 라가넬레 88
붉은 성게, 가라스미, 달걀노른자로 버무린 스파게토니 96
새끼양고기를 넣은 카초 에 우오바로 버무린 푸실리 칠렌타니 102
달걀과 치즈를 넣은 트리파 미네스트라와 수제 투베티 116
치메 디 라파와 달걀로 맛을 낸 오레키에테 124
리코타, 주키니꽃, 달걀노른자를 넣은 라비올로네 162
달걀프라이를 곁들인 통밀가루로 만든 시골풍 스크리펠레 수프 184
카르보나라 펜네테 236

달팽이
루마코니와 루마케 251

닭간
살사 페베라다를 곁들인 그린 아스파라거스 칸넬로니 178
나폴리풍 팀발로 243

닭고기
옥수수를 넣은 버터소스와 닭고기 토르텔리 168
병아리고기와 브로콜리 디 나탈레 칸넬로니를 넣은 미네스트라 177

닭새우
닭새우 쿨린조니스 166
근어와 갑각류 믹스 파스타 248

대파(흰 부분)
비둘기 레드와인 조림으로 버무린 수제 마케로니와 트러플 113

도다리
근어와 갑각류 믹스 파스타 248

돼지(껍질·내장)
매운 돼지내장 조림과 오레키에테 126
나폴리풍 곱창조림으로 버무린 미스타 룬가 230
나폴리풍 라구소스와 리코타로 버무린 칸델레 244

돼지고기
나폴리풍 라사냐 173
살사 페베라다를 곁들인 그린 아스파라거스 칸넬로니 178
나폴리풍 라구소스와 리코타로 버무린 칸델레 244
제노베세 라구소스 칸델레 245

ㄹ

라디키오
라디키오 페이스트와 라디키오 탈리올리니 74
라디키오와 아시아고 로톨로 180
스펙과 라디키오 버터로 맛을 낸 비트 스패츨리 202

라르도
빈산토 풍미의 송아지내장 소스와 스트로차프레티 100
라르디아타소스 펜네테 235
브로콜리 네리와 스파게티 스페차티 미네스트라 246

래디시
뿔닭 가슴살 샐러드와 수제 마케론치니 111

루콜라
방울토마토, 루콜라, 카초리코타로 만든 살렌토풍 사녜 인칸눌라테 105

ㅁ

말고기
말고기와 페페로니로 버무린 피아첸차풍 피사레이 198

맛조개
제철 조개와 시알라티엘리 82
화이트 아스파라거스와 맛조개 소스로 버무린 마케론치니 110

메밀가루
발텔리나풍 피초케리 135
메밀가루 블레키와 굴라시 136
메밀가루와 그라우캐제를 넣은 카네데를리 200

멧돼지고기
멧돼지고기를 넣은 밤 라구소스와 밤가루 피카제 89
멧돼지고기와 포르치니 수고로 버무린 파파르델레 91
멧돼지 조림과 수제 파케리 117

무화과(건조)
찰촌스 165

문어
병아리콩과 문어 파스티나 수프 112
털게와 바칼라로 만든 라사냐 174
산타루치아풍 문어와 토마토조림 링귀네 222

문어 라구소스와 제노베세 카사레체 룬게 227
근어와 갑각류 믹스 파스타 248
문어 살시차를 곁들인 파바타 250

바지락
제철 조개와 시알라티엘리 82
해산물과 피망 풍미의 달걀흰자를 반죽한 스트리골리 149
바지락 스파게티 210
페스카토라 스파게티 215
오징어먹물로 만든 해산물 라구소스 트리폴리니 229

바질
제철 조개와 시알라티엘리 82
토끼고기와 타자스케 올리브로 버무린 스탬프 코르체티 140
송아지고기와 병아리콩 라구소스로 버무린
    폴체베라풍 8자형 코르체티 142
소렌토풍 뇨키 189
토마토 스파게티 208
나폴리풍 주키니 페르차텔리 225
트라파니풍 페이스트 마팔데 228
스카르파리엘로 칼라마리 241
살시차와 리코타로 버무린 치티 242
나폴리풍 라구소스와 리코타로 버무린 칸델레 244
제노베세 라구소스 칸델레 245

ㅂ
바칼라
바칼라와 병아리콩을 넣은 토마토소스 체카루콜리 121
빵가루를 뿌려 구운 바칼라와 파로 스트라시나티 129
바칼라와 완두콩 라비올리 156
털게와 바칼라로 만든 라사냐 174
바칼라 만테카토, 토마토, 꼬투리강낭콩을 넣은 라사네테 176

밤, 밤가루
멧돼지고기를 넣은 밤 라구소스와 밤가루 피카제 89

방울양배추
키아벤나의 피초케리 203

방울토마토
정어리와 청고추로 버무린 페투첼레 85
갈치 라구소스와 페투체 86
방울토마토, 루콜라, 카초리코타로 만든 살렌토풍 사녜 인칸눌라테 105
갑오징어와 올리브로 버무린 마카로네스 114

토마토와 신선한 염소치즈로 버무린 스트라시나티 127
새우와 포르치니 소스로 버무린 스트라시나티 128
해산물과 피망 풍미의 달걀흰자를 반죽한 스트리골리 149
홍합과 페코리노 프레스코 풍미의 뇨키 라비올리 190
트라파니풍 페이스트 마팔데 228
스카르파리엘로 칼라마리 241

방울토마토 병조림
제철 조개와 시알라티엘리 82
토마토 스파게티 208
세토우치의 특대 꽃게로 맛을 낸 파케리 239
근어와 갑각류 믹스 파스타 248

방울토마토 통조림
이스키아풍 토끼조림으로 버무린 푸실리 룬기 104
펜넬 풍미의 살시차 라구소스와 수제 오레키에테 125
새우 소스와 오징어먹물 노케테 146
바지락 스파게티 210
푸타네스카 스파게티 212
카발칸티 스타일의 장어조림 스파게티 213
산타루치아풍 문어와 토마토조림 링귀네 222
라르디아타소스 펜네테 235

백합
해산물과 피망 풍미의 달걀흰자로 반죽한 스트리골리 149

뱅어
제노바 페스토로 맛을 낸 뱅어를 넣은 판소티 164

베샤멜소스
털게와 바칼라로 만든 라사냐 174
라디키오와 아시아고 로톨로 180
가리비 트론케티 182
나폴리풍 팀발로 243

병아리콩(건조)
병아리콩과 문어 파스티나 수프 112
바칼라와 병아리콩을 넣은 토마토소스 체카루콜리 121
병아리콩 파스타 조림 134
송아지고기와 병아리콩 라구소스로 버무린
    폴체베라풍 8자형 코르체티 142
장어 라구소스로 버무린 화이트 폴렌타와 병아리콩 파고티니 172

병아리콩가루
청둥오리 콩피로 버무린 병아리콩 라비올리 154

주요 재료별 요리

보타르가
닭새우 쿨린조니스 166

볼락
근어와 갑각류 믹스 파스타 248

볼로냐풍 라구소스
소고기 라구소스와 세몰리나 탈리아텔레 81
라디키오와 아시아고 로톨로 180
포르치니와 라구소스를 넣은 뇨키 192
물소 모차렐라 치즈를 곁들인 가지 뇨키 195

붉은 강낭콩
코테키노 라구소스로 버무린 붉은 강낭콩 뇨키 196

붉은 양파
트로페아산 붉은 양파와 은두자로 맛을 낸 매운 토마토소스 필레야 115

붉은 피망
매운 돼지내장 조림과 오레키에테 126
채소 라구소스 가르가넬리 133
해산물과 피망 풍미의 달걀흰자를 반죽한 스트리골리 149
말고기와 페페로니로 버무린 피아첸차풍 피사레이 198

붕장어
오렌지와 월계수로 향을 낸 붕장어와 버섯 스트리케티 145
근어와 갑각류 믹스 파스타 248

브로콜리 네리
브로콜리 네리와 스파게티 스페차티 미네스트라 246

브로콜리 디 나탈레
병아리고기와 브로콜리 디 나탈레 칸넬로니를 넣은 미네스트라 177

블랙 올리브
캄포필로네 스타일의 가느다란 마케론치니 75
갑오징어와 프리아리엘리 조림으로 버무린 트로콜리 93
갑오징어와 올리브로 버무린 마카로네스 114
카르초피, 블랙올리브, 호두를 넣은 코르테체 123
빵가루를 뿌려 구운 바칼라와 파로 스트라시나티 129
토끼고기와 타자스케 올리브로 버무린 스탬프 코르체티 140
페스토 제노베세와 나선모양 트로피에 148
아귀와 생토마토 소스 파케리 240
푸타네스카 스파게티 212

블랙 트러플
캄포필로네 스타일의 가느다란 마케론치니 75
야생오리 수고와 블랙 트러플을 곁들인 토르키오 마케로니 108

비둘기 레드와인 조림으로 버무린 수제 마케로니와 트러플 113
블랙 트러플을 곁들인 리코타와 시금치 카라멜레 171
포르치니와 라구소스를 넣은 뇨키 192
블랙 트러플 풍미의 폴렌타 뇨키 194
노르차풍 블랙 트러플과 살시차 스파게티 218

비트
비트와 감자를 넣은 세이지 풍미의 메첼루네 163
스펙과 라디키오 버터로 맛을 낸 비트 스패츨리 202

빵, 빵가루
세이지버터 소스로 버무린 프로슈토 코토와 빵 뇨키 197
말고기와 페페로니로 버무린 피아첸차풍 피사레이 198
메밀가루와 그라우캐제를 넣은 카네데를리 200

뿔닭
뿔닭 다릿살 라구소스를 곁들인 팀발로 109
뿔닭 가슴살 샐러드와 수제 마케론치니 111

사보이 양배추
발텔리나풍 피초케리 135
라디키오와 아시아고 로톨로 180

사프란, 사프란물
전복소스와 사프란 탈리올리니 73
정어리 대신 고등어를 사용한 카타니아풍 카바티에디 122
캄피다노풍 말로레두스 130
새끼양고기 라구소스로 버무리고 페코리노 치즈를 곁들인 뇨케티 사르디 131
해산물과 피망 풍미의 달걀흰자로 반죽한 스트리골리 149
클래식한 트라파니풍 해산물 쿠스쿠스 204

ㅅ

살구(세미 드라이)
살구를 넣은 뇨키 191

살라미
삶은 달걀을 넣은 토마토소스와 라가넬레 88
나폴리풍 라사냐 173
살사 페베라다를 곁들인 그린 아스파라거스 칸넬로니 178

살사 마리나라
가리비 라구소스와 옥수수가루 스트라치 138
해산물 라구소스 스파게티 214
페스카토라 스파게티 215
보스카이올라 스파게티 217

성게 소스 푸실리 247
살시차
라디키오 페이스트와 라디키오 탈리올리니 74
굵게 다진 살시차와 치메 디 라파 트로콜리 92
펜넬 풍미의 살시차 라구소스와 수제 오레키에테 125
캄피다노풍 말로레두스 130
송아지고기와 근대를 넣은 아뇰로티 델 플린 160
나폴리풍 라사냐 173
노르차풍 블랙 트러플과 살시차 스파게티 218
살시차와 리코타로 버무린 치티 242
살조개
제철 조개와 시알라티엘리 82
근어와 갑각류 믹스 파스타 248
새끼비둘기
비둘기 레드와인 조림으로 버무린 수제 마케로니와 트러플 113
새끼양고기
새끼양고기를 넣은 카초 에 우오바로 버무린 푸실리 칠렌타니 102
새끼양고기 라구소스로 버무리고 페코리노 치즈를 곁들인
  뇨케티 사르디 131
새송이버섯
토끼고기와 타가스케 올리브로 버무린 스탐프 코르체티 140
새우(보리새우, 천사새우, 홍다리얼룩새우 등)
새우와 포르치니 소스로 버무린 스트라시나티 128
카르초피와 새우소스 코르체티 141
새우 소스와 오징어먹물 뇨케테 146
해산물과 피망 풍미의 달걀흰자로 반죽한 스트리골리 149
해산물 라구소스 스파게티 214
페스카토라 스파게티 215
오징어먹물로 만든 해산물 라구소스 트리폴리니 229
근어와 갑각류 믹스 파스타 248
생크림
생햄, 버섯, 완두콩과 페투치네 84
생햄과 완두콩을 넣은 크림소스 파르팔레 144
프로슈토 코토와 폰티나를 넣은 크레이프 밀푀유 183
카스텔마뉴와 폰티나 크레마로 맛을 낸 감자 뇨키 188
노르차풍 블랙 트러플과 살시차 스파게티 218
페페론치노 풍미의 생크림을 넣은 가라스미 링귀네 220
소렌토풍 호두 소스 페르차텔리 224

생햄
생햄, 버섯, 완두콩과 페투치네 84
생햄과 완두콩을 넣은 크림소스 파르팔레 144
성게
붉은 성게, 가라스미, 달걀노른자로 버무린 스파게토니 96
바다향 소스와 수제 파케리 118
성게 소스 푸실리 247
성대
페스토 제노베세와 나선모양 트로피에 148
셀러리
뿔닭 가슴살 샐러드와 수제 마케론치니 111
소고기
소고기 라구소스와 세몰리나 탈리아텔레 81
메밀가루 블레키와 굴라시 136
나폴리풍 라사냐 173
나폴리풍 팀발로 243
소꼬리
소꼬리 라구소스를 곁들인 세몰리나 뇨키 193
소라
바다향 소스와 수제 파케리 118
소장(소 또는 송아지)
파야타 리가토니 238
송아지고기
송아지고기와 카르초피 라구소스로 버무린 탈리올리니 72
송아지고기와 병아리콩 라구소스로 버무린
  폴체베라풍 8자형 코르체티 142
송아지고기와 근대를 넣은 아뇰로티 델 플린 160
송아지내장
빈산토 풍미의 송아지내장 소스와 스트로차프레티 100
스펙
메밀가루와 그라우캐제를 넣은 카네데를리 200
스펙과 라디키오 버터로 맛을 낸 비트 스패츨리 202
시금치
블랙 트러플을 곁들인 리코타와 시금치 카라멜레 171
쌀
옥수수를 넣은 버터소스와 닭고기 토르텔리 168
쏨뱅이
클래식한 트라파니풍 해산물 쿠스쿠스 204

주요 재료별 요리

ㅇ

아귀
아귀와 생토마토 소스 파케리 240

아마레티
단호박 토르텔리 158

아몬드
빵가루를 뿌려 구운 바칼라와 파로 스트라시나티 129
트라파니풍 페이스트 마팔데 228

안초비
카르초피와 마늘 피치 98
치메 디 라파와 달걀로 맛을 낸 오레키에테 124
푸타네스카 스파게티 212
루마코니와 루마케 251

양배추
개구리다릿살과 봄양배추를 넣은 가르가넬리 132

양송이
생햄, 버섯, 완두콩과 페투치네 84
오렌지와 월계수로 향을 낸 붕장어와 버섯 스트리케티 145

염소고기
염소고기 라구소스와 옥수수가루 타코니 137

오리
야생오리 수고와 블랙 트러플을 곁들인 토르키오 마케로니 108
시골풍의 오리고기 라구소스와 통밀가루 스트라파타 139
청동오리 콩피로 버무린 병아리콩 라비올리 154

오이(피클)
뿔닭 가슴살 샐러드와 수제 마케론치니 111

오징어
- 갑오징어

오징어와 생토마토 소스로 버무린 오징어먹물 톤나렐리 79
오징어먹물 소스와 고추를 넣은 매콤한 시알라티엘리 83
갑오징어와 이탈리안 완두콩 소스를 얹은 페투체 87
갑오징어와 프리아리엘리 조림으로 버무린 트로콜리 93
갑오징어와 올리브로 버무린 마카로네스 114
바다향 소스와 수제 파케리 118
오징어먹물로 만든 해산물 라구소스 트리폴리니 229

- 살오징어

살오징어, 감자, 카르초피 베수비오 252

- 창꼴뚜기

털게와 바칼라로 만든 라사냐 174

- 화살꼴뚜기

해산물 라구소스 스파게티 214, 페스카토라 스파게티 215

오징어먹물
오징어와 생토마토 소스로 버무린 오징어먹물 톤나렐리 79
오징어먹물 소스와 고추를 넣은 매콤한 시알라티엘리 83
새우 소스와 오징어먹물 노케테 146
오징어먹물로 만든 해산물 라구소스 트리폴리니 229

옥수수
옥수수를 넣은 버터소스와 닭고기 토르텔리 168
블랙 트러플 풍미의 폴렌타 뇨키 194

옥수수가루
염소고기 라구소스와 옥수수가루 타코니 137
가리비 라구소스와 옥수수가루 스트라치 138

완두콩
생햄, 버섯, 완두콩과 페투치네 84
갑오징어와 이탈리안 완두콩 소스를 얹은 페투체 87
새끼양고기를 넣은 카초 에 우오바로 버무린 푸실리 칠렌타니 102
뿔닭 가슴살 샐러드와 수제 마케론치니 111
채소 라구소스 가르가넬리 133
생햄과 완두콩을 넣은 크림소스 파르팔레 144
바칼라와 완두콩 라비올리 156
봄채소 라구소스와 누에콩 카펠라치 170
키아벤나의 피초케리 203
고둥 포르케타와 프라스카렐리로 만든 미네스트라 206
나폴리풍 팀발로 243

유채
키아벤나의 피초케리 203

은두자
오징어먹물 소스와 고추를 넣은 매콤한 시알라티엘리 83
트로페아산 붉은 양파와 은두자로 맛을 낸 매운 토마토소스 필레야 115

잎새버섯
오렌지와 월계수로 향을 낸 붕장어와 버섯 스트리케티 145

ㅈ

자고새
야생조류 살시차 토마토조림과 로리기타스 147

잣
정어리 대신 고등어를 사용한 카타니아풍 카바티에디 122
토끼고기와 타자스케 올리브로 버무린 스탬프 코르체티 140
나폴리풍 라사냐 173
소꼬리 라구소스를 곁들인 세몰리나 뇨키 193
산타루치아풍 문어와 토마토조림 링귀네 222
나폴리풍 라구소스와 리코타로 버무린 칸델레 244

장어
장어 라구소스로 버무린 화이트 폴렌타와 병아리콩 파고티니 172
카발칸티 스타일의 장어조림 스파게티 213

전복
전복소스와 사프란 탈리올리니 73
전복과 표고 링귀네 221

정어리
정어리와 청고추로 버무린 페투첼레 85

제노바 페스토(페스토 제노베세)
전복소스와 사프란 탈리올리니 73
페스토 제노베세와 나선모양 트로피에 148
제노바 페스토로 맛을 낸 뱅어를 넣은 판소티 164
바칼라 만테카토, 토마토, 꼬투리강낭콩을 넣은 라사네테 176
홍합과 페코리노 프레스코 풍미의 뇨키 라비올리 190

주키니
화이트 아스파라거스와 주키니를 넣은 타야린 77
뿔닭 가슴살 샐러드와 수제 마케론치니 111
봄채소 라구소스와 누에콩 카펠라치 170
키아벤나의 피초케리 203
나폴리풍 주키니 페르차텔리 225

주키니꽃
주키니와 주키니꽃으로 버무린 라비올리 152
리코타, 주키니꽃, 달걀노른자를 넣은 라비올로네 162

ㅊ
참치(통조림)
보스카이올라 스파게티 217

청고추
정어리와 청고추로 버무린 페투첼레 85

치메 디 라파
굵게 다진 살시차와 치메 디 라파 트로콜리 92
치메 디 라파와 달걀로 맛을 낸 오레키에테 124

치즈(파르미자노, 그라나 파다노, 여러 가지 페코리노 제외)
• 그라우케제
메밀가루와 그라우캐제를 넣은 카네데를리 200
• 라스케라
폰두타와 감자를 채운 아뇰로티 159
• 리코타
주키니와 주키니꽃으로 버무린 라비올리 152
리코타, 주키니꽃, 달걀노른자를 넣은 라비올로네 162
닭새우 쿨린조니스 166
블랙 트러플을 곁들인 리코타와 시금치 카라멜레 171
나폴리풍 라사냐 173
살시차와 리코타로 버무린 치티 242
나폴리풍 라구소스와 리코타로 버무린 칸델레 244
• 모차렐라
트로페아산 붉은 양파와 은두자로 맛을 낸 매운 토마토소스 필레야 115
나폴리풍 라사냐 173
소렌토풍 뇨키 189
물소 모차렐라 치즈를 곁들인 가지 뇨키 195
나폴리풍 팀발로 243
• 몬타시오
메밀가루 블레키와 굴라시 136
• 스카모르차 아푸미카타
가지와 훈제 스카모르차 치즈를 채운 라비올리 153
나폴리풍 라구소스와 리코타로 버무린 칸델레 244
• 스카모르차
펜넬 풍미의 살시차 라구소스와 수제 오레키에테 125
• 아시아고
라디키오와 아시아고 로톨로 180
• 염소젖 프로마주 블랑
토마토와 신선한 염소치즈로 버무린 스트라시나티 127
염소고기 라구소스와 옥수수가루 타코니 137
홍합과 페코리노 프레스코 풍미의 뇨키 라비올리 190
• 카스텔마뇨
카스텔마뇨와 폰티나 크레마로 맛을 낸 감자 뇨키 188
• 카초리코타
방울토마토, 루콜라, 카초리코타로 만든 살렌토풍 사녜 인칸눌라테 105
• 카초카발로
굵게 다진 살시차와 치메 디 라파 트로콜리 92

주요 재료별 요리

• **탈레조**
청둥오리 콩피로 버무린 병아리콩 라비올리 154
• **폰티나**
발텔리나풍 피초케리 135
폰두타와 감자를 채운 아뇰로티 159
프로슈토 코토와 폰티나를 넣은 크레이프 밀푀유 183
카스텔마뇨와 폰티나 크레마로 맛을 낸 감자 뇨키 188
• **훈제 리코타**
찰촌스 165
스펙과 라디키오 버터로 맛을 낸 비트 스패츨리 202

ㅋ
카르돈첼리
마조람 풍미의 홍합과 카르돈첼리 소스 카바텔리 120

카르초피
송아지고기와 카르초피 라구소스로 버무린 탈리올리니 72
카르초피와 마늘 피치 98
카르초피, 블랙올리브, 호두를 넣은 코르테체 123
채소 라구소스 가르가넬리 133
카르초피와 새우소스 코르체티 141
카르초피 스파게티 211
살오징어, 감자, 카르초피 베수비오 252

카볼로네로
꿩고기와 카볼로네로 스튜 파파르델레 90

케이퍼(소금절임)
갑오징어와 프리아리엘리 조림으로 버무린 트로콜리 93
카르초피, 블랙올리브, 호두를 넣은 코르테체 123
빵가루를 뿌려 구운 바칼라와 파로 스트라시나티 129
카르초피 스파게티 211
푸타네스카 스파게티 212
산타루치아풍 문어와 토마토조림 링귀네 222
나폴리풍 주키니 페르차텔리 225

케이퍼(식초절임)
토끼고기와 타자스케 올리브로 버무린 스탬프 코르체티 140
오렌지와 월계수로 향을 낸 붕장어와 버섯 스트리케티 145
아귀와 생토마토 소스 파케리 240

코테키노
코테키노 라구소스로 버무린 붉은 강낭콩 뇨키 196

콘소메
달걀프라이를 곁들인 통밀가루로 만든 시골풍 스크리펠레 수프 184
메밀가루와 그라우캐제를 넣은 카네데를리 200
국물 파스타 그라타타 201

ㅌ
털게
털게 수고와 통밀가루 비골리 94
털게와 바칼라로 만든 라사냐 174

토끼고기
이스키아풍 토끼조림으로 버무린 푸실리 룬기 104
토끼고기와 타자스케 올리브로 버무린 스탬프 코르체티 140

토마토
오징어와 생토마토 소스로 버무린 오징어먹물 톤나렐리 79
마늘 풍미의 피치 99
뿔닭 가슴살 샐러드와 수제 마케론치니 111
채소 라구소스 가르가넬리 133
가지와 훈제 스카모르차 치즈를 채운 라비올리 153
클래식한 트라파니풍 해산물 쿠스쿠스 204
세토우치의 특대 꽃게로 맛을 낸 파케리 239
아귀와 생토마토 소스 파케리 240

토마토소스
소고기 라구소스와 세몰리나 탈리아텔레 81
오징어먹물 소스와 고추를 넣은 매콤한 시알라티엘리 83
삶은 달걀을 넣은 토마토소스와 라가넬레 88
꿩고기와 카볼로네로 스튜 파파르델레 90
털게 수고와 통밀가루 비골리 94
마늘 풍미의 피치 99
방울토마토, 루콜라, 카초리코타로 만든 살렌토풍 사녜 인칸눌라테 105
야생오리 수고와 블랙 트러플을 곁들인 토르키오 마케로니 108
트로페아산 붉은 양파와 은두자로 맛을 낸 매운 토마토소스 필레야 115
마조람 풍미의 홍합과 카르돈첼리 소스 카바텔리 120
바칼라와 병아리콩을 넣은 토마토소스 체카루콜리 121
정어리 대신 고등어를 사용한 카타니아풍 카바티에디 122
매운 돼지내장 조림과 오레키에테 126
빵가루를 뿌려 구운 바칼라와 파로 스트라시나티 129
캄피다노풍 말로레두스 130
메밀가루 블레키와 굴라시 136
시골풍의 오리고기 라구소스와 통밀가루 스트라파타 139

오렌지와 월계수로 향을 낸 붕장어와 버섯 스트리케티 145
야생조류 살시차 토마토조림과 로리기타스 147
말고기와 페페로니 버무린 피아첸차풍 피사레이 198
고둥 포르케타와 프라스카렐리로 만든 미네스트라 206
로마식 아마트리치아나 부카티니 226
펜네 알 아라비아타 234
파야타 리가토니 238
루마코니와 루마케 251

토피낭부르
폰두타와 감자를 채운 아뇰로티 159

트리파
달걀과 치즈를 넣은 트리파 미네스트라와 수제 투베티 116

ㅍ

파로 통밀가루
빵가루를 뿌려 구운 바칼라와 파로 스트라시나티 129

파사타 디 포모도로
나폴리풍 라사냐(나폴리풍 라구소스) 173
소렌토풍 뇨키 189
나폴리풍 곱창조림으로 버무린 미스타 룬가 230
나폴리풍 라구소스와 리코타로 버무린 칸델레 244

판체타
버섯, 토마토, 마조람 풍미의 스트란고치 95
카르보나라 펜네테 236
스카르파리엘로 칼라마리 241
제노베세 라구소스 칸델레 245
문어 살시차를 곁들인 파바타 250

포르치니
멧돼지고기와 포르치니 수고로 버무린 파파르델레 91
신선한 포르치니로 향을 살린 스파게토니 97
포르치니와 라구소스를 넣은 뇨키 192
보스카이올라 스파게티 217

포르치니(건조)
말린 포르치니를 넣어 반죽한 스트린고치 80
멧돼지고기와 포르치니 수고로 버무린 파파르델레 91
야생오리 수고와 블랙 트러플을 곁들인 토르키오 마케로니 108
새우와 포르치니 소스로 버무린 스트라시나티 128
장어 라구소스로 버무린 화이트 폴렌타와 병아리콩 파고티니 172
코테키노 라구소스로 버무린 붉은 강낭콩 뇨키 196
키아벤나의 피초케리 203

나폴리풍 팀발로 243

폴렌타가루
장어 라구소스로 버무린 화이트 폴렌타와 병아리콩 파고티니 172
블랙 트러플 풍미의 폴렌타 뇨키 194

표고
전복과 표고 링귀네 221

프로슈토 코토
리코타, 주키니꽃, 달걀노른자를 넣은 라비올로네 162
프로슈토 코토와 폰티나를 넣은 크레이프 밀푀유 183
세이지버터 소스로 버무린 프로슈토 코토와 빵 뇨키 197

프루트토마토
버섯, 토마토, 마조람 풍미의 스트란고치 95
바칼라 만테카토, 토마토, 꼬투리강낭콩을 넣은 라사녜테 176

프리아리엘리
갑오징어와 프리아리엘리 조림으로 버무린 트로콜리 93

플로렌스 펜넬(피노키오)
정어리 대신 고등어를 사용한 카타니아풍 카바티에디 122
고둥 포르케타와 프라스카렐리로 만든 미네스트라 206

ㅎ

헤이즐넛
찰촌스 165

호두
카르초피, 블랙올리브, 호두를 넣은 코르테체 123
소렌토풍 호두 소스 페르차텔리 224

홀토마토
멧돼지 조림과 수제 파케리 117
염소고기 라구소스와 옥수수가루 타코니 137
세토우치의 특대 꽃게로 맛을 낸 파케리 239

홍합
제철 조개와 시알라티엘리 82
마조람 풍미의 홍합과 카르돈첼리 소스 카바텔리 120
홍합과 페코리노 프레스코 풍미의 뇨키 라비올리 190
페스카토라 스파게티 215

화이트 아스파라거스
화이트 아스파라거스와 주키니를 넣은 타야린 77
화이트 아스파라거스와 맛조개 소스로 버무마케론치니 110

화이트 트러플
화이트 트러플을 곁들인 타야린 76

파스타 종류별 요리

ㄱ
가르가넬리
개구리다릿살과 봄양배추를 넣은 가르가넬리 132
채소 라구소스 가르가넬리 133

ㄴ
노케테
새우 소스와 오징어먹물 노케테 146

뇨케티 사르디
새끼양고기 라구소스로 버무리고 페코리노 치즈를 곁들인
 뇨케티 사르디 131

뇨키
가지 뇨키_물소 모차렐라 치즈를 곁들인 가지 뇨키 195
감자 뇨키_카스텔마뇨와 폰티나 크레마로 맛을 낸 감자 뇨키 188
   소렌토풍 뇨키 189
뇨키 라비올리_홍합과 페코리노 프레스코 풍미의 뇨키 라비올리 190
소를 채운 뇨키_포르치니와 라구소스를 넣은 뇨키 192
붉은 강낭콩 뇨키_코테키노 라구소스로 버무린 붉은 강낭콩 뇨키 196
빵 뇨키_세이지버터 소스로 버무린 프로슈토 코토와 빵 뇨키 197
살구 뇨키_살구를 넣은 뇨키 191
세몰리나 뇨키_소꼬리 라구소스를 곁들인 세몰리나 뇨키 193
폴렌타 뇨키_블랙 트러플 풍미의 폴렌타 뇨키 194

ㄹ
라가넬레
삶은 달걀을 넣은 토마토소스와 라가넬레 88
병아리콩 파스타 조림 134

라비올로네
리코타, 주키니꽃, 달걀노른자를 넣은 라비올로네 162

라비올리
주키니와 주키니꽃으로 버무린 라비올리 152
가지와 훈제 스카모르차 치즈를 채운 라비올리 153
청둥오리 콩피로 버무린 병아리콩 라비올리 154
바칼라와 완두콩 라비올리 156

라사냐
나폴리풍 라사냐 173
털게와 바칼라로 만든 라사냐 174

라사녜테
바칼라 만테카토, 토마토, 꼬투리강낭콩을 넣은 라사녜테 176

로리기타스
야생조류 살시차 토마토조림과 로리기타스 147

로톨로
라디키오와 아시아고 로톨로 180

루마코니
루마코니와 루마케 251

리가토니
파야타 리가토니 238

링귀네
페페론치노 풍미의 생크림을 넣은 가라스미 링귀네 220
전복과 표고 링귀네 221
산타루치아풍 문어와 토마토조림 링귀네 222

ㅁ
마카로네스
갑오징어와 올리브로 버무린 마카로네스 114

마케로니(머신)
뿔닭 다릿살 라구소스를 곁들인 팀발로 109

마케로니(수제)
비둘기 레드와인 조림으로 버무린 수제 마케로니와 트러플 113

마케로니(토르키오)
야생오리 수고와 블랙 트러플을 곁들인 토르키오 마케로니 108

마케론치니(머신)
뿔닭 가슴살 샐러드와 수제 마케론치니 111

마케론치니(손으로 자른 것)
캄포필로네 스타일의 가느다란 마케론치니 75

마케론치니(토르키오)
화이트 아스파라거스와 맛조개 소스로 버무린 마케론치니 110

마팔데
트라파니풍 페이스트 마팔데 228

말로레두스
캄피다노풍 말로레두스 130

메첼루네
비트와 감자를 넣은 세이지 풍미의 메첼루네 163

미스타 룬가
나폴리풍 곱창조림으로 버무린 미스타 룬가 230

ㅂ

베수비오
살오징어, 감자, 카르초피 베수비오 252

부카티니
로마식 아마트리차나 부카티니 226

블레키
메밀가루 블레키와 굴라시 136

비골리
털게 수고와 통밀가루 비골리 94

ㅅ

사녜 인칸눌라테
방울토마토, 루콜라, 카초리코타로 만든 살렌토풍 사녜 인칸눌라테 105

스크리펠레
달걀프라이를 곁들인 통밀가루로 만든 시골풍 스크리펠레 수프 184

스트라시나티
토마토와 신선한 염소치즈로 버무린 스트라시나티 127
새우와 포르치니 소스로 버무린 스트라시나티 128
빵가루를 뿌려 구운 바칼라와 파로 스트라시나티 129

스트라치
가리비 라구소스와 옥수수가루 스트라치 138

스트라파타
시골풍의 오리고기 라구소스와 통밀가루 스트라파타 139

스트란고치
버섯, 토마토, 마조람 풍미의 스트란고치 95

스트로차프레티
빈산토 풍미의 송아지 내장소스와 스트로차프레티 100
누에콩을 넣은 카초 에 페페와 스트로차프레티 101

스트리골리
해산물과 피망 풍미의 달걀흰자로 반죽한 스트리골리 149

스트리케티
오렌지와 월계수잎으로 향을 낸 붕장어와 버섯 스트리케티 145

스트린고치
말린 포르치니를 넣어 반죽한 스트린고치 80

스파게토니
붉은 성게, 가라스미, 달걀노른자로 버무린 스파게토니 96
신선한 포르치니로 향을 살린 스파게토니 97
노르차풍 블랙 트러플과 살시차 스파게티 218

스파게티
토마토 스파게티 208
바지락 스파게티 210
카르초피 스파게티 211
푸타네스카 스파게티 212
카발칸티 스타일의 장어조림 스파게티 213
해산물 라구소스 스파게티 214
페스카토라 스파게티 215
알리오 올리오 페페론치노 216
보스카이올라 스파게티 217

스파게티 스페차티
브로콜리 네리와 스파게티 스페차티 미네스트라 246

스패츨리
스펙과 라디키오 버터로 맛을 낸 비트 스패츨리 202

시알라티엘리
제철 조개와 시알라티엘리 82
오징어먹물 소스와 고추를 넣은 매콤한 시알라티엘리 83

아뇰로티 델 플린
송아지고기와 근대를 넣은 아뇰로티 델 플린 160

ㅇ

아뇰료티
폰두타와 감자를 채운 아뇰료티 159

오레키에테
치메 디 라파와 달걀로 맛을 낸 오레키에테 124
펜넬 풍미의 살시차 라구소스와 수제 오레키에테 125
매운 돼지내장 조림과 오레키에테 126

ㅊ

찰촌스
찰촌스 165

체카루콜리
바칼라와 병아리콩을 넣은 토마토소스 체카루콜리 121

치티
살시차와 리코타로 버무린 치티 242
나폴리풍 팀발로 243

ㅋ

카네데를리
메밀가루와 그라우캐제를 넣은 카네데를리 200

269

파스타 종류별 요리

카라멜레
블랙 트러플을 곁들인 리코타와 시금치 카라멜레 171

카바텔리
마조람 풍미의 홍합과 카르돈첼리 소스 카바텔리 120

카바티에디
정어리 대신 고등어를 사용한 카타니아풍 카바티에디 122

카사레체 룬게
문어 라구소스와 제노베세 카사레체 룬게 227

카펠라치
봄채소 라구소스와 누에콩 카펠라치 170

칸넬로니
병아리고기와 브로콜리 디 나탈레 칸넬로니를 넣은 미네스트라 177
살사 페베라다를 곁들인 그린 아스파라거스 칸넬로니 178

칸델레
나폴리풍 라구소스와 리코타로 버무린 칸델레 244
제노베세 라구소스 칸델레 245

칼라마리
스카르파리엘로 칼라마리 241

코르체티
토끼고기와 타자스케 올리브로 버무린 스탬프 코르체티 140
카르초피와 새우소스 코르체티 141
송아지고기와 병아리콩 라구소스로 버무린
    폴체베라풍 8자형 코르체티 142

코르테체
카르초피, 블랙올리브, 호두를 넣은 코르테체 123

쿠스쿠스
클래식한 트라파니풍 해산물 쿠스쿠스 204

쿨린조니스
닭새우 쿨린조니스 166

크레스펠레
프로슈토 코토와 폰티나를 넣은 크레이프 밀푀유 183

키타라
화이트 아마트리차나 키타라 78

ㅌ

타야린
화이트 트러플을 곁들인 타야린 76
화이트 아스파라거스와 주키니를 넣은 타야린 77

타코니
염소고기 라구소스와 옥수수가루 타코니 137

타코체테
문어 살시차를 곁들인 파바타 250

탈리아텔레
소고기 라구소스와 세몰리나 탈리아텔레 81

탈리올리니
송아지고기와 카르초피 라구소스로 버무린 탈리올리니 72
전복소스와 사프란 탈리올리니 73
라디키오 페이스트와 라디키오 탈리올리니 74

토르텔리
단호박 토르텔리 158
옥수수를 넣은 버터소스와 닭고기 토르텔리 168

톤나렐리
오징어와 생토마토 소스로 버무린 오징어먹물 톤나렐리 79

투베티
달걀과 치즈를 넣은 트리파 미네스트라와 수제 투베티 116

트로콜리
굵게 다진 살시차와 치메 디 라파 트로콜리 92
갑오징어와 프리아리엘리 조림으로 버무린 트로콜리 93

트로피에
페스토 제노베세와 나선모양 트로피에 148

트론케티
가리비 트론케티 182

트리폴리니
오징어먹물로 만든 해산물 라구소스 트리폴리니 229

ㅍ

파고티니
장어 라구소스로 버무린 화이트 폴렌타와 병아리콩 파고티니 172

파르팔레
생햄과 완두콩을 넣은 크림소스 파르팔레 144

파스타 그라타타
국물 파스타 그라타타 201

파스타 미스타
근어와 갑각류 믹스 파스타 248

파스티나
병아리콩과 문어 파스티나 수프 112

파케리
멧돼지 조림과 수제 파케리 117
바다향 소스와 수제 파케리 118
세토우치의 특대 꽃게로 맛을 낸 파케리 239
아귀와 생토마토 소스 파케리 240

파파르델레
꿩고기와 카볼로네로 스튜 파파르델레 90
멧돼지고기와 포르치니 수고로 버무린 파파르델레 91

판소티
제노바 페스토로 맛을 낸 뱅어를 넣은 판소티 164

페르차텔리
소렌토풍 호두 소스 페르차텔리 224
나폴리풍 주키니 페르차텔리 225

페투체
갈치 라구소스와 페투체 86
갑오징어와 이탈리안 완두콩 소스를 얹은 페투체 87

페투첼레
정어리와 청고추로 버무린 페투첼레 85

페투치네
생햄, 버섯, 완두콩과 페투치네 84

펜네
펜네 알 아라비아타 234

펜네테
라르디아타 소스 펜네테 235
카르보나라 펜네테 236

푸실리
성게 소스 푸실리 247

푸실리 룬기
이스키아풍 토끼조림으로 버무린 푸실리 룬기 104

푸실리 칠렌타니
새끼양고기를 넣은 카초 에 우오바로 버무린 푸실리 칠렌타니 102

프라스카렐리
고둥 포르케타와 프라스카렐리로 만든 미네스트라 206

피치
카르초피와 마늘 피치 98
마늘 풍미의 피치 99

피사레이
말고기와 페페로니로 버무린 피아첸차풍 피사레이 198

피초케리
발텔리나풍 피초케리 135
키아벤나의 피초케리 203

피카제
멧돼지고기를 넣은 밤 라구소스와 밤가루 피카제 89

필레야
트로페아산 붉은 양파와 은두자로 맛을 낸 매운 토마토소스 필레야 115

옮긴이 _ 용동희

다양한 분야를 넘나들며 활동하는 푸드디렉터. 메뉴 개발, 제품 분석, 스타일링 등 활발한 활동을 이어가고 있다. 현재 콘텐츠 그룹 CR403에서 요리와 스토리텔링을 담당하고 있으며, 그린쿡과 함께 일본 요리책을 한국에 소개하는 요리 전문 번역가로도 활동하고 있다.

PURO NO TAME NO PASTA JITEN by Daisuke Nishiguchi, Noriyuki Koike, Kazuyoshi Sugihara
Copyright ⓒ Daisuke Nishiguchi, Noriyuki Koike, Kazuyoshi Sugihara 2014
All rights reserved.
First published in Japan by Shibata Publishing Co., Ltd., Tokyo.
This Korean edition is published by arrangement with
Shibata Publishing Co., Ltd., Tokyo in care of Tuttle-Mori Agency, Inc., Tokyo
through EntersKorea CO., LTD., Seoul.
Korean translation rights ⓒ 2016 by Donghak Publishing Co., LTD.

이 책의 한국어판 저작권은 (주)엔터스코리아를 통해 저작권자와 독점 계약한 주식회사 동학사(그린쿡)에 있습니다. 저작권법에 의하여 한국 내에서 보호를 받는 저작물이므로 무단전재와 무단복제, 광전자 매체 수록 등을 금합니다.

프로를 위한
파스타의 기술

펴낸이	유재영	옮긴이	용동희
펴낸곳	그린쿡	기획	이화진
지은이	니시구치 다이스케	편집	박선희
	고이케 노리유키	디자인	임수미
	스기하라 가즈요시		

1판 1쇄 2016년 7월 10일
1판 6쇄 2025년 12월 26일

출판등록 1987년 11월 27일 제10-149

주소 04083 서울 마포구 토정로 53(합정동)
전화 324-6130, 324-6131
팩스 324-6135
E-메일 dhsbook@hanmail.net
홈페이지 www.donghaksa.co.kr
www.green-home.co.kr
페이스북 www.facebook.com/greenhomecook
인스타그램 www.instagram.com/__greencook

ISBN 978-89-7190-563-0 13590

● 이 책은 실로 꿰맨 사철제본으로 튼튼합니다.
● 잘못된 책은 구매처에서 교환하시고, 출판사 교환이 필요할 경우에는 사유를 적어 도서와 함께 위의 주소로 보내주세요.

GREENCOOK은 최신 트렌드의 요리, 디저트, 브레드는 물론 세계 각국의 정통 요리를 소개합니다. 국내 저자의 특색 있는 레시피, 세계 유명 셰프의 쿡북, 전 세계의 요리 테크닉 전문서적을 출간합니다. 요리를 좋아하고, 요리를 공부하는 사람들이 늘 곁에 두고 활용하면서 실력을 키울 수 있는 제대로 된 요리책을 만들기 위해 고민하고 노력하고 있습니다.